희망제작소 땅과집연구 Ⅰ

토지공사의
문제와
개혁

토지공사의 문제와 개혁

홍성태 엮음

토지는 모든 사람이 살아가기에 절대적으로 필요한 재화,

곧 '절대재'이다.

KSI 한국학술정보㈜

한국의 주택 보급율은 이미 107%를 넘어섰다. 그러나 자기 집을 갖지 못한 사람들이 46%나 된다. 또 전국 사유지는 171억 4천만평으로 국토의 57%에 달한다. 우리나라 인구 4,870만명 가운데 28% 정도가 땅을 가지고 있고, 이로써 10명 가운에 7명은 땅 한 평이 없다. 이 가운데 상위 1%인 48만명 정도가 땅의 51%를, 상위 20%가 전체 사유지의 93%를 보유하고 있다.

서울엔 아직도 사람이 살기엔 적당하지 않은 판자촌이 있다. 그래서 재개발을 한다. 그러나 20~30년을 살아왔던 사람들이 그곳에서 다시 정착하는 비율은 열 집 가운데 1 집 반 정도이다. 그곳에 정착하지 못한 사람 대부분은 또다시 도시 외곽으로 밀려가고, 그곳엔 빈민촌이 형성된다. 땅값과 집값이 폭등하고 전세 값이 폭등하여 사람들이 극한지경에 까지 내몰리게 된다. 개발의 악순환이다.

수도권으로 사람들이 몰려든다. 그러나 서울과 수도권엔 집 지을 땅이 없다. 건설사들은 그래서 지방 도시로 내려가 아파트를 대거 지었다. 2008년 8월 현재 16만가구의 미분양 아파트가 쌓이고 또 쌓인다. 정부가 미분양 아파트를 매입해주기도 한다. 그러나 건설 산업이 부도직전에 있다. 구조조정이 진행되고 실직자가 늘어나며 사람들의 삶이 더욱 팍팍해진다.

무엇이 문제인가? 땅과 집, 부동산을 바라보는 사람들의 인식과 태도도 그동안 부동산문제를 해결하는 걸림돌이 되어 왔다. 이런 인식을 변화시킬 교육과 사회관습도 문제이다. 그러나 더 큰 문제는 이러한 문제를 정확히 파악하고 바꿔가야 할 정부 정책이다. 집을 마련할 수 없는 사람들에겐 세밀한 배려가 필요하고, 땅의 적절한 활용을 통해 환경도 보전하고, 미래의 개발 가능성을 담보하면서 동시에 전략적인 생산기지도 만드는 등 합리적인 디자인과 더불어 동시대인의 삶의 질을 제고 시켜야 한다.

결국 이러한 다양한 정책들이 효과를 발휘하면 우리 사회 최고의 사회병리현상의 하나인 부동산문제는 해결되고, 삶의 질은 상승하며, 우리나라의 경쟁력은 높아질 것이다. 세계에서 12번째 경제규모를 가진 국가로서 이제는 땅과 집에 관한 혼란을 종식하고 보다 안정적이고 합리적인 시스템과 정책을 가다듬어야 할 때이다. 이런 관점에서 우리 희망제작소는 주로 현장을 중심으로 시민의 생활과 연계된 중요 사안을 선정하고 그에 대한 대안을 제시하며 사회적비용을 최소화하려는 노력을 다해왔다. <땅과 집>을 연구하는 것도 바로 이러한 이유때문이다.

살펴본 바에 의하면 미국, 영국, 일본, 독일 등 발전국가들에 있어서도 땅과 주택문제가 심각한 사회문제로 대두된 경험을 가지고 있었다. 그리고 이런 문제를 해결하기 위해 각국은 혁신적인 정책을 펴왔다. 가령 독일의 경우 땅값을 정지시키기 위해 "지가 정지령"을 30년간 실행하기도 하였고, 미국의 경우 소유권과 개발권 분리를 통하여 문제를 해결해 오고 있다.

이 책은 한국의 땅에 관한 정책과 제도가 어떤 방향성을 가지고 가야하는지에 대하여 논한 것이다. 이를 위해 한국토지공사가 수행한 사업내용도 살펴보고, 토지공사의 역사와 구조적 문제점도 살펴보았다. 5년간의 경영을 분석했고, 조직과 업무의 방향 등을 검토했다. 또한 선진국의 땅 이용제도 및 규제는 물론 토공과 유사한 기관의 사례를 검토했다. 이 작업의 궁극적 목적은 정부정책의 변동을 통해 시민들의 생활을 편하게 하는데 있다.

끝으로 희망제작소는 앞으로도 <땅과집> 시리즈를 통해서 부동산 문제와 관련한 연구와 조사를 이어 갈 것이다. 이 책을 펴내주신 학술정보 채종준 사장님께 감사드리며, 저자들에게도 감사를 표한다. 특히 한국의 땅과 정책에 대한 근본적인 문제를 제기하고, 이 작업이 이루어질 수 있도록 지원해 주신 익명의 선생님께도 이 자리를 빌어 진심으로 경의를 표한다.

2008. 12.
희망제작소 상임이사
박원순 변호사

　　　　　한국은 세계적으로 손꼽히는 토건국가이다. 토건국가는 어떤 국가인가? 그것은 병적으로 비대한 토건업을 위해 불필요한 대규모 토건사업을 끝없이 벌여서 막대한 혈세를 탕진하고 소중한 국토를 파괴하는 기형국가이다. 이른바 '진보'와 '개혁'을 외치는 사람들조차 토건국가라고 하면 그저 '환경문제'를 가리키는 것이라고 여긴다. 이런 생각이 아주 틀린 것은 아니지만 사실 틀린 것이라고 하지 않을 수 없다. 토건국가는 무엇보다 거대한 재정왜곡과 국토파괴의 문제가 구조화된 것을 뜻하기 때문이다. 거대한 재정왜곡과 국토파괴의 문제를 해결하지 않고 과연 '진보'나 '개혁'을 이룰 수 있는가?

　'환경문제'로 여긴다는 것의 의미는 핵심적인 문제로 여기지 않는다는 뜻이다. 그러나 이런 생각이야말로 사실 완전히 틀린 것이다. '환경문제'는 우리의 건강과 생명에 관한 문제이다. 이런 점에서 토건국가는 분명히 '환경문제'이다. 우리의 건강과 생명을 지키기 위해서 우리는 토건국가를 발본적으로 개혁하지 않으면 안 되는 것이다. 그런데 '환경문제'는 현대 사회가 만들어낸 '사회문제'이다. 따라서 '환경문제'를 해결하기 위해서는 현대 사회를 발본적으로 개혁해야 한다. 토건국가는 그 핵심이다. 토건국가는 너무나 한심하고 파괴적인 기형국가이다. 토건국가는 한국 사회의 '병리'가 아니라 한국 사회 자체이다. 우리는 우리의 현실을 냉철하게 직시해야 한다.

토건국가 한국은 박정희 개발독재의 산물이다. 박정희 개발독재는 강력한 토건업 육성책을 통해 경제성장을 이루고자 했고, 이를 위해 재정구조와 정부조직을 개편해서 토건국가를 만들었다. 이른바 '민주화 20년'에도 토건국가는 전혀 개혁되지 않았다. 오히려 지속적으로 확대되었을 뿐이다. 그 결과 오늘날 한국은 '돈 많은 못 사는 나라'가 되었다. 매년 수십조 원에 이르는 막대한 재정을 대규모 토건사업에 퍼붓기 때문에 복지, 교육, 문화의 증진에 투여할 재정은 항상 모자랄 수밖에 없다. 더욱이 토건국가는 폭리를 유발하고 투기를 촉진하고 부패를 조장한다. 토건국가는 폭리와 투기와 부패의 원천이다. 토건국가의 개혁은 '진정한 선진화'의 핵심이다.

토건국가는 개발부서와 개발공사에 의해 주도되고 있다. 개발부서는 개발업무를 주요업무로 추진하는 중앙부서를 뜻하며, 대표적 개발부서는 바로 건설교통부를 확대한 국토해양부이다. 개발공사는 중앙부서의 산하조직으로서 실제 개발업무를 추진하는 공공기관을 뜻하며, 대표적 개발공사는 토지공사, 주택공사, 도로공사, 수자원공사, 농촌공사, 한국전력공사 등 '6개 개발공사'이다. 이 나라의 발전을 위해 개발독재의 유산이자 토건국가의 주체인 개발부서와 개발공사를 하루빨리 전면적으로 개혁해야 한다. 그것은 폐지할 것은 폐지하고, 축소할 것은 축소하고, 통합할 것은 통합하는 것으로 이루어진다. 이런 개혁이 이루어져야 병적으로 비대한 토건업의 덫에서 벗어나서 산업과 고용의 선진화도 이루어질 수 있다.

우리는 토건국가의 개혁이라는 관점에서, 다시 말해서 후진적인 재정구조와 정부조직의 개혁이라는 관점에서, '한국토지공사'에 대해 연구했다. 그 동안 '한국토지공사'는 많은 사업을 벌였으며, 이 나라의 개발과 경제성장에 크게 이바지했다. 그러나 이와 동시에 '한국토지공사'는 많은 문제들을 일으켰으며, 이 때문에 이미 오래 전부터 '한국토지공사'에 대해 여러 비판들이 제기되었다. 이러한 바탕 위에서 이루어진 우리의 연구는 토건국가의 개혁이라는 이론적 관점을 취했다는 점에서뿐만 아니라 '한국토지공사'에 대한 종합적 이해를 추구했다는 점에서 독보적이라고 할 수 있다. 이 연구의 이러한 성과는 앞으로 주택공사, 도로공사, 수자원공사, 농촌공사, 한국전력공사 등 각종 개발공사에 대한 연구로 이어져야 할 것이다.

이 연구는 '희망제작소'에서 의욕적으로 추진하는 '땅과 집 연구'의 첫번째 성과이다. '땅과 집'은 사람답게 살기 위한 필수재이다. 그러나 이 나라에서는 '땅과 집'이 무엇보다 폭리와 투기와 부패의 대상이 되어 버렸다. 이런 상황에서 한나라당과 이명박 정부는 '종합부동산세'라는 최소한의 반투기 조치마저 무력화해 버렸다. 이로써 이미 거의 망국적 상황에 이른 '땅과 집'을 대상으로 한 폭리와 투기와 부패의 문제는 더욱 더 악화되고 말 것이다. '땅과 집'을 많이 가진 자들이 아무런 제지도 받지 않고 축재할 수 있는 한, 갈수록 많은 사람들이 '땅과 집'을 갖지 못하고 사람답지 못한 삶을 강요받게 될 것이다. '정의론'을 확립한 미국의 법철학자 존 롤스는 '정의는 사회의 제1원리'라고 했다. 이 나라에서는 '땅과 집'의 불의를 해소하는 것이 경제적 차원에서 정의를 세우기 위한 제1과제이다.

나는 2007년 7월에 이 연구의 진행을 의뢰받았다. 일정이 다소 급한 것으로 보였으나 다행히 의욕적인 연구자들이 모여서 연구를 비교적 순조롭게 진행할 수 있었다. 이 연구는 일단 2008년 2월에 끝났으며, 그 뒤에 내용을 보완해서 이제 출판하게 되었다. 그 동안 이명박 정부가 들어서는 커다란 정치적 변화가 있었다. 그리고 한나라당과 이명박 정부는 토지공사와 주택공사의 통합을 추진하고 있다. 이에 따라 토지공사와 주택공사는 통합되어 사라질 수도 있다. 그러나 그렇다고 해도 이 연구의 의의는 결코 사라지지 않을 것이다. 이 연구는 '한국토지공사'에 대한 이해를 넘어서 개발부서와 개발공사의 문제, 정부조직과 재정구조의 문제, 그리고 한국 사회에 대한 이해라는 점에서도 중요한 성과이기 때문이다.

2008년 11월 14일
월계동에서

연구책임자 홍성태

|차례|

제1장 토지공사의 특징과 문제_홍성태   **/ 17**

    제1절 머리말 ···18

    제2절 이론적 관점 ···21

    제3절 토지공사의 변천 ·····································30

    제4절 토지공사의 특징 ·····································37

    제5절 토지공사의 문제 ·····································48

    제6절 맺음말 ···63

    〈참고문헌〉 ···66

    〈부록〉 ···69

제2장 토지공사 경영 분석_심충진   **/ 73**

    제1절 서론 ···74

    제2절 경영분석측면에서의 한국토지공사

         주요 재무자료 분석 ·····························76

    제3절 한국토지공사의 문제점 ·························96

    제4절 한국토지공사가 나아가야 할 방향 ·······128

    제5절 결론 ···133

    〈참고문헌〉 ···135

제3장 토지공사의 조직관리와 사업운영_이창길   **/ 137**

제1절 들어가는 말 ·······································138

제2절 토지공사 현황 ··································139

제3절 토지공사 조직관리 문제점에 관한 주요 이슈 ········146

제4절 토지공사 사업운영 문제점 분석 ·····················178

제5절 결론 ···209

〈참고문헌〉 ···215

제4장 토지공사의 신도시개발과 문제_이윤하   **/ 217**

제1절 들어가는 말 ······································218

제2절 사업개요 ···220

제3절 동탄 신도시 건설의 단계별 분석 ···················226

제4절 사업분석 및 평가 ·································236

제5절 몇 가지 제안 ······································242

〈참고문헌〉 ···246

제5장 파주 산업단지개발의 문제점_정 원   **/ 251**

제1절 들어가며 ···252

제2절 파주출판문화정보산업단지의 현황 ·················255

제3절 파주출판문화정보산업단지 추진 과정에서

         드러난 몇 가지 문제들에 대한 검토 ·············257

제4절 결론 ···274

제6장 토지소유권본질과 선진국 토지 이용규제 및 관련기구
- 미국, 일본, 영국, 독일 - _위평량 / 277

제1절 서론 ··278
제2절 선진국의 토지소유권형성과 법제도 변화 및 기구 ···282
   1. 토지의 특수성과 소유권 ································282
   2. 미국의 토지소유권 변화와 이용규제 및
      관련 정부기구 ···286
   3. 일본의 토지소유권 변화와 이용규제 및
      관련 정부기구 ···299
   4. 영국의 토지소유권 변화와 이용규제 및
      관련 정부기구 ···309
   5. 독일의 토지소유권 변화와 이용규제 및
      관련 정부기구 ···328
제3절 각국 토지소유권과 규제 비교 ························337
제4절 결론 및 정책적 시사점 ·································342
〈참고문헌〉 ··344

제7장 한국토지제도의 문제와 개혁방향에 관한 제언_남기업 / 349

제1절 토지사유제의 폐단을 제거할
      새로운 제도가 필요하다 ························350
제2절 토지문제의 원인과 결과 ·······························351
제3절 토지문제 해결을 위한 제도들 ·······················364
제4절 토지공공임대제 설계 ····································376
제5절 요약 및 결론 ···400
〈참고문헌〉 ··402

제8장 토지공사의 사업영역 확대과정과 기능조정 방안_변창흠 / 405

제1절 들어가는 말 ··406

제2절 개발공사의 기능확대론과 기능축소론의 평가 ··········408

제3절 토지공사의 변천 과정과 사업 실적 분석 ·················424

제4절 토지공사의 기능확대 과정과 문제점 ······················440

제5절 토지공사의 기능재조정 과정 평가와

　　　기능조정의 방향 ···454

제6절 결론 ···469

〈참고문헌〉 ···471

제9장 한국토지공사와 대한주택공사의 통폐합 방안_조명래 / 475

제1절 서론 ···476

제2절 양 공사 통합논의의 전개 ····································477

제3절 양 공사 양립의 문제점 ·······································482

제4절 통합 반대론의 허와 실 ·······································488

제5절 양 공사 통폐합의 방향과 방안 ·····························492

〈참고문헌〉 ···503

제1장 토지공사의 특징과 문제

- 토건국가를 넘어서 생태적 복지국가로 -

홍성태(상지대 교수)

제1절 머리말
제2절 이론적 관점
제3절 토지공사의 변천
제4절 토지공사의 특징
제5절 토지공사의 문제
제6절 맺음말
〈참고문헌〉
〈부록〉

제1절 머리말

토지는 모든 사람이 살아가기에 절대적으로 필요한 재화, 곧 '절
대재'이다. 그러므로 토지의 불평등한 소유는 예로부터 대단히 심
각한 사회적 문제의 원천이었다(김태동·이근식, 1989, 이정전 외,
2006). 그런데 한국의 부자[1]는 부동산을 가장 중요한 재테크 수단
으로 활용하고 있으며, 양극화의 가장 중요한 원인도 부동산 소유

---

1) 미국의 메릴린치 은행과 컨설팅사 캡제미니가 매년 발표하는 『세계
부자 연례 보고서』에서는 예금·주식을 포함한 금융자산이 100만 달
러(약 10억 원) 이상인 사람을 '고액 순자산 보유자'로 정의한다. 이
기준을 따른다면 2006년에 한국에는 약 9만 9,000명의 부자가 있었다
(〈동아일보〉, 2007년 9월 19일). 한편 통계청 자료에 따르면, 2006년
에 순자산(총자산 − 총부채) 기준으로 우리나라에서 상위 1% 부자에
들어가기 위한 최저 기준은 23억 200만 원이었으며, 상위 5% 내 부
자는 9억 4,800만 원, 10% 내 부자는 5억 3,800만 원이었다(〈매일경
제〉, 2007년 12월 12일). 그런데 2007년 현재, 한국의 부자는 대체로
30억 원 이상의 순자산을 소유한 사람을 뜻하는데, 그 기준이 몇 년
사이에 10억 원에서 30억 원으로 오른 것은 부동산과 주식의 급등 때
문이며, 금융권에서는 30억 원 이상의 부자를 17~18만 명 정도로 추
산한다. 가구원 수를 평균 3.5명으로 가정해서 계산하면, 부자와 그 가
족은 우리나라 전체 인구의 1.2% 정도에 해당하는 60~63만 명에 이른
다(『뉴스메이커』 729호 / 2007년 6월 19일). 〈포브스코리아〉가 부자
100명을 대상으로 조사한 결과에 따르면, 부자가 되기까지 주요 재테
크 수단은 부동산(43%), 사업체 운영(19%), 직장생활(18%), 금융재테
크(14%) 순이었다.

의 불평등 심화[2])에서 찾을 수 있고, 서민층[3]) 이하 계층은 물론이고 대다수 중산층의 생활에 가장 큰 영향을 미치는 것도 부동산 가격의 급격한 변동이다.

불평등의 완화뿐만 아니라 인권의 보장이라는 면에서 토지의 소유는 가능한 한 평등하게 이루어져야 한다. 아무리 토지의 사유를 인정하는 사회라고 해도 '절대재'인 토지의 사유를 무조건적으로 허용할 수는 없다. 그것은 지주가 지배하던 전근대사회로 되돌아가는 것이다. 또한 같은 이유에서 토지의 개발은 무엇보다 먼저 공익의 실현을 목표로 추구하도록 해야 한다. 이를 위해 토지의 개발은 경제 목표에 앞서서 문화 상황과 생태 조건을 먼저 고려해야 한다. 단순히 더 많은 돈을 목표로 토지의 개발을 추구하는 것은 그 자체로 공익을 심각하게 훼손하는 것일 수 있다.

토지의 소유와 개발이 안고 있는 공공성 때문에 한국 정부는 '한국토지공사'(이하 토지공사)라는 공기업을 설립해서 운영하고 있다. 공공성은 '많은 사람들에게 영향을 미치는 성질'로서 토지, 물, 공기 등의 자연재는 무엇보다 큰 공공성을 지니고 있는 재화이다. 따라서 우리는 이러한 자연재를 얼마나 잘 관리하고 있는가를 기준으로 한 사회가 공공성을 제대로 존중하고 있는가를 평가할 수

---

2) 1%의 사람들이 전체 사유지의 50% 이상을 소유하고 있으며, 부동산 부자들이 가장 많이 사는 곳은 서울의 강남구, 서초구이다.
3) 부유층, 중산층, 서민층 등의 기준은 사실 모호하다. 2006년 보건사회 연구원이 발표한 '사회양극화'에 관한 보고서에 따르면, 2005년 현재 상류층은 국민소득 중간값의 150% 이상(25.34%), 중간층은 국민소득 중간값의 70~150% 미만(43.68%), 중하층은 국민소득 중간값의 50~70% 미만(10.93%), 빈곤층은 국민소득 중간값의 50% 미만(20.05)%이었다. 한편 2005년 8월에 보건복지부가 처음으로 발표한 빈곤층은 716만 명으로 전체 인구의 15%에 이르렀다. 이때 빈곤층은 기초생활보장 수급자와 차상위계층을 합한 것이었다.

있다(홍성태, 2008). 이런 점에서 토지공사는 한국 정부가 토지의 공공성을 잘 지키고 있는 증거처럼 보인다. 그러나 과연 그렇다고 할 수 있는가? 토지공사는 토지의 공공성을 잘 지키고 있는가?

사실 토지공사가 설립목적을 제대로 달성하고 있는가에 대해서는 커다란 의문과 비판이 제기되어 있는 상태이다. 오래전부터 여러 전문가들과 시민단체들이 토지공사가 시민의 이익보다는 토지공사 자신과 건설업체의 이익을 더 중시하고 있다는 비판을 제기하고 있다. 토지공사는 전국 곳곳에서 신도시 건설을 중심으로 하는 많은 대규모 개발사업들을 벌이고 있다. 그런데 오래전부터 토지공사가 국토를 심각하게 파괴하는 것은 물론이고 막대한 폭리를 취득하고 있다는 비판이 그치지 않고 제기되었다. 심지어 토지공사는 '복마전'으로 불리고 있기도 하다(김홍국, 2006, 박수원, 2006, 정장열, 2004).

이러한 토지공사에 대한 비판은 사실 토지공사의 차원을 넘어서 국가의 정당성 자체에 대한 비판의 의미를 지니고 있다. 만일 토지공사가 막대한 폭리를 취하고 있는 것이 사실이라면, 그것은 '공공기관에 의한 국가의 사유화'라는 심각한 문제에 해당하기 때문이다. 요컨대 토지공사는 공공성의 증거가 아니라 '사이비 공공성'의 증거일 수 있다. 이와 관련해서 우리는 '토건국가론'에 깊은 관심을 기울일 필요가 있다. 토건국가는 정계와 관료와 업계가 유착해서 혈세를 탕진하고 국토를 파괴하는 기형국가이며, 이 문제의 핵심에 토지공사를 비롯한 개발공사들이 자리잡고 있다(홍성태 엮음, 2005, 홍성태, 2007ㄱ).

설립 30주년을 맞아 토지공사는 아예 '세계 최고의 토지서비스 기업'이 되겠다는 목표를 제시했다. 애초에 '토지금고'로 출발한

데서 알 수 있듯이 토지공사는 1970년대의 부동산 폭등과 투기에 대응하기 위해 설립되었다. 그러나 토지공사의 설립과 활동에도 불구하고 이런 문제는 해결되지 않았다. 오히려 토지공사 자신이 이런 문제의 주범으로 지적되고 있을 정도이다(홍성태 엮음, 2005, 김헌동·선대인, 2005). 이런 상황에서 '세계 최고의 토지서비스 기업'을 선언했으므로, 토지공사의 공공성은 앞으로 더욱더 약해질 것으로 보인다. 토지공사의 발본적 개혁은 한국 사회의 '진정한 선진화'를 위한 절박한 과제이다.

이 글의 순서는 다음과 같다. 먼저 2절에서는 세 가지 이론적 관점에서 토지공사의 문제와 개혁방향에 대해 살펴볼 것이다. 시민적 공공성론, 조직이익 추구론, 토건국가 비판론이 그것이다. 이어서 3절에서는 토지공사의 변천에 대해 살펴본다. 여기서는 토지공사가 거대 개발공사로 변화한 과정과 방식을 추적한다. 4절에서는 토지공사의 특징에 대해 살펴본다. 여기서는 토지공사가 단순한 개발공사 이상의 존재이며, 따라서 그 발본적 개혁이 '진정한 선진화'의 핵심과제라는 사실을 주장할 것이다. 5절에서는 토지공사의 문제를 경영문제, 구조문제, 환경문제로 나누어 살펴볼 것이다. 끝으로 6절에서는 토지공사의 개혁에 관한 논의를 간략히 정리하고 그 방향을 제시하고자 한다.

제2절 이론적 관점

공기업은 공공성이 큰 재화의 보존과 공급을 위해 설립된 공공기관으로서 큰 공공성을 지니고 있다. 그러나 공기업을 포함한 모든 공공기관은 심각한 '사이비 공공성'의 문제를 일으킬 수 있다. 공공기관에 대한 평가는 단순한 운영의 차원을 넘어서 그 존재 자체, 즉 그 필요성의 차원에서 이루어져야 한다. 이제 시민적 공공성론, 조직이익 추구론, 토건국가 비판론을 통해 공기업을 이해하기 위한 이론적 관점을 정리해 보도록 한다.

1. 시민적 공공성론

한국에서 공공성에 관한 논의가 본격적으로 전개되기 시작한 것은 1997년 11월의 'IMF 사태' 이후의 일이다. 수십만 명의 사람들이 갑자기 일자리를 잃었으며, 공기업의 민영화가 대대적으로 추진되었다. 공공성에 관한 논의는 특히 공기업의 민영화에 대응해서 이루어지기 시작했다. 진보개혁 성향의 학계와 시민사회를 중심으로 공기업은 '국민의 재산'이며, 그 민영화는 재벌을 비롯한 국내외 부자들의 '사익'을 위해 '공익'을 훼손하는 것이라는 주장이 강력히 제기되었다.

그러나 이런 주장에는 상당한 문제가 내포되어 있다. 첫째, 공공성을 지키기 위해서 기존의 공기업을 그대로 유지하거나 혹은 더욱 확장해야만 하는 것인가의 문제이다. 공기업은 특정한 목적을 위해 설립되며, 시간이 지나면서 당연히 그 목적을 다 이루게 된다. 따라서 어느 시점부터 공기업은 축소되어야 하며, 궁극적으로 폐지되어야 한다. 둘째, 많은 공기업에서 공공성을 내세워서 임직원의 '사익'을 챙기는 '사이비 공공성'의 문제가 나타난다. 공기업은 당연히 사기업보다 훨씬 더 투명하게 운영되어야 한다. 그러나 현실에서는 그렇지 않은 경우를 흔히 볼 수 있다. 셋째, 민주주의의 관점에서 국가는 항상 감시와 개혁의 대상이며, 그 자체로 공공성의 실현을 보장하는 주체가 아니다. 공기업을 지키는 것이 공공성을 지키는 것이라는 주장은 논리적으로 비약이며 실천적으로 오류이다.

공공성은 '다수의 사람들에게 영향을 미치는 성질'을 뜻한다. 이런 점에서 공공성은 특정 대상이나 주체의 속성이 아니라 모든 대상과 주체의 속성이라고 할 수 있다. 어떤 사물, 장소, 활동도 공공성을 가질 수 있으며, 어떤 집단, 개인도 공공성을 가질 수 있다. 그러나 그 크기는 저마다 다르게 마련이다. 이렇듯 공공성을 올바로 이해하기 위해서는 공공성의 대상, 주체, 그리고 크기를 명확히 구분해서 이해해야 한다. 그리고 공공성을 올바로 이해하는 것이 중요한 이유는 그것이 공익과 직결되어 있기 때문이다. 요컨대 공공성의 핵심은 바로 공익성이다. 국가가 공공성의 핵심 주체이자 대상으로 여겨지는 것은 국가는 공익의 구현을 목표로 형성되었으며 모든 구성원에게 강력한 영향을 미치기 때문이다. 실로 공공성은 국가의 처음이자 끝이라고 할 수 있다.

그러나 국가가 언제나 공공성을 제대로 구현하는 것은 아니다. 그렇게 믿는 것은 그 자체로 국가주의 이데올로기에 사로잡혀 있는 것이라고 할 수 있다. 국가의 역할과 그 실체를 혼동하는 것은 큰 잘못이다. 공공성을 올바로 지키기 위해서는 국가의 구성과 운영을 구체적으로 검토해서 실증적으로 판단하지 않으면 안 된다. 이것은 민주주의 사회의 주권자인 시민의 권리이자 의무이다. 시민의 실증적 판단과 실천적 감시가 제대로 이루어지지 않는다면, 모든 국가는 사실상 거대한 이익집단으로 전락하고 말 것이다. 국가의 타락은 권력을 위임받은 자들의 책임일 뿐만 아니라 주권자인 시민의 책임이기도 하다. 민주주의 사회에서 시민은 국가의 타락에 대해 무한책임을 져야 하는 주체이다.[4]

시민적 공공성은 민주주의 사회의 주권자인 시민의 관점에서 공공성을 실증적으로 판단해야 할 필요를 강조한다. 공공성을 국가나 특정 계급의 속성 또는 책임으로 귀속시키는 것은 명백한 잘못이다. 공공성의 대상, 주체, 크기는 선험적으로 결정되지 않으며, 오직 주권자인 시민의 실증적 판단을 통해서만 올바로 규정될 수 있다. 이러한 시민적 공공성은 공기업의 필요성과 존재방식을 철저히 실증적으로 판단할 것을 요청한다. 여기서 나아가 공기업이 공공성을 내세워서 임직원의 사익을 더욱 중요하게 추구하는 '사이비 공공성'의 문제는 단순한 '방만경영'이나 '부정부패'의 차원을 넘어서 '국가의 정당성 위기'와 연관된 심각한 문제로 다루어져야 한다(홍성태, 2008).

2. 조직이익 추구론

조직은 공동의 목표를 달성하기 위해 2인 이상의 사람들이 구성한 관계를 뜻한다. 당연히 조직은 사람들이 구성하는 것이다. 그러나 조직은 그것을 구성한 사람들로 환원되지 않는 실체이다. 따라

---

4) 민주주의 사회에서는 누구나 시민으로 태어나지만, 누구나 시민답게 사는 것은 아니다. 계급, 계층, 지역, 세대, 성, 인종, 학력, 종교 등의 차이를 떠나서 시민답게 사는 것은 사실 쉽지 않다. 그것은 무엇보다 올바른 법을 만들고 그것을 제대로 운영하기 위한 노력을 필요로 한다. 다수의 시민들이 타락한 사회를 원한다면, 민주적으로 타락한 사회가 형성될 수 있다. 히틀러의 민주적 집권은 그 대표적 예이다. 따라서 국가는 시민들이 올바른 인식과 판단을 할 수 있도록 하기 위한 여러 노력을 기울여야 할 책임을 진다.

서 조직을 올바로 이해하기 위해서는 조직을 구성하는 사람들의 개별적 능력이나 특징이 아니라 조직의 목적, 구성원리, 운영방식 등에 초점을 맞추어서 조직의 특징을 밝히도록 해야 한다.[5]

조직은 여러 기준에 의해 다양하게 구분할 수 있다. 사회를 설명하는 거시모형의 일종인 '국가, 시장, 시민사회의 삼원론'[6]에 따르자면, 조직은 크게 정부조직, 회사조직, 시민조직으로 구분할 수 있다. 여기서 국가, 시장, 시민사회는 특정한 활동이 이루어지는 사회영역이며, 정부조직, 회사조직, 시민조직은 각 영역을 대표하는 조직적 주체라고 할 수 있다. 정부조직은 시민으로부터 주권을 위임받아 시민의 생활과 관련된 수많은 행정업무를 처리한다. 회사조직은 재산권과 이동권 등 기본권에 의거하여 생산과 거래를 비롯한 경제행위를 해서 영리를 추구한다. 시민조직은 정부조직과 회사조직이 시민의 권리를 침해하지 않도록 감시하고 견인하는 시민의 자구활동을 펼치는 주체이다.

공공성에 관한 일반적 논의에서는 국가 – 정부조직은 공공성을 추구하는 공적 영역이고, 시장 – 회사조직과 시민사회 – 시민조직은 사익을 추구하는 사적 영역이라고 규정한다. 그러나 이러한 구분은 잘못된 것이다. 첫째, 공적 영역과 공적 부문을 구분해야 한다.

---

5) 물론 사람이 조직을 구성하는 것이기 때문에 같은 조직이라도 사람에 따라 큰 차이를 보일 수 있다. 특히 대부분의 위계적 조직에서는 지도자의 구실이 대단히 중요하다. 그러나 그렇다고 해서 조직의 특징을 지도자를 비롯한 그 구성원의 능력이나 특징으로 환원하는 '주체환원론'은 잘못이다. 이와 함께 '조직물신론'도 큰 문제를 안고 있다. 조직은 그 자체로 작동하는 것이 아니라 사람이라는 주체의 활동을 통해 작동한다. 따라서 조직의 성과나 문제는 조직의 차원에서 검토될 뿐만 아니라 그것을 운영하는 주체인 사람의 차원에서도 검토되어야 한다.

6) 또 다른 삼원론의 예로 '정치, 경제, 문화의 삼원론'을 들 수 있다. 이것은 사회의 주요 기능에 초점을 맞춘 것이다.

공적 영역은 다양한 방식과 크기로 사람들의 교류가 이루어지는 모든 곳에서 자연적으로 형성된다. 그러나 공적 부문은 공익의 구현을 위해 법적으로 형성된 조직들을 가리킨다. 둘째, 공적 부문은 국가 – 정부조직에 국한될 수 있으나 공적 영역은 국가 – 정부조직에 국한되지 않는다. 시장 – 회사조직과 시민사회 – 시민조직도 상당한 정도로 공적 영역에 속한다. 모든 사람을 대상으로 활동하는 시장 – 회사조직이 공적 영역에 속하는 것은 당연하다. 시민사회 – 시민조직은 자발적으로 공적 영역을 지향하는 시민들의 자구적 노력으로 형성된다. 셋째, 공익의 추구라는 목적도 국가 – 정부조직에 국한될 수 없다. 시장 – 회사조직도 사회 속의 존재로서 공익을 추구해야 하며, 시민사회 – 시민조직은 공익을 위한 시민들의 자발적 노력으로 형성된다.

모든 조직은 크건 작건 공공성을 가지며, 강제적이건 자발적이건 공익과 연관된다. 민주주의 사회의 주권자인 시민의 관점에서 중요한 것은 모든 조직이 공공성과 공익을 무시하지 않도록 시민적 공공성의 관점에서 그 구성과 활동을 감시하고 견인하는 것이다. 그런데 모든 조직은 자기보존성과 자기증식성이라는 성질을 가지고 있다. 조직으로서 자기를 계속 보존하고, 나아가 자기를 계속 증식하고자 하는 것이다. 물론 이것을 '조직물신론'으로 신비화해서는 안 될 것이다. 모든 조직이 자기보존성과 자기증식성을 가지는 것은 그 주체인 사람들의 이해관계에서 비롯된다. 사실 모든 조직은 사람들이 자신들의 이익을 추구하기 위해 만들고 움직이는 것이다.

여기서 공공기관을 비롯한 국가 – 정부조직은 상당히 특이한 조직이라는 것을 알 수 있다. 그것은 그 직접적 운영주체의 이익을 위해 만들어진 것이 아니기 때문이다. 국가－정부조직의 존재이유와 작동방식은 그 직접적 운영주체에 의해 결정되지 않고, 주권자인 시민의 대표에 의해 결정된다. 국가－정부조직은 공익의 실현을 위해 사실상 그 직접적 운영주체의 의사와 무관하게 법적으로 형성된 '강제적 공익기관'이다. 그런데 이런 원리가 현실에서 그대로 구현되는 것은 아니다. 첫째, 국가－정부조직이 그 직접적 운영주체의 사익을 위해 이용될 수 있다. 요컨대 직접적 운영주체에 의한 '국가－정부조직의 사유화'가 이루어지는 것이다. 둘째, 더 나아가 국가－정부조직의 존재와 활동은 모두 공익을 위한 것이라는 선험적 논리가 작동한다. 이 때문에 '국가－정부조직의 사유화'라는 대단히 심각한 문제가 쉽게 파악되지 않는다. 우리는 이런 현실의 문제를 직시해야 한다.

3. 토건국가 비판론

시민적 공공성론과 조직이익 추구론이 토지공사의 문제를 이해하기 위한 일반적 이론에 해당한다면, 토건국가론은 역사적으로 형성된 한국의 구조적 특성에 초점을 맞추는 특수한 이론이다. 물론 토건국가론은 한국에서 처음으로 만들어진 것이 아니라 1970년대 말 일본에서 처음으로 만들어졌다. 일본은 1970년대 초에 뇌물사건으로 오명을 떨친 다나카 가쿠에이 수상이 '일본열도개조계획'이라는 이름의 정책을 강행하고 불필요한 대규모 개발사업을 끊임없이 벌여서 경제성장을 이루는 구조를 확립했다. 토건국가는 바로 이러한 구조 속에서 나타나는 국가이며, 그것은 재정의 탕진, 국토의 파괴, 투기의 조장, 부패의 만연이라는 심각한 문제가 구조화된 기형국가이다.

　오늘날 한국은 일본보다 더 악성인 토건국가로 꼽힌다(조명래, 2006, 홍성태, 2007ㄱ). 예컨대 2005년 한국의 GDP는 약 787조 5천억 원이었으며, 같은 해 'GDP 대비 건설업의 비중'은 매출액 (142조 6,227억 원) 기준으로 무려 18%를 넘어섰고, 부가가치 기준으로 보더라도 7.8%에 이르렀다. 이러한 비중은 세계적으로 대단히 높은 것인데, 심지어 개발도상국보다도 높아서 '병적'이라는 평가를 받을 정도이다. 2006년 현재, 총사업비 관리대상에 해당하는 대규모 '공공투자사업'(토목사업 500억 원 이상, 건축사업 200억 원 이상)만 766개이며, 이 766개 사업의 총사업비는 무려 223조 원에 이르렀다. 또한 2007년도 정부 총지출은 237조 1,000억 원이었으며, 공공부문 건설투자는 6조 5,000억 원의 민자를 포함해서 52조 8,000억 원이었다(홍성태, 2007ㄷ). 2007년에 각종 공공개발의 보상비로만 무려 25조 원이 지출되었다.

　토건국가는 비대한 토건업과 정치권이 유착해서 불필요한 대규모 개발사업을 끊임없이 벌여서 재정을 탕진하고 국토를 파괴하는 기형국가를 뜻한다. 사실 경제적으로 토건국가는 가난한 나라가 아니라 부유한 나라이다. 그러나 토건국가는 엄청난 재정을 불필요한 대규모 개발사업에 탕진하기 때문에 복지, 교육, 문화, 의료와 같은 삶의 질 향상을 위한 재정이 크게 모자랄 수밖에 없다. 또한 토건국가는 불필요한 대규모 개발사업을 끊임없이 벌여서 국토를 파괴하기 때문에 삶의 질의 기반인 환경 질이 크게 낮고, 따라서 이 때문에도 시민들의 삶의 질이 크게 낮을 수밖에 없다. 또한 토건국가는 투기와 부패의 만연이라는 문제를 낳는다. 토건국가는 투기를 부추겨서 계속 개발을 촉진하며, 막대한 불로소득을 둘러싸고 부패의 구조를 확립한다.

경제적으로 가장 큰 문제는 토건국가가 병적으로 비대한 토건업의 지속적 확대재생산을 추구하면서 산업구조와 고용구조의 개혁을 저지한다는 것이다. 막대한 재정을 투자해서 토건경제의 확대재생산을 추구하기 때문에 토건경제를 넘어서 지식경제, 문화경제, 복지경제, 생태경제로 힘차게 나아가지 못하는 것이다. 한국은 '토건국가의 덫'에 갇혀서 '진정한 선진화'를 이루지 못하고 있다. 토건국가는 한국의 발전을 가로막는 가장 큰 암적 존재이다. 1930년대 미국[7]과 1990년대 일본[8]이 잘 보여주었듯이, 토건경제에는 명백한 성장의 한계가 존재하며, 따라서 한국의 토건경제는 머지않아 토건공황을 맞게 될 것이다. 서둘러 토건국가를 개혁하지 않는다면, 한국은 토건공황과 토건망국의 절대적 위기를 맞고 말 것이다. 토건국가는 총체적 위험사회이다(홍성태, 2007ㄴ).

토건국가 한국은 개발독재 시대에 처음 설치된 국토해양부 등의 개발부서와 토지공사 등의 개발공사[9]에 의해 주도되고 있다. 특히 본래 개발공사는 개발부서의 '도구'였으나, 그 규모가 커지면서 상당한 독립성을 획득했으며, 스스로 개발사업을 기획하고 추진하는 주체의 성격을 갖게 되었다. 나아가 개발공사는 연구역량을 강화해서 오히려 개발부서를 주도하고 있다는 평가까지 받고 있다. 토

---

7) 1929년의 대공황은 1920년대 중반부터 불붙은 플로리다의 과잉개발과 투기에서 비롯되었다(Allen, 1931: 11장, 佐藤誠, 1990: 69~71).
8) 과잉개발의 거품이 터지고 일본은 1990년대 내내 '복합불황'의 고통을 겪게 되었다. 그것은 토건국가에서 비롯된 고통이었다(東京新聞取材班, 2005).
9) 개발업무를 주요업무로 수행하는 공공기관을 가리킨다. 현재 중앙과 지방에 많은 개발공사들이 설립되어 있는데, 그중에서 가장 핵심적인 것으로는 중앙의 토지공사, 주택공사, 도로공사, 수자원공사, 농촌공사, 한전 등의 '6대 개발공사'가 꼽힌다(홍성태 엮음, 2005).

건국가를 개혁하기 위해서는 토건국가의 가장 중요한 실체인 개발주의 정부조직과 재정구조를 개혁해야 하며, 이를 위해서는 개발부서와 개발공사의 전면적 개혁을 추진하지 않을 수 없다. 이러한 정부조직과 재정구조의 개혁, 그리고 이것을 통한 산업구조와 고용구조의 개혁이야말로 한국 사회가 안고 있는 가장 중요한 '진정한 선진화'의 과제이다.[10]

제3절 토지공사의 변천

국토해양부 산하의 토지공사는 '6대 개발공사'의 하나로서 토건국가 한국을 주도하는 핵심적 주체로 손꼽힌다. 그렇다면 본래 토지공사는 어떤 목적을 위해 설립되었으며, 그동안 어떻게 변모해 왔는가? 현재 토지공사는 어떤 상태에 있으며, 어떻게 변모해야 하는가? 이제 토지공사의 설립과 변천에 대해 살펴보도록 하자.

1. 설 립

어떤 조직을 살펴보는 데서 가장 근본적인 것은 그 설립목적이다. 설립목적은 조직의 존재이유를 규정하는 것이기 때문이다. 특

---

10) 2007년 10월에 김진균기념사업회 주관, 참여연대, 환경운동연합, 환경정의 등 공동주최로 '파괴적 개발주의를 넘어서 생태적 복지사회로'라는 제목의 토론회가 서울의 참여연대 강당에서 두 차례 열렸다. 이 토론회의 기획자들은 계속 논의를 거듭해서 개발부서와 개발공사의 개혁을 촉구하는 '정부조직 개혁안'을 작성했다. 이 '개혁안'은 2008년 1월 5일에 공표되었다.

히 주권자인 시민의 혈세로 설립되고 운영되는 국가－정부조직은 더욱더 그렇다. 만일 어떤 국가－정부조직이 설립목적을 다했는데도 계속 유지되고 있거나, 설립목적과는 다른 업무를 주요 업무로 변경해서 운영되고 있다면, 그것은 주권자인 시민을 기만하는 것으로 엄중히 비판받고 개혁되어야 할 것이다.

모든 국가－정부조직의 설립목적은 법으로 규정되어 있다. 토지공사의 설립목적은 다음과 같이 '토지공사법' 제1조에 규정되어 있다.

第1條 (目的) 이 法은 韓國土地公社(이하 '公社'라 한다)를 設立하여 土地를 취득・관리・開發 및 供給하게 함으로써 土地資源의 효율적인 이용을 촉진하고 國土의 종합적인 이용・開發을 도모하여 건전한 國民經濟의 발전에 이바지하게 함을 目的으로 한다.

여기서 알 수 있듯이 토지공사의 설립목적은 네 가지로 규정되어 있다. 첫째, '土地를 취득・관리・開發 및 供給'하는 것이다. 둘째, '土地資源의 효율적인 이용을 촉진'하는 것이다. 셋째, '國土의 종합적인 이용・開發을 도모'하는 것이다. 넷째, '건전한 國民經濟의 발전에 이바지'하는 것이다. 그런데 설립목적에서 무엇보다 두드러지게 나타나는 것은 국토의 개발과 이용에 관한 규정이다.[11] 1996년에 그 이름에서 '개발'을 빼기는 했지만, 토지공사는

---

11) 결국 '토지 또는 국토를 잘 이용해서 경제에 이바지하는 것'이 토지공사의 설립목적이라고 할 수 있다. 이것은 토지 또는 국토의 공공성에 비추어 보아서 대단히 협소하고, 심지어 파괴적인 설립목적이라고 하지 않을 수 없다. 토지 또는 국토는 단순한 경제의 대상을 훨씬 뛰어 넘는다. 그것은 문화의 장이며, 자연의 터전이기도 하다. 이런 점에서 토지공사의 설립목적은 애초부터 토지 또는 국토의 공

여전히 개발을 주요업무로 하고 있는 개발공사인 것이다. 이렇게 여전히 '개발'을 주요업무로 하고 있다면, 이름에서 '개발'을 뺀 것은 오히려 잘못이 아닐까? 이런 점에서 토지공사는 그 이름부터 설립목적과 제대로 부합하지 않는다고 할 수 있다.

그런데 이러한 네 가지 설립목적의 관계는 어떤 것일까? 이와 관련해서 토지공사가 제시한 다음의 그림을 검토할 필요가 있다.

〈그림 1〉 토지공사의 설립목적

토지를 취득·관리·개발 및 공급함으로써
토지자원의 효율적인 이용을 촉진하고 국토의 종합적인 이용·개발을 도모하여 건전한 국민경제 발전에 이바지하고 있습니다.

국토
종합적 이용·개발 도모

토지
효율적 이용

국가
국민경제 발전

네 가지 설립목적 중에서 가장 중요한 것은 네 번째로 규정된 '건전한 國民經濟의 발전에 이바지'하는 것이다. 첫 번째로 규정된 '土地를 취득·관리·開發 및 供給'하는 것[12]은 네 번째의 경제적 목적을 실현하기 위한 기능적 수단의 성격을 갖는다. 만일 토지공사가 부동산 가격의 상승이나 투기의 촉진과 연관된다면, 그것은 설립목적을 근원적으로 훼손한 것이라고 할 수 있다. 따라서 토지

─────────────

공성을 제대로 살리기에는 본질적 한계를 안고 있다고 할 수 있다.
12) 토지공사가 이 네 가지 기능을 모두 수행하는 것이 옳은가, 모두 수행하지 않고 폐지되는 것이 옳은가, 또는 취득·관리 기능만 수행하는 것이 옳은가는 그 개혁과 관련된 핵심 논점이다.

공사가 설립목적을 제대로 지키고 있는가는 무엇보다 부동산 가격의 상승이나 투기의 촉진과 관련해서 평가되어야 할 것이다.

또한 두 번째 '토지자원의 효율적 이용'과 세 번째 '국토의 종합적 이용'도 대단히 중요하다. 여기서 주의할 것은 '토지자원'과 '국토'라는 개념이 사용되고 있는 것이다. 국토는 당연히 토지자원보다 상위의 개념이다. 따라서 '토지자원의 효율적 이용'이라는 좀 더 경제적인 목적은 마땅히 '국토의 종합적 이용'이라는 상위의 목적에 따라야 할 것이다. 토지공사가 과연 '국토의 종합적 이용'에 의거해서 '토지자원의 효율적 이용'을 추구하고 있는가에 대한 평가가 이루어져야 하는 것이다. 물론 토지공사가 '토지자원의 효율적 이용'을 제대로 하고 있는가에 대해서도 독립적으로 평가되어야 한다.

2. 변 천

토지공사는 1975년 4월 '토지금고'로 설립되었다가 1979년 3월 '토지개발공사'로 바뀌었으며 1996년 1월 '토지공사'로 다시 바뀌었다. 이러한 이름의 변화는 토지공사의 성격 변화를 반영하는 것이다. 특히 '토지금고'가 '토지개발공사'로 바뀐 것은 이를테면 하나의 비약이었다고 할 수 있다.

〈표 1〉 토지공사의 연혁

1975. 04. 01.	한국토지공사의 전신인 '토지금고' 설립
1976. 11. 22.	공사 최초 개발사업인 인천 항동 주거단지 조성공사
1978. 12. 15.	최초로 개발한 공단인 안성시범공단 기공식
1979. 03. 10.	'한국토지개발공사'로 사명 변경
1980. 12. 31.	택지개발촉진법제정·공포에 따른 택지개발사업 본격 착수
1983	종합적이고 입체적인 토지개발의 시초인 양동재개발사업
1988	200만호 주택건설 계획으로 '제1기 수도권 신도시 건설' (성남 분당, 고양 일산, 안양 평촌, 인천 중동)
1993. 02.	중국천진공단 토지사용권 취득 계약
1994	자유로 건설
1995. 03.	한국 유일의 토지관련 종합 연구·연수 기관인 토지연구원 개원
1996. 01.	'한국토지공사'로 사명변경
1997. 04.	경기도 성남시 분당구 정자동 신사옥 이주
2001 이후	제2기 수도권 신도시 건설 착수 (성남 판교, 화성 동탄, 김포 양촌, 양주 옥정)
2002. 12. 27.	한반도 평화의 상징 '개성공단조성사업' 착수
2004. 12.	경제자유구역 건설 사업 추진
2005. 04.	창립 30주년 '세계 최고의 토지서비스 기업' 선포
2005. 05. 24.	행정중심복합도시 사업시행자로 지정
2007. 03. 19.	경북김천혁신도시 등 6개혁신도시 사업 시행
2007. 12. 14.	부동산시장 안정을 위한 '제3기 수도권 신도시 건설' 추진 (서울 송파, 화성 동탄2, 인천 검단)

출처: 토지공사 홈페이지(2007년 12월, 2008년 1월)

토지공사의 변화는 크게 세 단계로 나누어 살펴볼 수 있다. 이러한 변화는 무엇보다 토지금고, 토지개발공사, 토지공사라는 이름의 변화로 잘 나타났다.

첫째, 1975년 4월에서 1979년 2월까지의 '토지금고' 시기이다. 토지금고는 그 이름이 시사하듯이 토지의 취득·관리를 주요 목적으로 설립되었다. 당시 한국은 박정희 정권의 '부동산 투기 조장형 개발독재'로 말미암아 부동산 투기문제가 극심한 사회문제로 떠올랐다. '복부인'으로 대표되던 개인 투기꾼들이 이 문제를 주도한 것으로 보였지만, 실은 기업이야말로 부동산 투기의 '주범'이었다.[13] 이 문제가 너무 심각해지자 결국 박정희 정권은 1974년 5월 29일에 '기업공개 촉진을 위한 대통령 조치'(5·29조치)를 발표해서 기업의 비업무용 부동산의 매각을 촉진하는 동시에 같은 해 12월 21일에 '토지금고법'을 제정했다. 박정희 정권은 많은 토지를 공적으로 확보해서 부동산 투기에 대응하고자 했던 것이다. 그러나 1975년 4월에 발족한 토지금고는 주거단지와 공단을 조성하는 등 처음부터 개발사업에 손을 댔으며, 결국 설립 4년 만에 아예 이름을 '토지개발공사'로 바꾸었다.

둘째, 1979년 3월에서 1995년 12월까지의 '토지개발공사' 시기이다. 이 시기는 이름 그대로 토지공사가 '토지개발'의 대명사로 떠오른 시기이다. 토지의 '취득·관리'에서 '개발·공급'으로 사업 영역을 명시적으로 확장했을 뿐만 아니라 '개발·공급'의 기능이 '취득·관리'의 기능보다 훨씬 중요해졌다. 토지개발공사는 공익의 주장으로 무장한 거대한 개발기구가 되었다. 토지개발공사는 양동 재개발사업과 제1기 수도권 신도시건설사업을 가장 중요한 사업으로 들고 있다. 그런데 '종합적이고 입체적인 토지개발의 시초'라는

---

13) '복부인'이라는 말은 1970년에 처음으로 나타났다(신한종합경제연구소, 1993). 대기업일수록 부동산 투기의 '주범'이다. 재벌은 부동산 시장의 '가장 큰 손'이다. 박정희의 독재에 대한 연구는 정치적 독재에 초점을 맞추어서 '개발독재'라는 경제적 독재의 문제는 제대로 연구되지 않았다(이병천 엮음, 2003). '개발독재'는 무엇보다 개발을 내세워서 자신을 정당화하는 독재라고 할 수 있는 데, 그중에서도 박정희의 '개발독재'는 '부동산 투기를 조장해서 부동산 중산층을 양산'하는 방식으로 추진되었다는 특징을 갖는다. 이 때문에 중산층의 증가와 함께 부동산 문제의 악화가 진행되었으며, 결국 한국은 개발과 투기의 구조로 작동하는 악성 토건국가가 되었다. 이것이야말로 한국의 핵심적 특징이며 박정희의 가장 어두운 유산이다(홍성태, 2007ㄱ).

양동재개발사업은 목동·사당동·상계동 재개발사업과 함께 가난한 세입자들의 극한적 저항을 야기한 토지개발로 악명을 떨치기도 했다. 그것은 전두환 정권의 반민중성을 유감없이 드러낸 사례로 널리 알려졌던 것이다(역사학연구소, 2004: 475). 또한 노태우 정권이 추진한 제1기 수도권 신도시건설사업은 박정희 정권이 촉발한 과도한 수도권집중문제를 더욱 악화시키는 결과를 빚기도 했으며, 나아가 조정국면에 접어든 토건업을 크게 되살리는 토건국가 확대정책의 일환이기도 했다. 사실상 제1기 수도권 신도시건설사업을 통해 '서울공화국'은 '수도권공화국'으로 변모했고, 토건국가의 문제는 구조적으로 확립되었다. 이렇듯 토지개발공사는 개발독재의 대규모 건설사업을 주도하는 '거대 개발기구'가 되었을 뿐만 아니라 종합적 연구기관까지 설립해서 더욱더 강력한 완결성을 갖추게 되었다. 이 시기의 말인 1990년대 초에 주택공사와의 통폐합이 추진되기 시작했는데, 토지개발공사가 완결성을 더욱 강화한 것은 이런 정책에 적극적으로 대응한 결과이기도 할 것이다.

셋째, 1996년 1월부터 현재의 '토지공사' 시기이다. 여기서 잠시 1990년대 초로 거슬러 올라갈 필요가 있다. 1991년 3월과 4월에 잇달아 발생한 낙동강 페놀오염사고로 말미암아 환경문제에 대한 국민의 관심이 크게 높아졌다. 개발에 의한 환경문제에 대해서도 국민들의 우려가 커졌다. 이러한 변화에 대응해서 개발공사들은 발 빠르게 움직였다. 그것은 크게 두 가지로 나타났다. 하나는 이름에서 '개발'을 빼는 것이었다. 개발독재는 '개발'을 '발전'과 같은 것으로 여기도록 만들었다(조명래, 2006, 홍성태, 2007). 그러나 이제 이러한 동일시는 더 이상 통용되지 않게 되었다. 여전히 개발주의의 위력은 막강했지만 개발의 문제를 사실상 그 누구도 부정할 수 없게 되었다. 그러나 이름에서 '개발'을 뺐다고 해서 개발공사의 성격이 달라진 것은 결코 아니다. 개발공사들은 오히려 이름에서 '개발'을 빼고 더 왕성하게 개발사업을 추진했다. 이런 점에서 이름에서 '개발'을 뺀 것은 사실 '기만술'이었다. 다른 하나는 '환경'을 전면에 내세워서 이른바 '환경경영'을 외치고 나선 것이었다. 핵발전도 '환경'을 내세우고, 아파트 건설도 '환경'을 내세우게 되었다. 개발공사들은 전국의 산, 들, 강, 갯벌, 바다, 대기를 모두 크게 오염시키고 파괴하면서 오히려 '환경'을 열렬히 내세우고 있다. 이런 점에서 개발공사들이 내세우는 '환경경영'은 이름에서 '개발'을 뺀 것과 마찬가지로 '기만술'이라고 할 수 있다.[14] 이런 변화를 통해 토지공사는 개발공사로서 성장을 거듭했다. 제2기 수도권 신도시 건설, 개성공단 조성, 행정중심복합도시 건설 등 숱한 대규모 공공개발사업을 토지공사가 추진하게 되었다. 그리고 2000년대에 들어와서 토지공사는 여러 자회사들을 설립하는 방식으로 몸집을 키우고, 프로젝트 파이낸싱이라는 새로운 방법으로 개발사업들을 벌이게 되었다. 그러나 이와 함께 토지공사는 반생태적이라는 비판뿐만 아니라 방만경영과 폭리취득이라는 비판을 강력히 받게 되었다. 이로써 토지공사의 개혁은 더욱더 중요한 사회적 과제로 떠오르게 되었다.

제4절 토지공사의 특징

토지공사는 어떤 특징을 갖고 있는가? 토지공사는 다양한 개발

---

14) 물론 개발공사들만 그런 것이 아니다. 재벌을 비롯한 일반 기업도 대부분 이러한 '기만술'을 적극적으로 펼치고 있다. 공사를 막론하고 모든 기업의 광고나 홍보는 화려한 그래픽을 이용한 '혹세무민'의 성격을 크게 갖는다. 그러므로 광고나 홍보에 속지 않도록 주의해야 한다.

사업을 추진하는 거대한 공기업이다. 그런데 오늘날 토지공사는 단순히 개발사업을 시행하는 거대한 공기업의 차원을 넘어서 스스로 개발사업을 기획하고 결정하는 주체의 성격을 갖고 있다. 이제 이러한 토지공사의 현황과 특징에 대해 살펴보도록 하자.

1. 현 황

1) 인력 현황

2007년 현재, 토지공사의 인력은 다음과 같이 구성되어 있다. 정원은 2,813명이고 실제는 2,777명이었다. 직원의 정원은 2002년 1,813명에서 2007년 2,797명으로 무려 984명이 증가했다. 강력한 토건국가 확대정책을 펼친 참여정부 시기에 토지공사가 급팽창했던 것이다. 그리고 인력 구조는 2급 259명, 3급 713명, 4·5급이 1,492명, 6급 이하가 103명으로서 일반적인 피라미드형이 아니라 역피라미드형에 가깝다.

정원 2,813명 － 임원 16명(기관장 1, 상임 이사 6, 비상임 이사
8, 상임 감사)
－ 직원 2797명
실제 2,777명 － 임원 16명
－ 1급 43명, 2급 259명, 3급 713명, 4·5급
1,492명, 6급 103명, 7~10급 없음, 기타 151명

2) 조직 현황

2007년 현재, 토지공사는 1기관장, 6상임이사, 1본부, 1연구원,

28처(실), 12지역본부로 이루어져 있다. 각종 '처'가 토지공사의 업무를 진행하는 단위이다.

〈그림 2〉 토지공사의 조직

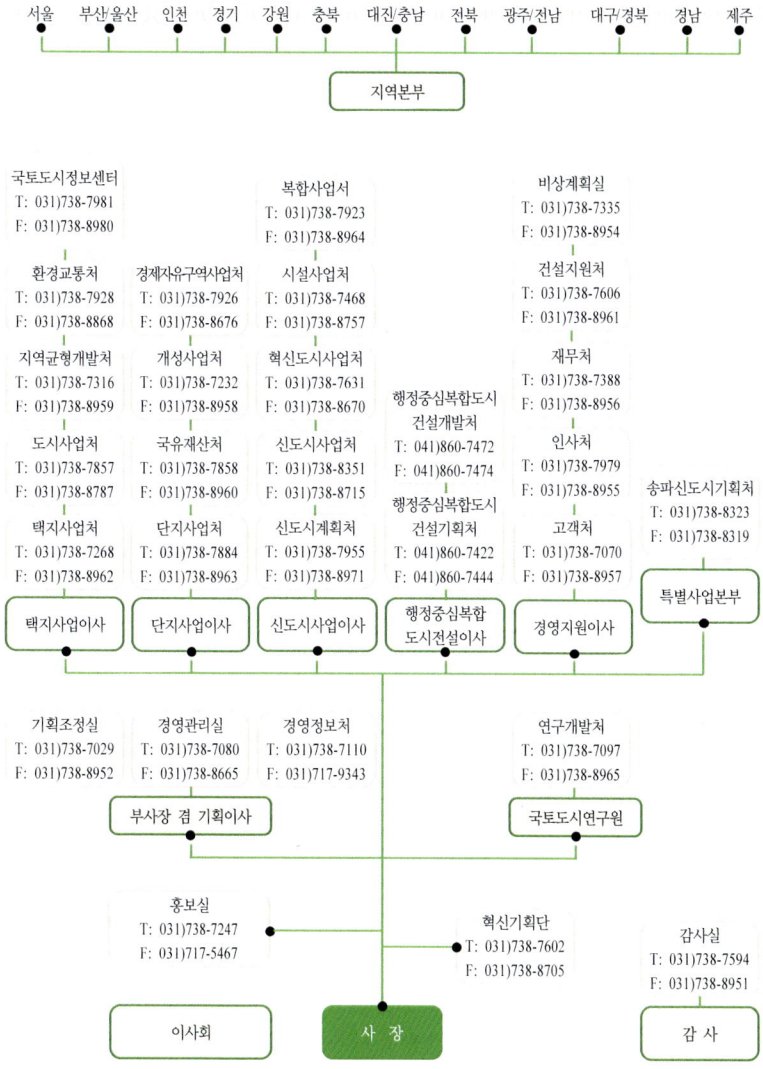

토지공사 사장[15]은 15조 원의 예산을 다루고 전국을 무대로 숱한 대규모 개발사업을 지휘하는 요직이다. 그만큼 정치의 영향을 강하게 받기 쉽다. 또한 토지공사 노조는 '한국노총 공공노련' 소속으로서 주공·토공의 통합에 반대하는 것은 물론이고 정부투자기관 경영평가(2002. 6.), 공공기관 지방이전(2005. 5.) 등에도 적극 반대했다.

토지공사의 조직도에는 전혀 제시되어 있지 않지만 최근에 토지공사의 조직과 관련해서 가장 큰 문제로 떠오른 것은 '자회사'이다.[16] 「2007년 9월 중 상호출자제한기업집단 등의 소속회사 변동현황」 자료에는 토지공사의 자회사로 한국투자신탁과 (주)한누리만 제시되어 있다. 그러나 토지공사의 실질적 자회사는 훨씬 더 많은 것으로 알려졌다. 특히 모닝브릿지, 스마트시티, 그린시티, 메타폴리스, 쥬네브 등은 국정감사에서도 큰 문제로 지적되었다.

---

15) 토지공사 사장의 연봉은 2006년에 2억 6,170만 원으로서 2002년의 8,568만 원에 비해 4년 동안 무려 205%나 늘어났다.

16) 2008년 1월 11일에 열린 『공기업 개혁을 위한 차기정부의 과제』 세미나에서 곽채기 전남대 행정학과 교수는 '공공기관 구조조정의 대안과 접근전략'이라는 논문을 발표했다. 그는 이 논문에서 "공기업의 자회사는 경직된 조직관리와 비효율적인 인력운용 등 방만한 경영에서 벗어나지 못하고 있다고 지적했다. 또 독점적 구조하에서 외부·내부적인 경쟁유인이 적어 수지균형의 절박감이나 일류 서비스를 제공해야 한다는 책임의식이 희박하다고 꼬집었다. 곽 교수는 아울러 공기업 자회사가 모회사 임직원의 퇴직 후 일자리로 활용되는 사례가 적지 않다고 말했다. 그 결과, 공기업 자회사의 투자수익률이 모기업보다 낮은 경우가 많으며, 적자를 기록하는 사례도 있으며, 경영 투명성 제고를 위한 경영공시 등 경영감시제도가 미비되어 있는 경우도 많다고 밝혔다. 곽 교수는 설립 및 존속의 필요성이 상실된 자회사는 정리대상으로 우선적으로 고려할 필요가 있으며 자회사 간 사업이 중복되면 통폐합 등으로 해결하는 것이 바람직하다고 제안했다"(〈조세일보〉, 2008년 1월 11일).

"23일 한국토지공사 국정감사에서 김태환 의원(한나라당)은 토공이 PF사업을 추진하며 5개의 관련 회사를 설립하는 과정에서 회사 지분율을 20% 미만으로 낮춰 사실상 정부의 자회사 설립금지 원칙을 교묘히 빠져나갔다고 주장했다. 김 의원은 또 이들 5개 사 중 4개 사는 토공간부를 퇴임 직후 대표이사로 취임시키는 등 자회사 설립을 통한 방만한 경영을 일삼았다고 지적했다. 김 의원에 따르면 이들 5개 회사는 조성원가의 3.5배로 토지를 매각해 3년 만에 5,830억 원의 수입을 올렸다.

김 의원은 "토지공사가 실질적인 자회사를 설립하며 지분율을 20% 이하로 낮춘 것은 지분율이 20%를 넘으면 자회사를 설립한 것으로 간주되기 때문"이라며 "토공은 자회사가 아니라고 주장하지만 실제로 5개 회사 중 최근 설립한 모닝브릿지를 제외하고는 대표이사를 모두 토공간부 출신으로 앉히는 등 경영에 직간접적으로 개입한 것으로 드러났다"고 말했다. 김 의원은 토공이 회사 지분율을 20% 이하로 낮췄기 때문에 자산총액 1억 원 이상 회사가 새로 설립하는 회사 주식의 20% 이상을 인수하는 경우 기업결합을 신고하도록 돼 있는 '연결재무제표' 작성도 회피했다고 밝혔다.

김 의원이 실질적인 토공 자회사라고 지적한 5개 사 중 그린시티와 메타폴리스의 대표이사는 각각 토공의 전직 단지사업본부장과 기술본부장이 맡고 있고 쥬네브 사장도 전 토지연구원장 출신이다. 스마트시티 대표이사는 토지공사의 수탁사업처장 출신으로 알려졌다.

이들 민간회사는 3년 만에 12만 8,000평의 택지 등을 개발하며 조성원가 2,267억 원의 3배가 넘는 8,097억 원에 매각, 5,830억 원의 수익을 기록했다"(〈뉴시스〉, 2005년 9월 24일).

3) 재정 현황

토지공사의 규모는 얼마나 클까? 재정 현황을 통해 토지공사의 크기를 간략히 살펴보자. 2007년 현재, 토지공사의 주요 재정 상태는 다음과 같다. 매출, 자산, 부채, 자본이 모두 천문학적 크기이지만, 특히 부채가 자본보다 훨씬 많은 것에 주의할 필요가 있다.

    매출 13조 6,617억 원
    자산 24조 9,718억 원
    부채 19조 5,016억 원
    자본 5조 4,702억 원

토지공사의 크기는 재계 순위를 통해 더 쉽게 알 수 있다. 공정거래위원회에서 2007년 10월 1일에 발표한 「2007년 9월 중 상호출자제한기업집단 등의 소속회사 변동현황」을 보면, 여러 공기업의 크기를 잘 알 수 있다. 모두 1,243개의 관련 기업들 중에서 한전은 2위, 주공은 6위, 도공은 8위, 토공은 11위를 차지했다. 그런데 토지공사의 재정현황에서 가장 주목할 것은 '부채비율'이다. 토지공사의 부채비율은 357%로 건전한 상태의 상한인 200%를 훨씬 넘는다.[17] 이처럼 높은 '부채비율'은 토지공사가 막대한 부채를 얻어서 거대화와 복합화를 추진하고 있는 데서 비롯된 결과이다.

4) 사업 현황

토지공사는 전국에서 숱한 대규모 공공개발사업을 벌이고 있다. 뿐만 아니라 토지공사는 북한과 외국으로도 진출해 있다. 사실 토지공사는 이미 너무나 커져서 국내외를 막론하고 온갖 개발사업을

---

17) 금융비용을 부담하지 않은 선수금을 제외한 부채비율은 199.9%로 나타나고 있다(심충진,2008)

적극적으로 추진하지 않으면 안 되는 상태에 있다. 이러한 토지공사의 사업은 '토지공사법' 제9조에 규정되어 있다. 특히 '3의 나' 항은 토지공사가 온갖 단지에서 복합단지에 이르기까지 모든 종류의 공공개발사업을 할 수 있다는 것을 보여준다. 그리고 바로 이 때문에 토지공사는 주택공사와 명백한 업무중복의 문제를 안게 되었다. 현재와 같은 토지공사와 주택공사의 병립은 낭비행정의 예로서 계속 큰 비판을 받지 않을 수 없다.

> 제9조 (業務) ① 公社는 第1條의 目的을 달성하기 위하여 다음 각 호의 業務를 행한다. <개정 1995. 12. 29., 1998. 12. 28., 2002. 2. 4., 2003. 5. 29., 2007. 1. 11., 2007. 4. 6.>
> 1. 土地의 취득・開發・備蓄・관리・供給 및 賃貸
> 2. 「국토의계획및이용에관한법률」・「공공기관지방이전에따른혁신도시건설및지원에관한특별법」 그 밖에 다른 법률에 따른 토지 및 건축물의 매입
> 3. 토지의 개발에 관한 다음 각 목의 사업
>   가. 주택건설용지・산업시설용지 및 대통령령이 정하는 공공시설용지의 개발사업
>   나. 주거・산업・교육・연구・문화・관광・휴양・행정・정보통신・복지・유통 등(이하 이 목에서 "주거등"이라 한다)의 기능을 가지는 단지 또는 주거 등의 기능의 단지 및 기반시설 등을 종합적으로 계획・개발하는 복합단지의 개발사업
>   다. 도시개발사업 및 도시환경정비사업
>   라. 간척 및 매립사업
> 4. 「택지개발촉진법」・「주택법」・「산업입지및개발에관한법률」 그 밖의 다른 법률에 따라 공사가 시행할 수 있는 사업
> 5. 제3호 및 제4호의 사업(이하 "토지개발사업"이라 한다)에 따른 대통령령이 정하는 공공복리시설의 건설・공급

6. 土地債券의 발행
7. 土地의 賣買·관리의 受託
8. 국토 및 부동산에 관한 조사·연구, 조사·연구용역의 제공 및 정보화 사업
9. 국가·지방자치단체 또는 「국가균형발전특별법」 제2조제7호에 따른 공공기관으로부터 위탁받은 제1호 내지 제5호 및 제8호의 업무
10. 第1號 내지 第9號의 業務에 附帶되는 業務
② 公社는 理事會의 議決을 거쳐 第1項 各號에 해당하는 業務 또는 이와 유사한 業務를 행하는 法人에 대하여 그 資本金의 전부 또는 일부를 出資할 수 있다.
③ 공사는 국외에서 토지개발사업 및 이에 부대되는 사업을 행할 수 있다. <개정 2007. 4. 11.>

2. 특 징

토지공사의 특징은 여러 면에서 살펴볼 수 있다. 첫째, 여러 현황에서 드러나듯이, 토지공사는 역피라미드형 인력구조, 다양한 자회사 설립, 방대한 재정 보유, 모든 종류의 개발사업 수행 등의 특징들을 지니고 있다. 인력구조와 자회사는 이른바 방만경영의 문제와 관련되고, 방대한 재정과 다양한 개발사업은 그 막강한 권한과 관련된다. 방만성과 거대성의 면에서 토지공사는 재벌과 비슷한 면모를 보이고 있다.[18]

둘째, 토지공사의 변천과정에서는 거대화, 중복화, 완결화, 기업화의 특징을 살펴볼 수 있다. 거대화는 고성장을 거듭해서 거대한

─────────────

18) 이것은 다른 개발공사도 마찬가지이다. 이런 점에서도 개발공사의 전면적이고 발본적인 개혁은 긴급한 경제적 과제이다.

조직으로 변모한 것을 뜻한다. 그런데 이러한 거대화는 토지의 조성에서 시설의 건설까지 모든 개발사업을 추진하는 것으로 이루어졌으며, 바로 이 때문에 토지공사는 주택공사와 업무중복의 문제를 안게 되었다. 거대화는 동시에 중복화의 성격을 가졌던 것이다. 완결화는 연구와 기획에서 토지의 조성과 시설의 건설까지 모든 사업을 독자적으로 수행하는 것을 뜻한다. 토지공사는 건교부의 단순한 손발이 아니라 머리까지 갖춘 완결체에 가깝다. 토지공사의 국토도시연구원은 단순히 기능적 연구를 넘어서 토지공사의 필요성을 주장하는 이데올로기적 연구도 수행한다. 기업화는 전반적인 신자유주의의 강화 속에서 토지공사가 공공성보다 수익성을 중시하는 쪽으로 옮겨가고 있는 것을 뜻한다. 현재 토지공사는 '토지서비스기업'을 명시적으로 내세우고 있기도 하다.

셋째, 토지공사는 단순히 각종 토지 관련 기능을 수행하는 것이 아니라 토건국가라는 구조를 형성하는 주체이다. 여기서 토지공사는 다음의 <그림 3>과 같이 이해할 수 있다. 요컨대 우리는 토지공사를 기능적 차원을 넘어서 구조적 차원에서 이해해야 한다. 토지공사는 거대 개발공사이다. 오늘날 토지공사를 비롯한 개발공사들은 각종 개발사업을 기획하고 추진해서 스스로 토건국가의 강력한 주체가 되었다. 바로 이런 점에서 토지공사의 개혁은 '진정한 선진화'를 위해 더욱더 중요한 과제가 된다.

〈그림 3〉 토지공사의 두 차원

토지공사 ┬ 기능적 차원: 토지의 취득 관리
　　　　　　　　　　　　　　 개발 공급
　　　　　 └ 구조적 차원: 개발부서의 도구
　　　　　　　　　　　　　　 토건국가의 주체

넷째, 토지공사가 거대한 독립적 공기업의 성격을 강하게 가지고 있기는 하지만 여전히 토지공사는 공기업으로서 정치에 종속적인 위치에 놓여 있다. 따라서 정권의 성격이나 목표에 따라 토지공사는 자기의 의지나 계획을 떠나서 상당한 변화를 겪을 수 있다.[19] 이 점은 물론 다른 개발공사들도 마찬가지이다. 정권과의 관계에서 모든 개발공사들은 일종의 '정치적 전리품'과 같은 성격을 지닌다. 이처럼 토지공사를 비롯한 모든 개발공사들은 정치와 밀접하게 연관되어 있기 때문에 그 개혁을 위해서는 정치의 변화에 크게 주의해야 한다. 요컨대 개발공사의 개혁은 결국 정치의 개혁과 동전의 양면을 이루고 있는 것이다.

다섯째, 토지공사의 주체는 경영진과 노조로 파악할 수 있다. 토지공사의 경영진은 정권의 결정에 의해 구성된다. 사장, 이사, 감사 등이 모두 정권의 결정사항이다. 이에 비해 노조는 일단 정권

---

19) 토지공사의 홍보비도 이런 사실을 잘 보여준다. "집값을 잡겠다는 참여정부가 출범 후 2006년 8월 말 현재까지 '땅장사' 광고에만 1백69억 원을 쏟아 부은 것으로 드러났다. 이 같은 사실은 토지공사가 국회 건설교통위원회 심재철 의원(한나라당, 안양 동안을)에게 제출한 국정감사 자료를 통해 밝혀졌다. 한국토지공사가 TV와 신문·잡지 홍보비로 지출한 예산은 2003년 26억, 2004년 46억, 2005년 58억, 2006년 60억 원으로 매년 증가하고 있다. 참여정부 출범 첫 해에 불과 26억 원이던 홍보비가 3년 만에 60억 원으로 두 배 이상 증가했다. 이 같은 토지공사의 홍보비 예산 증액은 국정홍보처 등 외부의 간섭에 의해 이루어진 것으로 드러났다. 2005년 12월 28일 개최된 이사회 회의록에 의하면 2006년도에는 '행복도시', '신도시', '경제자유구역' 등 국가정책사업으로 인한 공익광고 요구가 많기 때문에 국정홍보처와 국무조정실이 국가홍보 강화 차원에서 홍보비 30억 원의 증액을 요청한 것으로 되어 있다. 또 2006년 1월 12일 국정홍보처는 토지공사와 주택공사에 공문을 보내 국가 균형발전 홍보와 관련해 균등 분담 원칙에 따라 광고 매체 예산을 부담하도록 요구하고 있다"(〈브레이크뉴스〉, 2006년 11월 8일).

에 대해 독립적이다. 그러나 토지공사의 존재 자체에 대해 정권이 큰 영향을 미칠 수 있기 때문에 노조도 정권과 대립하기만 하지는 않는다. 노조는 경영진과 정권을 상대로 '투쟁'만 하는 것이 아니라 '정치'도 하는 것이다. 나아가 경영진과 노조는 항용 대립하게 마련이지만 토지공사의 존속과 성장에 대해 양자는 사실상 완전한 일심동체이다. 예컨대 토지공사의 문제로 많이 지적되는 방만경영, 폭리, 자회사 등에 대해 노조는 경영진과 똑같은 반론을 제기하고 있다. 노조는 경영진에 비해 '약자'라는 위치에 있지만, 토지공사의 문제에 대해서 노조는 경영진과 다르지 않다.[20]

---

20) 이와 관련해서 고봉환 토지공사 노조위원장의 인터뷰 기사를 참고(이대호, 2007). "조합원들은 불안하다 못해 악의적인 보도에 분통을 터뜨린다. 정권교체기마다 공기업 개혁이 주 메뉴로 등장한다. 공기업은 봉이 아니다. IMF 이후 30%가 구조 조정됐다. 이후 청년실업이 문제가 되면서 정부가 문호개방을 종용해 대규모로 신입사원을 뽑았다. 이제 와서 이것을 방만경영이라고 무책임하게 비난한다. 주공과의 통합은 김대중 정부 시절에 이미 현실성이 없다고 결판난 것이다. 공기업 통폐합은 국민들을 자극해 표를 얻기 위한 술수에 지나지 않는다." "토공이 실제 땅을 개발해서 폭리를 취하고 있는지, 폭리를 취했다면 남은 이익은 어디에 쓰이는지 두 가지 문제를 함께 고려해야 한다. 이익을 직원들이 흥청망청 쓴다면 문제지만 정부 정책에 따라 행정도시, 혁신도시, 기반시설 재정비, 지방주택단지 건설 등 국민을 위한 재투자 재원으로 쓰인다. 토공의 이익은 건설 참여 주체들이 가져갈 것을 남겨서 국민들에게 환원한다고 보면 된다. 이 부분과 관련해 토공의 역할을 설득력 있게 홍보하도록 경영진에 촉구하고 있다." '토공의 이익은……국민들에게 환원한다'니, 고 위원장은 전문가와 시민단체의 연구결과, 그리고 시민의 여론을 너무 무시하는 것 같다. 한편 토지공사 노조는 한국노총 소속이고, 한국노총은 이명박 대통령을 공개 지지했다. 그러나 이명박 대통령은 민영화를 중심으로 한 공사의 '개혁'을 천명했다(선대식, 2008). '정책연대'라는 이름으로 이명박에 대한 공개지지를 주도했던 이용득 전 한국노총위원장은 2008년 총선에서 한나라당에 공천을 신청했으나 떨어

여섯째, 토지공사는 토건경제의 핵심주체로서 수많은 토건업체들과 긴밀한 관계를 맺고 있다. 그리고 토지공사는 언제나 '갑'의 위치에서 이 관계를 주도한다. 이런 점에서 토지공사는 병적으로 비대한 한국의 토건업과 그 문제들을 해결해야 하는 막중한 과제를 안고 있다. 그러나 토지공사는 계속 거대화와 복합화를 추구해서 오히려 스스로 문제의 핵심이 되어 버렸다. 사실상 방대한 규모의 조직을 유지하기 위해 대규모 개발사업을 계속 기획하고 추진해야 하는 것이 오늘날 토지공사의 가장 큰 특징이라고 할 수 있다. 여기에 토지공사의 큰 불행이 놓여 있다. 더욱 큰 문제는 이것이 이 나라의 큰 불행이기도 하다는 것이다. 막대한 재정을 계속해서 대규모 개발사업에 투여해야 하고, 이와 함께 국토의 훼손과 파괴가 진행되기 때문이다. 비정상적으로 비대한 토건업이 정상적으로 감축되고, 토지공사와 같은 거대 개발공사가 더 이상 존재하지 않으며, 개발사업에 투여되는 막대한 재정이 복지와 문화에 투여되는 사회야말로 우리가 추구해야 하는 '좋은 사회'일 것이다(홍성태, 2007ㄱ).

제5절 토지공사의 문제

토지공사의 문제에 대해서는 이미 오래전부터 여러 주체들에 의

졌다. 토지공사 노조를 비롯해 한국노총은 민영화에 강력히 맞서겠다고 주장하고 있지만, 친재벌 반노동의 이명박 대통령을 공개 지지한 것 자체가 잘못일 것이다. 언제 어디서나 노조가 제대로 기능을 하려면 친재벌 반노동의 정치인이 아니라 비판적 시민과 결합하려고 최선을 다해야 한다.

해 지적되어 왔다. 여기서는 토지공사의 문제를 크게 경영문제, 구조문제, 환경문제의 세 가지로 나누어 살펴보고자 한다. 경영문제는 토지공사의 경영에서 나타나는 문제를, 구조문제는 토지공사가 사회구조에 대해 미치는 영향의 문제를, 환경문제는 사회의 원천인 자연환경에 대해 토지공사가 끼치는 해악을 가리킨다.

1. 경영문제

토지공사의 경영문제는 방만경영, 폭리문제, 부패문제의 세 가지로 나누어 살펴볼 수 있다. 이러한 경영문제는 흔히 '도덕적 해이'라는 심리적 변수로 설명되곤 하는데, 사실 '도덕적 해이'는 원인일 뿐만 아니라 결과의 성격도 갖는다. '도덕적 해이'라는 심리적 결과를 조장하고 용인하는 물리적 구조와 제도의 문제가 있는 것이다. 따라서 이러한 '도덕적 해이'의 물리적 원인을 찾아서 해결하는 것이 대단히 중요하다.

① 방만경영: 방만경영의 문제는 다음의 기사에서 볼 수 있듯이 주로 봉급 인상, 특혜제공 등과 연관되어 지적되고 있다. 먼저 성과급에 관한 다음의 기사를 보자. 2000년대에 들어와서 토공은 부채비율과 성과급이 함께 크게 늘어났다.

건설교통부 산하 4대 공기업이 지난 3년간 임직원에게 성과급을 매년 크게 늘려 지급한 것으로 나타났다. 한나라당 김태환(金泰煥) 의원은 3일 도로공사·주택공사·토지공사·수자원공사의 2002~2004년 성과급 지급실태를 분석한 결과, ▲2002년 564억 ▲2003년 692억 ▲2004년 1032억 원이 모두 지급됐다고 밝혔다.

2002~2004년간 지급된 공사별 성과급을 보면, 토공이 80억, 108억, 194억 원으로, 수자원공은 172억, 233억, 329억 원으로 증가했다. 또 주공은 139억, 168억, 288억 원으로, 도공은 174억, 184억, 221억 원으로 늘어났다. 이들의 부채비율은 작년 기준으로 토공 246%, 주공 223%, 도공 85%, 수자원공 22%다. 지난해 4대 공기업 사장들이 받은 성과급은 주공이 연 1억 3,452만 원으로 가장 많았고, 토공 1억 368만 원, 수자원공 9,312만 원, 도공 7,920만 원 순이었다(〈조선일보〉, 2005년 7월 3일).

성과급을 매년 크게 늘려 지급한 것도 큰 문제가 될 수 있지만, 특혜제공으로 특정 업체가 막대한 이익을 취할 수 있도록 한 것은 흔히 비리나 부패와 연관되는 심각한 문제가 아닐 수 없다. 다음의 감사원 감사 관련 기사를 보자.

감사원은 17일 "작년 10~12월 이들 3개 기관 및 자회사를 대상으로 건설공기업 기관운영 실태를 감사한 결과 각종 문제점을 적발하고 토지공사 및 파주시 임직원 3명, 주택공사 3명, 수자원공사 5명 등 11명에 대해 징계처분을 요구하고 건교부 장관과 공사 사장들에게 시정 및 제도개선을 권고했다"고 밝혔다.

감사원에 따르면, 토지공사는 용인죽전지구 등 2개 택지개발예정지구 과정에 17개 업체가 '지구지정 이전부터 사업을 추진했다'고 주장하며 손실보상을 요구하자, 수의계약 대상이 아님에도 불구하고 22개 필지 1백13만5천8백64㎡(34만여 평)를 우선 공급하는 특혜를 제공했다. 이들 업체는 그 후 이 중 11곳에 대해 주택을 건축하지도 않고 전매해 막대한 차익을 거뒀다.

토지공사는 또 파주시의 '통일동산 개발촉진지구' 내 휴식시설부지(53만㎡)를 분양한 뒤 H건설이 대금을 완납하지도 않고 숙박시설부지 용지 전용을 추진했음에도 불구하고 계약 해제 등의 조치를 취하지 않고 콘도 건축을 허용했다. 이 과정에서 파주시는 편법으로 해당 부지를 숙박시설용지로 지구단위계획을 변경해줘, H건설이 용도변경으로만 2백19억 원 상당의 지가상승 차익을 얻도록 했다(〈뷰스앤뉴스〉, 2006년 11월 17일).

② 폭리문제: 토지공사의 문제들 중에서 가장 큰 논란을 빚은 것은 바로 폭리문제였다. 이 문제는 2004년부터 본격적으로 드러나기 시작했으며, 2006년에는 감사원의 감사결과가 발표되기도 했다.

한국토지공사가 2001년 이후 공급 착수한 31개 택지개발사업지구에서 총 3조 7천8백73억 원의 이득을 챙긴 것으로 밝혀졌다. 특히 최근 개발이익 규모를 놓고 논란을 빚고 있는 성남 판교지구에서는 평당 매입가의 5배에 달하는 1조 2백억여 원의 이익을 챙긴 것으로 드러났다. 또한 집값을 잡겠다는 참여정부가 출범 후 2006년 8월 말 현재까지 '땅장사' 광고에만 1백69억 원을 쏟아 부은 것으로 드러났다.

이 같은 사실은 토지공사가 국회 건설교통위원회 심재철 의원(한나라당, 안양 동안을)에게 제출한 국정감사 자료를 통해 밝혀졌다. 이 자료에 따르면, 토지공사는 성남 판교지구에 신도시 개발을 위해 조성한 1백51만4천 평을 평당 1백36만 3천 원에 매입한 후 평당 8백12만 7천 원에 공급함으로써 1조 2백41억 원의 차익을 남겼다. 또 화성 동탄지구 개발을 위해 조성한 2백62만 4천 평을 평당 40만 5천 원에 매입한 후 평당 3백56만 4천 원에 공급, 무려 8배에 가까운 8천억 원 이상의 이익을 챙겼으며, 용인 흥덕지구에서는 3천3백23억 원의 차익을 실현했다.

수익률 측면에서 살펴보면 김포 장기지구에서 토지를 평당 51만 8천 원에 매입한 후 4백89만 2천 원에 공급해 844%의 수익률을 기록, 전체 31개 택지개발사업지구에서 최고수익률을 기록했으며, 다음으로 화성 동탄이 780%, 평택 청북지구(691%)의 순으로 집계됐다. 판교지구는 수익률이 496%로 9위를 기록했다(〈브레이크뉴스〉, 2006년 11월 8일).

이로부터 며칠 뒤에 앞의 감사원 감사가 발표되었다. 이 발표에서도 토공의 폭리문제가 지적되었을 뿐만 아니라 이에 대한 비판을 피하기 위해 비용을 늘리고 순익을 줄이는 식으로 회계를 조작한 사실까지 드러났다.

토공은 택지사업과 관련 없는 기업토지 매입용 채권, 이자비용을 포함시켜 실제 자본비용률보다 0.09~1.06% 포인트 원가를 부풀리는 식으로 이득을 챙겼다. 토지공사는 또 폭리에 대한 비난여론이 일자 2004년도 결산에서 비용 부분을 부풀려 당기순이익을 1천억 원 정도 축소 공시하기도 했다.[21]

---

21) 이 경악할 일에 관해 다음의 기사를 보자. "토공이나 주공이 이익을 얼마나 남기고 있는지는 '뜨거운 감자' 중 하나다. 정치권이나 시민단체는 토공이 과도한 이익을 낸 뒤 이를 감추고 있다고 주장하고, 토공은 매번 이를 부인해 왔다. 취재팀이 확인한 2004년 12월 28일 토공 이사회의 한 장면이다.

"다른 제조업체나 공사보다 서너 배의 엄청난 흑자가 난다. 땅 장사를 한다든지 독점이 심하다는 비난을 국정감사 때나 언론 등에서 받을 가능성이 높다. 사업비에서 이윤을 최대한 줄이는 방법을 강구해야 한다."
(토지공사 L이사)

"좋은 말이다.……가능하면 이익을 줄이기 위해 노력하는 중이다."
(김재현 사장)

2004년 하순, 4,000억 원 이상의 당기순이익이 예상되자 L 이사는 이익을 줄여야 한다고 했다. 그는 구체적인 방법도 제안했다. ▶ 법정적립금(경영 악화에 대비해 적립하도록 법으로 정한 돈) 외에 임의적립금(법으로 정하지 않은 준비금)을 늘릴 것 ▶ 한 해만이라도 지자체에 탁아소나 유치원 등을 지어줄 것 등이다. 그러면서 세금을 덜 내기 위해 "절세 방안도 강구해야 한다"고 했다.

토지공사는 정부가 고객 만족도를 공기업 평가항목으로 삼자 5년 동안 택지 판매비 1백71억 4천7백만 원을 이미지 광고 비용으로 전용했고, 그 집행액도 2000년 12억 4천1백만 원에서 지난해 78억 9천3백만 원으로 6.3배가량 급증해 택지조성원가 및 분양가 상승 원인으로 작용했다(〈뷰스앤뉴스〉, 2006년 11월 17일).

가장 큰 논란을 빚은 것은 경실련의 조사결과 발표였다. 경실련은 2006년 12월 18일 기자회견을 열어서 토지공사가 판교의 30만 평에서만 1조 원의 이윤을 취한 것으로 추정된다는 경악할 내용의 조사결과를 발표했다.

경제정의실천연합은 18일 오전 서울 혜화동 경실련 강당에서 기자회견을 열고 "공기업인 주택공사가 건축비에서 4천7백억 원, 토지공사는 택지비에서 1조 원의 이윤을 취한 것으로 추정된다"고 밝혔다. 경실련은 이어 "성남시도 택지를 조성해 주공에 되파는 과정에서 2천3백98억 원의 이윤을 취했다"며 "건교부 역시 판교에서 1조 7천억 원의 채권장사를 해 판교에서만 공공기관의 총 이윤은 3조 원에 달한다"고 주장했다.

특히 이날 공개된 판교 신도시의 폭리 규모는 총 사업면적 2백80만 평 중 분양용도로 조성·판매된 30만 평만 기준으로 한 것이어서, 현 수준대로 판교 분양을 계속할 경우 폭리 규모는 16조 원대에 달한다는 계산이 나와 큰 충격을 안겨주고 있다(〈연합뉴

실제로 그해 토공의 손익계산서상 대손상각비(회수 불가능한 채권을 미리 예상해 이익을 비용으로 처리하는 것)는 전년도(190억여 원)보다 크게 올라간 997억여 원이었다. 경영환경의 큰 변화가 없었는데도 예상 손실을 크게 잡아 장부상 수익을 줄인 것이다. 국회 국정감사에서 한나라당 김학송 의원은 이 같은 사실을 지적하며 "토공이 이익을 감췄다"고 비판했다. 그러자 다음 해인 2005년엔 대손상각비가 118억으로 2003년보다 줄었다"(〈중앙일보〉, 2006년 9월 5일).

스〉, 2006년 12월 18일).

③ 부패문제: 토지공사의 부패문제는 대단히 심각하다. 그리고 당연하게도 이 문제는 방만경영, 폭리문제와 깊은 연관을 맺고 있다. 토지공사는 나름대로 여러 제도를 만들면서 이 문제에 대처하고 있다지만 그 실효는 극히 의심스럽다. 부패문제는 일차적으로 임직원의 뇌물수수로 나타난다. 다음의 기사는 그 한 예이다.

> 14일 수원지검 특수부 김병구 검사는 대형 쇼핑몰 건축 민간사업자를 공모하는 과정에서 거액의 뇌물을 받은 혐의(특정범죄가중처벌법상 뇌물수수)로 토지공사 PF팀 김 모(46 · 성남시 분당구) 부장을 구속했다.
>
> 검찰에 따르면 토공 간부 김 씨는 지난 2003년 1월 20일 토공이 민간 공동으로 짓는 용인 동백지구 모 쇼핑몰 민간사업자로 D컨소시엄을 선정해주고 S공영 대표 김 씨로부터 4억 2천만 원을 입금받는 등 3차례에 걸쳐 5억 원을 받은 혐의다.
>
> 검찰조사 결과 S공영은 쇼핑몰 건설 컨소시엄에 참여할 수 없는 분양대행업체로 다른 건설사 이름을 빌려 D컨소시엄에 참여, 61%의 지분을 가지고 있던 것으로 드러났다〈제일경제〉, 2004년 11월 14일).

뇌물뿐만 아니라 투기도 심각한 부패문제에 속한다. 내부의 개발정보를 이용해서 투기를 하는 것이다. 조직 차원에서는 원가를 속이는 식의 방법으로 막대한 폭리를 취하고, 직원 차원에서는 개발정보를 이용해서 투기이득을 취한다. 토지공사에 대한 비판이 줄어들지 않는 것은 이런 현실 때문이다. 한 신문은 '사설'에서 이런 현실을 다음과 같이 개탄했다.

한국토지공사가 최근 5년간 공공택지 개발사업으로 얻은 천문학적인 이익금으로 콘도 회원권을 대량 사들이는 등 방만경영을 하는가 하면, 전 현직 직원들이 부동산 투기 의혹을 받고 있어 공기업 도덕적 해이의 극치를 보여주고 있다. 이러고도 토지공사가 14개 정부투자기관 경영실적 평가에서 1위를 차지했다니 기가 막힐 노릇이다.

토지공사는 2001년 이후 5년간 11조 1,000억 원의 이익을 남겼다. 매년 2조 원을 벌었다는 얘기인데, 선뜻 납득이 가지 않는다. 비판이 거세지자 토공 측은 5년간 당기 순이익이 2조 136억 원으로, 매년 4,000억 원 수준이라고 부인하고 있다. 토공이 어떤 회사인가. 땅을 싼값에 공급해 서민 주거 안정에 기여해야 하는 공기업 아닌가. 그러고도 부동산이 폭등한 지난 5년 동안 매년 땅을 팔아 거액을 챙겼으니 서민들을 상대로 땅장사를 벌여 폭리를 취했다는 비판이 쏟아져도 변명을 늘어놓지는 못할 것이다. 토공이 아파트 부지를 비싸게 팔아 분양가 인상을 부추긴다는 비판이 괜히 나왔겠는가.

또한 택지사업에서 번 돈으로 콘도 회원권 65계좌(18억 4,000만 원)를 사들였고, 전 현직 간부들이 내부 정보를 이용해 택지지구 내 원주민들에게 공급되는 생활대책용지 분양권('딱지')을 싼값에 사 투기 의혹을 사고 있다니 어이가 없다. 뒤늦게야 '딱지' 매입 단속에 나섰지만 이 같은 내부 비리는 어제오늘의 일이 아니다. 이러니 공기업 혁신이 거론될 때마다 토공과 대한주택공사의 통폐합 얘기가 나오는 것 아닌가. 토공의 정상화를 위해 구조조정이라는 수술대에 올려야 한다(〈세계일보〉, 2006년 7월 3일 사설).

토지공사는 윤리경영, 투명경영 등을 전면적으로 내걸고 여러 정책을 추진하고 있다. '청렴학교'(2006년 4월)라는 것을 열었고, '아름다운 약속 실천운동'[22](2007년 4월)이라는 것을 펼쳤다. '클

---

22) 이것은 가족 앞에서 '청렴'을 약속하는 것이다. 당연한 '청렴'의 의무

린토공위원회'라는 것을 만들었고, '유리알경영'이니 '토마토경영'
이니 하는 것을 천명했다. 이 밖에도 여러 기구와 제도들이 있다
고 한다. 그러나 국가청렴위의 조사에 따르면, 토지공사의 청렴도
는 최하위이다.[23]

> 한국토지공사의 청렴도가 공기업 중 최하위에 머문 것으로 나
> 타났다. 17일 국가청렴위가 중앙행정기관과 지방자치단체 등 333
> 개 공공기관을 대상으로 실시한 2007년도 청렴도 측정결과에 따
> 르면 한국토지공사의 청렴도는 10점 만점에 8.55점으로 공기업
> 가운데 최하위를 기록했다(〈건설신문〉, 2008년 1월 18일).

토지공사의 부패문제를 해결하기 위해서는 개발사업의 기획부터
조성원가의 계산까지 모든 논의와 자료를 철저히 공개해야 한다.
방만경영과 부패문제가 해결되지 않는 한, 부패문제는 언제까지고
해결되지 않을 것이다. 부패문제의 원천을 없애지 않고 윤리경영
을 아무리 강조해도 윤리경영은 실현되지 않을 것이다.

2. 구조문제

구조문제는 무엇보다 토지공사가 토건국가 한국의 문제에 대해
미치는 영향과 연관된다. 한국은 세계적으로 손꼽는 토건국가이다.
병적으로 비대한 토건업이 한국 경제의 발전을 가로막고 있다. 이

를 이행하도록 하기 위해 가족까지 끌어들여야 할 정도로 토지공사
의 부패는 심각한 상태인가? 이 운동에서는 '연좌제'의 그늘을 엿볼
수 있다.
23) 단, 2006년 국가청렴위 평가에서는 토지공사가 10점 만점에 8.89, 대
한주택공사가 8.38로 나타나고 있다(이창길,2008).

문제를 해결해야 하는 것은 정치의 막중한 책임이지만, 한국의 정치는 오히려 이 문제를 이용하고자 할 뿐이다.[24] 토건업을 중심으로 강력한 '잠금효과'와 '정의 환류'가 작동하고 있는 것이다. 이 문제를 적극적으로 해결하지 않는다면, 결국 '토건공황', '토건망국'으로 폭발하고 말 것이다.

토건국가 한국의 실태는 어느 정도일까? 여기서 잠시 정부 자료를 통해 토건국가 한국의 실태를 살펴보자.

2004년 현재 '진행하고 있는 국책사업 규모는 총 971조 5천54억 원이며 이 중 국고지원 총액은 756조2천56조원'이었다. 그렇다면 이 중에서 토건국가의 문제와 직접 연관되는 각종 개발사업에는 얼마나 많은 돈이 사용되고 있을까? 기획예산처가 2006년에 발표한 재정 관련 자료에 따르면, 총사업비 관리대상에 해당하는 대규모 '공공투자사업'(토목사업 500억 원 이상, 건축사업 200억 원 이상)만 766개이며, 이 766개 사업의 총사업비는 무려 223조 원에 이르렀다. 또한 기획예산처의 2007년 재정 해설자료에 따르면, 2007년 정부 총지출 규모는 237조 1,000억 원이며, 그중에서 공공부문 건설투자는 52조 8,000억 원을 차지했다.

국가적으로 엄청난 돈이 대규모 개발사업에 투입되고 있으며, 그중에는 매년 수십조 원에 이르는 막대한 혈세도 포함되어 있다.

---

24) 이른바 '한반도 대운하' 계획은 그 극단적 양상이다. 강을 콘크리트 옹벽 인공수로로 만들고자 하는 이 계획은 식수원 감소, 홍수의 악화, 자연의 파괴 등 수많은 문제를 지니고 있으나, 그 결과 건설되는 운하에서 화물선은 경운기보다 느린 속도로 운행되어야 한다. '한반도 대운하'는 너무나 비실용적이며, 너무나 파괴적인 시설이 될 수밖에 없다 (윤준하 외, 2008). 이런 황당한 계획을 대통령이 대표공약으로 내세울 정도로 이 나라의 토건국가 문제는 극심한 상황이다. 이에 대한 여론이 너무나 나빠지자 한나라당은 결국 총선공약에서 '한반도 대운하'를 뺐다. 그러나 이명박 정부는 은밀히 실행계획을 추진하고 있는 것으로 밝혀졌다. '한반도 대운하' 계획은 민주주의마저 위협하고 있는 것이다.

이런 식으로 거대한 토건경제가 유지되고 있다. 토건경제의 규모
는 어느 정도인가? 통계청의 '2006년 건설업 통계'를 자료로 해
서 한국의 토건경제에 대해 잠시 살펴보자. 2005년 한국의 GDP
는 약 787조 5천억 원이었으며, 'GDP 대비 건설업의 비중'은 매
출액 기준으로 18%(142,622,781백만 원)를 넘어섰고, 부가가치
기준으로 7.8%(61,740,405백만 원)에 이르렀다. 전문가들은 이러
한 비중을 '병적'이라고 평가한다. 주요 국가의 GDP 대비 건설업
의 부가가치 비중을 보면, 미국과 서구는 4~5% 수준, 한창 고성
장을 구가하는 브라질·러시아·중국은 7% 수준, OECD에서 가
장 높은 일본도 7% 수준이다. 이에 비해 한국은 단연 높은 7.7%
수준이다(홍성태, 2007ㄷ).

거대한 개발공사로서 토지공사는 전국 곳곳에서 각종 대규모 개
발사업을 벌이고 있다. 토지공사는 단순한 시행기관이 아니라 기
획기관이기도 하다. 거대화의 결과로 토지공사는 각종 대규모 개
발사업을 스스로 기획하고 추진하지 않으면 안 되는 상태가 되었
다. 이에 따라 토지공사는 사업의 내용과 방식을 다양화하고 다각
화하는 복합화 정책을 강력히 추진하게 되었다. 부채비율이 대단
히 높기는 하지만 토지공사는 거대화와 복합화에 성공했다. 그러
나 구조적으로 보아서 이것은 토건국가의 문제가 더욱 악화되었다
는 것을 뜻한다. 토건국가의 핵심주체인 토지공사가 거대화와 복
합화에 성공함으로써 각종 대규모 개발사업을 더욱 적극적으로 추
진하게 되었기 때문이다.

토지공사는 강력한 '필요성의 논리'를 내세우고 있다. 그러나 이
에 대해 우리는 엄정히 검토해야 한다. 토지공사가 추진하는 사업
의 내용과 방식이 과연 필요한 것인가를 철저히 실증적으로 검토
해야 하며, 나아가 그것이 과연 올바른 것인가에 대해서도 철저히

실증적으로 검토해야 하고, 끝으로 그것이 과연 공공성을 구현하고 있는가에 대해서도 철저히 실증적으로 검토해야 한다. 존재하고 있다고 해서 그 자체로 필요성이 입증된 것은 아니다. 필요하지 않은 것이 강력한 필요성의 논리를 내세우고 버젓이 존재할 수도 있다. 또한 예전에 필요했다고 해서 지금도 필요한 것은 아니다. 시대의 변화에 따라 필요의 내용과 방식도 변화한다. 따라서 이러한 변화의 관점에서 토지공사의 필요에 대해 철저히 검토해야 한다.

무엇보다 우리가 잊지 말아야 하는 것은 토지공사가 각종 대규모 개발사업을 벌이면서 토건국가 한국을 계속 구조적으로 확대재생산하고 있다는 사실이다. 바로 이 때문에 토지공사의 사업이 과연 필요한 것인가에 대한 검토는 결정적으로 중요한 의미를 지닌다. 여기서 나아가 토지공사의 사업이 필요하다고 해도 그것이 과연 올바른 내용과 방식으로 이루어지고 있는가에 대한 검토를 소홀히 해서는 안 된다. 생태적 복지국가라는 '진정한 선진화'를 이루기 위해 우리는 토지공사를 비롯한 개발공사들의 문제를 직시하고 개혁해야 한다(홍성태 엮음, 2005).

3. 환경문제

토지공사는 각종 대규모 개발사업을 벌이면서 자연을 심각하게 훼손한다. 거대한 개발공사로서 토지공사는 환경문제를 일으키고 악화시키는 핵심주체이다. 토지공사는 산이나 들을 없애고, 하천이나 갯벌을 파괴하기도 한다. 이런 점에서 각종 대규모 개발사업은 신중하게 기획되고 추진되지 않으면 안 된다. 그것은 길이 후손에게 물려줘야 할 소중한 국토를 돌이킬 수 없을 정도로 변형하고 파괴하기 때문이다.

토지공사는 환경사진전, 대학생 생태탐사, 에너지 절감형 도시개발 등 환경을 주제로 내세운 각종 활동이나 사업을 벌이고 있기도 하다. 그러나 토지공사가 정말로 자연을 돌보기 위해 애쓰고 있다고 보기는 어렵다. 사실 개발을 목표로 하는 토지공사의 존재 자체가 반자연적이다. 그런 만큼 토지공사는 자연을 지키기 위해 더 많은 노력을 기울여야 하지만 현실은 그렇지 않은 것이다. 예컨대 토지공사는 환경영향평가를 제대로 시행하지 않고 사업을 강행해서 많은 문제를 일으켰다.

토공은 30만㎡ 이상 택지조성 시 환경영향평가를 거쳐야 하는 규정에 따라 1997년 8월 상동택지(312만㎡) 개발에 착수하면서 환경영향평가를 실시, 지구를 관통하는 서울외곽순환고속도로 주변 고층아파트 15층(소음최고지점)의 소음이 환경기준치(주간 65 ㏈ 야간 55㏈) 이내인 주간 62.8㏈, 야간 53.7㏈로 예측됐다는 결과를 경기도에 제시, 사업허가를 받았다.

토공 측은 2007년도 고속도로 부천구간 통행차량을 6만 3천 636대로, 최고속도를 80㎞/h로 예측해 이 같은 결과에 도달했다고 밝히고 있다. 그러나 이 구간에 대해 건설교통부가 최근 측정한 일일 차량대수는 이미 16만 4천여 대를 넘어섰으며, 한국도로공사 역시 1996년 12월 고속도 교통영향평가에서 2004년 16만 775대가 통행할 것으로 내다봤다. 또 고속도의 최고속도는 100㎞/h이고 실제 야간엔 더 높은 속도로 차량들이 주행하고 있어 토공이 잘못된 자료를 근거로 환경영향평가를 했다는 지적을 받고 있다. 실제 부천시가 지난해 10월 고속도 주변 아파트 15층에서 측정한 소음치는 주간 75.8㏈, 야간 70㏈로 기준치를 훨씬 초과하고 있다.

지난해 중앙환경분쟁위에 주민소음피해 재정신청을 제기한 부천시와 지역시민단체, 상동신도시 주민들이 토공의 이 같은 부실 환경영향평가에 반발하고 있다.

상동신도시는 토공이 1998년부터 부천시 원미구 상동 일대 94만 평에 조성하는 택지지구로 2002년 3월 입주가 시작돼 오는 9월까지 1만 7천511가구(공동 1만 6천584가구, 단독 927가구)가 들어설 예정이다[25](〈연합뉴스〉, 2003년 2월 6일).

또 다른 예를 보자. 토지공사는 20년 전부터 악취를 내고 있는 공장이 있는 것을 없다고 쓴 엉터리 환경영향평가보고서를 작성하도록 한 의혹을 받기도 했다.

MBC는 평내동 소재 협동산업공단에 20년 전부터 염색공장이

---

[25] 이 문제는 결국 소송으로 이어졌으며, 주민들은 2007년 7월에 일부승소 판결을 받았다. 환경영향평가를 올바로 실시하지 않은 결과 주민들은 거듭 큰 고통을 받고 말았던 것이다. "서울중앙지법 민사합의14부(부장 변희찬)는 17일 경기 부천시 상동지구 아파트 주민 3,347명이 "서울외곽순환도로에서 발생하는 소음으로 피해를 입었다"며 한국도로공사, 한국토지공사 등을 상대로 낸 손해배상 청구소송에서 원고 일부승소 판결했다고 밝혔다. 재판부는 "도공은 건설 이후에도 교통량 증가 등에 따른 소음피해를 막을 의무가 있지만 도로 소음이 주민들이 사회생활상 통상 참을 수 있는 한도를 넘어섰다"고 밝혔다. 재판부는 또 "토공의 경우 사업승인 과정에서 부실한 환경영향평가서를 만들어 향후 발생할 소음 피해를 제대로 예측하지 못한 상태에서 아파트 부지를 공급한 잘못이 있다"고 판시했다. 재판부는 이에 따라 도공과 토공이 연대해 주민들이 청구한 위자료 각 20만 원씩 총 6억 7,000만 원을 지급하고 6m 높이의 방음벽과 복합방음시설을 설치하며, 도로를 저소음 방식으로 포장하라고 주문했다. 서울외곽순환도로는 1998년 개통됐고 2002년부터 50여 미터 떨어진 상동지구에 입주한 주민들은 도로에서 발생하는 소음으로 피해를 봤다며 소송을 냈다."(〈한국일보〉, 2007년 7월 18일)

들어와 악취를 내며 인근 주민들에게 피해를 주고 있어 환경영향 평가가 반드시 실시되어야 함에도 한국토지공사가 평가기관에 의뢰해 작성된 환경영향평가보고서에는 호평·평내지구 주변에 악취원(협동공단)이 없다고 쓰여 있는 등 평가에서 누락돼 있다고 밝혔다. 또 호평 및 평내지구를 관통하는 유일한 도로인 46번 경춘국도에 대한 교통영향평가가 단 6시간 만에 이루어진 것은 물론 평가도 인근 주요 교차로에 한정되는 등 평가가 엉터리로 실시됐다.

이에 대해 감독을 맡은 남양주시는 환경영향평가에 대해서는 "몰랐다"고 답했으며, 교통영향평가에 대해서는 잘못됐음을 인정했다. 또 평가기관은 "시행자인 토지공사의 입김 때문"이라고 실토한 반면 사업 주체인 토공은 이 같은 의혹을 일축하며 영향평가에 근거해서 사업을 추진할 수밖에 없다고 말했다. 이처럼 호평·평내지구에 대한 영향평가가 형식적으로 이루어진 데에는 평가기관이 시행자로부터 돈을 지급받는 제도 때문으로 독립적인 평가가 어렵기 때문인 것으로 보인다(〈남양주타임즈〉, 2004년 11월 5일).

거대한 개발공사인 토지공사가 자신의 법적 권한을 남용하고 오용해서 막대한 폭리를 취할 뿐만 아니라 이 과정에서 소중한 국토의 파괴와 환경문제의 악화마저 야기하고 있다는 비판의 목소리는 이미 드높은 상태이다. 공사의 존재이유에 비추어 보자면, 토지공사는 이러한 비판의 목소리에 귀 기울여야 한다. 그리고 이제까지 강력히 추진해 온 거대화와 복합화에서 벗어나기 위한 개혁의 길을 스스로 적극 모색해야 할 것이다. 경영의 투명화나 합리화도 중요하지만 가장 중요한 것은 조직의 거대화와 복합화를 근원적으로 반성하고 개혁하는 것이다. 그리고 국토의 파괴는 폭리의 취득보다 더 큰 문제가 아닐 수 없다. 거대한 개발공사로서 토지공사가 자신의 존속과 성장을 위해 이러한 문제를 전국 곳곳에서 일상적으로 일으키고 있다는 것은 이 나라가 취약한 기형적 상태에 있다는 것을 보여주는 중요한 증거일 것이다.

제6절 맺음말

토지공사가 이대로 존속해서는 안 된다는 의견은 이미 널리 확산되어 있다. 어떻게 개혁할 것인가에 대해서도 토지공사와 주택공사의 통합안이 이미 오래전에 제안되어 있는 상태이다. 또한 일부에서는 토지공사는 물론이고 주택공사도 민영화해야 한다는 의견도 제시되고 있다. 특히 시장을 강조하는 이명박 정권의 형성에 따라 민영화론은 더욱 힘을 얻고 있다[26](이희봉, 2008, 권영주, 2008).

그러나 이러한 민영화론은 투지와 주택의 공공성을 사실상 완전히 저버리는 위험천만한 결과를 빚을 수 있다. 우리가 추구해야할 개혁은 민영화가 아니라 공공성의 실질화이다. 이런 관점에서

---

[26] 토지공사 노조는 한국노총 공공노련에 속해 있으며, 한국노총은 이명박 대통령을 공식적으로 지지했다. 그러나 이명박 대통령은 재벌기업의 CEO출신답게 이미 오래전부터 강력한 '반노동' 정치인으로 널리 알려진 사람이다. 이런 점에서 한국노총의 이명박 지지는 상식적으로 납득할 수 없는 이상한 행태가 아닐 수 없다. 한국노총은 이름만 '노동조합'인가? 다른 한편 이명박 대통령은 민영화를 중심으로 한 공공부문의 '개혁'을 강력히 천명했다. 이런 상황에서 공공노련이 계속 한국노총 소속으로 머무는 것도 아주 이상한 일이 아닐 수 없다. 만일 이명박 대통령이 '대운하'를 추진한다면, 토지공사는 거대한 사업 기회를 잡게 될 것이다. 토지공사의 경영진과 노조는 민영화의 위협과 '대박'의 기회 사이에서 이익을 극대화하기 위한 저울질을 하고 있는 것인가? 그러나 철저히 비실용적이고 반경제적인 '대운하'는 '망국의 길'이다. 이런 잘못된 사업에 대한 기대 때문에 이명박 대통령의 문제에 적극 대응하지 않는다면, 그것은 스스로 자신의 존재이유와 존재가치를 부정하는 것일 뿐이다.

토지공사의 개혁에 관한 논의는 통합론, 축소론, 전환론으로 나누어 살펴볼 수 있다.

먼저 통합론은 유사업무를 수행하고 있으며 실제로 업무중복의 문제를 안고 있는 토공과 주공을 통합하는 것이다. 이것은 가장 오래전에 제출된 대안이며, 최근에 시민사회에서도 이 안을 적극 제안하고 나섰다. 그런데 여기에도 두 가지 세부안이 제출되어 있는데, 하나는 토공과 주공을 통합해서 주택(복지)청을 설립하는 것이고, 다른 하나는 지방공사를 설립하는 것이다.

또한 축소론은 현재의 조직과 기능을 독립적으로 유지한 상태에서 크기만 줄이는 것이다. 토지공사는 참여정부 5년 동안 인력을 50% 이상 늘렸으며, 국내외에서 산단부터 도시에 이르는 각종 대규모 개발사업을 벌였다. 그러나 이 과정에서 부채비율이 크게 늘어났으며, 폭리와 부패문제에 대한 의혹이 커졌고, 또한 각종 오염과 파괴문제에 대한 비판도 커졌다. 이런 사실에 비추어 보자면, 축소론도 상당히 의미 있는 현실적 대안이 될 수 있을 것이다.

끝으로 전환론은 토지공사의 조직과 기능을 개발 중심에서 보유 중심으로 바꾸는 것을 뜻한다. 요컨대 이것은 토지공사를 본래의 '토지금고'로 다시 바꾸는 것에 가깝다. 이러한 전환론은 그 자체로 이루어지는 것이 아니라 통합론과 축소론을 함께 구현하는 방안이다. 개발 부문은 주공, 수공 등의 개발부문을 통합하는 방식으로 바꾸고, 이렇게 해서 토공의 크기를 대폭 축소하면서 조직과 기능의 전환을 추구하는 것이다.

이러한 논의들 외에 오히려 토지공사의 확대론이 제기될 수도 있다. 토지나 주거의 공공성을 확대하기 위해 토지공사의 조직과 기능을 계속 확대할 필요가 있으며, 이런 점에서 현재 상황에서 부채비율의 확대는 사실 불가피한 성격을 가지므로, 오히려 자본을 늘려서 토지공사의 경영을 안정화해야 한다는 것이다. 그러나 이러한 확대론은 토지공사가 일으키고 있는 방만경영, 토건국가, 환경문제 등의 여러 문제들을 감안했을 때 비현실적인 것으로 보인다. 토공은 그동안 자체적인 조직이익의 논리와 정권의 정략에 따라 현실에 부합하지 않는 급속한 거대화와 복합화의 변화를 지속적으로 추구해 왔다. 그 결과 방만경영, 토건국가, 환경문제 등의 여러 문제들이 나라의 현재와 미래를 위협할 지경에 이르렀다. 이런 점에서 토지공사의 거대화와 복합화야말로 심각한 연구와 개혁의 대상이 되어야 할 것이다.

토지공사는 많은 홍보비를 써서 자신의 필요성과 가치를 알리고 있다. 그러나 여러 자료들이 토지공사의 홍보 자체에 대해 커다란 의문을 제기하고 있다. 국회, 감사원, 그리고 언론에서 토지공사의 여러 문제들에 대한 자료를 우리는 쉽게 접할 수 있다. 토지공사는 통합, 축소, 전환을 중심으로 철저한 자기개혁을 모색해야 한다. 우리는 생태적 복지국가라는 '진정한 선진화'를 이루기 위한 경제적 기반을 이미 가지고 있다. 그러나 개발독재 시대부터 강력히 제도화되고 구조화된 개발주의의 문제로 말미암아 생태적 복지국가로 나아가지 못하고 토건국가의 덫에 갇혀서 허우적거리고 있는 상황이다. 이른바 '한반도 대운하' 사업이 추진된다면, 이 상황은 결국 '토건공황'으로 폭발하고 말 것이다. '진정한 선진화'는 이미 절박한 과제이다. 토지공사는 이러한 시대의 변화와 요구를 직시해야 한다.

모든 국가－정부기관은 그 자체로 존재이유를 갖지 않는다. 그것은 국민의 복리를 위한 수단이며, 그 필요성은 시대의 변화에 따라 엄정히 평가되어야 한다. 평가에 따라서 어떤 국가 - 정부기관은 폐지될 수도 있다. 그러나 대개의 경우에 국가 - 정부기관을 포함해서 모든 조직은 그 확대에는 모든 구성원이 적극 찬성하면서 그 폐지는 물론이고 축소에도 극력 반대하는 모습을 보인다. 그 구성원의 의견을 무시하고 국가 - 정부기관의 개혁이나 폐지가 일방적으로 추진되는 것은 잘못이다. 그러나 이미 필요성을 상실한 국가 - 정부기관을 그 구성원의 이익 때문에 계속 유지하거나 심지어 확대하는 것은 공공성 자체를 부정하는 근본적 잘못이다. 이러한 관점에서 토지공사를 비롯한 개발공사들의 필요성과 개혁에 관한 논의가 더욱 활성화되어야 할 것이다.

참고문헌

강문석 · 김은하 · 강승민(2006), '토공 이사회, "이익 줄이는 법 찾자"', 『중앙일보』 2006년 9월 5일

국정브리핑 특별기획팀(2007), 『대한민국 부동산 40년』, 한스미디어

권영주(2008), '우리나라 부동산관련 국가공기업 운영실태와 문제점', 한국지방자치학회 2007~2008 동계기획세미나, 『작은 정부 실현을 위한 국가공기업 구조조정 방향』, 2008년 1월 9일, 경원대학교 국제어학원

김경탁(2006), '한국토지공사, 신도시 개발로 2조원 폭리 - 땅장사 광고에만 169억 원 지출 물의', 『브레이크뉴스』 2006년 11월 8일

김영우(2007), 『도시계획과 토지개발』, 노해출판사

김태동 · 이근식(1989), 『땅, 투기의 대상인가 삶의 터전인가 - 한국 토지문제의 실상과 해결방안』, 비봉출판사

김헌동 · 선대인(2005), 『대한민국은 부동산공화국이다?』, 궁리

김홍국(2006), '감사원, "토지공사는 역시 복마전"', 『뷰스앤뉴스』 2006년 11월 17일

문화방송(2004), 『투기의 뿌리, 강남공화국』, 2004년 4월 11일

박수원(2006), '계약서만 잘 꾸미면 200~300억 원 '꿀꺽'', 『오마이뉴스』 2006년 2월 16일

박용철(2007), '신도시개발사업 발전방안에 관한 연구: 한국토지공사의 신도시 개발사례를 중심으로', 건국대 부동산대학원 석사논문

박태견(2005), 『참여정권, 건설족 덫에 걸리다』, 뷰스

보건사회연구원(2006), 『사회양극화의 실태와 정책과제 연구보고서』

서순탁(2007), '토지정책에 대한 진단과 과제', 『토지연구』 제21권 제2호 통권 제79호 (2007년 6월 30일), 한국토지공사 국토도시연구원

서희석(2005), 『땅의 정책사』, 기문당

선대식(2008), '이명박 손잡은 한국노총, 한 달 만에 팽 위기', 『오마이뉴스』 2008년 1월 10일

신한종합연구소(1991), 『7089우리들』, 고려원

역사학연구소(2004), 『바로 보는 우리 역사』, 서해문집

윤용만 외(1999), 『토지와 주택의 불평등』, 해남

윤준하 외(2008), 『재앙의 물길, 한반도 대운하』, 도요새

이대호(2007), '인터뷰 – 고봉환 토지공사노조 위원장', 『매일노동뉴스』 2007년 10월 25일, http://www.labortoday.co.kr/

이병천 엮음(2003), 『개발독재와 박정희시대』, 창비사

이정전 외(2006), 『토지문제의 올바른 이해』, 박영사

이희봉(2008), '시장경제와 국가공기업', 한국지방자치학회 2007~2008 동계기획세미나, 『작은 정부 실현을 위한 국가공기업 구조조정 방향』, 2008년 1월 9일, 경원대학교 국제어학원

정장열(2004), '한국토지공사는 '멋대로 공사'? – 개혁의 무풍지대 공기업 / 한국토지공사 ①', 『주간조선』 2004년 12월 15일

정희남 외(2003), 『토지에 대한 개발이익 환수제도의 개편방안』, 국토

연구원

조명래(2005), '파주출판도시의 긴장과 딜레마', 『문화과학』 41호 / 2005
년 봄호

조명래(2006), 『개발정치와 녹색진보』, 환경과생명사

참여연대 등(2008), '토건국가의 주체인 개발부서와 개발공사를 개혁
하라', 시민단체 공동성명, 2008년 1월 5일

홍성태(2007ㄱ), 『개발주의를 비판한다』, 당대

홍성태(2007ㄴ), 『대한민국 위험사회』, 당대

홍성태(2007ㄷ), '토건국가는 우리의 삶을 파괴한다', 『비평』 17호 /
2007년 겨울호

홍성태(2008), '시민적 공공성과 한국 사회의 발전', 『민주사회와 정
책연구』 2008년 상반기호

홍성태 엮음(2005), 『개발공사와 토건국가』, 한울

Allen, F.(1931), 신범수 옮김(1992), 『1929, 미국 대공황』, 고려원

東京新聞取材班(2005), 『破綻國家の內幕』, 角川文庫

佐藤誠(1990), 『リゾート列島』, 岩波新書

'토건국가'의 주체인 개발부서와 개발공사를 개혁하라
- 개발독재 유산을 청산하고 '국토환경부' 신설로
지속 가능한 정부구조 갖춰야 -

우리는 2007년 10월에 '파괴적 개발주의를 넘어서 생태적 복지사회로'라는 토론회를 열어서 이 나라를 '토건국가'로 만들고 있는 정부조직과 재정구조의 개혁을 촉구했다. 이명박 당선자 쪽에서 정부조직의 개편을 강력히 추진하고 있는 상황에서 우리는 앞의 토론회에서 찾은 결론을 공표하여 올바른 개혁을 촉구하고자 한다.

우리는 무엇보다 이명박 당선자의 개발과 성장 중심 정책에 큰 우려를 표한다. 21세기 국제사회가 '지구온난화'와 '지속가능성'을 두고 변화를 추구하고 있는 때에 각종 개발계획과 개발특별법을 추진하는 것은 큰 문제가 아닐 수 없다. 이명박 당선자가 진정으로 추진해야 하는 것은 개발과 성장의 강화가 아니라 '저탄소경제'로의 전환을 이루는 것이다.

이런 관점에서 우리는 토건국가의 가장 강력한 주체인 개발부서와 개발공사들의 개혁을 촉구한다. 갈수록 심화되는 생태위기와 생태전환의 시대를 맞아서 새 정부는 개발독재의 유산이자 토건국가의 핵심인 개발부서와 개발공사들을 개혁하여 생태복지사회라는 '진정한 선진화'를 이루기 위해 최선을 다해야 한다.

현재의 한국사회는 불필요한 대규모 토건사업을 끊임없이 벌이면서 재정의 탕진과 국토의 파괴를 구조적으로 유발하는 토건국가의 악순환에 빠져 있다. 대규모 토건사업에 매년 50조 원이 넘는 막대한 혈세를 쏟아 붓고 있기 때문에, 복지·교육·환경보전·경제구조의 선진화를 위한 동력을 확보하지 못하고 있다.

2006년 현재, 대규모 '공공투자사업(500억 원 이상 토목사업, 200억 원 이상 건축사업)'은 766개에 이르고, 그 총사업비는 무려 223조 원에 이른다. 2007년 정부 예산규모 237조 중 공공부문 건설투자는 53조 원이나 된다. 한국의 건설업 비중은 GDP 대비 19% 수준으로 OECD 국가 평균인 5~6%의 세 배 이상이고, 콘크리트 사용량은 5,600만 톤 수준으로 6배의 경제규모를 지닌 일본보다 2배나 많다.

사회적 수요와 관계없이 추진되는 대규모 토건사업들은 '정관재언학'의 거대한 개발동맹에 의해 지탱되고 있으며, 다양한 형태로 부패와 연결되어 있다. 한국은 세계 11위의 경제력을 지니고 있지만, 부패지수는 세계 43위에 머물고 있으며, 가장 부패한 분야는 토건업 관련 분야이다. 개발부서와 개발공사들은 토건사업을 기획·추진하는 핵심으로서 생태복지사회로 나아가기 위해 가장 시급한 개혁 대상들이다.

우리는 다음과 같은 정부 개혁의 방향을 제안한다. 첫째, 개발독재 시대의 구조적 유산들을 청산하자(건교부 해체, 수자원공사와 농촌공사 해체 등). 둘째, 불합리한 업무의 조정과 비효율적 기구를 정리해서 정부조직과 재정구조를 효율화하자(국토환경부 신설, 주공·토공 통폐합 등). 셋째, 생태복지사회를 위해 정부조직과 재정구조를 개편하고, 공무원의 재교육과 재배치를 광범위하게 추진하자.

우리는 구체적으로 다음과 같은 정부조직의 개혁을 제안한다. 첫째, 개발부서 개혁의 핵심은 과도한 건설기능의 정비다. 이미 역사적 소임을 다한 건설교통부는 이제 자신의 존속을 위해 불필요한 대규모 개발사업을 계속 벌이면서 혈세의 탕진과 국토의 파괴라는 문제를 일으키고 있다.

둘째, 국토의 계획과 관리를 통합하는 부총리급 '국토환경부'를 신설하고, 집행기능을 'SOC·교통청', '주택청'으로 하여금 집행케 하자. 이를 통해 국토의 지속 가능한 계획과 관리시스템을 구축하고, 건설과 개발을 위한 부서의 독자적인 입법과 예산수립 기능을 통제하자.

셋째, 개발공사들에 대한 대대적인 개혁과 조정을 추진하자. 이미 존재의 이유가 없어졌거나 기능의 축소·조정이 불가피한 개발공사들을 개혁해, 방만경영·혈세낭비·국토파괴·지역파괴·개발폭리·투기악화·부패만연 등의 문제들을 시급히 개혁해야 한다.

무엇보다 주택공사와 토지공사를 통합해 극심한 업무의 중복과 비효율을 극복해야 한다. 이미 이에 관한 논의가 충분히 진척되었고, 법률이 정비되어 가는 단계이므로 이번 기회를 놓쳐서는 안된다. 수자원공사는 기본사업인 댐건설과 광역상수도 사업이 완료되었으므로 해체하되, 유역별로 하천과 상하수도 업무를 통합해 관리토록 하는 공단을 신설하도록 한다. 농촌공사 역시 농업기반시설의 건설이 마무리되는 상황이므로 농업기반시설관리공단 수준으로 축소해야 한다. 도로공사는 무분별하게 사업을 계획하고 적절한 평가를 외면하고 있으므로, 기존 사업을 전면 재평가하고 기구는 도로의 관리업무를 중심으로 재편해야 한다. 마지막으로 한전은 각종 법률과 제도에 의해 독점적 지위를 확보하고 있으므로 부당한 특혜를 폐지하는 것이 필요하다. 전원개발촉진특별법, 한수원에 대한 정보공개 예외 인정, 발전사업과 관계없는 원자력문화재단 지원 등은 모두 중단되어야 한다.

한국 사회가 겪어온 갈등과 비효율, 그리고 환경파괴를 극복하고 경제와 사회의 '진정한 선진화'를 이루기 위해, 개발부서와 개발공사들의 개혁은 무엇보다 시급한 역사적 과제이다. 우리는 이명박 당선자 인수위에 관련 자료를 제출하고, 이의 실현을 위해 적극 활동할 것임을 밝힌다.

2008. 1. 5
녹색교통, 녹색연합, 참여연대,
청년 환경센터, 환경운동연합, 환경정의

제2장 토지공사 경영 분석

심충진(건국대 교수)

제1절 서론
제2절 경영분석측면에서의 한국토지공사
　　　주요 재무자료 분석
제3절 한국토지공사의 문제점
제4졸 한국토지공사가 나아가야 할 방향
제5장 결론
〈참고문헌〉

제1절 서론

1. 연구의 배경 및 목적

참여정부에서는 부동산 세제 개혁 및 개발이익 환수장치의 정비, 부동산 실거래가 신고 의무화 및 등기부 등재, 서민용 장기임대주택 공급 확대 등의 정책을 통하여 부동산 가격의 안정을 유도하려고 하였다. 그러나 이러한 정부의 노력에도 불구하고 부동산 가격은 안정화되지 못하고 있는 실정이다. 부동산 가격이 안정되지 못하고 있음에도 불구하고 최근 한국토지공사, 대한주택공사, 에스에이치공사, 인천도시개발공사, 경기지방공사 등이 방만한 경영으로 택지공급 가격을 부풀림으로써 부동산 가격의 인상요인으로 작용을 하고 있다는 주장도 제기되고 있는 실정이다. 이러한 결과와 맞물려 한국토지공사와 대한주택공사를 합병 또는 민영화해야 한다는 목소리도 높아지고 있다.

한국토지공사는 토지자원의 효율적인 이용을 촉진하고 국토의 종합적인 이용·개발을 도모함으로써 건전한 국민경제 발전에 이바지하는 것을 목적으로 하고 있다. 그러나 부동산 가격이 점차 버블화되어 가고 있는 현재의 시점에서 한국토지공사는 토지의 효율적 이용을 촉진한다고 볼 수 없을 것이다.

본 연구에서는 한국토지공사의 재무제표와 경영지표를 중심으로 경영실태를 분석하여 한국토지공사의 문제점을 파악한다. 또한 제시된 문제점의 해결방안을 제시함으로써 한국토지공사의 토지자원의 효율적 배분 방법을 모색하도록 한다. 즉 본 연구의 목적은 한국토지공사의 경영실태 분석을 통한 문제점 파악 및 개선방안의 제시에 있다. 이러한 사항을 그림으로 표현하면 아래와 같다.

〈그림 1〉 연구의 배경 및 목적

경영실태 분석	문제점 파악	개선방안 제시
• 재무제표 분석 - 대차대조표 분석 - 손익계산서 분석 - 현금흐름표 분석 • 경영지표 분석 - 안정성지표 분석 - 수익성지표 분석 - 성장성지표 분석 - 매출채권 및 회수기간	• 공적 기능 왜곡 • 손익 계산서상 개발이익 및 분배의 왜곡 • 개발이익 비효율적 배분 • 토지의 고가매입 및 부실투자로 인한 경영악화 • 매출액에 대한 해약 예상매출액의 증가 • 과도한 투자활동 영역 확대 • 차입을 통한 현금배당 실시 • 정부투자기관으로서의 이미지 실추 • 토지개발 불투명성에 따른 유효인력 관리 문제 • 리스크 관리 문제	• 손익계산서상 개발이익의 효율적 배분 방법 • 적정한 개발이익의 환수를 위한 입찰방법 개선

위 <그림 1>을 보면, 경영실태 분석은 재무제표 분석과 경영지표 분석이 있다. 구체적으로 살펴보면 재무제표 분석에서는 대차대조표·손익계산서·현금흐름표 분석을 실시하고, 경영지표 분석에서는 안정성 지표·수익성 지표·성장성 지표 분석과 매출채권 및 회수기간을 분석한다.

이러한 경영실태분석을 통하여 한국토지공사는 공적 기능 왜곡, 개발이익 및 분배의 왜곡, 토지의 고가매입 및 부실투자로 인한 경영악화, 매출액에 대한 해약예상매출액의 증가, 과도한 투자활동 확대, 현금배당금 지급의 문제, 정부투자기관으로서의 이미지 실추, 토지개발 불투명성에 따른 유효인력 관리 문제, 리스크 관리의 문제가 발생이 된다. 이러한 문제점을 해결하기 위한 방안으로 본 연구에서는 손익계산서상 개발이익의 효율적인 배분방법과 적정한 개발이익의 환수를 위한 입찰방법의 개선을 개선방안으로 제시한다.

2. 연구의 범위 및 방법

본 연구는 국토의 종합적인 이용·개발을 도모함으로써 건전한 국민경제 발전을 사업목적으로 하고 있는 한국토지공사를 대상으로 분석을 실시한다. 또한 한국토지공사의 경영실태를 파악하기 위하여 기본적인 재무자료(대차대조표·손익계산서·현금흐름표 등)를 이용하며, 그 이외에 경영지표 및 주석사항의 세부적인 내용을 분석한다. 한국토지공사의 경영실태 분석 내용을 바탕으로 한국토지공사의 문제점을 파악하며, 이러한 문제점을 해결하기 위한 개선방안을 제시한다.

제2절 경영분석측면에서의 한국토지공사
주요 재무자료 분석

1. 재무제표 분석

1) 대차대조표

2004년부터 2006년까지의 한국토지공사 대차대조표상의 자산총계는 연도별로 각각 15조 3,825억 원, 17조 3,994억 원, 24조 9,718억 원으로 매년 증가추세에 있다. 부채총계의 경우는 연도별로 각각 10조 9,356억 원, 12조 3,868억 원, 19조 5,016억 원이며, 자본총계는 연도별로 각각 4조 4,468억 원, 5조 125억 원, 5조 4,702억 원이다. 한국토지공사의 대차대조표를 보면 최근 3년간 자산 증가의 원인은 자본금 또는 이익잉여금을 재투자함으로써 증가되었다고 하기보다는 재투자 자금을 차입하여 자산을 무리하게 증가시키고 있는 것으로 나타났다. 따라서 최근 한국토지공사의 재무 부실에 대한 우려의 목소리는 무리한 사업 확장을 위한 자금의 조달에서 비롯되었다고 볼 수 있다.

최근 3년간 요약대차대조표는 아래의 <표 1> 및 <그림 2>와 같다.

〈표 1〉 최근 3년간 요약대차대조표

(단위: 백만원)

구 분		2004년 결산	2005년 결산	2006년 결산
자산	유동자산	14,435,641	16,346,951	23,524,732
	고정자산	946,893	1,052,466	1,447,160
	자산총계	15,382,534	17,399,417	24,971,892
부채	유동부채	6,796,573	8,931,595	11,774,297
	고정부채	4,139,102	3,455,227	7,727,323
	부채총계	10,935,675	12,386,822	19,501,620
자본	자본금	2,420,000	2,420,000	2,420,000
	이익잉여금	2,026,859	2,585,959	3,043,241
	자본조정	–	6,636	7,030
	자본총계	4,446,859	5,012,595	5,470,272

* 자료: 한국토지공사 감사보고서 참조.

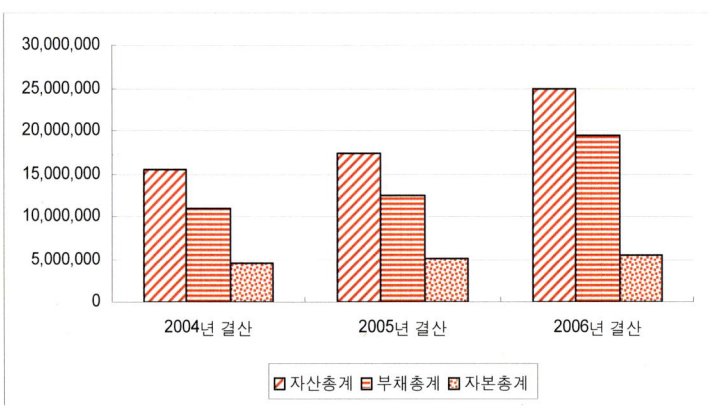

〈그림 2〉 최근 3년간 요약대차대조표

(단위: 백만 원)

2) 손익계산서

2004년부터 2006년까지 한국토지공사의 매출액은 연도별로 각각 4조 2,338억 원, 4조 2,714억 원, 5조 3,740억 원으로 매년 증가하고 있다. 매출 총이익의 경우 2004년 1조 2,822억 원에서 2005년 8,947억 원으로 감소하였다가 2006년 1조 3,745억 원으로 증가하였다. 2005년도에 매출 총이익이 감소한 원인은 토지의 매출채권에서 발생하는 매출채권대손충당금을 2005년부터 매출액과 매출원가에서 직접 가감을 해주었기 때문이다. 2004년부터 2006년까지 한국토지공사의 당기순이익은 연도별로 각각 4,867억 원, 6,077억 원, 5,831억 원으로 나타나고 있다. 최근 3년간 요약손익계산서는 아래의 <표 2> 및 <그림 3>과 같다.

〈표 2〉 최근 3년간 요약손익계산서

(단위: 백만원)

구 분	2004년	2005년	2006년
가. 매출액	4,233,898	4,271,442	5,374,010
나. 매출원가	2,951,690	3,376,703	3,999,445
다. 매출 총이익(가 - 나)	1,282,208	894,740	1,374,565
라. 판매비와 관리비	220,735	167,961	188,022
마. 영업이익(다 - 라)	1,061,472	726,778	1,186,542
바. 영업외수익	507,634	554,300	332,084
사. 영업외비용	841,911	430,026	855,895
아. 경상이익(마 + 바 - 사)	727,195	851,052	662,731
자. 특별이익	-	-	-
차. 특별손실	-	-	-
카. 당기순이익(아 + 자 - 차)	486,741	607,774	583,122

* 자료: 한국토지공사 감사보고서 참조.

〈그림 3〉 최근 3년간 요약손익계산서

(단위: 백만 원)

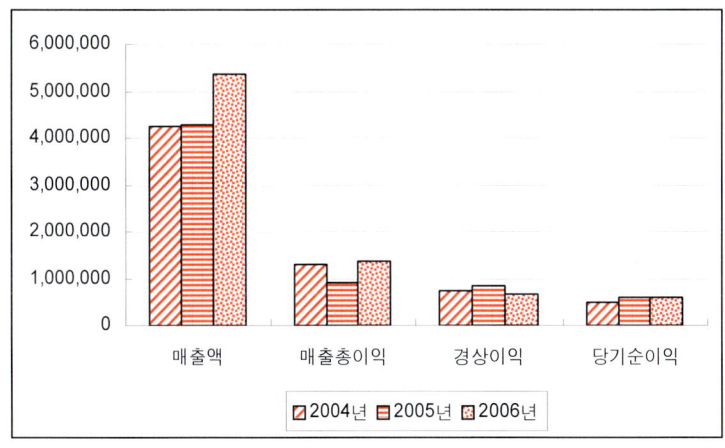

3) 현금흐름표

한국토지공사의 현금흐름표의 내용은 다음과 같다. 2007년의 경우 기초현금 1조 8,769억 원에서 영업활동으로 인한 현금흐름 (−)5조 5,699억 원, 투자활동으로 인한 현금흐름 105억 원, 재무활동으로 인한 현금흐름 3조 9,110억을 가산하면 기말의 현금은 2,285억 원이 된다.

즉 영업활동에서 음(−)의 현금흐름이 창출되고 있으나 투자자금이 필요하기 때문에 재무활동에서 3조 9천억 원 정도의 차입이 발생된 것이다. 이는 결국 이자부담 등 재무적 부실을 초래할 수 있다. 최근 3년간 요약 현금흐름표는 아래의 <표 3> 및 <그림 4>와 같다.

⟨표 3⟩ 최근 3년간 요약 현금흐름표

(단위: 백만 원)

구 분	2004년	2005년	2006년
기초현금	1,538,145	435,061	1,876,965
영업활동으로 인한 현금흐름	(−)1,747,256	913,314	(−)5,569,983
투자활동으로 인한 현금흐름	182,720	972,497	10,502
재무활동으로 인한 현금흐름	461,451	(−)443,917	3,911,028
기말현금	435,061	1,876,956	228,502

* 자료: 한국토지공사 감사보고서 참조.

〈그림 4〉 최근 3년간 요약현금흐름 그래프

(단위: %)

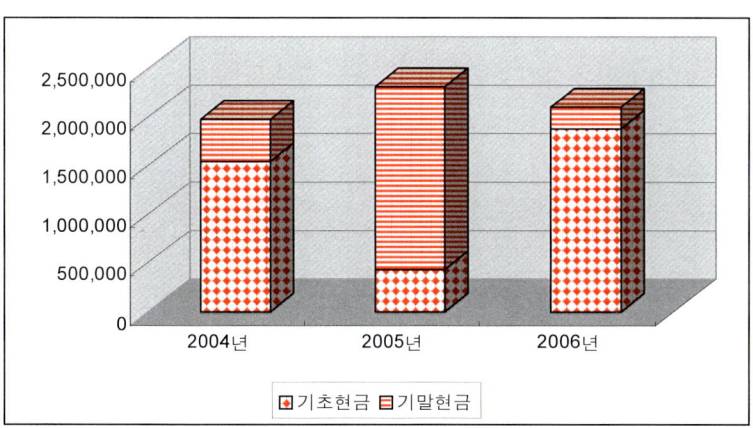

2. 경영지표 분석: 업종 간 비교

1) 안정성 지표

한국토지공사 외 제조업 및 건설업의 안정성 지표에 대한 연도별 현황은 아래와 같다. 안정성 지표에서는 유동성 비율, 부채비율 및 차입금의존도만 분석한다.

(1) 유동성 비율

최근 3년간 한국토지공사는 연도별로 각각 212.40%, 183.02%, 199.80%의 유동성 비율을 보이고 있다. 제조업의 경우는 연도별로 각각 116.97%, 121.35%, 120.51%의 비율을 보이고 있으며, 건설업의 경우는 연도별로 각각 153.84%, 167.68%, 174.33%의 비율을 보이고 있다. 즉 한국토지공사는 제조업 또는 건설업에 비하

여 약간 높은 유동성 비율을 보이고 있다. 따라서 단기 상환능력
은 있다고 판단된다.

최근 3년간 한국토지공사 · 제조업 · 건설업의 유동성 비율은 아
래의 <표 4> 및 <그림 5>과 같다.

〈표 4〉 최근 3년간 한국토지공사 · 제조업 · 건설업의 유동성 비율

(단위: %)

구 분		2004년	2005년	2006년
유동성비율	한국토지공사*	212.40	183.02	199.80
	제조업**	116.97	121.35	120.51
	건설업**	153.84	167.68	174.33

 * 한국토지공사 및 한국은행 경제통계시스템 자료 참조.
** 한국은행 경제통계시스템 자료 참조.

〈그림 5〉 최근 3년간 한국토지공사 · 제조업 · 건설업의 유동성 비율

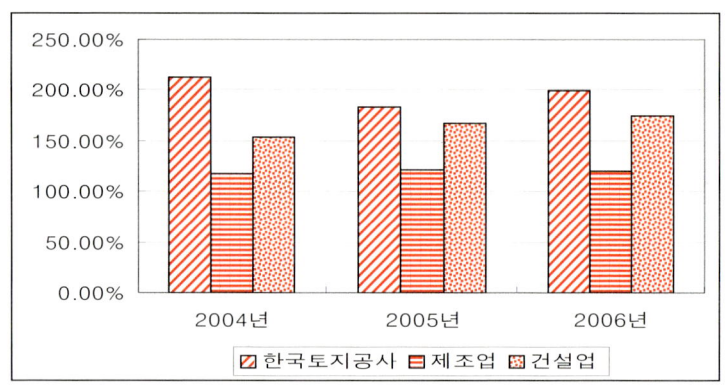

(2) 부채비율

최근 3년간 한국토지공사는 연도별로 각각 245.92%, 247.11%,
356.50%의 부채비율을 보이고 있어 점차 증가하고 있는 것을 알 수

있다. 제조업의 경우는 연도별로 각각 104.24%, 100.90%, 98.88%
로 점차 감소하고 있으며, 건설업의 경우도 연도별로 각각 165.77%,
143.68%, 121.84%로 감소하고 있는 추세에 있다. 또한 제조업 및
건설업의 부채비율은 한국토지공사에 비하여 낮은 수준에 머물고
있다.

금융비용을 부담하지 않는 선수금을 제외한 부채비율은 199.9%
로 나타나고 있다. 금융비용을 부담하는 부채만을 반영하여 부채
비율을 고려하더라도 제조업체 및 건설업체의 부채비율보다 높게
나타나고 있다. 더구나 한국토지공사는 2006년 대차대조표상의 사
채가 6조 7,539억 원으로 2005년(2조 9,175억 원) 대비 230% 증
가하였다. 과도한 사채의 발행을 통한 자본조달은 한국토지공사의
재무적 부실을 가져올 가능성이 있다.

최근 3년간 한국토지공사 · 제조업 · 건설업의 부채비율은 아래
의 <표 5> 및 <그림 6>과 같다.

〈표 5〉 최근 3년간 한국토지공사 · 제조업 · 건설업의 부채비율

(단위: %)

구　분		2004년	2005년	2006년
부채비율	한국토지공사*	245.92	247.11	356.50
	제조업**	104.24	100.90	98.88
	건설업**	165.77	143.68	121.84

　* 한국토지공사 및 한국은행 경제통계시스템 자료 참조.
　** 한국은행 경제통계시스템 자료 참조.

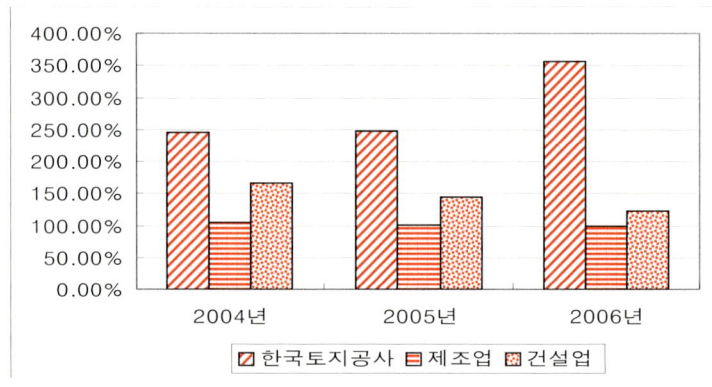

〈그림 6〉 최근 3년간 한국토지공사·제조업·건설업의 부채비율

(3) 차입금의존도

최근 3년간 차입금의존도를 살펴보면, 한국토지공사는 2004년도 27.05%, 2005년도 21.82%, 2006년도 29.57%로 2005년도에 감소하였다가 2006년도에 다시 증가를 하였다. 그러나 제조업의 경우는 연도별로 각각 24.01%, 22.87%, 22.38%이고, 건설업의 경우는 연도별로 각각 24.06%, 23.80%, 22.01%로 점차 감소하고 있는 추세에 있다. 이론적 측면에서 볼 때 차입금의존도가 100 이하면 건전하다고 평가할 수는 있다. 그러나 시장 전체적(제조업 및 건설업)으로 차입금의존도가 하락하고 있음에도 불구하고 한국토지공사는 상대적으로 매년 차입금의존도가 증가하고 있다. 따라서 한국토지공사는 금융부담의 최소화를 통한 경영역량 결집에 최선을 다해야 할 것이다.

최근 3년간 한국토지공사·제조업·건설업의 차입금의존도는 아래의 <표 6> 및 <그림 7>과 같다.

〈표 6〉 최근 3년간 한국토지공사 · 제조업 · 건설업의 차입금의존도

(단위: %)

구 분		2004년	2005년	2006년
차입금의존도	한국토지공사*	27.05	21.82	29.57
	제조업**	24.01	22.87	22.38
	건설업**	24.06	23.80	22.01

* 한국토지공사 감사보고서 자료 참조.
** 한국은행 경제통계시스템 자료 참조.

〈그림 7〉 최근 3년간 한국토지공사 · 제조업 · 건설업의 차입금의존도

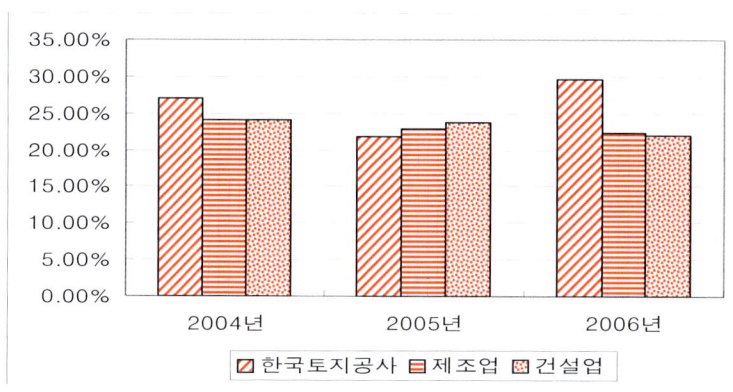

2) 수익성지표

한국토지공사, 제조업 및 건설업의 수익성지표에 대한 연도별 현황은 아래와 같다. 여기서 수익성지표의 분석은 매출액순이익률, 매출액영업이익률, 총자산순이익률, 자기자본순이익률을 대상으로 한다.

(1) 매출액순이익률

최근 3년간 한국토지공사는 연도별로 각각 11.50%, 14.23%, 10.85%의 매출액순이익률을 보고하고 있다. 제조업의 경우는 연도별로 각각 7.43%, 6.32%, 5.20%의 비율을 보이고 있으며, 건설업의 경우는 연도별로 각각 4.40%, 6.62%, 5.69%의 비율을 보이고 있다. 즉, 한국토지공사는 제조업 또는 건설업에 비하여 매우 높은 매출액순이익률을 보이고 있다. 이렇게 한국토지공사가 매출액순이익률이 높은 것은 정부로부터 이양 받은 토지에 대한 취득·개발·공급·임대 등의 독점권을 통하여 과도한 이익이 발생되고 있음을 의미한다. 이러한 토지공사의 과도한 이익은 결국 토지의 최종 소비자인 국민에게 비용이 전가되게 된다.

최근 3년간 한국토지공사·제조업·건설업의 매출액순이익률은 아래의 <표 7> 및 <그림 8>과 같다.

〈표 7〉 최근 3년간 한국토지공사 · 제조업 · 건설업의 매출액순이익률

(단위: %)

구 분		2004년	2005년	2006년
매출액순이익률	한국토지공사*	11.50	14.23	10.85
	제조업**	7.43	6.32	5.20
	건설업**	4.40	6.62	5.69

* 한국토지공사 감사보고서 자료 참조. 건설자금이자는 당기비용으로 처리된 것임.
** 한국은행 경제통계시스템 자료 참조.

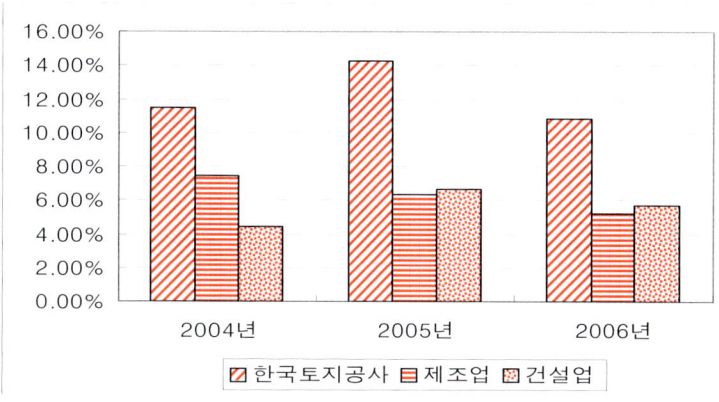

〈그림 8〉 최근 3년간 한국토지공사·제조업·건설업의 매출액순이익률

(2) 매출액영업이익률

최근 3년간 한국토지공사의 매출액영업이익률은 연도별로 각각 25.07%, 17.01%, 22.08%로 2005년에 감소하였다가 2006년도에 다시 증가하였다. 제조업의 경우 연도별로 각각 6.17%, 5.27%, 4.45%로 매년 감소하고 있는 것으로 나타났고, 건설업의 경우는 연도별로 각각 3.27%, 4.47%, 4.45%로 소폭 증가하였으나, 제조업과 건설업은 한국토지공사의 매출액영업이익률에 1/5밖에 되지 않는 비율을 보이고 있다. 즉 한국토지공사는 제조업과 건설업에 비하여 매우 높은 비율은 매출액영업이익률을 보이고 있는 것으로 나타났다.

최근 3년간 한국토지공사·제조업·건설업의 매출액영업이익률은 아래의 <표 8> 및 <그림 9>과 같다.

〈표 8〉 최근 3년간 한국토지공사·제조업·건설업의 매출액영업이익률

(단위 : %)

구 분		2004년	2005년	2006년
매출액영업이익률	한국토지공사*	25.07	17.01	22.08
	제조업**	6.17	5.27	4.45
	건설업**	3.27	4.74	4.58

* 한국토지공사 감사보고서 자료 참조.
** 한국은행 경제통계시스템 자료 참조.

〈그림 9〉 최근 3년간 한국토지공사·제조업·건설업의 매출액영업이익률

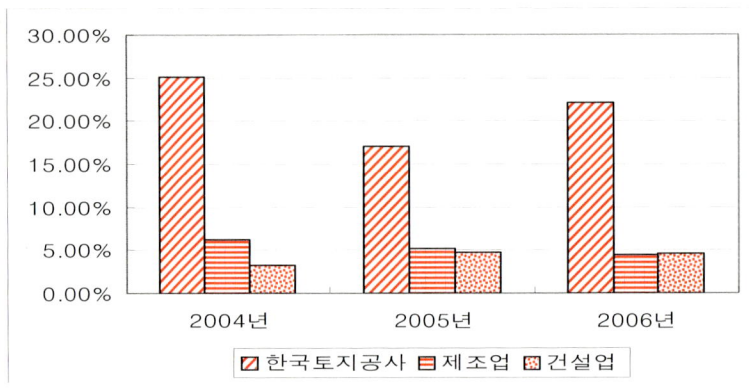

(3) 총자산순이익률

최근 3년간 총자산순이익률을 살펴보면, 한국토지공사는 연도별
로 각각 3.16%, 3.49%, 2.34%로 2%대에서 3%대의 총자산순이익
률을 보이고 있다. 제조업의 경우는 연도별로 각각 7.56%, 6.12%,
5.34%이고, 건설업의 경우는 연도별로 각각 5.14%, 6.46%, 6.19%
를 보이고 있다. 따라서 한국토지공사는 제조업 및 건설업에 비하
여 낮은 수준의 총자산순이익률을 보고하고 있으며, 이러한 총자
산순이익률의 낮은 비율은 한국토지공사의 비효율적이고 방만한

경영의 결과라고 할 수 있을 것이다.

최근 3년간 한국토지공사·제조업·건설업의 총자산순이익률은 아래의 <표 9> 및 <그림 10>과 같다.

〈표 9〉 최근 3년간 한국토지공사·제조업·건설업의 총자산순이익률

(단위: %)

구　분		2004년	2005년	2006년
총자산순이익률	한국토지공사*	3.16	3.49	2.34
	제조업**	7.56	6.12	5.34
	건설업**	5.14	6.46	6.19

* 한국토지공사 감사보고서 자료 참조.
** 한국은행 경제통계시스템 자료 참조.

〈그림 10〉 최근 3년간 한국토지공사·제조업·건설업의 총자산순이익률

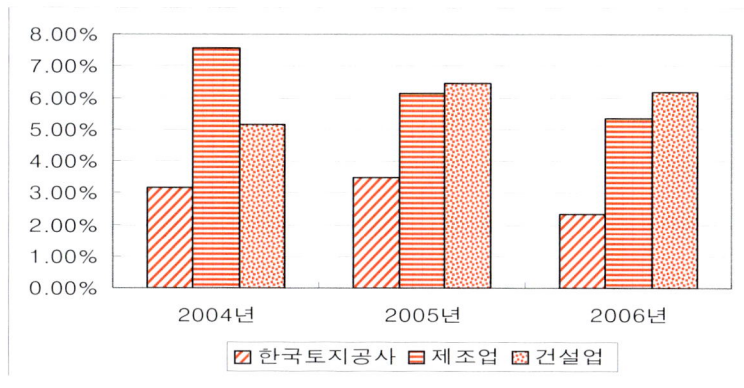

(4) 자기자본순이익률

최근 3년간 자기자본순이익률을 살펴보면, 한국토지공사는 연도별로 각각 10.95%, 12.12%, 10.66%이다. 제조업의 경우는 연도별로 각각 15.61%, 12.87%, 10.37%이고, 건설업의 경우는 연도별로

각각 11.82%, 16.46%, 12.70%를 보이고 있다. 따라서 대부분의 연도에서 제조업 및 건설업의 자기자본순이익률이 한국토지공사의 자기자본순이익률보다 높은 것을 알 수 있다. 매출액순이익률과 매출액영업이익률의 비율의 경우 한국토지공사가 제조업 및 건설업보다 상당히 높은 비율을 보고하였음에도 불구하고 자기자본순이익률이 비슷하거나 오히려 낮은 것은 한국토지공사의 비효율적이고 방만한 경영의 결과이다.

최근 3년간 한국토지공사 · 제조업 · 건설업의 자기자본순이익률은 아래의 <표 10> 및 <그림 11>와 같다.

〈표 10〉 최근 3년간 한국토지공사 · 제조업 · 건설업의 자기자본순이익률

(단위: %)

구 분		2004년	2005년	2006년
자기자본순이익률	한국토지공사*	10.95	12.12	10.66
	제조업**	15.61	12.87	10.37
	건설업**	11.82	16.46	12.70

 * 한국토지공사 감사보고서 자료 참조.
** 한국은행 경제통계시스템 자료 참조.

〈그림 11〉 최근 3년간 한국토지공사 · 제조업 · 건설업의 자기자본순이익률

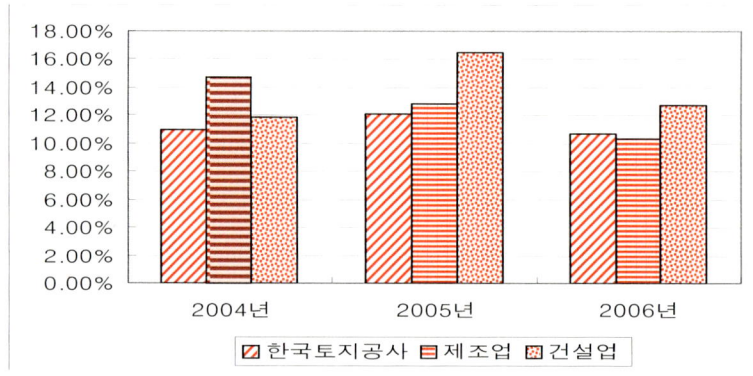

3) 성장성 지표 등

한국토지공사, 제조업 및 건설업의 성장성 지표 등에 대한 연도별 현황은 아래와 같다. 여기서 성장성 지표 등의 분석은 총자산증가율, 매출액증가율, 자산회전율(회)을 대상으로 한다.

(1) 총자산증가율

최근 3년간 한국토지공사의 총자산증가율을 보면 2004년도 8.37%, 2005년도 13.11%, 2006년도 43.52%로 매년 대폭적인 증가를 보이고 있다. 제조업의 경우는 연도별로 각각 7.96%, 9.43%, 8.07%이고, 건설업의 경우는 연도별로 각각 8.87%, 1.60%, 3.26%를 보이고 있다. 따라서 한국토지공사의 총자산증가율은 제조업 및 건설업보다 상당히 높은 증가율을 보이고 있다. 한국토지공사가 이렇게 높은 증가율을 보이고 있는 이유는 토지 개발사업의 확대에 기인한 것으로 보인다.

최근 3년간 한국토지공사·제조업·건설업의 총자산증가율은 아래의 <표 11> 및 <그림 12>과 같다.

〈표 11〉 최근 3년간 한국토지공사·제조업·건설업의 총자산증가율

(단위: %)

구 분		2004년	2005년	2006년
총자산증가율	한국토지공사*	8.37	13.11	43.52
	제조업**	7.96	9.43	8.07
	건설업**	8.87	1.60	3.26

  * 한국토지공사 감사보고서 자료 참조.
 ** 한국은행 경제통계시스템 자료 참조.

〈그림 12〉 최근 3년간 한국토지공사·제조업·건설업의 총자산증가율

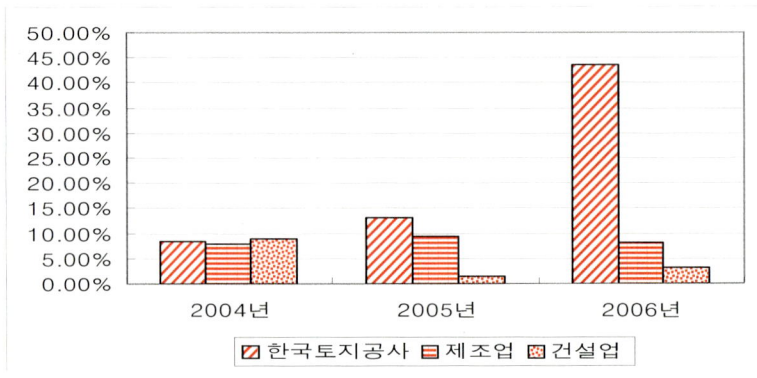

(2) 매출액증가율

최근 3년간 한국토지공사의 매출액증가율을 보면 2004년도 －
5.06%, 2005년도 0.89%, 2006년도 25.81%로 매년 대폭적인 증가
를 보이고 있다. 제조업의 경우는 17.10%, 5.87%, 6.26%이고, 건
설업의 경우는 연도별로 각각 1.35%, 1.40%, 1.24%로 한국토지공
사에 비하여 증가율이 낮으며, 감소세에 있다.

최근 3년간 한국토지공사·제조업·건설업의 매출액증가율은
아래의 <표 12> 및 <그림 13>과 같다.

〈표 12〉 최근 3년간 한국토지공사·제조업·건설업의 매출액증가율

(단위: %)

구 분		2004년	2005년	2006년
매출액증가율	한국토지공사*	－ 5.06	0.89	25.81
	제조업**	17.10	5.87	6.26
	건설업**	1.35	1.40	1.24

  * 한국토지공사 감사보고서 자료 참조.
 ** 한국은행 경제통계시스템 자료 참조.

〈그림 13〉 최근 3년간 한국토지공사 · 제조업 · 건설업의 매출액증가율

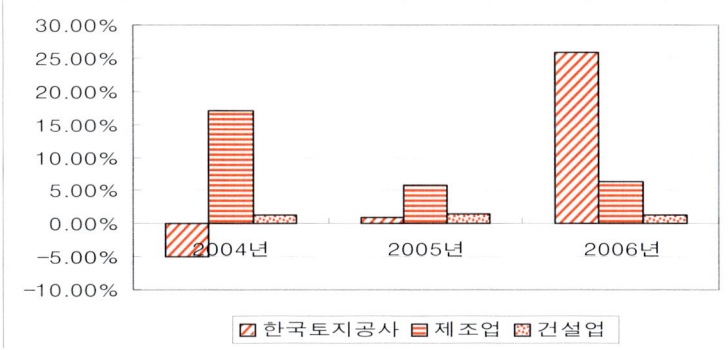

범례: 🟧 한국토지공사 ▤ 제조업 🔳 건설업

(3) 자산회전율(회)

최근 3년간 한국토지공사의 자산회전율(회)은 연도별로 각각 0.29회, 0.26회, 0.25회로 자산회전율이 1회 미만인 것으로 나타나고 있다. 제조업의 자산회전율(회)은 연도별로 각각 1.20회, 1.20회, 1.17회이고, 건설업의 자산회전율은 연도별로 7.75회, 10.66회, 10.61회이다. 비록 한국토지공사의 특성상 다른 업종과 달리 수익 창출에 장기간이 소요된다고 하더라도 자산의 효율성은 낮다고 할 수 있다. 이에 대한 면밀한 검토가 필요하다.

최근 3년간 한국토지공사 · 제조업 · 건설업의 자산회전율(회)은 아래의 <표 13> 및 <그림 14>와 같다.

〈표 13〉 최근 3년간 한국토지공사 · 제조업 · 건설업의 자산회전율(회)

(단위: 회)

구 분		2004년	2005년	2006년
자산회전율(회)	한국토지공사*	0.29	0.26	0.25
	제조업**	1.20	1.20	1.17
	건설업**	7.75	10.66	10.61

 * 한국토지공사 감사보고서 자료 참조.
** 한국은행 경제통계시스템 자료 참조.

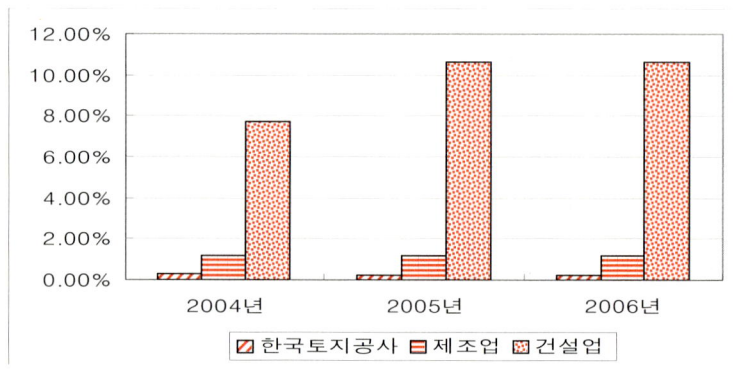

〈그림 14〉 최근 3년간 한국토지공사·제조업·건설업의 자산회전율(회)

3. 매출채권회전율 및 회수기간

1) 매출채권 회전율

2004년부터 2006년까지 한국토지공사의 매출채권 회전율은 2.78, 2.62, 3.30으로 제조업(8.02%, 7.74%, 7.74%) 및 건설업(6.10%, 5.63%, 5.14%)보다 최소 1.5배에서 최대 2.86배 낮은 회전율을 보이고 있다.

기업의 매출채권 회전율이 낮을 경우 매출채권의 현금전환이 늦어져 자금융통에 어려움이 있다. 따라서 한국토지공사는 매출채권에 대한 회전율을 높이기 위하여 노력을 기울여야 할 것이다. 최근 3년간 한국토지공사·제조업·건설업의 매출채권 회전율은 아래의 <표 14>와 같다.

<表 14> 최근 3년간 한국토지공사·제조업·건설업의 매출채권 회전율

(단위: %)

구 분	2004년	2005년	2006년
한국토지공사	2.78	2.62	3.30
제조업	8.02	7.74	7.47
건설업	6.10	5.63	5.14

* 한국토지공사 감사보고서 자료 참조.
** 한국은행 경제통계시스템 자료 참조.

2) 매출채권 회수기간

2004년부터 2006년까지 한국토지공사의 매출채권 회수기간은 각각 131.29일, 139.31일, 110.61일로 나타나고 있어 제조업(45.51일, 47.16일, 48.86일) 및 건설업(59.84일, 64.83일, 71.01일)보다 최소 1.5배에서 최대 2.9배 높은 회수기간을 보이고 있다. 최근 3년간 한국토지공사·제조업·건설업의 매출채권 회수기간은 아래의 <표 15>과 같다.

<표 15> 최근 3년간 한국토지공사·제조업·건설업의 매출채권 회수기간

(단위: 일)

구 분	2004년	2005년	2006년
한국토지공사	131.29	139.31	110.61
제조업	45.51	47.16	48.86
건설업	59.84	64.83	71.01

* 한국토지공사 감사보고서 자료 참조.
** 한국은행 경제통계시스템 자료 참조.

제3절 한국토지공사의 문제점

1. 한국토지공사의 공적 기능 왜곡

재무제표를 통해서 보면, 한국토지공사는 무리한 사업 확장으로 인하여 부채가 지속적으로 증가를 하고 있다. 또한 PF사업 및 출자회사에 대한 투자회수 지연 및 투자 실패로 인하여 손실이 발생되어 수익이 악화되고 있다. 이러한 결과 한국토지공사는 자체개발이익의 비효율적인 분배가 이루어져 공기업의 공적 기능이 왜곡되었다. 한국토지공사의 공기업 기능 왜곡에 대한 사항은 아래의 <그림 15>과 같다.

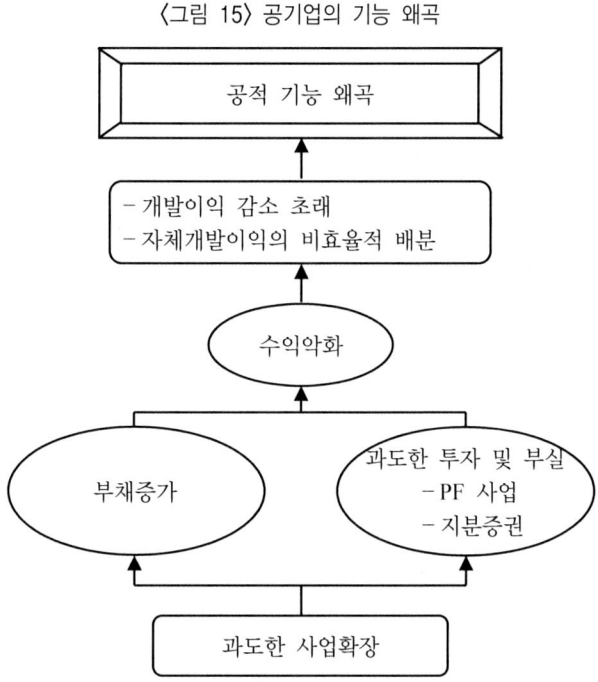

〈그림 15〉 공기업의 기능 왜곡

2. 손익계산서상 개발이익의 적정성 문제 여부

1) 연도별 매출원가 대비 매출 총이익률

2004년부터 2006년까지 한국토지공사의 매출원가 대비 매출 총이익률은 매 연도별로 각각 30.28%, 20.95%, 25.58%의 비율을 보이고 있다. 2004년부터 2006년까지 국내 제조기업의 매출원가 대비 매출 총이익률은 연도별로 각각 24.59%, 22.25%, 21.26%이며, 건설업의 경우 12.85%, 14.99%, 15.66%이다.

한국토지공사의 매출원가 대비 매출 총이익률은 국내 제조기업과 비교하여 최소 1.63배(2006년 기준)에서 최대 2.35배(2004년 기준)로 나타나고 있어 상당한 개발이익을 독점하고 있는 것으로 나타났다. 이러한 한국토지공사의 과도한 개발이익은 정부로부터 이양받은 토지의 취득·관리·개발 및 공급에 대한 독점권으로부터 발생된 이익이라고 볼 수 있을 것이다.

연도별 매출원가 대비 매출 총이익률은 아래의 <표 16> 및 <그림 16>과 같다.

〈표 16〉 연도별 매출원가 대비 매출 총이익률

(단위: %)

구 분	2004년	2005년	2006년
한국토지공사*	30.28	20.95	25.58
제조업**	24.59	22.25	21.26
건설업**	12.85	14.99	15.66

  * 한국토지공사 감가보고서 참조.
** 한국은행 경제통계시스템 자료 참조.

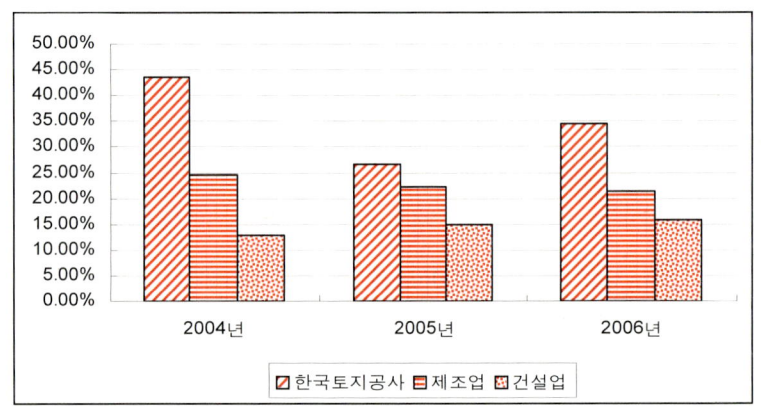

〈그림 16〉 연도별 매출원가 대비 매출 총이익률

2) 매출액 대비 매출원가율

2004년부터 2006년까지 한국토지공사의 총매출액 대비 매출원가 비율은 연도별로 각각 69.7%, 79.05%, 74.4%로 나타나고 있다.

<2004년도 기준>

2004년도를 기준으로 하였을 경우 세부항목 중 가장 낮은 매출원가율을 차지하고 있는 항목은 시험수탁사업수익 대비 매출원가로 13.3%이다. 즉 한국토지공사는 100원의 시험수탁사업수익을 창출하는 데 있어 매출원가를 13.3원 지출하는 것으로 나타나고 있다. 반대로 가장 많은 매출원가율을 보이고 있는 항목은 용역수탁사업수익 대비 매출원가로 그 비율이 123.3%를 나타내고 있다. 즉 한국토지공사는 용역수탁사업에 대한 매출을 100원하는데 그 원가를 123원 지출하고 있는 것으로 나타나고 있다.

<2005년도 기준>

2005년도를 기준으로 하였을 경우 세부항목 중 가장 적은 매출원가를 보이고 있는 항목은 기타사업수익으로 매출원가율이 5.6%이며, 가장 높은 매출원가율을 보이고 있는 항목은 기업토지매출로 108.9%를 보이고 있다. 즉 한국토지공사는 기타사업수익에 대하여 과도한 수익을 올리고 있는 반면, 기업토지매출에 대하여 손해를 보는 사업형태를 가지고 있다.

<2006년도 기준>

2006년도를 기준으로 하였을 경우 세부항목 중 가장 적은 매출원가를 보이고 있는 항목은 기타사업수익으로 매출원가율이 0.3%이며, 가장 높은 매출원가율을 보이고 있는 항목은 임대알선용역사업수익으로 162.7%를 보이고 있다. 즉 한국토지공사는 기타사업수익에 대하여 과도한 수익을 올리고 있는 반면 임대알선용역사업은 손해를 보고 있다. 특히 임대알선용역사업은 매출액 100원을 올리는데 162원의 매출원가를 지출하고 있는 것으로 나타나고 있다.

그러나 최근 3년간 한국토지공사의 매출액 대비 매출원가의 비중이 타 업종에 비하여 상대적으로 높기는 하지만 이러한 비중의 적정성에 대하여 정확한 기준이나 논의가 이루어지지 않고 있다. 따라서 개발이익의 적정성을 파악하기 위한 매출액 대비 매출원가율의 기준을 마련할 필요성이 있다.

최근 3년간 매출액 대비 매출원가율은 아래의 <표 17> 및 <그림 17>와 같다.

<표 17> 최근 3년간 매출액 대비 매출원가율

(단위: %)

과 목	2004년	2005년	2006년
매출액 대비 매출원가율	69.7	79.1	74.4
1. 상품·제품 총매출액 대비 매출원가율	69.4	78.3	74.3
1) 관리토지매출 대비 매출원가율	72.9	95.0	93.2
2) 완성토지매출 대비 매출원가율	75.7	73.5	78.4
3) 기타토지매출 대비 매출원가율	22.5	29.3	46.1
4) 미완토지매출 대비 매출원가율	64.9	78.9	70.1
5) 기업토지매출 대비 매출원가율	97.7	108.9	90.1
6) 해약예상매출 대비 매출원가율	–	68.8	63.8
2. 지원사업수익 대비 매출원가율	69.5	84.9	81.7
1) 시험수탁사업수익 대비 매출원가율*	13.3	–	–
2) 보상수탁사업수익 대비 매출원가율*	57.8	–	–
3) 용역수탁사업수익 대비 매출원가율*	123.3	–	–
4) 사업수탁사업수익 대비 매출원가율*	21.1	–	–
3. 임대알선이용사업수익 대비 매출원가율	77.5	110.9	162.7
4. 부대사업수익 대비 매출원가율	98.9	63.2	49.7
5. 기타사업수익 대비 매출원가율	19.7	5.6	0.3

* 한국토지공사는 2004년 지원사업수익에 대한 세부적인 항목(시험수탁사업, 보상수탁사업, 용역수탁사업, 사업수탁사업)으로 분류를 하였으나, 2005년 및 2006년 대차대조표에는 세부적인 항목을 공개하지 않고 있음.

** 여기서 매출원가는 해당 항목에 대한 매출액에 대한 세부 매출원가 항목의 매출원가를 의미함. 예를 들어, 관리토지매출 대비 매출원가에서의 매출원가는 관리토지의 매출원가를 의미함.

*** 한국토지공사 감사보고서 자료 참조.

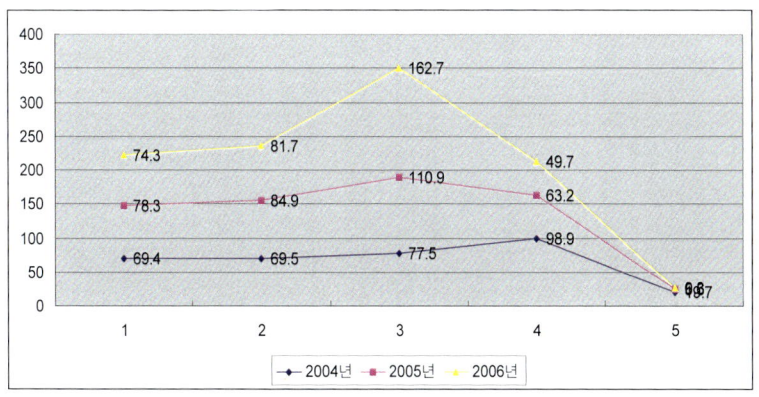

〈그림 17〉 최근 3년간 매출액 대비 매출원가 변화율 추이

* 각 항목의 내용은 1. 상품·제품 총매출액 대비 매출원가율, 2. 지원
  사업수익 대비 매출원가율, 3. 임대알선이용사업수익 대비 매출원가
  율, 4. 부대사업수익 대비 매출원가율, 5. 기타사업수익 대비 매출원
  가율을 의미함.

3. 개발이익의 비효율적 배분

1) 개발이익의 비효율적 배분 내역

(1) 개 요

한국토지공사는 개발이익(손익계산서상 매출 총이익)에서 투자손
실, 이자비용, 환손실, 인건비 등을 제외한 후 순액이 결손을 보이
고 있다. 즉 영업 외 수익이 발생되고 있다 하더라도 개발이익에
서 투자손실, 이자비용, 환손실 등이 정부환수 가능금액을 감소시
키는 요인으로 작용하고 있다는 것은 사실이다. 따라서 투자손실,
이자비용 등으로 인하여 개발이익의 비효율적인 배분이 초래된다.

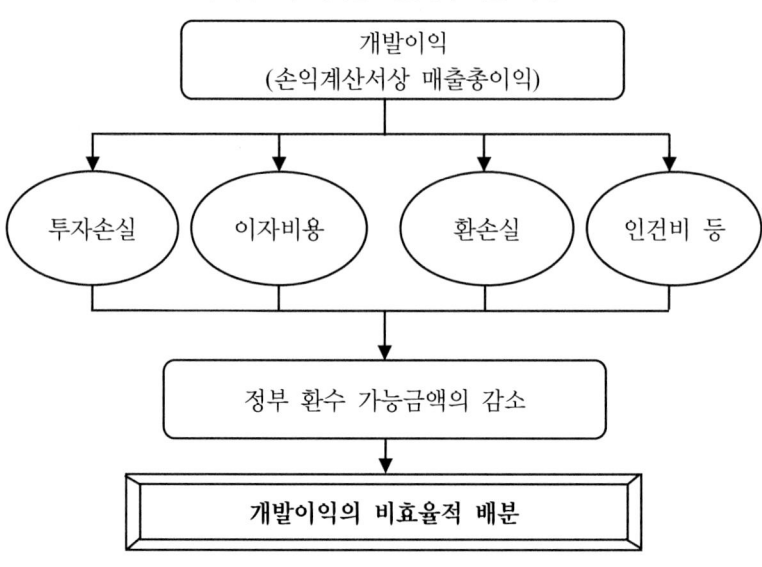

〈그림 18〉 왜곡된 개발이익 배분 내역

개발이익
(손익계산서상 매출총이익)

투자손실　　이자비용　　환손실　　인건비 등

정부 환수 가능금액의 감소

개발이익의 비효율적 배분

(2) 개발이익의 비효율적인 배분의 세부적인 내용

투자손실, 이자비용, 환손실, 인건비 등의 세부적인 내용은 다음과 같다.

첫째, 한국토지공사는 손익계산서상 영업 외 비용 중 대손상각비, 단기금융상품처분손실, 유형자산처분 및 감액손실, 장기투자증권감액손실, 재고자산평가손실, 지분법손실 등의 투자손실 금액을 계상하고 있다. 이러한 투자손실 금액이 없었다면 한국토지공사는 보다 많은 개발이익이 발생되며, 정부로 환수될 수 있는 금액이 더 많아져 개발이익을 효율적으로 배분할 수 있을 것이다.

둘째, 이자비용은 손익계산서상 이자비용으로 계상된 금액이다. 한국토지공사는 과도한 개발욕심으로 인하여 대규모 차입을 통하여 개발비용을 충당하고 있다. 최근 이슈가 되고 있는 한국토지공사의 부채와 관련된 재무적 위험은 이러한 자금의 차입 및 이자비용의 지급과 연관이 클 것이다. 또한 개발비용을 차입함에도 불구하고 매년 정부에 배당금을 지급하고 있는 점은 기업의 재무적 위험을 더욱 높이는 결과를 초래할 것이다.

셋째, 한국토지공사는 손익계산서상 영업 외 비용 중 외환차손, 통화스왑평가·거래손실, 이자율스왑평가·거래손실을 계상하고 있다. 이러한 환손실은 한국토지공사의 개발이익의 감소에 영향을 미치게 되며, 결국 개발이익의 비효율적인 배분의 결과를 초래하게 된다.

넷째, 한국토지공사는 손익계산서상 판매비와 관리비 중 인건비 이외에 광의적인 인건비를 판매비와 관리비 중 경비로 계상하고 있다. 이러한 인건비적 성격의 항목은 복리후생비, 피복비, 업무추진비, 교육훈련비, 포상비, 협력비, 일반관리잡비 등이 있다.

2) 손익계산서상 개발이익의 효율적 배분방법

한국토지공사는 개발이익에 대한 효율적인 배분을 위하여 매출총이익에서 차감되는 비용항목을 효율적으로 관리할 필요성이 있다. 즉 매년 막대한 손실을 보고하는 투자사업 및 파생상품의 지속적 거래에 대하여 심각하게 고려할 필요성이 있다. 따라서 발생되는 개발이익(손익계산서상 매출 총이익)에서 필수적으로 지불되는 인건비·유지·관리비 및 재투자를 위한 유보금액을 제외한 모든 금액을 정부에 환수함으로써 개발이익의 효율적인 배분을 유도하도록 해야 한다. 즉 한국토지공사는 매년 한국은행에서 예측하는 GNP성장률의 1.3배에 달하는 금액까지만 유보를 하고, 잔여금액은 모두 정부에 환수를 함으로써 자원의 효율적인 배분의 역할을 이행해야 할 것이다.

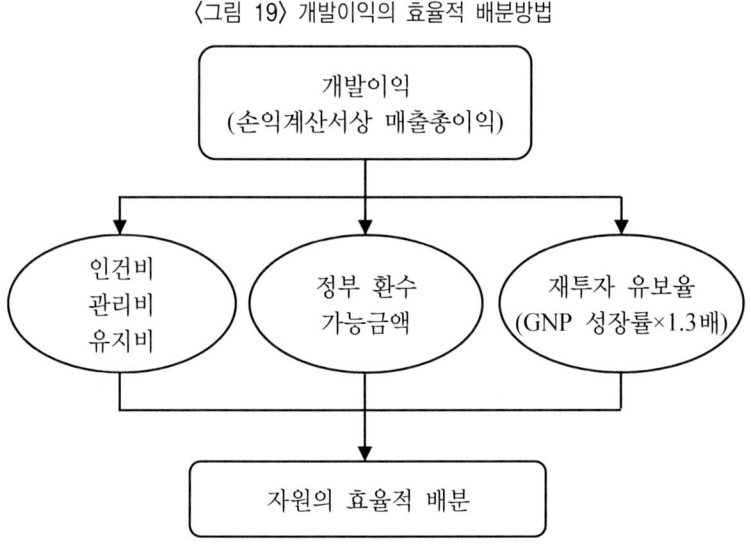

〈그림 19〉 개발이익의 효율적 배분방법

3) 손익계산서상 개발이익의 감소 요인

한국토지공사의 손익계산서상 개발이익은 2004년부터 2006년까지 연도별로 각각 1조 2,822억 원, 8,947억 원, 1조 3,745억 원으로 나타나고 있다. 이러한 개발이익에서 판매비와 관리비, 영업외 비용, 법인세 등 및 배당을 제외하면 각 연도별 개발이익 순액은 각각 (－)695억 원, (－)723억 원, 1,167억 원으로 나타나고 있다. 즉 최근 3년간 한국토지공사의 개발이익 순액은 (－)251억 원이다. 손익계산서상 개발이익의 감소 요인은 아래의 <표 18>과 같다.

<표 18> 손익계산서상 개발이익의 감소 요인

(단위: 백만원)

구 분	2004년	2005년	2006년
1. 개발이익	1,282,208	894,740	1,374,565
2. 판매비와 관리비	220,735	167,961	188,022
3. 영업 외 비용	841,911	430,026	855,895
4. 법인세 등	240,453	243,277	79,608
5. 배당	48,674	125,840	134,310
6. 개발이익 순액 (1－(2＋3＋4＋5))	(－)69,565	(－)72,364	116,730

* 개발이익은 손익계산서상 매출 총이익을 의미함.
* 한국토지공사 감사보고서 자료 참조.

4. 토지의 고가매입 및 부실투자로 인한 경영악화

1) 재고자산평가손실의 발생 원인

한국토지공사가 보유하고 있는 재고자산은 토지이며, 이러한 토지는 재무제표에 취득원가로 계상되고 있다. 다만, 취득원가가 시가보다 하락하는 경우 평가손실로 계상을 하여 재고자산의 차감계정으로 표시를 한다. 평가손실로 계상된 재고자산의 시가가 추후 상승하는 경우 재고자산평가충당금환입으로 재고자산을 취득원가 시점까지 증가시키게 된다.

만약, 한국토지공사의 재무제표상 재고자산평가손실이 계상되어 있다면, 토지의 고가매입 또는 분양가격의 하락으로 인한 손실이 발생되고 있음을 의미하게 된다. IMF 때 기업의 금융부채를 지원하기 위해 정책적으로 매입한 기업토지에서 평가손실이 발생한 부분도 있다.

2) 재고자산 평가손실 금액

2004년 한국토지공사의 재고자산평가손실액은 67억 1,700만 원이며, 2005년에는 193억 원의 재고자산평가충당금이 환입되었다. 그러나 2006년에는 147억 4,200만 원의 재고자산평가손실이 발생하였다. 최근 3년간 재고자산평가충당금환입액과 재고자산평가손실을 상계하면 21억 5,900만 원(67억 1,700만 원 - 193억 원 + 147억 4,200만 원)의 평가손실이 발생한 것으로 나타나고 있다. 즉 한국토지공사의 최근 3년간 토지의 고가매입 및 토지분양가격의 하락으로 인한 예상손실액은 21억 5,900만 원이 되는 것으로 추정이 된다. 재고자산평가충당금환입 및 재고자산평가손실은 아래의 <표 19>과 같다.

〈표 19〉 재고자산평가충당금환입 및 재고자산평가손실

(단위: 백만원)

구 분	2004년	2005년	2006년
재고자산평가충당금환입	-	19,300	-
재고자산평가손실	6,717	-	14,742

* 한국토지공사 감사보고서 참조.

5. 매출액에 대한 해약예상 매출액의 증가

1) 해약예상매출액의 의미

과거 한국토지공사는 토지의 매출에서 발생되는 매출채권의 회수에 있어 예상되는 대손을 대손충당금으로 설정하고 있었다. 그러나 2005년부터는 토지의 매출채권에서 발생하는 매출채권대손충당금을 매출채권의 차감계정이 아닌 해약충당부채(해약예상매출 및 해약매출원가)로 변경하였다.

이러한 해약충당부채는 ① 과거 사건이나 거래의 결과로 현재 의무가 존재, ② 당해 의무를 이행하기 위하여 자원이 유출될 가능성이 매우 높음, ③ 그 의무의 이행에 소요되는 금액을 신뢰성 있게 추정할 수 있을 경우 계상을 하게 된다. 따라서 현재 이러한 매출채권에 대손충당금, 해약충당부채(해약예상매출 및 해약매출원가)는 실제 대손금액이 아니더라도 미래에 매출채권의 회수에 어려움이 있는 금액을 신뢰성 있게 추정을 한 금액이다.

2) 매출액에 대한 부실 예상금액

매출액의 내역은 아래의 <표 20>과 같다. 2006년도 매출액 5조 3,740억 원에 대하여 과거의 대손율을 감안하여 설정한 해약예상 매출액(부실예상금 액) 규모는 2,880억 원 정도로 매우 높다. 대손 설정률이 종전 2.2%에서 5.9%로 증가함에 따라 부실예상 금액이 증가하게 되었다.

〈표 20〉 해약예상매출액 및 비율

(단위: 백만원)

구 분	2004년	2005년	2006년
매출액(a)	4,233,898	4,271,442	5,374,010
해약예상매출(b)	－	178,324	288,012
매출액에 대한 해약예상매출액 비율 [c = (b / a)×100]		4.17%	5.36 %

* 한국토지공사 감사보고서 참조.

6. 과도한 투자영역 확대

한국토지공사의 2004년부터 2006년까지 감사보고서 주석사항에 기재되어 있는 매도가능증권의 내역은 아래의 <표 21>과 같다.

〈표 21〉 감사보고서상 매도가능증권내역

(단위: 백만 원)

구 분		지분율 (%)	취득원가	시가 또는 공정가치	장부금액
2004년 12월31일 현재	① 한국건설자원공영	5.3	200	705	200
	② 한국건설관리공사	6.2	4,000	2,470	4,000
	③ 대한주택보증	0.8	26,775	11,987	5,989
	④ 새롬성원	2.6	2,513	1,590	1,590
	⑤ (유)랜드피아	15	6	–	–
	⑥ 그린시티	19	4,340	3,996	4,140
	⑦ 쥬네브	19	3,667	3,299	3,667
	⑧ 메타폴리스	19.9			
	⑨ 스마트시티	19.9			
	⑩ 스마트시티 자산관리	19.9	60	64	60
	계	–	43,352	24,521	20,442
2005년 12월31일 현재	① 한국건설자원공영	–	–	–	–
	② 한국건설관리공사	6.2	4,000	2,145	4,000
	③ 대한주택보증	0.8	26,775	17,594	5,988
	④ 새롬성원	0.67	2,513	652	652
	⑤ (유)랜드피아	15	6	–	–
	⑥ 그린시티	18.18	4,340	3,747	4,140
	⑦ 쥬네브	19	4,088	5,811	4,088
	⑧ 메타폴리스	19.9			
	⑨ 스마트시티	19.9			
	⑩ 스마트시티 자산관리	19.9	60	64	60
	⑪ 모닝브릿지	19.9	995	910	995
	⑫ 모닝브릿지 자산관리	19.9	60	61	60
	계	–	53,921	35,667	30,072

구 분		지분율 (%)	취득원가	시가 또는 공정가치	장부금액
2006년 12월31일 현재	① 한국건설관리공사	6.2	4,000	4,000	4,000
	② 대한주택보증	0.8	26,775	5,988	5,988
	③ 새롬성원	0.67	2,513	652	652
	④ 그린시티	18.18	4,140	4,140	4,140
	⑤ 쥬네브	19	6,260	6,260	6,260
	⑥ 메타폴리스	19.9	10,507	10,507	10,507
	⑦ 스마트시티	19.9	8,418	8,418	8,418
	⑧ 스마트시티 자산관리	19.9	60	60	60
	⑨ 모닝브릿지	19.9	995	995	995
	⑩ 모닝브릿지 자산관리	19.9	60	60	60
	⑪ 광수수완PF	19	1,577	1,577	1,577
	계	-	65,305	42,657	42,657

* 한국토지공사 감사보고서 주석사항 참조.

(1) 매도가능증권으로 인한 이익 및 손실 현황

<2004년도>

2004년도의 경우 한국토지공사는 433억 5,200만 원의 매도가능증권을 취득하였으며, 2004년 말 매도가능증권의 공정가치가 245억 2,100만 원으로 감소하였다. 이로 인하여 한국토지공사의 2004년도 말 매도가능증권의 장부금액은 204억 4,200만 원이다. 즉 2004년도 매도가능증권의 취득으로 인하여 한국토지공사는 229억 1,000만 원의 평가손실이 발생되었다.

<2005년도>

2005년도의 경우 한국토지공사는 539억 2,100만 원의 매도가능증권을 취득하였으며, 2004년 중 보유 매도가능증권의 공정가치가

356억 6,700만 원으로 감소하였다. 이로 인하여 한국토지공사의 2005년도 말 매도가능증권의 장부금액은 356억 6,700만 원으로 계상이 되었다. 즉 2005년도 매도가능증권의 매입으로 인하여 한국토지공사는 238억 4,900만 원의 평가손실이 발생되었다. 특히, 한국토지공사는 매도가능증권손실액 330억 3,763만 원을 손익계산서에 영업 외 비용으로 계상하였다.

<2006년도>

2006년도의 경우 한국토지공사는 653억 500만 원의 매도가능증권을 취득하였으며, 2006년 중 보유 매도가능증권의 공정가치가 426억 5,700만 원으로 감소하였다. 이로 인하여 한국토지공사의 2006년도 말 매도가능증권의 장부금액은 426억 5,700만 원으로 계상이 되었다. 즉 2006년도 매도가능증권의 매입으로 인하여 한국토지공사는 226억 4,800만 원의 평가손실이 발생되었다. 2005년도 매도가능증권손실액을 330억 3,763만 원을 손익계산서에 반영하였음에도 불구하고 한국토지공사의 매도가능증권 평가손실을 크게 발생하고 있다.

한국토지공사가 보유한 출자회사의 대부분은 비상장기업으로 주식 처분에 대한 어려움이 있다. 따라서 출자기업이 자본잠식 또는 부도가 발생될 경우 출자전환이 될 수밖에 없는 한계점을 내포하고 있다. 예를 들어, 한국토지공사는 대한주택보증(주)에 공사채권액 755억 중 486억 원은 현금으로 상환을 받았으나, 잔여채권은 출자전환을 하였다. 또한 새롬성원의 경우 2007년 4월 법원의 정리계획에 의하여 출자주식 6억 5,200만 원의 무상소각함과 동시에 액면가 10,000원의 93주로 신규출자전환이 되었다. 새롬성원을 처음 취득할 당시 취득가액은 25억 1,300만 원이었다. 이렇게 발생되는 손실은 한국토지공사의 개발이익을 감소시키게 되며, 결과적으로 개발이익의 분배왜곡이라는 문제를 발생하게 되는 원인으로 작용한다.

구체적인 내용은 아래의 <표 22> 매도가능증권 요약표와 같다.

<표 22> 매도가능증권 요약표

(단위: 백만 원)

구 분	2004년			2005년			2006년		
	취득원가	공정가액	장부가액	취득원가	공정가액	장부가액	취득원가	공정가액	장부가액
매도가능증권	43,352	24,521	20,442	53,921	35,667	30,072	65,305	42,657	42,657
취득원가 감소분 (취득원가 - 장부금액)	22,910			23,849			22,648		

* 대한주택보증, 새롬성원의 2005년도에 취득원가와 장부금액의 차이를 감액손실로 인식하여 취득원가를 2005년도 말 장부금액으로 조정하였음. 2005년도 지분법손실액은 330억 3,763만 원임.

(2) 매도가능증권 투자에 대한 배당금 수익률

한국토지공사는 2004년부터 2006년까지 연도별로 각각 433억 5,200만 원, 539억 2,100만 원, 653억 500만 원의 매도가능증권을 취득하였으며, 이로 인한 배당금 수익은 2004년 76억 3,300만 원이 있었다. 즉 2004년 매도가능증권 투자로 인한 수익률은 17.6%이었으나, 2005년과 2006년에는 매도가능증권 투자로 인한 수익률은 0%이다. 매도가능증권 투자에 대한 배당금 수익률은 아래의 <표 23>과 같다. 매도가능증권 중 일부는 PF사업에 투자한 것으로서 사업의 특성상 투자수익의 회수에 장기간이 소요되는 단점이 있다.

<표 23> 매도가능증권 투자에 대한 배당금 수익률

(단위: 백만 원, %)

구 분	2004년	2005년	2006년
매도가능증권 취득원가	43,352	53,921	65,305
배당금수익	7,633	–	–
수익률	17.6%	0%	0%

* 한국토지공사 감사보고서 자료 참조.

(3) 지분법적용 투자주식

최근 3년간 한국토지공사의 지분법이익 및 지분법손실과 지분법 적용투자주식의 장부금액은 아래의 <표 24>와 같다.

한국토지공사는 2004년 6억 4,800만 원, 2005년에는 330억 3,700 만 원의 지분법 손실이 발생되었다. 2006년에는 46억 400만 원의 지분법 이익이 발생되었다. 그러나 최근 3년간의 지분법 손실은 290억 8,100만 원으로 나타나고 있다.

한국토지공사의 지분법적용투자주식의 장부금액은 2004년부터 2006년까지 연도별로 각각 1,064억 700만 원, 800억 600만 원, 850억 400만 원으로 점차 감소하고 있는 추세이다. 즉 한국토지공 사는 지분법으로 분류되는 유가증권에 대한 투자를 통하여 상당한 손실을 보고하고 있다.

<표 24> 지분법적용 투자주식 손익 내역

(단위: 백만 원)

구 분	2004년	2005년	2006년
지분법이익(A)	–	–	4,604
지분법손실(B)	648	33,037	–
지분법 손익(A－B)	(－)648	(－)33,037	4,604
지분법적용투자주식장부금액	106,407	80,006	85,004

* 한국토지공사 감사보고서 자료 참조.

7. 차입을 통한 현금배당 실시

2006년을 기준으로 보면 영업활동으로 인한 현금흐름이 음수(－)임에도 불구하고 1,343억 원의 배당금이 지급되었다. 즉 영업활동으로 인한 현금흐름이 부실하여 배당금을 지급할 수 있는 재원이 부족한 상태에서 배당금이 지급되었다. 최근 3년간 현금배당금 내역은 <표 25>와 같다.

공기업의 배당과 관련된 내용은 정부의 고유 권한임에는 틀림이 없다. 그러나 재투자 유보액을 제외한 금액을 정부로 환수해야 옳을 것이다. 즉 공사가 재투자 유보액을 충분히 가지고 있는 상태에서 배당을 실시하여야 할 것이며, 공사가 현금 유보액이 적어 재투자 금액에 대한 자원이 부족할 경우 배당을 하지 않거나 배당금액이 적어야 할 것이다.

〈표 25〉 최근 3년간 현금배당금

(단위: 백만원)

구 분	2004년	2005년	2006년
배당금	48,674	125,840	134,310
영업활동으로 인한 현금흐름	(－)1,747,255	913,314	(－)5,569,983

* 한국토지공사 감사보고서 자료 참조.

8. 정부투자기관으로서의 이미지 실추

법인세 추납액은 신고납부 후 수정신고나 경정 등을 통하여 과소신고세액을 추가로 납부하는 것을 의미한다. 한국토지공사는 이러한 법인세 추납액을 매년 손익계산서상의 영업 외 비용으로 계상하고 있다. 구체적으로 살펴보면, 2004년도부터 2006년도까지 연도별로 각각 1억 9,800만 원, 12억 600만 원, 3,914억 2,200만 원으로 매년 증가하고 있다. 정부투자기관으로서 한국토지공사의 법인세 추납액 증가는 매우 부적절한 행위로 파악이 된다. 따라서 앞으로 법인세 추납액이 없도록 만전을 기해야 할 것이다. 한국토지공사의 연도별 법인세 추납액 내역은 아래의 <표 26>과 같다.

2006년도 법인세추납액 중 3,544억 원은 사업지구의 공사 진행률 적용과 개별필지의 잔금완납일 기준의 인식 차이로 인하여 발생한 것이다. 이로 인하여 현재 국세심판원에 심판청구절차가 진행 중에 있다고 하더라도 공기업의 이미지는 법인세 추납액의 발생으로 인하여 훼손되었다고 보아야 할 것이다.

〈표 26〉 연도별 법인세 추납액

(단위: 백만 원)

구 분	2004년도	2005년도	2006년도
법인세 추납액	198	1,206	391,422

* 한국토지공사 감사보고서 참조.

9. 향후 토지개발 불투명성에 따른 유효인력 관리 문제

1) 현재 한국토지공사 판매비와 관리비의 구성 비율

한국토지공사의 판매비 및 관리비의 구성 비율을 살펴보면, 2004년부터 2006년까지 인건비로 지출된 금액은 연도별로 각각 595억 6,000만 원(26.98%), 705억 4,500만 원(42%), 793억 1,500만 원

(42.18%)이었으며, 경비지출액은 연도별로 각각 725억 7,600만 원 (32.86%), 817억 4,700만 원(48.69%), 914억 3,900만 원(48.63%)으로 매년 증가하고 있다. 또한 2003년부터 2006년까지 판매비 지출액은 각각 886억 400만 원(40.15%), 156억 6,900만 원(9.34%), 172억 6,900만 원(9.17%)으로 매년 감소하고 있는 것으로 나타났다. 손익계산서상 판매비와 관리비 세부내역은 아래의 <표 27>과 같다.

〈표 27〉 손익계산서상 판매비와 관리비 세부내역

(단위: 백만 원, %)

구 분	2004년		2005년		2006년	
	금액	비율	금액	비율	금액	비율
1. 인건비(a)	59,560	26.98%	70,545	42.00%	79,315	42.18%
급여	53,259	24.13%	63,855	38.02%	71,419	37.98%
퇴직급여충당금 전입액	6,301	2.85%	7,690	4.58%	7,896	4.20%
2. 경비(b)	72,573	32.88%	81,748	48.67%	91,439	48.63%
복리후생비	15,563	7.05%	16,873	10.05%	20,514	10.91%
여비교통비	909	0.41%	1,190	0.71%	1,608	0.86%
통신비	496	0.22%	574	0.34%	625	0.33%
전력 및 수도료	930	0.42%	847	0.50%	970	0.52%
연료유지비	351	0.16%	350	0.21%	403	0.21%
세금과공과	8,893	4.03%	10,616	6.32%	11,395	6.06%
소모품비	729	0.33%	744	0.44%	842	0.45%
피복비	474	0.21%	503	0.30%	622	0.33%
도서인쇄비	668	0.30%	666	0.40%	702	0.37%
지급임차료	314	0.14%	330	0.20%	345	0.18%
감가상각비	9,044	4.10%	10,861	6.47%	12,112	6.44%
무형자산상각비	641	0.29%	1,222	0.73%	1,821	0.97%
수선유지비	1,006	0.46%	1,590	0.95%	822	0.44%
차량비	573	0.26%	473	0.28%	550	0.29%
보험료	49	0.02%	84	0.05%	63	0.03%
지급수수료	3,962	1.79%	4,792	2.85%	5,573	2.96%
운반 및 보관료	37	0.02%	61	0.04%	58	0.03%

구 분	2004년		2005년		2006년	
	금액	비율	금액	비율	금액	비율
업무추진비	443	0.20%	471	0.28%	444	0.24%
광고선전비	3,569	1.62%	4,519	2.69%	4,794	2.55%
교육훈련비	6,312	2.86%	7,512	4.47%	7,780	4.14%
조사분석비	3,183	1.44%	3,360	2.00%	3,955	2.10%
포상비	1,053	0.48%	1,727	1.03%	426	0.23%
등기소송비	71	0.03%	107	0.06%	38	0.02%
협회비	32	0.01%	30	0.02%	35	0.02%
협력비	67	0.03%	94	0.06%	74	0.04%
일반관리잡비	600	0.27%	900	0.54%	942	0.50%
연구비	5,640	2.56%	5,011	2.98%	5,782	3.08%
경상개발비	6,967	3.16%	6,240	3.72%	8,144	4.33%
3. 판매비(c)	88,603	40.14%	15,669	9.33%	17,269	9.18%
광고선전비	7,767	3.52%	9,450	5.63%	9,032	4.80%
판매촉진비	2,290	1.04%	2,588	1.54%	4,085	2.17%
판매수수료	2,931	1.33%	2,797	1.67%	3,373	1.79%
대손상각비	74,824	33.90%	12	0.01%	0.6	0.00%
판매잡비	792	0.36%	822	0.49%	778	0.41%
판매비와 관리비총계 (a+b+c)	220,736	100%	167,961	100%	188,023	100%

* 한국토지공사 감사보고서 자료 참조.

2) 인건비성 경비의 추세(비율)

한국토지공사의 손익계산서상 판매비와 관리비의 중 인건비성 경비에 복리후생비, 피복비, 업무추진비, 교육훈련비, 포상비, 협력비, 일반관리잡비를 추가하여 비율을 산정한 표는 아래의 <표 28>과 같다. 즉 판매비와 관리비 중에서 인건비의 비중은 42.18%이며, 인건비성 경비를 포함할 경우 판매비와 관리비 중에서 인건비성경비로 지출되는 비중이 58.53%로 높다.

(단위: 백만 원, %)

구 분		2004년		2005년		2006년	
		금액	비율	금액	비율	금액	비율
인건비	① 급여	53,259	24.13%	63,855	38.02%	71,419	37.98%
	② 퇴직급여	6,301	2.85%	7,690	4.58%	7,896	4.20%
	③ 소계	59,560	26.98%	70,545	42.00%	79,315	42.18%
인건비성경비	④ 복리후생비	15,563	7.05%	16,873	10.05%	20,514	10.91%
	⑤ 피복비	474	0.21%	503	0.30%	622	0.33%
	⑥ 업무추진비	443	0.20%	471	0.28%	444	0.24%
	⑦ 교육훈련비	6,312	2.86%	7,512	4.47%	7,780	4.14%
	⑧ 포상비	1,053	0.48%	1,727	1.03%	426	0.23%
	⑨ 협력비	67	0.03%	94	0.06%	74	0.04%
	⑩ 일반관리잡비	600	0.27%	900	0.54%	942	0.50%
	⑪ 소계	24,512	11.10%	28,080	16.72%	30,802	16.38%
⑫ 합계(=③+⑪)		84,072	38.09%	98,625	58.72%	110,117	58.57%
판매비와 관리비 총액		220,736	100%	167,961	100%	188,023	100%

* 한국토지공사 감사보고서 자료 참조.
* 인건비성 경비에 대하여 복리후생비, 피복비, 업무추진비, 교육훈련비, 포상비, 협력비, 일반관리비를 추가하여 산출함.

3) 연도별 인건비와 인건비성 경비의 비교

연도별 판매비와 관리비상 인건비와 인건비성 경비를 비교한 결과는 아래와 같다. 즉 손익계산서상 판매비와 관리비 중 인건비는 40% 내외에 분포하고 있으나, 인건비적 성격을 가진 부분을 포함하면 판매비와 관리비 중 인건비가 차지하는 비중은 58%를 초과하고 있다. 연도별 인건비와 인건비성 경비의 비교는 아래의 <그림 20>과 같다.

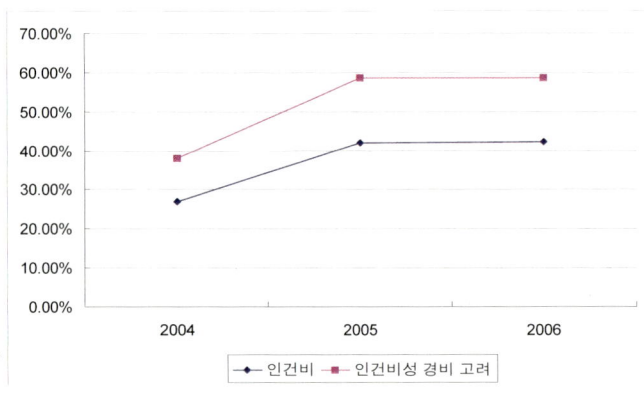

〈그림 20〉 연도별 인건비와 인건비성 경비의 비교

* 한국토지공사 감사보고서 자료 참조.

한국토지공사의 경비 과다지출에 관한 사례는 다음과 같다.

〈사례〉

1) 2007. 10. 26. 한국경제 TV, 신은서 기자
 토지공사는 직원들에게 전용 85㎡ 이하 주택 전세자금을 최대 9천만 원까지 무이자로 대출해주고, 전용 85㎡ 초과 주택의 전세자금 지원에 대해서도 연 3%의 이율만 적용하고 있었다. 이는 토지공사가 직원들에게 전세자금을 사실상 무이자로 지원해 예산을 방만하게 사용하고 있음이 확연히 드러난 결과이다.

2) 2007. 10. 26. 경향일보, 박재현 기자
 과도한 부채에 시달리는 토지공사 전 직원은 국내 출장 시 KTX 특실을 이용하는 것으로 확인되었으며, 최근 5년간 국내출장비 중 교통비만 56억 4,000만 원 지출하였다. 과도한 부채에 시달리는 상황에서도 고액의 교통비를 지출하는 것을 국민들은 이해하기 어려울 것이다.

이 분석에 따르면 택지조성기관들이 사업지구와 전혀 관계없는 직원들의 해외훈련비 복리후생비를 반영한 것은 물론 근거 없는 출장비도 과다 계상했다고 한다. 또한 기부금 환차손 파생상품평가손실, 유형자산처분손실, 통화선도거래손실 등을 기타 항목을 통해 산입시켰다고 한다. 또 자본비용 항목에서 일반적으로 인정하지 않는 자기자본비용에 대해 5년 만기 국고채수익률의 일정액도 반영했다고 한다. 이렇게 과다계상으로 인해 토공은 2005년 택지분양 수익이 7,741억 원(전체 매출액의 86.5%)을, 주공은 2,286억 원(42%)으로 택지개발을 통해 과다한 수익을 거뒀다고 한다.

4) 향후 토지개발 불투명성에 따른 유휴인력 관리 문제

한국토지공사의 2003년부터 2006년까지의 총 인원은 매년 증가하고 있는 것으로 나타나고 있다. 특히 2005년과 2006년은 전년 대비 각각 247명, 290명의 인원이 증가한 것으로 나타나고 있다. 직원 수 증가는 인건비뿐만이 아니라 인건비적 성격의 경비를 증가시키는 직접적인 요인이다. 즉 한국토지공사는 매년 100억 원 이상의 인건비적 경비의 지출이 일어나고 있다.

〈표 29〉 한국토지공사인원현황

(단위: 명)

구 분	2003년도	2004년도	2005년도	2006년도
임 원	7	7	7	8
직 원	2,020	2,191	2,411	2,643
비정규직	359	374	401	458
총 인원	2,386	2,572	2,819	3,109

• 알리오(http://www.alio.go.kr) 홈페이지 자료 참조.

참여정부 이후 한국토지공사는 사업량을 꾸준하게 증가시켜 왔기 때문에 인력을 어느 정도 증가시키는 것은 합당할 수 있다. 또한 한국토지공사 자료에 의하면 2007년 직무분석 결과 적정인력의 80%대 수준으로 운영 중에 있으며, 2011년까지 사업물량이 점차 증가될 것으로 예상을 하고 있다.

그러나 한국토지공사의 업무량 증가가 단기적 요인인지 장기적 요인인지에 대한 판단을 바탕으로 인력 수급계획을 철저하게 계획해야 할 것이다. 공사의 특성상 신규로 수급된 인력은 30년 이상의 장기 근무가 예상이 된다. 따라서 향후 한국토지공사의 업무량 증가가 신규로 수급되는 인력을 수용할 수 있을지에 대한 판단이 필요하다.

10. 리스크 관리 문제

1) 이자율 스왑[27]으로 인한 손실

한국토지공사는 이자율 스왑을 통하여 2004년에는 148억 1,100

---

27) 이자율 스왑은 일정 기간 동안 변동금리와 고정금리를 주고받을 것을 약속하는 금융거래를 말한다. 이러한 이자율 스왑은 고정금리 채권과 변동금리 채권을 갖고 있는 사람이 서로 앞으로의 금리동향에 대해 서로 다른 예측을 하고 있을 때 거래가 성사된다. 즉 앞으로 금리가 떨어질 것으로 보는 사람은 고정금래채권을 오를 것으로 보는 사람은 변동금리채권을 갖고 있으려 할 것이다. 이에 따라 금리 상승을 예상하는 고정금리채권 소유자는 변동금리채로 바꾸면 더 많은 이자를 받게 된다고 생각하고, 금리하락을 예상하는 변동 금리채권 소유자는 고정금리채로 바꾸면 현재 받는 이자율은 유지할 수 있다고 생각하게 돼 금리를 맞바꾸는 거래가 이루어지게 되는 것이다 (매경인터넷 경제용어사전 참조).

만 원의 평가손실이 발생하였으며, 2005년에는 202억 9,600만 원의 평가이익이 발생하였다. 2006년도의 경우 이자율 스왑은 12억 3,400만 원의 평가이익이 발생하였으며, 이자율 스왑거래에서는 70억 4,600만 원의 순손실이 발생하였다.

한국토지공사는 리스크 관리의 부실로 인한 이자율 스왑의 이익을 발생시키지 못하고 있으며, 앞으로 한국토지공사는 이자율 스왑 거래를 통한 손실의 최소화를 위하여 노력하여야 할 것이다. 이자율 스왑평가(거래)에 대한 손익은 아래의 <표 30>과 같다.

〈표 30〉 이자율 스왑평가(거래)에 대한 손익

(단위: 백만원)

구 분	2004년		2004년 순액	2005년		2005년 순액	2006년		2006년 순액
	이익	손실		이익	손실		이익	손실	
이자율 스왑거래	3,546	–	3,546	13,546	–	13,546	3,238	10,284	– 7,046
이자율 스왑평가	15,967	30,778	– 14,811	33,566	13,270	20,296	1,234	–	1,234

* 한국토지공사 감사보고서 자료 참조.

2) 통화 스왑[26]으로 인한 손실

한국토지공사는 통화스왑으로 인하여 2004년 평가손실 1,126억 9,800만 원, 2005년 평가이익 627억 3,800만 원, 2006년 평가손실 705억 900만 원이 발생되었다. 따라서 최근 3년간 한국토지공사

---

28) 통화 스왑은 두 차입자가 상이한 통화로 차입한 자금의 원리금 상환을 상호 교환하여 이를 이행하기로 한 약정거래를 의미한다. 즉 통화 스왑은 일정 통화로 차입한 자금을 타 통화 차입으로 대체하는 거래로서, 주로 환리스크의 헤징과 자금 플로우 관리를 위하여 널리 이용되고 있다. 특히 최근에는 금리 변동에 대한 헤징기능도 수행하

는 통화 스왑을 통하여 1,204억 6,900만 원의 평가손실이 발생하였다. 통화스왑으로 인한 거래이익은 2004년부터 2006년까지 연도별로 각각 43억 원, 76억 원, 29억 원으로 나타나고 있다.

스왑거래는 환율변동의 위험을 상쇄되는 긍정적인 효과가 발생될 수도 있으나, 한국토지공사의 통화 스왑에 대한 평가 손실은 한국토지공사의 재무 상태를 악화시키는 요인으로 작용하고 있다. 비록 거래이익이 발생하고 있다고 하더라도 당기의 평가손실 금액이 상대적으로 크기 때문에 결국 통화스왑을 통해서 손실이 발생된다. 따라서 한국토지공사는 최근 재무 상태를 악화시키고 있는 통화 스왑의 거래에 대한 주의가 요망된다. 통화 스왑평가(거래)에 대한 손익은 아래의 <표 31>과 같다. 이러한 결과는 한국토지공사가 통제할 수 없는 환율 및 이자율의 급격한 변동에 기인한 부분도 있다.

〈표 31〉 통화 스왑평가(거래)에 대한 손익

(단위: 백만원)

구 분	2004년		2004년 순액	2005년		2005년 순액	2006년		2006년 순액
	이익	손실		이익	손실		이익	손실	
통화스왑 평가손익	-	112,698	- 112,698	62,738	-	62,738	-	70,509	- 70,509
통화스왑 거래손익	4,312	-	4,312	7,617	-	7,617	2,920	-	2,920

* 한국토지공사 감사보고서 자료 참조.

한국토지공사의 리스크 관리 부실과 관련된 사례는 다음과 같다.

면서 특정시장의 외환규제나 조세차별 등에 효과적으로 대처할 수 있는 거래기법으로 다국적 기업이나 금융기관들에 의해 적극 이용되고 있다(매경인터넷 경제용어사전 참조).

[국감]공기업 비정형 파생거래 1.3조 원
한국토지공사의 비정형 파생거래 1,159억 원으로 많아
머니투데이 2005년 9월 26일 권성희 기자

지난해부터 올 3월 말까지 공기업의 비정형 파생상품 거래규모가 1조 원을 넘어선 것으로 나타났다.

25일 금융감독원이 국회 정무위 소속 오제세 의원에게 제출한 국정감사 자료에 따르면 2004년 1월부터 올 3월 말까지 공기업의 비정형 파생상품 거래는 총 42건 1조 3,573억 원에 달하는 것으로 조사됐다.

여기에는 KT와 포스코 등 민영화된 공기업과 정보통신부 우정사업본부 등 정부기관, 각종 연기금, 공제회 등은 포함되지 않았다.

이 자료에 따르면 이 기간 동안 비정형 파생상품 거래 규모가 가장 많았던 공기업은 한국수출보험공사로 6,158억 원에 달했다. 이어 한국도로공사(2,655억 원) 부산교통공사(1,400억 원) 한국토지공사(1,159억 원) 등의 순이었다.

나머지 공기업들의 비정형 파생상품 거래 규모는 1,000억 원 미만이었다.

〈공기업의 비정형 파생거래〉

(단위: 억 원, 기간 2004년 1월 ~ 2005년 3월)

공 기 업	건 수	금 액	상품명
한국수출보험공사	18	6,158	통화스왑 등
한국도로공사	4	2,655	통화스왑 등
부산교통공사	2	1,400	이자율 스왑 등
한국토지공사	2	1,159	통화스왑 등
한국주택공사	2	963	통화스왑 등
KTX	2	587	레인지포워드
한국철도시설공단	3	442	레인지포워드
한국동서발전	1	173	통화스왑 등
한국가스공사	8	36	통화스왑 등
합 계	42	13,573	

이와 관련, 정무위 소속 이상경 의원은 국무조정실과 금융감독원에서 받은 자료를 분석한 결과 한국전력과 도로공사 등 15개 공기업들이 투기적 비정형 파생상품 거래로 지난해 말 기준 2754억 원에 달하는 평가손실을 기록했다고 밝혔다.

평가손은 도로공사가 700억 원, KTX 650억 원, 토지공사 540억 원, 한국전력 180억 원, 가스공사 120억 원, 우정사업본부 100억 원 등이었다.

공기업은 완전한 헤지가 가능한 정형거래를 두고, 차입금리를 정상 수준 이하로 낮추는 대가로 미래의 환율 변화 등에 따라 거액의 리스크를 떠안아야 하는 비정형 파생상품 거래를 한 것으로 나타났다.

공기업들은 주로 이용한 비정형 파생상품 거래는 통화스왑이었다. 통화스왑이란 두 거래 당사자가 일정한 계약 기간 동안 정기적으로 서로 다른 통화의 일정한 원금에 대한 이자지급을 교환하기로 하는 거래를 말한다. 비정형 통화스왑의 경우 미래 환율 변동에 따라 공기업이 떠안는 손실이 급격히 커질 수 있다.

이와 관련, 금융감독원은 지난 7월 도이치은행과 BNP파리바은행 등에 대해 공기업과 비정형 파생상품 거래를 하면서 리스크를 제대로 고지하지 않는 등 위법 사항이 있다며 징계조치를 내렸다.

11. 한국토지공사의 문제점에 대한 소결

본 연구는 한국토지공사의 경영실태를 파악함으로써 다음과 같은 문제점을 도출하였다.

첫째, 한국토지공사의 공적 기능이 왜곡되어 있다.

무리한 사업 확장으로 인하여 부채비율은 증가되고 있으며, 과도한 투자에 비하여 수익은 전무한 실정이다. 따라서 수익이 악화되어 개발이익이 감소되었으며, 결과적으로 개발이익의 분배 기능을 하지 못하고 있다. 즉 한국토지공사는 개발이익의 분배라는 공적 기능을 상실하였다고 볼 수 있다.

둘째, 손익계산서상 개발이익 및 분배의 왜곡이 일어나고 있다.

한국토지공사의 매출 총이익률은 국내 제조기업과 비교할 때 최소 1.63배에서 최대 2.35배에 달하고 있다. 즉 한국토지공사는 토지의 효율적 배분이라는 명목하에 상당한 개발이익을 독점하고 있는 것으로 나타나고 있다. 그러나 이러한 개발이익은 서민들에게 효율적으로 배분되지 못하고 있으며, 부동산 가격은 높아져만 가고 있는 실정이다.

셋째, 개발이익이 비효율적으로 배분되고 있다.

막대한 한국토지공사의 개발이익은 정부에 환수되어야 할 금액이 투자손실, 이자비용, 환손실, 인건비 등으로 인하여 감소되고 있다. 결국 정부 환수금액의 감소는 개발이익의 비효율적 배분으로 귀착되고 있다.

넷째, 토지의 고가매입 및 부실투자로 인하여 경영이 악화되고 있다.

한국토지공사는 취득원가가 시가보다 하락하는 경우 재고자산(토지)에 대한 평가손실을 계상하고 있다. 이러한 재고자산 평가손실 중 일부가 IMF 때 정책적으로 기업토지를 매입함으로써 발생된 부분이라고 하더라도 토지의 고가매입 및 부실투자를 예방할 수 있는 제도적 장치가 필요하다.

다섯째, 해약 예상매출액이 증가하고 있다.

한국토지공사는 매출액에 대한 해약예상매출액 비율은 2005년 4.17%, 2006년 5.36%로 증가를 하고 있다. 매출액에 대해 예상되는 대손금액이 증가할 경우 부실채권의 규모가 증가할 수 있다. 따라서 향후 토지 매각 시 회수가능성을 높일 수 있는 제도적 장치가 필요하다.

여섯째, 과도하게 투자활동 영역을 확대하고 있다.

한국토지공사는 2006년도 기준으로 매도가능증권으로 인한 손실이 226억 원 발생이 되었다. 또한 2005년도와 2006년도의 매도가능증권 취득원가는 각각 539억 원, 653억 원이지만, 이로 인한 배당금 수익은 없다. 결국, 한국토지공사는 투자활동을 과도한 확대하고 있음에도 불구하고 단기적 수익성은 매우 낮다.

일곱째, 차입을 통한 현금배당이 실시되고 있다.

한국토지공사는 영업활동으로 인한 현금흐름이 대부분 음(−)을 기록하고 있다. 즉 한국토지공사는 영업활동으로 인한 현금흐름이 부실하기 때문에 배당을 실시할 경우 차입을 통한 배당이 이루어지게 된다. 따라서 배당에 대한 재원이 부족한데도 불구하고 배당을 실시하는 것은 기업의 경영악화를 초래하게 된다. 따라서 정부는 합리적 판단에 의해서 배당금을 요구하여야 할 것이다.

여덟째, 정부투자기관으로서의 이미지를 실추시키고 있다.

정부투자기관이라면, 모든 기업이 가진 납세의 의무를 충실하게 이행해야 할 것이다. 그러나 한국토지공사는 2004년부터 2006년까지 각각 1억 9,000만 원, 12억 600만 원, 3,914억 2,200만 원의 법인세 추납액이 존재하고 있다. 이유여하를 불문하고 법인세 추납액이 발생했다는 자체가 공기업으로서의 이미지가 실추된 것이다.

아홉째, 향후 토지개발 불투명성에 따른 유효인력의 관리 문제가 대두되고 있다.

즉 향후 토지개발의 증대에 대한 불투명성이 존재하고 최근의 공기업 민영화 및 합병에 관한 논의가 있는 상황에서 인력을 증가시키는 것은 한국토지공사의 경영부실을 불러일으키는 동시에 추후 진행 가능성이 있는 민영화 및 합병 등의 구조조정에 어려움이 될 수 있다.

열 번째, 리스크 관리에 문제가 있다.

한국토지공사는 이자율 스왑 및 통화 스왑을 하고 있다. 비록 한국토지공사가 통제하기 어려운 환율 및 이자율의 급격한 변동이 발생하였더라도 현재 이자율 스왑 및 통화스왑을 통하여 완벽하게 위험관리를 못하고 있다고 본다. 궁극적인 리스크 관리는 사업을 과도하게 확장하지 않음으로써 외국의 자본을 사용하지 않는 것이다. 현실적으로 외국의 자본을 사용함으로써 발생되는 리스크를 관리하기 위해서는 보다 효율적인 제도적 보완장치가 필요하다고 본다.

이러한 한국토지공사의 문제점을 요약하면 아래의 <표 32>와 같다.

<표 32> 한국토지공사 문제점 요약

① 공적 기능 왜곡 발생
② 손익계산서상 개발이익 및 분배의 왜곡
③ 개발이익 비효율적 배분
④ 토지의 고가매입 및 부실투자로 인한 경영악화
⑤ 매출액에 대한 과도한 해약예상매출액 발생
⑥ 과도한 투자활동 영역 확대
⑦ 차입을 통한 현금배당 실시
⑧ 정부투자기관으로서의 이미지 실추
⑨ 토지개발 불투명성에 따른 유효인력 관리 문제
⑩ 리스크 관리 문제

제4절 한국토지공사가 나아가야 할 방향

1. 손익계산서상 개발이익의 효율적 배분방법

1) 손익계산서상 개발이익의 효율적 배분방법을 만들자

〈그림 21〉 개발이익

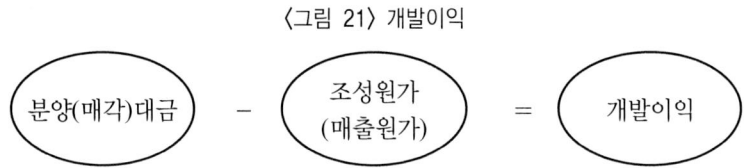

현재, 상품·제품의 평균 분양(매각)대금에서 개발이익이 차지하는 비율(개발이익률)은 약 25.60%이다.

개발이익률은 개발되는 토지의 용도에 따라 차이가 있다. 일반적으로 택지 개발을 100㎡ 할 때 도로, 공원, 녹지, 광장 등의 공공면적을 제외한 판매 가능한 가용면적은 48㎡ 정도 된다. 가용면적 중 임대아파트, 국민 아파트, 학교, 공공시설 등 원가이하로 판매하는 면적이 약 52%이며, 가용면적 중 약 48%의 면적에서 원가 이상의 수익을 창출하여 운영하고 있다. 따라서 자연스럽게 상업용지, 대형아파트, 단독택지의 분양가격은 고가일 수밖에 없고 택지 분양을 받는 건설업자는 이러한 고가 토지매입원가를 최종소비자에게 전가함으로써 아파트가격 상승, 토지가격 상승, 경기 불안 등의 부작용을 야기하고 있다.

개발이익의 효율적 배분은 <그림 22>와 같이 3가지로 배분되어야 하며, 기타 주식투자 등은 하지 않는 것이 바람직하다고 본다.

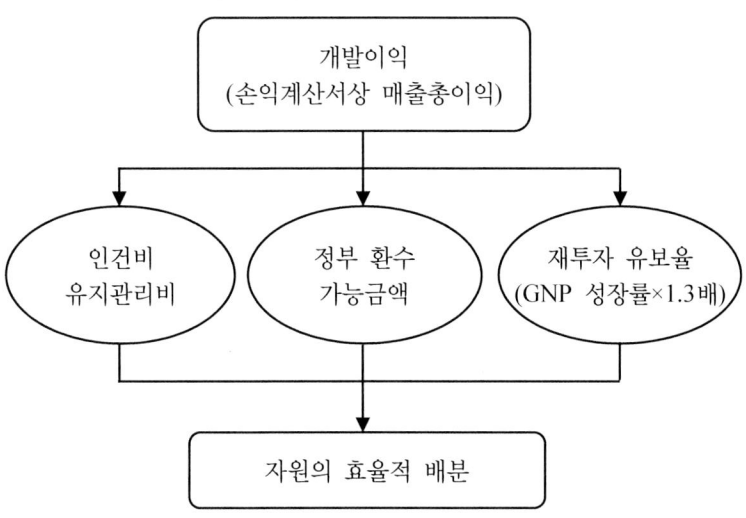

〈그림 22〉 개발이익의 효율적 배분

개발이익
(손익계산서상 매출총이익)

인건비
유지관리비

정부 환수
가능금액

재투자 유보율
(GNP 성장률×1.3배)

자원의 효율적 배분

2) 개발이익을 감소시키는 요인들을 제거하자

손익계산서상 개발이익을 감소시키는 투자 및 재고평가손실, 이자
비용, 환 손실 등 불필요한 투자 및 재무활동을 자제할 필요가 있다.

2. 적정한 개발이익의 환수를 위한 입찰방법 개선

중대형 아파트 및 상가 분양 토지의 입찰방법 개선은 다음과 같다.

(현재)

공개입찰을 통해서 최고 토지 입찰가격에 낙찰함으로써 토지의
낙찰가격에 따라서 분양원가 및 분양가격이 변동되고 개발이익의
과도한 부분이 건설업체 및 수분양자에게 전가되고 있다. 결국, 국
가가 환수하는 개발이익은 미미한 실정이다.

(개선안)

개발이익을 효율적으로 분배하기 위한 본 연구의 제언은 다음과 같다.

첫째, 한국토지공사에서 토지의 용도를 결정한다.

둘째, 완성 건물의 공정가치를 사전적으로 결정을 한다.

셋째, 완성 건물의 소비자 판매가격을 사전에 결정한다.

넷째, 건설사의 표준 건축물 건설원가(이윤은 포함하며, 토지의 매입가격은 제외)를 입찰 시 제시하도록 한다.

다섯째, 건설원가(이윤은 포함하며, 토지의 매입가격은 제외)가 가장 낮은 입찰자에게 낙찰을 한다.

이러한 방법을 이용하여 개발이익을 분배할 경우에 대한 예를 제시하면 아래의 <표 33>과 같다.

예를 들어 아파트가 건설된 후 공정가치가 100원이 될 것이라고 가정을 하면, 완성 건물의 소비자 판매가격은 공정가치 100원보다 적은 90원이 된다. 실제 적용에 있어서는 최종소비자에게 분배 이익이 전가될 수 있는 합리적인 금액이어야 할 것이다.

표준 건축물 건설원가에 의하여 A기업은 44원, B기업은 33원의 건설원가를 입찰 금액으로 제시를 한다. 이렇게 건설회사에서 제시된 금액에는 건설회사의 이윤이 포함되어 있을 것이다. 아래의 예에서는 건설회사는 10%의 이윤을 건설원가에 포함하고 있다고 가정한다.

토지 매입가격이 없다고 가정하는 경우 한국토지공사의 입장에서 보면, 90원에 판매가 가능한 건물을 좀 더 저렴한 금액에 건설을 할 수 있는 B기업에 낙찰을 줌으로써 한국토지공사의 이익을 최대화할 수 있을 것이다. 따라서 아래의 예에서는 B기업이 낙찰을 받게 된다.

〈표 33〉 토지 분배이익의 효율적 배분을 위한 흐름도 Ⅰ

(단위: 원)

	A기업	B기업	비고
① 토지용도 결정			
② 완성 건물의 공정가치 사전 결정	100	100	공정가치
③ 완성 건물의 소비자 판매가격 사전 결정	90	90	
④ 건설사의 표준 건축물 건설원가(이윤은 포함하며, 토지 매입가격 제외) 입찰 시 제시	44	33	원가의 10%를 이윤으로 가정
⑤ 건설원가(이윤은 포함하며, 토지 매입가격 제외)가 가장 낮은 입찰업체에 낙찰	–	낙찰	B업체 낙찰

조건을 좀 더 확장해보면 다음과 같다.

원주민이 10원에 토지를 구입하고, 이 토지를 한국토지공사에서 13원에 매입을 하였다고 가정을 한다. 여기서 보상금액 13원은 원주민 토지의 공지시가에 수용시점의 공정시가 10%에 상당하는 보상금액이 포함되어 있다.

결국 이러한 방법을 통해서 최종소비자는 공정가치 100원의 건물을 90원에 구입을 하게 되어 10원의 개발이익을 분배받게 된다. 건설업자는 건설원가에 포함된 적정 이윤(위 예에서는 10%)을 받게 되며, 원주민은 공정가치의 10%에 해당하는 금액을 보상금으로 받게 된다. 그리고 나머지 금액(위 예에서는 44원)은 한국토지공사의 수익으로 계상이 되며, 100% 정부에 환수를 함으로써 추후 개발이익을 분배하는 데 사용이 되어야 할 것이다.

토지 분배이익에 대한 구체적인 내용은 아래의 <표 34>와 같다.

<표 34> 토지 분배이익의 효율적 배분을 위한 흐름도 Ⅱ

(단위: 원)

	A기업	B기업	비고
㉠ 토공의 토지 공급가격	46	57	
㉡ 토공의 토지 구입가격	13	13	
㉢ 원주민의 토지 구입가격	10	10	
• 토지 분배이익			
㉮ 최종소비자	10	10	
㉯ 건설업자	4	3	
㉰ 원주민	3	3	수용 시 공정가치의 10%
㉱ 한국토지공사	33	44	국가 환수

이러한 조건을 만족하기 위한 낙찰가격의 산출식은 아래의 <표 35>와 같다.[29)]

<표 35> 낙찰가격 산출식

낙찰가격 = 주변 시세의 90% - (건설원가 + 이윤)

<전제조건>

(1) 한국토지공사에서 주변시세의 사전 결정

(2) 건설업자는 한국토지공사에서 결정한 주변시세의 90% 이상으로 분양가격을 설정할 수 없어야 한다.

(3) 표준화된 아파트 및 상가의 건설 기준을 설정해야 함.

(4) 표준 건설원가의 설정이 필요할 수도 있으며, 건설업자는 입찰시 건설원가 이상으로 원가를 사용해야 한다.

---

29) 한국토지공사는 용인홍덕지구에서 2005년 5월 "채권·분양가 병행입찰제"라는 제도를 도입한 예가 있다.

<정책적 제안의 효과>

(1) 개발이익의 효율적 배분 달성

(2) 수분양자의 개발이익: 주변시세의 10%

(3) 건설업자의 개발이익: 건설원가의 10%

(4) 개발이익의 환수액: 낙찰가격

(5) 건설원가의 자연스러운 공개가 가능하게 됨. 공공개발에 참여하기 때문에 반대 급부적으로 건설원가의 공개하는 것에 대해서 건설업자들의 반감은 없을 것으로 본다.

(6) 이렇게 함으로써 개발이익의 거의 전부를 정부가 환수하여 소득의 재분배를 유도할 수 있고 아파트의 고분양가 논란을 방지할 수 있음.

<단점>

(1) 정부가 건설업체의 개발이익과 수분양자의 개발이익을 제한하는 문제점이 있지만, 공공부분의 택지개발로 인한 개발이익의 국가 환수를 위해서는 적절한 조치로 본다.

(2) 건설업체의 마진이 낮아 참여가 미미할 수 있음. 그러나 중소건설업체는 이윤이 있기 때문에 참여할 것으로 봄.

제5절 결론

본 연구는 한국토지공사의 경영실태 분석을 통하여 공기업으로서의 공적 역할 상실, 개발이익 및 분배의 왜곡, 토지의 고가매입 및 부실투자로 인한 경영악화, 매출채권에 대한 도덕적 해이, 과도한 투자활동 확대, 현금배당금 지급의 문제, 정부투자기관으로서의 부적절한 행위, 향후 토지개발 불투명성에 따른 유효인력 관리 문제, 리스크 관리의 문제를 도출하였다.

이러한 도출된 문제점을 해결하기 위한 방안으로 손익계산서상 개발이익의 효율적인 배분방법과 적정한 개발이익의 환수를 위한 입찰방법의 개선을 제시함으로써 토지의 분배이익을 효율적으로 분배할 수 있는 방안을 제시하였다.

본 연구에서 한국토지공사의 문제점으로 도출된 사항은 다음과 같다.

첫째, 한국토지공사는 공적 기능이 상실되어 있다.

둘째, 손익계산서상 개발이익 및 분배의 왜곡이 일어나고 있다.

셋째, 개발이익이 비효율적으로 배분되고 있다.

넷째, 토지의 고가매입 및 부실투자로 인하여 경영이 악화되고 있다.

다섯째, 매출액에 대한 해약예상매출액이 증가하고 있다.

여섯째, 과도하게 투자활동 영역을 확대하고 있다.

일곱째, 차입을 통한 현금배당이 실시되고 있다.

여덟째, 정부투자기관으로서의 이미지가 실추되고 있다.

아홉째, 향후 토지개발 불투명성에 따른 유효인력 관리 문제가 대두되고 있다.

열째, 외화 및 이자율에 대한 근본적인 리스크 관리가 필요하다.

이러한 한계점을 보완하기 위하여 본 연구에서는 다음과 같은 대안을 제시하였다.

첫째, 개발이익을 감소시키는 요인(손익계산서상 개발이익을 감소시키는 투자 및 재고평가손실, 이자비용, 환 손실 등 불필요한 투자 및 재무활동)을 제거해야 한다.

둘째, 토지 분배이익의 효율적 배분을 위한 낙찰방법을 적용한다.

그러나 이러한 개선방안은 정부가 건설업체의 개발이익과 수분양자의 개발이익을 제한하는 문제점이 있으며, 건설업체의 마진 하락으로 인한 참여에 대하여 의문점이 생기는 한계점을 내포하고 있다. 따라서 이러한 한계점을 보완할 수 있는 대안이 추가적으로 검토되어야 할 것이다.

참고문헌

경향일보, 2007년 10월 26일자 박재현 기자

기획예산처 알리오 (http://www.alio.go.kr) 홈페이지

두산백과사전 (http://www.encyber.com) 홈페이지

매경인터넷 (http://www.mk.co.kr) 홈페이지 경제용어사전

머니투데이 2005년 9월 26일자 권성희 기자

이상철·문인수·성도경.『공기업의 이해』, 대영문화사, 2000.

조선일보, 2007년 10월 31일자 전수용 기자

한국경제 TV, 2007년 10월 26일자 신은서 기자

한국은행 경제통계시스템 (http://ecos.bok.or.kr) 홈페이지

한국토지공사 홈페이지 재무지표

한국토지공사(http://www.iklc.co.kr)홈페이지

한국토지공사 2004~2006년 감사보고서

한국토지공사법 (2007. 07. 13. 일부개정)

제3장 토지공사의 조직관리와 사업운영

- 제기되는 주요 이슈를 중심으로 -

이창길(시립인천전문대 교수)

제1절 들어가는 말
제2절 토지공사 현황
제3절 토지공사 조직관리 문제점에 관한
        주요 이슈
제4절 토지공사 사업운영 문제점에 관한
        주요 이슈
제5절 요약 및 결론

제1절 들어가는 말

한국토지공사는 지난 1993년 이후부터 주택공사와의 업무중첩과 이로 인한 과열 경쟁, 원가정보의 미공개, 지가 및 주택가격의 상승 유발, 과도한 개발이익, 공직자의 부패 사례, 방만한 경영 등의 문제를 중심으로 경실련을 비롯한 여러 시민단체와 국정감사 등에서 지속적으로 지적받아 오고 있으며, 이러한 제기되는 문제점들에 기인하여 변화와 혁신대상으로 지목되고 있다. 이는 토지공사의 변화와 혁신을 요구하고 있는 것이라 해석할 수 있다.

이에 본 연구는 토지공사의 조직관리와 사업운영에 있어서 나타나는 문제점들을 진단 및 제시하는 것을 목적으로 한다. 이를 위하여 본 연구에서는 토지공사의 조직변화와 관련하여 제기되고 있는 기관의 현실문제 및 역기능적인 측면에 대하여 객관적이고 체계적으로 사실을 논의하고자 하였다.

연구의 진행은 우선 각종 자료를 바탕으로 토지공사의 현황을 살펴보았다. 토지공사의 조직관리 분석을 위해 선행 연구와 평가 등을 검토하여 조직관리와 관련된 주요 이슈의 영역을 구성하였다. 주요 이슈의 영역은 임원의 정치적 임명과 전문성·임금, 업무의 중첩과 조직개편, 인사채용과 인력운영계획·인력구조, 내부 교육훈련체계, 보수 관리체계, 성과관리시스템, 노사관계와 사회봉사활동 등으로 구성하였다.

이와 함께, 토지공사의 주요 사업운영에 대하여 현재 제기되고 있는 이슈들을 부패관리, 독점수입과 자본예산 비중, 개발이익, 세부 사업부문, 토지공사와 주택공사의 업무중첩 등으로 구분하여 논의 하였다.

본 연구는 계량적 자료의 수집에 한계가 있어, 연구의 객관성을 보장하기 위하여 국내의 기관분석 및 경영진단 관련 자료, 토지공사 관련 감사보고서 및 평가자료 등 공개된 자료를 중심으로 수집 및 분석하였다. 마지막으로 2008년 2월 희망제작소에서 개최하였던 토론회 내용에 대한 토지공사의 의견을 검토하여 반영하였다.

제2절 토지공사 현황

1. 경영현황

한국토지공사의 총자산은 2006년 24조 9,719억 원으로 2001년 14조 7,354억 원에서 10조 2,365억 원 증가하였다. 이는 공사의 주된 수익을 창출하는 재고 자산 중 재공품(미완성 토지)의 증가에 기인한다. 2006년 말을 기준으로 재고자산은 21조 2,913억 원으로 총자산의 85.26%를 차지하고 있다(국회예산정책처, 2007. 9.).

정부투자기관의 총자산은 2001년 이후 증가추세에 있다. 2001년에 비해 2006년 총 65조 6,949억 원의 총자산 증가가 이루어졌으며, 이 중 대한주택공사가 26조 2,519억 원, 한국전력공사가 12조 6,355억 원, 한국 도로공사가 10조 5,047억 원이었으며, 한국토지공사는 10조 2,365억 원 증가하여 전체 정부투자기관 총자산 증가액의 16%를 차지하고 있다(국회예산정책처, 2007).

〈표 1〉 한국토지공사의 연도별 자산변동 현황

(단위: 억 원)

	2001	2002	2003	2004	2005	2006
당좌자산	2,500	42,368	39,596	31,743	37,843	22,334
재고자산	112,805	96,842	93,987	112,613	125,987	212,913
자산총계	147,354	146,543	141,938	153,825	173,994	249,719

자료: 한국토지공사 감사보고서

한편 한국토지공사의 부채를 살펴보면, 토지 매출과 관련한 선수금이 차지하는 비중이 매우 높다. 토지매각선수금은 이자부담과 상환이 필요 없는 회계상의 부채로 조성용지 매각 시 공사 진행 중인 공사진행률, 공사가 완공된 토지는 대금완납(인도)기준에 따라 매출 인식됨에 따라서 토지매각대금 회수분에 대해 기업회계기준에 의거 임시로 처리되는 부채계정으로, 향후 공사 진행(또는 대금완납)에 따라 매출로 전환·소멸된다.

토지공사의 부채는 2001년 6조 7,325억 원에서 지속적으로 감소하였으나, 2006년 행정복합도시 개발에 필요한 자금조달로 인해 7조 3,940억 원으로 증가하였다. 토지공사의 자금조달은 주로 공사채 발행을 통해 이루어지고 있다. 초기 투자를 제외한 정부 유상증자를 통한 지원은 없으며, 택지개발로 인한 수익이 20% 가까이 발생하고 있다(국회예산정책처, 2007).

<표 2> 총부채와 선수금 현황

(단위: 억 원)

	2003년	2004년	2005년	2006년	2007년
선수금	47,843	55,076	71,368	85,679	135,828
총부채	102,255	109,356	123,868	195,016	270,352
총부채 대비 선수금비율(%)	46.8	50.4	57.6	43.9	50.2
총부채비율(증감률 %)	257.7	245.9	247.1	356.5	428.8

자료: 한국토지공사(2008) 희망제작소 발표논문 의견자료

한국토지공사의 매출은 2006년 5조 3,470억 원으로 토지의 개발, 완성된 토지 및 관리토지의 매출 비중이 전체 매출의 99.58%를 차지하고 있으며, 이는 지원사업과 기타사업으로 구성되어 있다. 매출액은 연도별 택지개발사업 규모에 따라 변동하며, 아래의 <그림 1>과 <표 3>과 같이 2002년 이후부터 꾸준히 감소하다 2006년에 급상승하였음을 알 수 있다.

한국토지공사는 창립 이후 2006년까지 지속적으로 당기순이익을 시현하고 있으며 그 규모도 2001년 1,087억 원에서 2006년 5,831억 원으로 증가하고 있다. 이러한 최근의 당기순이익 증가의 원인은 매출 신장과 금융성 부채의 상환에 따른 이자비용의 감소에 기인한다(국회예산정책처, 2007). 정부투자기관 전체를 살펴보았을 때 당기순이익은 2002년 3조 9,086억 원 이후 점차 감소 추세이다. 한국석유공사, 대한주택공사, 한국토지공사, 한국관광공사 등 4개 정부투자기관을 제외한 나머지 기관의 당기순이익은 점차 감소 추세에 있다(국회예산정책처, 2007).

〈표 3〉 한국토지공사의 연도별 매출액 및 이익변동 현황

(단위: 억 원)

	2001	2002	2003	2004	2005	2006
매출액	35,352	49,331	44,595	42,339	42,714	53,740
영업이익	4,646	8,377	9,146	10,615	7,268	11,865
당기순이익	1,087	3,720	4,384	4,867	6,078	5,831

자료: 한국토지공사 2007년도 경영공시

〈그림 1〉 한국토지공사의 손익추이(2002~2006년)

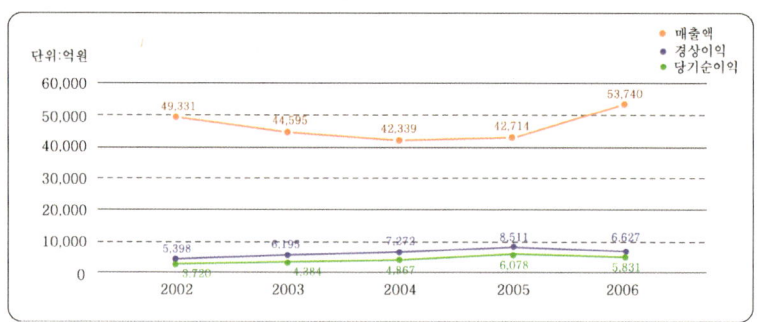

자료: 한국토지공사 감사보고서

한국토지공사의 매출액을 기준으로 한 국회예산정책처 평가결과를
살펴보면, EBITA / 매출액은 2001년 13.35%에서 2006년 22.34%로
8.99% 증가하였다. 한편, 매출액 순이익률은 2001년 3.08%에서
2006년 10.85%로 7.77% 증가하는 등 상당한 개선이 있었다. 또한
자산과 자본을 기준으로 분석한 결과, ROI는 2001년 0.74%에서
2006년 2.34%로 1.60% 증가하였다. ROE는 2001년 3.46%에서
2006년 10.66%로 7.20% 증가하였다. 종합적인 수익성 평가에서 한
국토지공사의 수익성은 점차 증가하고 있다(국회예산정책처, 2007).

한국토지공사의 부채비율은 2001년 396.46%에서 2006년 356.5%
로 12.86% 감소하였으며, 차입금의존도는 2001년 45.69%에서 2006

년 29.61%로 16.08% 감소하였다. 이자보상배율도 영업이익이 지속적으로 증가하고, 금리가 감소하여 2001년 1.69배에서 2006년 4.13배로 2.44배 증가하였다. 전반적인 재무건전성은 지속적으로 개선되고 있는 것으로 판단할 수 있다(국회예산정책처, 2007).

〈표 4〉 한국토지공사 수익성 및 재무건전성 지표

(단위: %)

	2001	2002	2003	2004	2005	2006
EBITA / 매출액	13.35	17.14	20.69	25.30	17.30	22.34
매출액순익률	3.08	7.54	9.83	11.50	14.23	10.85
ROI	0.74	2.54	3.09	3.16	3.49	2.34
ROE	3.46	10.54	11.05	10.95	12.12	10.66
부채비율	369.36	315.22	257.68	245.92	247.11	356.50
차입금의존도	45.69	38.90	26.52	27.05	21.32	29.61
이자보상배율	1.69	2.09	2.12	4.45	3.20	4.13

자료: 한국토지공사 감사보고서

2. 조직 및 인력현황

〈표 5〉 한국토지공사 인원현황 변화추이(2002~2007년)

(단위: 명)

			2002	2003	2004	2005	2006	2007.9
임원	기관장		1	1	1	1	1	1
	이사	상임	5	5	5	5	6	6
		비상임	7	7	7	7	8	8
	감사	상임	1	1	1	1	1	1
		비상임	–	–	–	–	–	–
	기타		–	–	–	–	–	–
	소계		14	14	14	14	16	16
정원			1,813	2,210	2,210	2,417	2,669	2,797
전년대비 증가율			–	21.89%	0%	9.3%	10.4%	4.7%

자료: 한국토지공사 2007년도 경영공시

한국토지공사의 인력은 <표 5>에서 제시되는 바와 같이 지난 2002년 이후 급격히 증가하여 2007년 9월 기준 정원이 2,797명에 달한다. 이는 2002년 1,813명에서 54.27% 증가한 수치이다. 특히 2003년 397명, 2005년 207명, 2006년 252명 등 2004년을 제외하고 매년 200명 이상의 인력 증가가 이루어졌다. 이는 한국토지공사 인력규모의 급격한 증가추세를 반영하고 있다.[1]

〈표 6〉 연도별 직원 총보수(임원을 제외한 정규직)

(단위: 천 원)

	기본급	수당	급여성 복리후생비	경영평가 상여금	합계(총보수)
2002	34,854,405	18,815,412	1,816,902	7,822,760	63,309,479
2003	42,002,667	22,583,020	1,863,779	10,519,271	76,968,737
2004	56,850,378	20,269,089	645,343	18,882,855	96,647,665
2005	82,880,929	2,122,950	3,630,659	29,468,375	118,102,913
2006	94,787,313	2,287,145	3,954,987	39,830,558	140,860,003

자료: 한국토지공사 2007년도 경영공시

이러한 인력규모의 급격한 증가는 인건비의 증가로 이어졌다. <표 6>에서 볼 수 있듯이, 수당은 2002년 188억 1천5백만 원에서

---

1) 토지공사의 인력증가는 참여정부 출범(2003. 2.) 이후, 행정도시·혁신도시·경제자유구역 개발 등 사업물량이 333% 증가함에 기인한다.

〈참여정부기간 인력 및 사업량 추이〉

	2002년 (참여정부 직전 연도)	2007년 (참여정부 마지막 연도)	증감
인 력	1,815명	2,765명	52.3% 증
사업량	22,392천㎡	74,672천㎡	333.5% 증

※ 인력은 매 연말 현원 기준, 사업량은 취득면적과 개발면적 합계
자료: 토지공사(2008) 희망제작소 발표논문 의견자료

2007년 22억 8천7백만 원으로 8배 이상 감소하였으나, 총보수 규모는 775억 5천만 원 이상(122.49%) 증가하였다. 이는 기본급을 비롯하여, 급여성 복리후생비 및 경영평가 상여금의 증가로 인한 것이다.

2006년 기본급은 2002년 대비 171.95% 증가하였으며, 급여성 복리후생비는 117.67%, 경영평가 상여금은 409.16% 증가하였다. 특히, 기본급은 599억 3천2백만 원 증가하였으며, 경영평가 상여금은 320억 원이 증가하였다. 이는 수당의 감소 비율을 훨씬 상회하는 수치이다.

이는 단지 인력규모의 증가에 기인한 것만은 아니다. <표 7>에서 제시된 연도별 직원 평균 임금을 살펴보면, 2002년도 이후 매년 전년대비 적게는 6.7%에서 많게는 18.64%씩 증가하였음을 알 수 있다. 그 결과 2006년 직원의 평균 임금은 지난 5년 동안 1,898만 원(52.26%) 증가하였다.

인건비의 급격한 증가는 한국토지공사의 과도한 개발이익이 있어 가능했다. 토지공사는 매년 감사원 감사평가결과나 국회 국정감사에 의해 과도한 개발이익에 대한 문제점을 지적받아 왔다.

〈표 7〉 연도별 직원 평균임금(임원을 제외한 정규직)

(단위: 천 원)

	총보수	상시종업원수(명)	평균임금	평균임금 증가율
2002	63,309,479	1,743	36,322	–
2003	76,968,737	1,786	43,096	18.64%
2004	96,647,665	2,086	46,331	7.50%
2005	118,102,913	2,280	51,800	11.80%
2006	140,860,003	2,547	55,304	6.76%

자료: 한국토지공사 2007년도 경영공시

그러나 인건비 상승률에 정부투자기관 경영평가 상여금을 포함하여 계산하는 것은 정부의 경영평가가 자율과 책임을 통한 기관의 성과향상을 조장하기 위한 근본적인 취지를 가지고 있음에 반할 수 있다. 따라서 매년 실시하는 평가가 그 목적과 취지에 맞게 객관적이고 공정하게 이루어진다면 인건비 계산에서 제외하는 것이 바람직하다. 또한, 매년 정부에서 실시하는 경영평가 결과에 따라 지급률이 변동되며, 경영평가의 효과성을 향상시키기 위해서는 별개로 분리하는 것이 바람직할 것이다.

한국토지공사의 경우 2002년부터 2006년까지는 경영평가순위가 계속 상승하여 경영평가상여금 지급률이 매년 증가한 반면 2007년도에는 경영평가순위가 하락하여 지급률이 감소하였다. 토지공사의 경영평가 상여금을 제외한 임금 상승률은 <표 8>과 같다.

〈표 8〉 경영평가 상여금을 제외한 토지공사 임금 상승률

연 도	2002	2003	2004	2005	2006
평균임금(천 원)	31,834	37,206	37,279	38,875	39,666
평균임금 증가율	–	16.87%	0.2%	4.28%	2.04%

자료: 토지공사(2008) 희망제작소 발표논문 의견자료.

제3절 토지공사 조직관리 문제점에 관한 주요 이슈

1. 임원의 정치적 임명과 전문성, 임금

정부투자기관은 중앙정부가 소유권을 행사하는 공적 조직의 한

형태이다. 이러한 측면에서, 정부투자기관의 경영권은 기업의 의사결정에 있어 정부가 인사, 재무, 조직 등과 관련된 주요 의사결정을 통제할 수 있음을 의미하며, 일반적으로 정부가 공기업에 대해 가지는 소유권에 기초한다고 할 수 있다. 그러나 법적·제도적 측면에서 공기업의 궁극적 소유자는 일반 국민이며, 정부의 모든 권한은 일반 국민으로부터의 위임에 기반하고 있고, 그 운영에 대한 정부의 권한과 책임 또한 국민의 대리인으로서 가능하다고 할 때 공기업은 국민에게 있어 복대리인으로서의 역할을 담당한다고 할 수 있다(김준기, 2005).

정부투자기관과 같은 공기업이 누가 어떻게 재산권을 행사할 것인지가 불분명한 경우 경영진에 대한 재산권에 기초한 평가와 보상체계를 대체할 수 있는 관료적 규제와 감독 장치를 도입할 수밖에 없고, 복대리인의 문제는 이러한 관료적 규제와 감독 장치가 충분한 통제 수단으로 작동할 수 없도록 한다(이명석, 2001, 김준기, 2005).

일반적으로 기업지배구조는 내부 지배구조와 외부 지배구조로 구분할 수 있다. 내부지배구조란 주주총회, 이사회, 감사와 같은 회사법상 회사의 내부기관과 관련한 경영자 감시 장치 등을 의미하며, 외부지배구조란 기업 외부에서 경영자 감시 역할을 수행하는 기관 투자자를 의미한다(진태홍·강인수, 2002).

<표 9> 기관장의 전문성과 리더십 현황 / 문제점 / 개선방안

현 황	- 기관장은 내부 승진한 사례이다. - 정치적 임명에 비해 상대적으로 전문성이 높다. - 경영평가결과 중 리더십 관련 평점이 상대적으로 낮다.
제기되는 문제점	- 경영혁신 노력도 불구하고 성과가 미흡하다. - 조직 내부에 대한 이해는 높지만, 경험하지 않은 부처에 대한 이해도가 낮으며, 혁신 장애요인 파악과 혁신 주체와의 연계가 미흡하다. - 기관장의 임금이 매우 높다.
개선방안	- 기관장의 책임성과 전문성을 제고할 수 있는 임용방안에 대한 대책이 요구된다. - 기관장의 역량을 지속적으로 평가할 수 있는 체계가 마련되어야 한다.

<표 10> 이사, 감사의 전문성과 리더십 현황 / 문제점 / 개선방안

현 황	- 비상임이사 중 관료 및 정치인 출신의 비중이 절반 이상이다. - 상임이사 대비 비상임이사의 비율이 6:8로 비상임이사의 비율이 높다. - 감사는 여당출신 정치인이다.
제기되는 문제점	- 비상임이사의 적정 안건 처리비율이 낮다. - 비상임이사의 발언 비중이 상임이사에 비해 매우 낮은 편이다. - 감사의 기능을 적절히 수행할 만한 경험이나 역할이 매우 부족하며, 본업에 치중하는 모습을 보여주고 있다. - 임원의 임금이 상대적으로 매우 높다.
개선방안	- 비상임이사의 기능 확대를 위해 비상임이사의 업무비중 및 정치적 임명 이외 인사(시민참여 고려)의 인원 증대를 고려할 필요가 있다. - 비상임이사의 업무를 명확히 평가할 수 있는 인사평가체계가 필요하며, 이를 지원하고 비상임이사의 적극적 업무활동을 유도하기 위한 인센티브가 필요하다. - 비상임이사의 임명 시 전문성을 제고하여야 할 필요가 있으며, 양적인 업무참여도 이외에 기여도를 질적으로 측정할 수 있는 체계를 마련하여야 한다.

기업 외부적 차원에서 공기업은 독점적인 시장구조를 형성하고 있어, 시장에서 경쟁이 결여되어 있다. 또한 공기업은 영리를 목적으로 하는 사기업과는 달리 적정 수익을 얻지 못하더라도 파산이나 합병의 위험이 없다. 이러한 외부 경쟁의 결여는 공기업의 지배구조가 시장 또는 시장기구를 통한 외부지배구조 혹은 기업통제시장이 실질적으로 존재하지 않거나 거의 작동하지 않음을 의미하기 때문에 정부, 최고경영자, 이사회, 감사 등을 중심으로 하는 내부지배구조 중심의 기업지배구조가 형성될 수밖에 없음을 의미한다(Geddes, 1994).

현 토지공사 사장은 토지공사 택지본부장과 부사장을 거쳐 토지공사 설립 이후 내부 승진한 두 번째 사례이다. 2003년도 참여정부 출범 이후 14개 정부투자기관의 사장임명 현황을 살펴보면 한국토지공사, 한국철도공사, 대한무역투자공사, 대한석탄공사의 4명을 제외한 나머지 15명의 사장들이 외부영입이라는 점에서 매우 드문 사례라고 할 수 있다.

그러나 <표 11>에서 보는 바와 같이 2006년도 외부기관에 의한 사장경영평가 결과는 책임경영 노력과 성과 부문을 제외한 나머지 부문에서 B+ 이하의 성적을 보여주고 있다.

기획예산처(2007)가 발행한 2006년도 정부투자기관 경영실적 평가보고서에 의하면, 혁신전략과 리더십과 관련하여 혁신을 위한 기관장의 리더십이 적극적이고 혁신목표 설정이 비교적 체계적이라는 평가를 내리고 있다.

그러나 이와 함께 기관장의 혁신 장애 요인 파악이 미흡하며, 혁신주체 및 과제와의 연계성이 상대적으로 낮다는 지적을 하고 있다. 또한 혁신제도 및 구성원의 혁신 역량과 관련하여 기관장 중심의 지속혁신기획단과 혁신 리더, 혁신 관리자, 혁신 전문가, 혁신 참여자로 구성된 4계층의 혁신 현업조직을 운영하며 혁신을 추진하고는 있으나 현장조직의 애로사항을 체계적으로 해결하기 위한 노력이 부족하다는 지적도 제기되고 있다(기획예산처, 2007).

〈표 11〉 2006년 사장경영평가결과

지표분야	지표명	등급	득점
1. 책임경영	책임경영 노력과 성과	A	8,750
	이사회·감사기능의 활성화 노력과 성과	B	2,500
	고객만족경영 실천 노력과 성과	B+	4,500
2. 혁신경영	혁신 리더십과 전략	B+	5,250
	경영혁신 노력과 전략	B	5,000
3. 윤리경영	윤리경영 실천 노력과 성과	B+	5,250
	사회적 책임성 강화 노력과 성과	B+	6,000
4. 조직경영성과	기관 종합평가결과 반영		38,674
평가종합			75,924

자료: 한국토지공사 2007년도 경영공시

이와 같은 문제점과 관련하여 두 가지 해석이 가능하다.

첫째, 기관장은 내부승진을 통해 발탁된 인사로서, 조직 내부에 대한 이해나 장악 능력은 높다. 자신이 거쳐 온 조직에 대한 이해는 높지만 경험해 보지 않은 부처에 대한 이해는 낮기 때문에 관료적 무지에 빠질 가능성이 높다. 따라서 기관장의 강력한 혁신 의지에도 불구하고 혁신 장애요인을 정확하게 파악하지 못하고, 현장 혁신주체와의 연계성이 낮다.

둘째, 기관장 외의 여타 임원의 전문성과 관련한 문제를 제기할 수 있다. 기관장의 전문성은 높으나 이사와 감사와 같은 여타 임원진의 전문성은 낮을 수 있다. 특히, 정치적으로 임명된 사외이사의 경우 조직의 업무에 대한 이해도가 낮아 기관장을 견제하는 기능을 적절하게 수행하기 어렵다.

한국토지공사의 경우 2006년 사장경영 평가지표 중 '이사회·감사기능의 활성화 노력과 성과'부문에서 B를 기록하였다. 2007년 현재 상임이사 대 비상임이사의 비율은 6:8로 비상임이사의 비율이 높지만 이러한 수치가 의사결정과정에서 비상임이사의 역할 비중이 높다는 것을 의미하지는 않는다.

<표 12>에서 제시되는 바와 같이, 토지공사 비상임이사의 직업별 분류를 살펴보면, 관료와 정치인 출신이 절반 이상을 차지하고 있다는 점을 알 수 있다. 또한 관료 및 정치인 출신 외의 비상임이사도 토지공사의 업무에 적합한 전문 지식이나 경험을 갖추고 있다고 보기 어렵다. 감사 또한 여당 출신 정치인으로 적합한 감사 업무를 수행할 수 있는 자질을 갖추었다고 판단할 수 없다. 따라서 이에 대하여 지속적으로 지적을 받고 있다.

〈표 12〉 감사, 비상임이사 구성원의 전·현직 직업별 분류

	법조인	교수	공무원	정치인	기타	계(감사포함)
인원	1	1	2	4	1	9

기획예산처의 2006년도 정부투자기관 경영실적 평가보고서에 의하면, 일차적으로 지적되는 문제점이 감사의 전문성이다. 보고서에 의하면, 감사규정을 정비하는 등 내부감사의 역할과 기능을 강화하려는 노력은 보이나, 감사인의 전문성과 독립성을 확보하는 차원에서는 미흡하다는 지적을 하고 있다. 뿐만 아니라 감사인의 도

덕적 자질이나, 감사계획의 반영, 내부감사의 운영 및 제도적 차원의 개선이 필요한 측면으로 지적되고 있다.

또한 이사회 비상임이사의 정책건의와 공사 사업에 대한 관심도는 높지만, 적정 안건에 대한 처리 비율이 상당히 낮으며, 이사회 개최 대비 각 이사회 당 적정 안건이 다른 공기업에 비해 매우 적은 편이며, 비상임이사들의 발언비중도 낮다는 지적을 받고 있다. 또한 특정 비상임이사들에게 발언이 집중되는 경향이 있어 여타 비상임이사들의 역할 확대가 필요하다(기획예산처, 2007).[2]

---

2) 토지공사는 최근 4년간 이사회에서 비상임이사의 참석률이 90%를 상회하고 있고, 발언 비중도 매년 꾸준히 증가하고 있으며, 심도 있는 심의와 구체적인 자료 검증 후 의결하고 있다는 점을 들어 비상임이사의 업무참여도가 낮지 않다고 한다. 그러나 비상임이사의 발언 비중만으로는 업무참여도의 질적 향상을 평가하기 어렵다. 비상임이사의 참석률 및 발언 비중이 꾸준히 증가하고 있다는 점 자체는 긍정적으로 평가할 수 있으나, 이것이 비상임이사의 전문성을 바탕으로 이루어진 것인지 여부는 확인하기 어렵다.

〈최근 4년간 토지공사 이사회 개최현황〉

구 분	'04년	'05년	'06년	'07년
이사회 개최횟수	13	12	13	14
의결안건수	23	21	21	28
원안의결 건수 (수정의결 건수)	21 (2)	16 (5)	14 (7)	22 (6)
원안의결률 (수정의결률)[%]	91.3 (8.7)	76.2 (23.8)	66.7 (33.3)	78.6 (21.4)
비상임이사 이사회 (참석률) (%)	92	96	97	94
비상임이사 발언비중(%)	49	50	59	62

자료: 토지공사(2008) 희망제작소 발표논문 의견자료

<표 13> 주요 정부투자기관 임원의 임금비교(2006년 기준)

(단위: 백만 원)

	기관장		이사		감사	
	임금	순위	임금	순위	임금	순위
한국조폐공사	204	4	142	6	201	4
한국도로공사	207	3	160	4	204	3
한국전력공사	253	2	182	1	248	2
한국석유공사	187	5	165	3	185	5
한국수자원공사	93	9	137	7	125	9
한국관광공사	181	6	130	8	168	7
대한주택공사	176	7	152	5	173	6
대한석탄공사	86	10	116	10	116	10
농수산물유통공사	153	8	130	8	148	8
한국토지공사	**262**	**1**	**169**	**2**	**258**	**1**

자료: http://www.alio.go.kr/

　그럼에도 한국토지공사 임원의 임금은 다른 정부투자기관과 비교하여 볼 때 매우 높다. <표 13>에서 확인할 수 있듯이 기관장, 이사, 감사의 임금 수준은 주요 정부투자기관 임원의 임금과 비교하면 최상위권에 속해 있음을 알 수 있다. 문제는 토지공사 임원의 임금이 단순히 높다는 데 있다는 것이 아니라 어떠한 근거로 토지공사 임원이 다른 정부투자기관 임원에 비해 높은 임금을 받아야 하느냐는 점이다. 이처럼 높은 임금은 조직의 재정규모를 지나치게 비대하고 방만하게 만드는 주요 요인 중 하나로 지적될 수 있다.[3]

3) 토지공사의 입장에서는 정부투자기관 중 최고득점을 받은 2006년도의 자료만을 바탕으로 토지공사 임원의 임금이 정부투자기관 중 가장 높지 않다고 한다. 그 근거로 성과연봉을 제외한 토지공사 기관장의 임금이 타 기관장과 비교하여 높지 않으며, 2007년도에는 성과연봉이 오히려 감소하였다는 것이다. 그러나 아래의 표와 같이 기본급을 훨씬

이와 같이 한국토지공사가 지닌 구조적인 문제점은 기관장이 리더십을 적절히 발휘할 수 없도록 만들고, 이사회가 제 기능을 수행할 수 없도록 하고 있다. 이에 따라 제시되는 개선 방안은 다음과 같다.

첫째, 비상임이사의 적극적인 역할 유도를 위해 이들이 경영에 대한 책임감을 갖고 이사회를 운영할 수 있도록 적절한 인센티브를 제공해야 할 필요가 있다. 이를 위해서는 이사회에 대한 평가 기준이 보다 강화되어야 할 필요가 있다. 기업의 이사회는 기업의 주주를 대신하여 경영진의 경영 활동을 감독하고 통제하는 역할을 담당한다. 따라서 이사회가 이러한 본연의 업무를 충실히 수행하고 있는지에 대한 확인과 평가가 요구된다. 한국토지공사와 같은 정부투자기관의 경우 공기업의 주주라고 할 수 있는 국민과 이사회 간의 격차가 일반 기업보다 훨씬 크기 때문에 이사회의 적절한 운영에 대한 평가 기준이 마련되어야 한다. 현행 정부투자기관평가와 관련한 평가 요소로서의 이사회 운영에 대한 적정성 평가의 결과를 보면 김준기(2005)의 지적대로 이사회 운영을 개선하기 위

상회하는 성과급 지급의 근거가 불충분하다. 토지공사 기관장의 성과연봉 지급률은 2004년 이후 매년 100% 이상을 기록하였는데, 이러한 성과연봉 지급 비율 근거가 타당한 것인지는 여전히 의문시 된다.

〈연도별 토지공사 기관장 임금 추이〉

구 분	2004년	2005년	2006년	2007년
기본연봉(천 원)	77,000	84,500	92,700	94,554
성과연봉(천 원)	103,778	116,270	169,000	97,984
연봉합계	180,778	200,770	261,700	195,238
성과연봉지급률	148%	151%	200%	105.7%

자료: 토지공사(2008) 희망제작소 발표논문 의견자료

한 인센티브를 크게 증가시키지 못하고 있다.

둘째, 비상임이사의 규모를 증가시켜야 할 필요가 있다. 앞서 언급한 정부투자기관 경영실적 평가보고서에서 지적된 바와 같이, 이사회 운영은 활발하게 이루어지고 있으나 그 논의 및 의결 수준은 상당히 낮다는 점을 알 수 있다. 이는 비상임이사의 상당수가 각 분야의 저명인사로 본업에 지나치게 치중하고 있기 때문에 이사로서의 토지공사 업무에 대한 관심과 시간 투입이 미흡하다는 의미이다. 따라서 내부 경영진의 결정을 사후적으로 합리화하는 데 그치고 있으며, 의사결정을 지연시키는 결과를 낳고 있다. 따라서 비상임이사 개개인에게 부과되는 업무의 과중을 줄이기 위해 충분한 인센티브 제공과 함께 이사진의 비율을 상향조정하거나 비상임이사의 규모를 늘리는 방안이 제시될 수 있다.

2. 업무의 중첩과 조직개편

한국토지공사는 2007년 기준 6이사 1본부 1연구원 28처(실) 및 12 지역본부로 구성되어 있으며, 조직도는 <그림 2>와 같다. 2006년 정부투자기관 경영실적 평가보고에 의하면, 한국토지공사는 전략변화에 대응하는 방향으로 조직을 재설계하였다는 평가를 받고 있다. 이는 전략경영시스템 구축을 위해 사업계획단을 신설, 사업기획기능을 강화하고 환경 중심의 정책 대응을 위해 환경기획기능 강화, 동시에 단위사업에서 지역종합사업으로 체제를 전환하기 위해 지역균형개발처를 개편하는 등 사업환경 변화에 탄력적으로 대응하기 위한 사업추진체계 최적화의 조직운영체제 혁신을 긍정적으로 평가받았기 때문이다.

<표 14> 조직구조 현황 / 문제점 / 개선방안

현 황	- PM 사업에 대한 권한 위임을 강화하였다. - 팀장에 의한 전결 권한 건수를 증가시켰다.
제기되는 문제점	- 조직개편의 근거가 불충분하다. - 업무의 중첩으로 인한 낭비성 요소가 여전히 상존하고 있다.
개선방안	- 조직개편 시 다른 조직을 무분별하게 모방하기보다, 조직의 성격을 적절하게 고려하여야 할 필요가 있다. - 기능 중첩을 최소화하여 낭비적인 요소를 줄여야 할 필요가 있다. - 불필요한 기능분화를 지양하고, 조직 기능의 적절한 통합 운영도 필요하다.

한편, 한국토지공사는 조직 하부단위에 권한을 적절히 위임하였다는 평가를 받고 있다. 토지공사는 사업지구별 업무프로세스에 따른 사업관리를 강화하기 위해 PM 사업 운영에 관한 지침을 제정하고 PM에 대한 권한 위임과 책임을 강화시켰으며, 팀제 운영을 위해 권한 하부위양 총 건수 51건 중 팀장에 대한 전결 위양 건수는 46건으로 팀장의 권한을 강화시켰다. 또한 한국토지공사는 1급과 2급에 대하여 경영직으로 직급과 직종을 통합하였으며, 2급 사원을 1급 부서장직에 배치하는 한편, 3급 사원을 2급 팀장직에 배치하는 등 능력별로 직위를 부여하였다. 이에 결재 단계를 축소하여 조직의 탄력성과 의사결정의 신속성을 제고하였다는 평가를 받고 있다.

그러나 이러한 긍정적인 측면에도 불구하고 조직개편이나 권한 위임에 있어 적절한 이유나 근거가 불충분하다는 지적도 제기되고 있다(기획예산처, 2007). 즉 조직의 구조변화를 모색할 경우 이에 대한 근거로서 보다 세부적인 업무처리절차 분석이나 업무 간의 연계성 분석이 이루어져야 하나 이에 대한 명확한 분석이 없이 일반적인 추세에 따르는 경향이 강하다는 지적이다.

조직 개편에도 불구하고 여전히 업무의 중첩으로 인한 낭비성 요소가 제기될 가능성은 여전히 남아 있다. 예를 들어, 행정중심복합도시 건설개발처와, 행정중심복합도시 건설기획처의 기능 분화는 기획기능과 개발기능을 분리시켜 동일 업무에 대한 부처 간 의사소통 능력을 약화시킬 수 있다. 신도시 사업과 행정중심 복합도시 건설은 광의의 차원에서 사실상 동일한 목적의 업무를 수행한다고 볼 수 있기 때문에 기능을 불필요하게 분화시켜 인력 및 재원의 낭비를 초래할 수 있다.

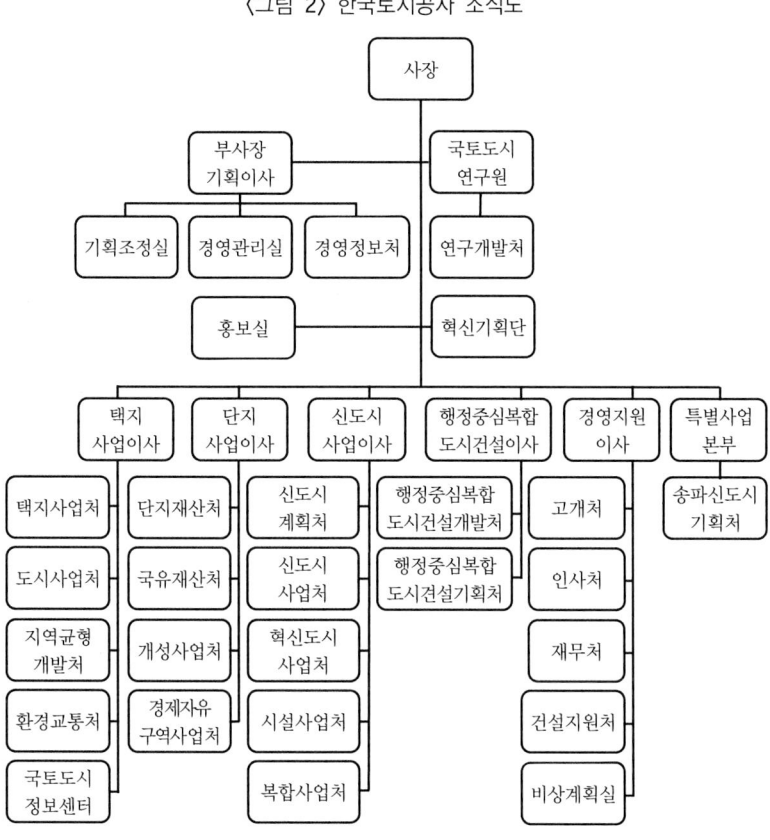

〈그림 2〉 한국토지공사 조직도

자료: 한국토지공사

전반적으로 토지공사의 조직구조는 업무 권한을 적절하게 위임하였다는 평가를 받고 있으나, 조직개편의 근거가 불충분하고 일반적인 추세를 따르고 있어, 향후 조직을 재정비하거나 재편할 시 토지공사 조직이 처한 문제점과 개선 가능한 부분을 적절하게 분석하여 이를 반영하여야 한다. 또한, 조직개편에도 불구하고 업무의 중첩이나 과도한 기능 분화로 인한 낭비성 요소가 여전히 남아있기 때문에, 이를 검토하여 인력 및 재원의 중첩으로 인한 낭비를 최소화하여야 할 필요가 있으며, 향후 토지공사의 기관특성에 가장 적합하고 미래의 경쟁력 제고를 위한 조직설계를 위하여 지속적으로 노력하여야 할 것이다.

3. 인사채용과 인력운영계획, 인력구조

앞서 현황에서 제시하였듯이 한국토지공사의 인력은 2002년 이후 급격히 증가하여 2007년 9월 기준 정원이 2,797명으로, 2002년 1,813명에서 54.27% 증가하였다. 2004년을 제외하고 매년 200명 이상의 급격한 증가추세를 보이고 있다. 이러한 인력규모의 급격한 증가는 정부의 정책적 의지에 따른 사업물량의 대폭 증가에 기인하고 있으며, 이는 곧 총인건비의 증가로 이어졌다.

<표 15> 인사채용 현황 / 문제점 / 개선방안

현 황	- 최근 5년간 신규 채용 비율이 급격히 증가하였다. - 여성채용비율은 2004년 이후 20% 이상을 기록하였다. - 장애인 채용비율은 2003년 1%대에서 2004년 이후 2%대 이상 증가하였다.
제기되는 문제점	- 기업의 비전과 부합하는 구체적인 인재상이 제시되지 않고 있다. - 장애인 채용 비율이 목표치인 5%에 미달하고 있다. - 전문성이 요구되는 부문의 사외 인사채용이 특히 상위직급에서 거의 이루어지지 않고 있다.
개선방안	- 기업의 비전과 목표에 부합하는 보다 현실적이고 구체적인 기준을 제시할 수 있는 인사채용 기준을 마련하여야 할 필요가 있다. - 장애인 및 여성의 채용을 위하여 근무여건을 개선해 나가야 한다. - 전문성이 요구되는 부문에서 사외 인사채용을 적극적으로 도입하여야 할 필요가 있다.

2003년부터 2007년 사이의 한국토지공사 신규채용 현황을 살펴보면, 우선 여성의 채용 비율이 꾸준히 증가하고 있음을 확인할 수 있다. 또한 장애인 채용 비율도 2003년 1.3%에서 2006년에는 3.36%까지 증가하는 등 소폭의 증가세를 보여주고 있고 이공계 비율 또한 지속적으로 50% 이상을 유지하고 있으며 2007년에는 58.46%를 기록하였다.[4]

기획예산처(2007)의 평가보고에 의하면, 2006년 한국토지공사는 심층면접을 통한 맞춤형 인재 채용제도를 도입 및 운영하여 공사 인재상에 부합하는 238명의 인재를 채용하는 등 채용제도를 개선하

---

4) 토지공사는 사업물량이 지속적으로 증가하여 신규인력이 필요하며, 1인당 생산성은 지속적으로 증가하고 있다. 그러나 토지공사의 업무는 독점적인 지위를 지니고 있으며 공공재를 취급하고 있다. 토공의 사업물량 증가는 시장의 확보 혹은 투자확대에 의해서 이루어진다기보다 정부의 토지정책 및 사업과 자신들의 독점적인 지위로부터 발생하고 있다. 따라서 토지공사의 사업물량이 증가가 감소 추세로 전환될 미래의 인력계획을 반영할 필요가 있다.

였다는 평가를 내리고 있다. 그러나 '경쟁력을 지닌 핵심 전문인', '환경변화를 창조의 기회로 삼는 창조인', '국제적 감각과 소양을 지닌 글로벌인'이라는 인재상이 매우 규범적이고 막연함에도 불구하고 이를 뒷받침하는 구체적인 채용기준을 제시하지는 않고 있다.

〈표 16〉 인력운영 현황 / 문제점 / 개선방안

현 황	- 현업비율이 소폭 상승하였다. - 직위공모와 발탁인사 확대를 통해 팀장 역량을 강화하였다.
제기되는 문제점	- 중장기적인 인력효율화 방안이 부족하다. - 특히 사업구조의 변화에 대비한 인력계획이 부재하다. - 부서 간 인력 배분이 불균형하다. - 비정규직 비율이 14.4%에 달하며, 이에 대한 대비가 이루어지지 않고 있다.
개선방안	- 사업구조의 변화에 대비한 중장기적인 인력계획의 수립과 추진실태, 업무량을 고려한 인력배분 노력에 대한 구체화와 적극적인 홍보를 통해 외부평가 및 감사로부터의 긍정적인 인식변화를 얻을 수 있어야 한다. - 기관 차원에서의 비정규직의 정규직 전환과 같은 중장기 운영대책이 마련되어야 한다.

또한 토지공사는 지역 균형개발 추진을 위해 지역인재 등용폭을 40%까지 확대하고, 이공계 여성을 20%까지 우대 채용하였으며, 장애인을 5%(법정고용비율 2%)까지 우대 채용하였다는 평가를 받고 있다(기획예산처, 2007). 그러나 <표 17>에서 제시되는 바와 같이 실제 장애인 채용 비율은 2006년 최대 3.36%에 불과해 5%에 미치지 못하고 있다.[5] 이는 토지공사의 대부분 업무가 현장근

---

5) 토지공사는 이에 대해 토공이 법정 장애인 고용률 2%를 초과달성하고 있으며, 장애인 응시율 자체가 낮기 때문에 장애인 고용확대에 어려움이 있다고 한다. 그러나 장애인들의 응시율을 높이기 위해서는 토지공사의 업무환경이 장애인들이 근무하기에 적절한지, 장애인들의

무이며 또 집단민원이 자주 발생하는 사업특성상 장애인 응시자가 절대적으로 적으며, 장애인 선발 시 최저요건을 충족하는 응시자가 부족함 등의 장애인 고용확대의 근본적인 어려움이 있다.

한편, 한국토지공사는 사외공모를 통해 인력의 전문성을 강화하였다는 평가를 받았다(기획예산처, 2007). 이는 토지박물관장 1명과 국토도시연구원장 1명 등 2명을 전문적인 지식 및 경험이 요구되는 분야의 사외 공모로 선발하였다는 것을 의미한다.

그러나 이에 대해서도 부서장급 특히 연구인력 분야에만 국한되었다는 비판을 피할 수 없다. 박물관장이나 연구원장과 같은 직급은 전문성이 당연히 요구되는 직책이라고 할 수 있다. 반면, 이사급 혹은 처장급 인력에 대한 사외공모와 실제 조직 및 인사운영에 있어서의 전문성 제고는 이루어지지 않고 있다.[6]

〈표 17〉 한국토지공사 신규채용 현황(2003~2007년)

	2003	2004	2005	2006	2007
총 신규채용	217	184	209	238	130
여 성	39	43	52	55	39
여성비율(%)	17.97%	23.36%	24.80%	23.10%	30%
장애인	3	4	5	8	3
장애인비율(%)	1.3%	2.17%	2.39%	3.36%	2.3%
이공계	116	93	108	134	76
이공계비율(%)	53.45%	50.54%	51.67%	56.30%	58.46%

자료: 한국토지공사 경영공시 자료를 바탕으로 재구성.

원활한 업무활동을 위해 업무환경 개선을 위해 어느 정도 노력했는지에 대한 진단이 우선되어야 할 것이다.

6) 토지공사의 주장대로 별정전문직을 수시로 채용하고 있는 것은 사실이다. 그러나 토지공사 전반적인 인력운용 차원에서 전문 인력을 확보하려는 노력에 대한 제시가 필요하다.

한국토지공사는 현업 비율이 2005년 66.7%에서 2006년 68.3%로 증가하여 본사의 통제·관리 기능을 축소시키고 현장 밀착 경영을 가능하게 하였다는 평가를 받고 있다(기획예산처, 2007). 그러나 이러한 현업 비율의 증가는 1.6%에 불과하다. 이러한 소폭 상승을 놓고 본사 인력의 슬림화와 현장 기능 및 인력이 강화되었다는 평가를 받는다는 것은 과장된 측면이 있다. 또한 2002년 이후 매년 전체 인력 대비 큰 폭의 신규채용이 이루어졌다는 점에서, 본사 인력의 현장 배치가 아닌 신규채용 인력배분을 통한 현업비율 증가일 가능성도 배제할 수 없다.

이와 함께, 한국토지공사는 직위공모와 발탁인사 확대를 통해 팀장의 역량을 강화시켰다는 평가를 받았다(기획예산처, 2007). 직위공모제도는 팀장의 내부경쟁을 통해 역량을 강화하는 핵심적인 제도이다. 특히 인력개발팀장, 고객만족팀장 등 본사의 핵심 팀장을 대상으로 직위공모를 추진하였으며, 팀장급에서 70명의 발탁인사를 실시하여 전체 팀장의 24.8%를 발탁하는 등 팀장 간 내부경쟁을 유도함과 동시에 팀장의 역량을 강화하였다.

토지공사의 경우 기획예산처(2007)의 경영실적 평가보고에서도 지적되는 바와 같이, 사업구조의 변화에 대비한 중장기적인 인력효율화 방안이 부족한 실정이다. 공사의 사업물량은 급증하고 있는 반면, 사업구조의 변화에 대비한 인력계획은 적절하게 이루어지고 있지 않다는 평가를 받고 있다. 이에 중장기 사업구조 변화에 대비하여 중장기적인 관점에서 업무 프로세스를 개선하고 외부위탁을 확대를 통한 인력 절감 및 절감된 인력을 신규 및 강화사업으로 전환하는 등 인력증원 해소에 기반을 둔 중장기 인력운영계획 수립이 요구되었다. 또한 부서 간 인력이 적절하게 배분되지 않아 부서 간의 인력 차이가 많은 편이다. 뿐만 아니라 과다한 기능을 가진 팀과 지나치게 세분화된 팀이 다수 존재하여 팀 간 인력 불균형이 심각하다. 따라서 팀 간 기능 재분류를 통한 적정규모의 인력 배치가 요구되었다(기획예산처, 2007).

한국토지공사의 내부자료에 따르면 2007년 9월 직무분석과정을 거쳐 역량모델을 도출하고 체계화하였으며, 능력과 성과에 바탕을 둔 평가의 실시와, 성과와 보상의 연계 강화 등 혁신인사시스템을 도입하여 인력효율을 강화하고자 하는 노력을 하고 있다. 또한, 직원역량 강화를 위해 중장기 인재육성방향을 설정하고, 역량모델에 의한 성과지향형 중장기 교육체계를 구축하여 시행하였으며, 계속기업으로서의 공익미션을 완수할 미래지향의 전문인력 양성과정을 운영하고 있다고 한다.

이와 함께 중장기 사업계획과 연계하여서는, 국책사업의 효율적 수행기반을 구축하고, 미래 핵심사업을 위한 조직역량 강화를 위해 향후 10년간 사업계획 분석, 사업부문별 프로세스를 감안한 인력 원단위를 기준으로 인력수급계획을 수립·운영하고 있으며, 미래 핵심사업의 전략적 추진 체계 구축을 위하여 조직진단 및 직무분석을 실시하여 본사 인력을 축소하고 현장인력을 강화시켜 나가고 있는 등의 노력을 하고 있다고 한다. 또한, 단위조직의 업무량을 수시로 파악하여 연 2회 부서별 인력 재배치를 실시하고, 국책사업 및 사업의 시급성 등에 따른 우선순위를 결정하여 단위조직별 인력을 전략적으로 배치하고 있다고 한다. 그러나 이러한 노력들이 보다 긍정적인 평가를 받기 위해서는 이에 대한 보다 적극적인 홍보로 과거에 제기되었던 문제점들에 대한 외부의 인식변화를 이루어나갈 필요가 있다.

2007년 기준으로 비정규직 인력은 전체 인원의 14.4%를 차지하고 있다. 토지공사에 의하면 비정규직 인력은 신규개발사업의 대폭적 증가 및 국토정보화, 국유지관리업무 추가수행 등으로 인력수요가 증가하였음에도, 정규직 인원의 증원상의 한계로 업무보조, 관리원 등 정규직 인원을 보완할 수 있는 직무 위주로 비정규직을 운영 중이다. 토지공사는 정부의 비정규직 종합대책에 따라 상시·지속적 업무종사자에 대한 고용방식을 직접고용형태로 변경하였다. 또한 토지공사는 향후 비정규직 종합대책 수진계획에 맞춘 정규직 전환고용 등을 추진할 계획을 밝히고 있으나 자체적인 비정규직 대책은 제시하지 않고 있다.[7] 이처럼 토지공사는 사업특성 및 인력증원의 한계 등으로 인해 비정규직의 수가 많은 편이기 때문에 향후 비정규직에 대한 정규직 전환 등 중장기 운영대책의 수립이 필요하다(기획예산처, 2007).

4. 내부 교육훈련체계

한국토지공사는 <표 19>에서와 같이, 위탁교육, 사내교육, 자기계발교육 및 이러닝(e-learning) 교육 등 큰 틀에서 네 가지 교육제도를 운영하고 있다. 그러나 기업 내 자발적인 학습조직 구축이 미흡한 실정이라는 지적을 받고 있다(기획예산처, 2007). 또한 이러한 교육과정이 조직역량 향상에 어떠한 영향을 미치는지에 대한

---

7) 한국토지공사는 2007년 5월 31일 현재 2년 이상 근속한 기간제 근로자 76명에 대하여 2008년 1월 1일자로 정규직으로 전환 고용하여 비정규직에 대한 차별적 고용형태를 개선하였으며, 향후에도 정부의 비정규직 종합대책 추진계획에 맞춰 정규직 전환고용을 추진할 계획이라고 밝히고 있다.

세부적인 평가와, 주변 환경 변화에 따른 교육훈련 과정에 대한 체계적인 개편이 적절하게 이루어지지 않고 있다.

토지공사 내부자료에 의하면, 자체적으로 이러한 한계를 극복하기 위해서 2008년도에는 협업부서의 문제점을 개선하여 성과창출에 기여하기 위해 관련 전문가 그룹의 활동과 연계하여 현업지원 기능을 강화할 계획이며, 계획의 성과를 높이기 위해 각 그룹의 우수 전문가 중에서 핵심전문가를 선정하여 필요시 자문위원 등으로 활용하고, 우수인력의 실질적인 활동을 통한 연구성과 도출을 위해 예산지원을 강화하고 포상을 실시할 계획이라 밝히고 있다.

또한 인사 및 조직 전담부서 직원의 외부 전문교육이 저조한 수준이라는 지적도 받고 있다(기획예산처, 2007). 급변하는 외부환경에 대응하기 위해 전담부서의 외부전문교육이 대폭 향상되어야 할 필요성이 제기되고 있다.

이에 대해 현재 토지공사에서 제시하는 자료들을 근거로 보면 외부환경 변화에 대비하여 체계적인 외부전문교육을 통한 전문가를 육성 중인 점은 긍정적으로 평가할 만하다. 변화관리분야에서는 외부 전문교육 후 경영컨설턴트 자격을 취득하였으며, 인사・조직분야에서는 2007년 담당자 45명에 대하여 세부분야별로 HR 컨설팅 전문가를 전문교육을 실시하였으며, 기타 다른 분야에서도 각 직무별로 총 127개 과정 349명에 대해 외부전문기관에 위탁교육을 실시하였다.

현 황	- 위탁교육, 사내교육, 자기계발교육 및 e-learning 교육제도를 운영 중이다.
제기되는 문제점	- 기업 내 자발적인 학습조직 구축이 미흡하다. - 외부환경에 변화에 대비하기 위한 외부전문교육이 부족하다. - 직원들의 교육훈련 참여 비율이 저조하다.
개선방안	- 현재 자발적인 학습조직 구축과 외부전문교육에 관한 내실화가 필요하다. - 직원들의 자발적인 학습의욕 고양과 적극적인 교육훈련 참여를 유도하기 위한 인센티브가 필요하다. 예를 들어, 교육훈련 참여 실적을 인사고과나 연봉 인센티브에 반영하는 등의 대비책이 요구된다.

그러나 한국토지공사의 교육훈련 수준이 저조하다는 평가를 받고 있는 이유를 크게 두 가지로 해석해 보면, 첫째는 교육훈련제도 자체의 문제이다. 즉 토지공사에서 제공하고 있는 교육훈련 제도 자체가 조직구성원들을 끌어들일 만큼의 인센티브가 없다는 것이다. 두 번째 문제는, 조직구성원 스스로가 교육훈련을 받아야 한다는 문제의식이나 적극성이 낮다고 할 수 있다. 즉 토지공사 조직 자체가 지나치게 안정적이어서 구성원들이 자기계발을 모색할 동기가 부족하다는 것이다.[8]

---

[8] 한국토지공사에서 제시한 자료에 의하면 2007년 전체직원의 60%인 1,630명의 직원이 각 분야별로 44개의 전문가그룹을 결성하여 활동하면서 353건의 학습결과를 사내전산망에 게시하여 전 직원이 공유하고 업무에 활용할 수 있도록 지식을 제공하고 있다고 한다. 또한, 2008년에는 현업부서의 문제점을 개선하여 성과창출에 기여하기 위해 관련 전문가그룹의 활동과 연계하여 현업지원 기능을 강화할 계획이며, 우수인력의 실질적인 활동을 통한 연구성과 도출을 위해 예산지원을 강화하고 포상을 실시할 계획이다.

<표 19> 한국토지공사 교육훈련제도

교육제도	교육내용	세부사항
위탁교육	국외중장기위탁교육	미국 미시간대학 학위 및 연구과정(1년), 영국 자산관리대 연구과정(1년), 중국어학과정(1년 등)
	국내중장기위탁교육	KDI, 대학 및 대학원 교육과정(1년)
	국내단기위탁교육	건설교통인재개발원 및 전문기관 교육과정
	국외단기연수	해외마케팅 체험연수, 해외개발사례탐구연수 등
사내교육	계층교육	신입사원과정 등
	직무교육	부동산 투자관리사과정 등
	특별교육	조직활성화 과정 등
자기계발 교육	대학원 학자금 지원	
	직무능력개발을 위한 수강료 지원	
e-learning 교육	직무과정	토지공법과정
	공통역량분야	리더십 과정
	자격증과정	감정평가사과정 등
	어학과정	영어, 일어, 중국어과정

자료: 한국토지공사

토지공사에서 제시하는 자료를 보면, 2007년도 토지공사 직원의 평균 교육훈련 수료율은 97%로 나타나고 있다. 2007년도 집합교육은 토지공사 자체 연수원의 수용인원을 감안하여 총 1,035명 대상 중 979명 수료하여 94.5%의 수료율을 보이고 있다고 한다. 이러닝은 대상 연인원 4,552명 중 4,418명이 이수(이수율 97%)하였으며, 위탁교육은 직원의 전문화를 위해 외부전문기관에 349명을 위탁하여 100% 수료실적을 보였다. 그러나 이러한 수료율만을 근거로 하여 자발적인 참여와 교육내용의 질적인 개선이 이루어지고 있다고는 볼 수 없으며, 이에 대한 보다 적극적이고 자발적인 참여율을 제시할 수 있는 판단 지표가 필요하다.

이에 향후 급변하는 환경에 대처할 만한 인력을 양성하기 위해서는 직원들에 대한 지속적이고 활발한 교육훈련제도의 도입과 이를 평가할 수 있는 체계와, 이를 위하여 직원들로 하여금 교육훈련에 적극적으로 참여하도록 하는 적절한 인센티브제도가 필요하다.

5. 보수 관리체계

〈표 20〉 보수관리 현황 / 문제점 / 개선방안

현 황	- 2005년 이후 전 직원 연봉제를 채택하여 급여체계를 단순화하였다. - 기본 연봉비율이 지속적으로 향상되었다.
제기되는 문제점	- 3급 이하 직원에 대한 기본연봉의 차등이 이루어지지 않고 있다.
개선방안	- 전 직원에 대한 연봉 차등제도를 도입하여, 직원들의 경쟁 및 자기개발 의욕을 향상시켜야 할 필요가 있다.

〈표 21〉 한국토지공사 급여제도의 변화

2003	2004	2005
본봉, 직책금, 간접수당, 가족수당, 정기상여금, 연차수당, 중식비	본봉, 직책금, 건설수당, 가족수당, 정기상여금	기본연봉

자료: 한국토지공사(2006).

토지공사의 급여제도는 2003년까지 일반 직원은 호봉제, 간부직원은 연봉제로 구분하여 실시하여 왔다. 이후 2005년 11월 전 직원 연봉제를 채택하여 급여체계를 단순화하고 능력과 성과 중심의 임금체계를 구성하고자 하였으며, 새로운 수당의 신설을 억제하고 기본급 중심의 급여체계로 인건비 구조를 단순화하였다. 인건비 구조를 단순화하기 위해 기본연봉의 비율을 지속적으로 증가시켰으며, 7종의 비급여성 항목을 인건비에 포함시켜 기본연봉의 비율을 83~93%까지 증가시켰다. 그러나 전 직원을 대상으로 하는 연봉제가 도입되었음에도 3급 이하 직원에 대해서는 여전히 기본연봉의 차등이 이루어지지 않고 있어 연봉제의 취지를 살리지 못하고 있다(기획예산처, 2007).

토지공사에서 제시한 자료에 의하면 역량평가 결과 등을 반영하여 2급 이상 간부직원에 대한 기본연봉차등제 실시로 경쟁을 유도하고 있으며, 현재까지 3급 이하 기본연봉 차등은 노조반대 등으로 아직 시행하지 못하고 있으나, 2008년부터는 3급 이하까지 성과연봉 차등을 확대 예정이며, 1급 부서장의 경우 직무급을 도입하여 조직 및 개인의 성과뿐 아니라 직무가치도 보수와 연계할 계획임을 밝히고 있다. 향후 부서평가 및 팀 평가, 개인평가 결과를 반영하여 전 직원을 대상으로 성과연봉을 차등지급함으로써 능력과 성과중심의 연봉체계 구축이 지속적으로 이루어져야 할 것이며, 치우치지 않는 보수 관리체계 구축을 위한 노력이 현실화되어야 할 것이다.

6. 성과관리시스템

〈표 22〉 평가관리 현황 / 문제점 / 개선방안

현 황	- 경영환경 적응 평가지표 신설 및 사업실적 평가지표를 개선하였다. - 지역부서별 맞춤형 평가 설명회를 실시하였다. - 다면평가제도를 실시하여 이를 근무평정에 반영하여 왔다.
제기되는 문제점	- 성과관리 시스템의 정교화가 필요하다. - 성과등급별 인원 배분이 중앙에 집중되어 있다.
개선방안	- 성과등급을 보다 차등화하여 배분하여야 할 필요가 있다. - 성과관리 모니터링 시스템을 구축해야 한다. - BSC 시스템의 정교화 노력과 성과관리문화 정착이 필요하다.

한국토지공사는 전사전략의 수정에 따라 경영환경 적응 평가지표를 신설하였으며, 사업실적 평가지표를 개선하여 평가부담을 경감시키고 직원 수용도 제고를 위해 지표를 간소화하였다. 또한 지역부서별 평가결과에 대한 원인을 분석하고 각 지역별 특성에 맞는 개선 방향을 제시하였으며, 지역부서 직원들의 평가제도에 대한 관심도 및 수용도를 제고하기 위해 지역부서별 맞춤형 평가 설명회를 실시하였다.

한편, 2004년 BSC 전산프로그램을 구축하여 실시간 BSC 평가를 가능하게 하였고, 2006년 KPI 지표를 개선하는 등 지표를 간소화하고자 하였다. 그러나 기존에 구축된 성과관리시스템을 효과적으로 활용하기 위해 모니터링 시스템을 구축해야 할 필요성이 제기된다(기획예산처, 2007). 또한 평가제도의 활용 방안을 제시하는 부분이 주로 개인적 차원의 근무평정결과를 활용한 내용 위주이다. 따라서 조직차원의 평가제도와 개인차원의 근무평정제도를 연계하여 조직차원의 평가제도 활용도를 제고하여야 할 필요성이 제기된다.

토지공사는 1999년도부터 전 직급을 대상으로 다면평가를 실시해 왔으며, 그 결과를 종합근무평정요소에 15% 반영하였다. 또한 2급 이상 성과연봉 차등지급에 40%를 반영하는 등 다면평가결과를 인사, 승진, 인센티브에 활용하여 왔다. 또한 토지공사는 종전의 조직평가와 개인평가로 구성된 성과보상체계를 성과평가와 역량평가체계로 개편시켜 부서평가 제도를 보완하였다. 팀평가 결과는 3급 이하 사원의 성과급에 반영하도록 개선하였으며, 인센티브 상여금 지급의 차등폭도 지속적으로 확대하여 2006년에는 전년도 대비 2~8% 포인트까지 확대하였다.

그러나 기본연봉 차등을 위한 등급별 인원 배분이 중앙에 집중되어 있다는 점이 향후 개선이 필요한 사항을 지적되고 있다(기획예산처, 2007). 즉, 1~2급 직원에 대하여 실시하고 있는 기본연봉의 차등이 제도상으로는 수~가까지의 5개 평가등급으로 나누어져 있는데, 실제로는 중간의 우, 미, 양 3개 등급에 대해 1등급 승급이라는 동일한 승급 조치를 취하고 있어 실질적으로 3개 등급으로 운영되고 있으며, 결과적으로 중앙 등급에 80%의 인원이 배분되는 등 중앙 집중화 경향이 뚜렷하다는 것이다.

결과적으로 토지공사의 BSC 시스템에 기반을 둔 성과관리 체계를 보다 현실화함과 동시에 연봉차등제도를 강화하기 위하여, 현재 중앙에 집중되어 있는 평가등급을 세분화하여 운영하여야 한다. 또한 기존에 구축되어 있는 성과관리 시스템을 지속적으로 모니터링하기 위한 체계를 구축하여 이를 실무에 적극적으로 반영하여야 한다.

이를 위해 첫째, 현재 평가체계의 방향성과 자체평가체제의 내실화, 기관의 평가역량 강화, 평가결과의 활용방안 등에 대한 연구가 필요하다. 둘째, 아직까지 평가대상선정이 한정적인 문제가 있으므로, 실제적인 성과관리의 효과성을 향상시키기 위해서 전체적 기관 차원의 이익만을 고려할 것이 아니라, 제도의 개선과 함께 자체평가의 내실화를 기하여야 한다. 이를 위해 보다 자율적인 평가대상 선정의 기회를 부여하고 이에 따른 평가기준 및 평가시기의 다원화 등에 문제에 보다 관심을 가져야 한다. 셋째, 토지공사의 성과관리 주요방향 중의 하나는 국민의 불신을 극복할 수 있는 투명성과 신뢰성 확보에 두어야 한다. 적극적인 결과의 예산 및 인사 반영, 환류과정의 정착을 통한 업무의 수정, 보완 등이 적절히 이루어져야 가능할 것이다. 넷째, 평가의 역할분담 문제를 적극적으로 고려하여야 한다. 전담조직과 인력의 전문성을 포함한 질적인 개선은 이루어졌으나 실제적인 수행과정에 있어서 부서이기주의, 개인주의 등으로 불협화음이 발생한다면 성과관리의 긍정적인 변화에 부정적 영향을 미치게 될 것이다. 다섯째, 평가기준과 분석기법에 관해서는 질적인 개선은 있었으나, 시간적인 제약으로 인하여 충분한 검토를 통한 정교화가 필요하다. 일반적으로 업무담당자들은 계량화를 통한 성과측정에 대해서는 긍정적이나, 지표구성의 비율, 조직구성원의 성과반영 등에 대해서는 아직까지 한계를 인식하고 있다. 현재 전체 업무 및 사업에 대하여는 평가지표의 적용이 어려운 상태이며, 확정하여 활용하고 있는 지표들 또한 수정이 필요하다. 성과지표는 일정 기간의 보완 및 수정기간을 가져야 한다. 또한 서열화되는 결과에 밀려 상대적으로 선택되는 성과에만 집중한다면 본질적인 성과관리를 이룰 수 없을 것이다. 정량적 측정과 정성적 측정의 의미에 대한 명확화와 보다 적절한 기준을 두어야 할 것이며, 정성적 부문을 정량화시키되 적절한 목표선정과 목표치, 가중치 등의 공통적 표준이 적용되어야 할 것이다. 결국 '지표의 결과지향성'이 아닌 '전략 및 목표의 결과지향성'이 반영되는 지표가 되어야 할 것이다. 마지막으로 평가결과 활용의 측면에서 평가결과의 신뢰성, 보고서의 충실성, 인사나 성과급 등으로의 반영 등에 대해서는 실제 조직구성원들의 합의가 필요할 것이다. 성과관리가 제대로 정착되기 위해서는 전체조직이 성과관리를 위한 학습화된 조직으로 전환될 필요가 있으며, 평가라는 단어로서 성과관리를 이해하는 것이 아니라, 조직의 본질적인 성과관리로서 받아들일 수 있는 성과관리에 대한 인식이 확대되어야 할 것이다. 즉 통제 위주의 혁신과 변화를 위한 '평가'로서의 인식이 아닌 긍정적 조직변화를 유도하여 나가는 '성과관리'를 이루어야 한다는 인식을 확산시켜야 할 것이다.

7. 노사관계와 사회봉사활동

한국토지공사는 지난 2006년 혁신 Best 3C 운동, 혁신마당, 아이디어 공모제 등 다양한 혁신 활동을 전개하였다. 기획예산처(2007) 보고서에 의하면, 이러한 활동은 노사협력의 정도를 보여주는 지표로서 긍정적인 평가를 내리고 있다. 그럼에도 임금협상의 진행에 대하여 임금인상률을 비롯한 전년 대비 체결 시점의 조기화 등으로만 평가하는 것은 기획예산처의 지적과 마찬가지로 충분하다고는 볼 수 없다. 협상의 준비 과정과 진행과정은 적절한지, 협상 결과의 적용 과정이 계획대로 이루어졌는지 등이 검토되어야 할 필요가 있다.

토지공사는 현행 '노동조합및노동관계조정법', '근로자참여및협력증진에관한법률' 등의 법적 절차에 따라 단체협약 등의 노사협상을 진행하고 있으며, 해당 법률에서 노사합의사항 불이행 시 벌칙규정을 통해 이행력을 확보하고 있으나, 노조와의 관계계선을 비롯하여 공사 구성원과의 의사소통이 어느 정도 이루어졌는지 등을 평가할 수 있는 체계가 현재로서는 마련되어 있지 않다는 평가를 받고 있다.

또한 현재 노조비의 15%를 적립하여 노조 전임자의 임금지급에 대비하고 있으나, 노사 간의 충분한 논의와 실행 가능한 대책 등이 마련되어 있지 않으며, 적립된 금액이 충분하지 않은 실정이다

(기획예산처, 2007).

결과적으로 노사협력 및 협상 진행과정 및 결과의 적용 과정을 보다 투명하게 공개함과 동시에 이를 체계화하여야 할 필요가 있다. 또한 노조전임자의 활동을 보장하기 위해 전임자에 대한 임금을 안정화시켜야 할 필요가 있다.

〈표 23〉 노조관리 및 사회봉사 현황 / 문제점 / 개선방안

현 황	- 혁신 Best 3C 운동, 혁신마당, 아이디어 공모제 등의 다양한 혁신 활동을 전개하였다. - 지난 2006년 23억 원 규모의 다양한 사회봉사활동을 실시하였다.
제기되는 문제점	- 노사협상의 진행과정과 그 결과의 적용과정에 대한 검토가 충분하게 이루어지지 않고 있다. - 노조 전임자에 대한 임금지급안이 충분하지 않다. - 전시적인 사회봉사활동에만 치중하는 경향이 있다. - 토지공사의 업무와 밀접한 연관이 있는 환경보전 노력은 여전히 미미한 실정이다.
개선방안	- 노사협상의 진행, 결과의 적용과정, 구성원과의 의사소통에 대한 체계적인 검토방안이 마련되어야 한다. - 2010년부터의 노조전임자에 대한 임금지급을 위한 구체적인 대안이 필요하다. - 적극적인 홍보와 전략적 투자로 전시적인 사회봉사활동이라는 평가에서 벗어나야 한다. - 환경과 연관되는 업무 자체에서 공사의 취지에 맞게 환경보전에 기여하려는 노력이 요구된다.

한편, 지난 2006년 한국토지공사는 생태환경보전지원사업, 소외계층 지원 및 지역문화발전 사업 등을 펼치는 등 체계적인 사회공헌 활동을 수립하여 공사의 특성에 맞는 사회공헌 프로그램을 발굴하고 육성하려는 시도를 하였다. 이러한 노력 자체는 긍정적으

로 평가될 수 있다. 그럼에도, 그 세부적인 측면을 살펴보면, 한국 토지공사가 사회봉사의 의지를 갖고 일을 추진했다라고 하기보다는 전시적 측면이 강하다는 평가를 받고 있다. 예를 들어 <표 24>에서 제시되는 바와 같이 대학생 생태환경 탐사대회, 사진환경전, 친환경 어린이 놀이터 리모델링, 학교 내 생태연못 조성 사업 등이 실제 생태환경보전에 기여하는 정도는 미약하다. 또한 보이는 결과물보다는 주민참여과정과 주민만족도 제고를 최우선적으로 한다고 하는 토지공사의 주장을 뒷받침할 근거는 미약하다고 할 수 있다.

〈표 24〉 생태환경보전지원 실적(2006년)

지원내역	지원금액 (백만 원)	비고
초록사회 만들기 (생태환경보전 및 도시환경 개선사업)	837	20개 단위사업
학교 내 생태연못 조성	681	용인 3개 초교
친환경 어린이 놀이터 리모델링	300	2개소
대학생 생태환경 탐사대회	268	
사진환경전	63	순회전시 8회
북한 식목사업	100	30만주
1지부 1환경 프로그램	41	
기타 기부	2	
소　계	2,292	

자료: 한국토지공사 2007년 경영공시

토지공사는 지속 가능기획팀을 설치하여 환경경영업무를 전담하는 한편, 기업의 사회적 책임 협의체를 구성하여 기업의 비전과 연계된 전략적인 환경경영을 추진하고 있다고 밝힌 바 있다. 또한 친환경적인 국토조성을 위해 선계획 - 후개발 국토이용체계를 확립하는 한편, 개발계획 수립 시 생태환경도시 조성계획을 수립하도록 제도화하였다고 하였다. 이와 더불어 토지공사는 현장시공 시 환경영향평가를 적극적으로 활용하고 있다.

이러한 노력 자체는 바람직하다고 할 수 있지만, 토지공사의 환경보전 노력이 어떠한 성과를 얻었는지, 업무 프로세스에서 차지하는 비중은 어느 정도인지, 시민단체 및 지역주민과의 환경보전 의사소통은 어느 정도로 이루어지고 있는지 등에 대한 질적·양적 사례는 제시되어 있지 않다.[9]

또한 생태환경보전에 지원한 전체 금액을 살펴본다고 하더라도 이는 2006년도 경상이익의 1%에도 미치지 못하는 액수임을 알 수 있다. 평균임금 증가율이 5%가 넘는 상황에서 1%에도 미치지 못하는 생태환경 보전사업의 규모는 매우 작다고 볼 수 있다. 뿐만 아니라, 토지공사의 업무 특성상 환경에 영향을 미치는 사업이 많음에도 불구하고 환경을 보전하기 위해 업무와 연관되어 어떠한 노력을 펼치고 있는지는 전혀 제시되어 있지 않다. 이는 비단 생

---

9) 토지공사는 도시용지가 토지의 형질변경을 통해 공급되므로 환경의 훼손이 불가피하며, 공사는 개발계획 수립과정에서 사전환경성검토 및 환경영향평가 등 법률이 정하는 과정의 평가를 받으며, 그 이외에도 주민들의 요구를 최대한 반영하여 지역의 주요 환경을 보존하고 있다고 한다. 용인 대지산, 청주 원흥이방죽 등이 그러한 사례이며, 준공 이후에는 초록사회만들기 사회공헌사업이나 지역지부의 환경프로그램을 통해 지속적인 관리를 지원하고 있으며, 개발지역의 환경보존 노력 이외에도, 이주민 주거비 지원 등 주거대책마련, 이주민 직업알선, 이주지원, 소년소녀가장 장학금 지원 등을 통해 다각적인 주민지원방안을 마련하고 있다고 한다. 또한 개발과정에서 지역에 필요한 사회기반시설(도로, 공원 등)과 공공시설(도서관, 음악당 등)을 공급함으로서 사회적으로 기여하고 있다고 제시하고 있다.

태환경보전사업에만 해당되는 문제는 아니다.

〈표 25〉 소외계층 지원실적(2006년)

지원내역	지원금액(백만 원)	비고
저소득층 집수리	317	52가구
문화시설 관람용 전동스쿠터 지원	330	160대
김장 김치 나눔	49	김장 3,000포기 미역 500상자
"국토" 장학금 지원	125	130여 명 지원
1지부 1복지시설 결연	92	
기타 소외계층 지원활동	263	
소 계	1,176	

자료: 한국토지공사 2007년 경영공시

한국토지공사의 2006년 소외계층 지원 실적을 살펴보면 그 총 금액은 생태환경 보전지원사업의 절반 정도에 불과한 11억 7천 600만 원이다. 이 중 저소득층 집수리 3억 1천700만 원, 장학금 지원 사업 1억 2천500만 원을 제외하면 소외계층 전반에 걸친 사회봉사활동이라고 보기 어려운 사업이 대부분이다. 따라서 보다 체계적이고 적극적인 사회봉사 및 생태환경 보전사업을 구성하고 추진해야 할 필요성이 제기된다.

토지공사는 공공의 목적에 부합해야 한다는 기본 취지에 맞게 전시행정 위주의 사회봉사활동이라는 외부의 시각에서 벗어나 업무과정에서 발생하는 환경 및 사회 문제에 적극적으로 대처하는 노력이 요구된다.

제4절 토지공사 사업운영 문제점 분석

1. 부패관리

〈표 26〉 부패관리 현황 / 문제점 / 개선방안

현 황	− 국가청렴위원회에서 발표하는 토지공사의 청렴도지수는 지난 2002년 이후 꾸준히 상승하고 있다.
제기되는 문제점	− 토지공사 관련 사업체로부터 수뢰혐의(2004년) 및 특혜의혹 등 각종 부패문제가 발생함에도 자체적인 감시·정화 활동은 여전히 미미한 실정이다.
개선방안	− 직원들에 대한 적극적인 윤리교육을 실시함과 동시에 부패에 대한 내부적인 처벌수위 강화계획을 실현할 필요가 있다. − 조직적인 부패 문제를 해결하기 위해 외부로부터의 감시를 보다 강화하고, 내부고발자의 보호를 위한 인식의 전환이 요구된다.

부패란 '공공영역' 혹은 '공공영역과 민간영역 간의 접점지역'에서 발생하는 현상으로 공공부문이 우선적으로 강조되는 개념이다. 기본적으로 어떤 공직에 종사하는 자가 금전적 또는 다른 보상을 대가로 자신의 직무와 직간접적인 관련성을 부당하게 행사하여 그러한 보상을 제공하는 자에게 특혜를 부여하고 그 결과 공익을 침해하는 경우라고 정의될 수 있다(윤태범, 1997, 이상철, 2004). 특히 공공부문의 부패는 그 비중이나 규모와는 무관하게 중대한 사회적 손실을 야기할 수 있기 때문에 사소한 부패의 문제라도 간과해서는 안 된다.

정부투자기관은 기본적인 성격상 개인 또는 기업의 축재, 로비,

비용 충당, 생계보조 등을 목적으로 가격왜곡, 수량조작, 거래조작, 등의 행위들을 포함한다. 또한 독점기업이므로 전형적인 기업형 비리를 야기할 수 있다. 정부투자기관은 관료기구도 아니며, 민간 기업도 아니다. 소득 면에서는 관료보다 상대적으로 높지만 사회적 지위에서는 상대적으로 낮기 때문에 사적 이익추구에 더 쉽게 빠진다는 것을 의미한다. 따라서 정부투자기관 직원들은 관료들보다 부패 행위에 대한 심리적 저항선이 상대적으로 더 약하다고 볼 수 있으며, 이에 따라 관료부패보다 더 복잡하고 다양한 형태의 부정부패가 광범위하게 퍼져 있을 가능성을 지니고 있다(이상철, 2004).

<표 27>은 한국토지공사의 청렴도 지수 변화 정도를 보여주고 있다. 이 수치는 부패실태 및 유발요인 측정을 위한 11개 항목으로 구성되어 있으며, 금품·향응 제공빈도와 규모, 부패인식 등의 세 가지 체감청렴도와 정보공개, 관행화, 이의제기 용이성 등의 8개 잠재 청렴도로 구성되어 있다. 2003년 이후 청렴도 지수의 가파른 상승세를 보여주는 한국전력공사를 제외하면, 대한주택공사, 한국 수자원공사, 한국토지공사는 완만한 상승세를 보여주고 있다.

그러나 이러한 수치만으로는 한국토지공사의 청렴도가 향상되었다고는 보기 어렵다. 지난 2004년 11월 용인 동백지구에 건설 중인 쥬네브 쇼핑몰 건축 과정에서 토지공사 간부가 사업자로부터 5억 원을 받은 혐의로 구속되었다. 2004년 국정감사에서는 공기업과 민간 건설업체가 윈-윈 시스템을 구축한 제3섹터형 개발방식의 사례로 소개되어 온 쥬네브 쇼핑몰 건설 사업에서, 토지공사가 사업 시행업체인 쥬네브에 특혜를 주었다는 의혹을 제기한 바 있다.

	2002	2003	2004	2005	2006
대한주택공사	6.13	7.16	7.92	7.99	8.38
한국수자원공사	6.57	7.65	8.46	8.58	9.08
한국전력공사	4.47	5.8	8.72	8.78	9.08
한국토지공사	6.32	7.05	8.65	8.51	8.89

자료: 국가청렴위원회

이러한 PF 사업 외에도 당시 국정감사에서 지적된 또 다른 특혜 논란은 택지개발을 하면서 남겨놓은 존치(存置)지구를 토지공사가 택지지구 내의 특정 지역을 매입하지 않고 기존 소유자가 계속 보유하도록 하여 막대한 개발이익을 안겨주었다는 것이다.

당시 토지공사가 공급한 용인 죽전, 동백지구, 남양주 평내, 화성 동탄지구 등 총 5개 택지지구의 면적이 총 518만여 평으로, 이러한 택지개발 대상 토지는 통상 전면 매수, 전면 개발하는 것이 원칙이나 토지공사는 518만여 평 중 156개 지반 11만 5,000여 평을 존치 지역으로 남겨 놓았다. 이 경우 택지지구의 매입가격과 분양가격에는 차이가 날 수밖에 없다.

문제는 이러한 막대한 개발 이익이 택지개발 계획에 대한 내부 정보를 활용한 투기로 연결될 수 있다는 점이다. 2002년도 국정감사에서도 토지공사 직원 21명이 용인 죽전지구에 72억 원어치의 토지를 분양받은 뒤 18명이 계약한 날로부터 3개월 이내에 되판 것으로 밝혀졌다. 이 과정에서 일부 직원들은 동호인이나 건설업체만 살 수 있도록 제한된 토지를 분양받기 위해 친인척을 끌어들여 모임을 만드는 편법을 이용하였다.

또한 과도한 개발 이익은 2005년 국정감사 이후 계속적으로 지적을 받아온 사항이다. 아래의 <표 28>에서 보는 바와 같이 국회 국정감사를 통해 토지공사는 택지매각, 현금보상, 적절한 조성원가 산정, 공사 직원의 토지공사 토지 매입 제한 등과 같은 부분에 대해서 지적을 받아 왔음을 알 수 있다.

〈표 28〉 토지공사 국정감사 지적사항 및 조치사항

연도	국정감사 지적사항	조치 및 향후 계획
2005	택지매각으로 인한 과다한 개발이익 개선안을 강구할 것	<조치실적> －개발이익 증가는 부동산 경기의 활황으로 인한 일시적 현상으로 분석되나, 이와 별도로 조성원가 개선을 통한 투명한 원가 시스템을 구축하고자 함. －조성원가 산정체계를 개선하기 위하여 조성원가체계 합리성 제고를 위한 용역을 시행. <향후 추진계획> －용역결과를 토대로 현재 추정 조성원가산정체계의 문제점을 검토하여 합리적인 원가관리시스템 구축예정
	현금보상 등 개발에 따른 주변지가 상승 억제 대책을 마련할 것	<조치실적> －투기지역 내 보상금 1억 원 이상 부재지주에 채권보상의무화. －주변지역에 현금이 유입되는 것을 줄이기 위하여 토지보상법시행령에 채권보상 강행규정 추진 －토지보상 시 재평가 기준 강화(30%→10%) (입법예고) －보상상승의 원인이 되는 선심성 평가를 방지하기 위해 감정평가 기관 간 감정평가액 차이가 10%이상 발생 시 재평가하도록 토지보상법 시행령 개정 추진. －행정중심복합도시 보상에서 3년 이상의 기간을 만기로 하는 정기예금에 가입한 경우 상기용지 제한경쟁 입찰권 부여.
	추정 조성원가 산출방식 개선안을 세울 것	<조치실적> －추정 조성원가와 산정체계를 개선하기 위하여 조성원가체계 합리성 제고를 위한 용역 시행. <향후 추진계획> －용역결과를 토대로 현재 추정조성원가 산정체계의 문제점을 검토하여 개선안을 반영하여 사전원가관리시스템을 구축할 예정.

연도	국정감사 지적사항	조치 및 향후 계획
2006	수도권 및 택지사업에서의 적정 이익규모 및 수익률에 대한 합리적 기준을 정립할 것.	<조치실적> - 2001년 이후 개발이익이 증가한 사유는 IMF 이후 부동산 경기 상승과 부채비율 축소를 위해 투자보다 공급에 집중하였기 때문. - 택지개발사업에서 발생한 개발이익은 낙후지역 개발, 산업단지 조성 등에 재투자되고 있음. <향후 추진계획> - 조성원가와 개발이익을 법에서 정하는 바에 따라 투명하게 공개 - 개발이익 적정규모, 지역사회 환원방안 등에 대해서는 심도 있는 연구 검토를 추진.
	택지개발사업의 투명성 확보를 위해 택지개발 촉진법에서 규정하고 있는 7개 항목 이외에 원가공개 확대방안 강구.	- 조성원가가 산정되면, 외부 전문가로 구성된 택지 조성원가 자문위원회에서 조성 원가의 세부 내역을 객관적으로 검증하도록 제도화. <향후 추진계획> - 조성원가 세부내역 등 추가 공개에 대하여 근거 법령이 마련되면 법령이 정한 절차와 방법에 따라 공개 예정.
	내부정보를 이용한 직원의 자사토지 매입 제한조치를 강구할 것.	<조치실적> - 03년 5월과 04년 11월, 06년 6월 등 세 차례에 걸친 취업규칙 개정을 통해 임직원 및 가족의 공사토지 매입을 엄격히 제한. - 지속적으로 자체감사 및 내부교육 등을 실시하여 공사토지 매입과 관련한 취업규칙 위반여부를 확인, 점검하는 등 사전 사후관리를 강화.

자료: 국회 건설교통위원회 국정감사 자료 및 한국토지공사 경영공시자료.

토지공사는 국회 국정감사를 통해 지적받은 사항에 대하여 각각의 조치 사항을 제시하고 있으나, 정작 내부적인 부패통제 관리를 어떻게 시행하는지에 대해서는 밝히고 있지 않다.

<표 29>는 지난 2002년부터 2006년 사이 한국토지공사의 내부감사 결과 적발된 비위 유형과 신분상 조치를 정리한 것이다. <표 29>에서 제시되는 바와 같이 내부감사 결과 비위유형은 업무처리

위법이 대다수를 차지하고 있음을 알 수 있다. 그러나 업무처리 위법이라는 비위 유형 자체가 그 정도나 종류가 매우 다양할 수 있음에도 불구하고 매우 애매한 표현으로 제시되고 있어 세부적인 비위 사항을 알기 어렵다.

또한 비위에 대한 신분상 조치를 살펴보더라도 비위 건수에 비해 파면, 해임, 정직, 감봉, 견책과 같은 신분상 조치 실적은 매우 낮은 편이다. 지난 5년간 발생한 비위 건수가 530건에 달함에도, 신분상 조치는 20건에 불과하다. 지난 2002년 국정감사에서 21명이 내부자료를 이용하여 토지공사의 토지를 매입한 비위사건이 적발되었음에도 불구하고 당해 연도와 이듬해의 신분상 조치는 단 2건에 불과하다는 점을 비추어 볼 때, 내부적으로 부패를 통제하고자 하는 한국토지공사의 부패 통제 의지와 역량에 의문을 제기할 수밖에 없다.[10]

〈표 29〉 한국토지공사 내부감사 결과(2002~2006년)

	비위유형			신분상조치				
	품위손상	감독소홀	업무처리위법	파면	해임	정직	감봉	견책
2002	1		155	1	—		—	
2003			126					1
2004			59		1			
2005	5	2	59	5	1			2
2006	4		119				6	3

자료: 한국토지공사 내부감사 결과 자료를 종합.

2000년 이후 감사원 및 국회 등에서 공사 내부자료를 이용한

---

10) 토지공사에서는 신분상조치 중에서 징계가 아닌 주의, 경고의 비중이 높음.

토지거래에 의한 부당이익 취득, 수뢰, 특혜제공 등과 같이 부패와 관련된 문제가 꾸준히 제기되어 왔음에도 자체적인 정화 노력은 있으나, 그 실적이 미비한 실정이다.[11]

현재 토지공사가 진행하고 있는 외부리서치기관에 의한 부패행위 조사와 국민의 공사에 대한 부패행위 신고활성화를 위한 포상금지급, 2007년 국가청렴위의 "행동강령 이행 및 신고 활성화" 분야에서의 최우수기관 선정 등은 긍정적으로 평가할 수 있다.

그러나 보다 적극적으로 토지공사 내부의 부패문제를 해결하기 위해서 감사원, 국회, 학회, 시민단체 등과 같은 외부조직으로부터의 감시 및 통제를 강화하고, 내부고발자[12]에 대한 인센티브 제공이나 보호장치를 마련하여 내부 비리문제를 밝혀내고자 하는 노력이 필요하다.[13]

---

11) 한국토지공사의 내부부패관리기구는 클린토지공사 위원회(부사장 및 외부전문가가 공동 대표)를 정점으로 윤리실천사무국, 감찰팀이 각각 윤리경영 실천 및 부패방지 업무를 수행하고 있다. 구체적 실천제도 로는 부패신고를 위한 내·외부 공익신고제도, 제도개선 업무를 위한 부패방지 실무추진반, 금지된 금품 수령을 반환하는 클린신고센터를 운영하고 있으며, 또한 각 지역본부별로 독자적인 부패방지업무를 수행하고 있다.

12) 토지공사 내부자료에 의하면 여타기관과 같이 아직까지 내부고발자에 대하여 부정적 인식이 존재하고 있다고 한다.

13) 부패행위자에 대하여는 관련규정에 의거 징계 등 처벌함은 물론 사정기관에 고발조치하며, 부패행위자의 상급자에 대하여는 연대책임을 물어 인사처분 및 1년간 승진대상에서 제외시키도록 하며, 부패행위 직원의 소속부서는 내부평가 시 부서평가순위를 강제로(1–2등급씩) 강등시킴으로써 관련 소속부서 전 직원의 인센티브에 불이익 주는 등 부패행위에 엄격히 대응하고 있다고 하나, 실제적으로 실현하고자 하는 노력이 필요하다.

2. 독점수입과 자본예산 비중

〈표 30〉 재무 및 예산관리 현황 / 문제점 / 개선방안

현 황	- 토지공사의 수입총액 및 매출액은 2002년 이후 꾸준히 증가하여 왔다. - 2006년 원가관리 시스템을 도입하여 이를 기존의 예산관리 시스템과 연동하여 운영하고 있다.
제기되는 문제점	- 재무현황은 꾸준히 향상되고 있으나, 이는 위탁수입 및 독점수입의 증가에 따른 것이다. - 위기관리 체계의 완성도가 미흡하다. - 대규모 국책사업을 추진하는 과정에서 민간과의 파트너십 구축이 미비한 상황이다.
개선방안	- 위기관리체계의 효과성에 관한 적절한 평가결과가 있어야 할 것이다. - 민간과의 파트너십을 구축할 수 있는 분야를 발굴하고, 지속적으로 확대할 필요가 있다. - 위탁 및 독점수익구조에서 탈피하여 수익성과 공익성이 적절하게 조화를 이룬 예산관리 체계가 구축되어야 한다. - 토지공사의 현재 성과지표를 분석하여 질적·양적으로 공익성에 부합하는 성과지표로 수정·보완하거나 새로운 지표를 개발하여야 할 필요성이 있다.

2005년부터 2006년 사이 토지공사의 수입지출 현황은 <표 31>과 같다. 우선 토지공사의 수입 총액은 2002년부터 2004년까지 꾸준히 증가하였으며, 2005년 잠시 감소추세로 돌아선 뒤 2006년 급증하였다. 이러한 현상은 2005년 차입금 감소에 기인한다. 반면 2006년도 차입금은 2004년도에 비해 약 세 배 가까이 증가하였으나 순수 자체수입 규모는 큰 폭으로 감소하였음을 알 수 있다. 그리고 토지공사의 수입 총액이 증가한 또 다른 원인으로는 2004년까지 지원되던 정부 출자금이 중단된 반면, 2006년 위탁수입 및 독점수입이 증가한 데 따른다.[14)

---

14) 토지공사가 제시한 자료에 의하면 토지는 공공재라는 공공성에 기인

지출내역에 따른 연도별 변동 사항을 살펴보면 우선 2002년부터 2004년까지 꾸준히 증가하던 사업비 규모가 2005년도에 잠시 주춤하다 2006년도에 11조 8,043억 원으로 큰 폭의 증가를 나타내고 있다. 인건비 규모는 꾸준히 증가하고 있으며, 경상비 규모는 2005년까지 증가하다 2006년에는 감소하였다. 한편, 차기 이월금 액은 2006년도 2,285억 원으로 감소하였다. 기획예산처(2007)에 의하면, 한국토지공사는 기존에 수작업과 MIS 시스템으로 수행하던 2006년 중장기 재무계획을 내부 시스템인 KOPAS 및 MIS와 연계되는 전산시스템을 구축하여 미래의 사업계획 및 재무계획 수립의 기반시설을 마련하였다는 평가를 하고 있다.

하여 토공 등은 법적 제도적으로 독과점적 위치에 있는 만큼, 수익만을 추구하는 민간과 달리 수익사업과 비수익사업을 망라한 각종 국가정책사업(산단, 유통, 지역균형개발사업 등)을 수행해야 하는 의무도 있음을 말하고 있다. 또한 개발사업 구조가 법적 제도적으로 수익을 제한하고 있어 자칫 수익·비수익 사업의 균형이 깨어질 경우 쉽게 부실경영에 직면할 수 있다고 한다. 즉 독과점 그 자체가 반드시 재무현황 개선을 가져다주는 등의 직접적인 관련은 없다고 주장한다. 현재 토지공사는 비수익사업으로 인한 손실을 수도권 등 수익사업으로 교차 보전하는 구조로서 체계적인 경영관리 노력을 통하여 영속기업을 위한 최소한의 이익확보 속에 공익성과 수익성의 적정한 조화를 위해 노력 중임을 제시하고 있다.

<표 31> 토지공사 수입지출 현황

(단위: 백만 원)

구 분			2002	2003	2004	2005	2006
수입	정부지원	직접지원 출연금					
		직접지원 출자금	17,900	10,000	10,000		
		직접지원 보조금					
		간접지원 위탁수입[1]					14,992
		간접지원 독점수입[2]					7,037,205
	소계		17,900	10,000	10,000		7,052,197
	자체수입	순수자체수입[3]	5,927,937	4,869,036	4,716,849	6,190,569	58,071
		차입금	476,150	1,075,576	1,591,489	28,048	4,478,078
		전기이월	1,772,465	3,467,503	2,679,643	1,537,401	1,927,378
		기타	349,267	327,213	289,530	190,531	145,983
	소계		8,525,819	9,739,328	9,277,511	7,946,549	6,609,510
합계			8,543,619	9,749,328	9,287,511	7,946,549	13,661,707
지출	사업비		1,891,062	2,635,294	5,362,984	3,934,903	11,804,354
	인건비		68,788	82,182	101,642	124,582	153,789[1]
	경상운영비		75,420	87,390	98,237	106,655	94,150
	차기이월		3,467,503	2,679,643	1,537,401	1,927,378	228,502
	기타		3,040,846	4,264,819	2,187,247	1,853,031	1,380,912

1) 법령·계약 등에 의해 정부 업무를 위탁받거나 대행함에 따라 정부 또는 서비스 이용자
로부터 받는 수수료 등.
2) 법령상 유사시설 개설금지 등의 규정에 근거하여 발생한 독점적 수입
3) 정부로부터 직·간접적 지원에 기초하지 않은 순수한 자체수입
자료: 한국토지공사 2007년도 경영공시

또한 장기 전략과 단기 전략을 연결하는 중기 전략인 Power Link를 수립하여 공익사업 수행에 부합하는 사업투자 및 치밀한 사업관리에 입각한 중장기 재무계획을 수립하여, 투자계획의 분산·조정을 이루었다. 한편, 토지공사는 정책사업을 확대하여 투자비가

급격히 증가하였고 이와 함께 외부차입 의존도 심화 등과 같은 재무구조 불안에 대비하고 있다. 기존의 전면 매수, 일괄 보상방식에서 벗어나 환지방식, 혼용방식 등의 주민참여형 사업, 재무적 투자자와 전략적 제휴를 통한 재원조달 분담 등과 같은 초기투자 최소화 방안을 마련하였다는 평가이다. 그러나 당초의 재무계획과 실적에 대한 분석을 실시하여 계획수립의 적정성, 이행 정도 및 미이행 사유, 문제점을 보완하는 노력은 미흡한 것으로 평가되었다. 또한 시범운영을 통해 얻은 경험을 토대로 하여 실효성을 제고하는 방향으로 기존의 위험관리체계를 보완해야 할 필요성도 제기되고 있다. 또한 위기관리 매뉴얼을 작성하는 등 위기관리 체계를 정비하기 위한 노력은 보이나 그 완성도는 상당히 미흡한 실정이라는 평가를 받았다(기획예산처, 2007).

2008년 제시한 토지공사의 자료에 따르면, 내·외부적 경영활동에 내재되어 있는 사업리스크를 체계적으로 관리함으로써 안정 속 미래성장을 도모하고자 2005년 이후 위기관리시스템을 도입, 경영에 활용하고 있다. 토지공사의 위기관리체계로는 정책 변경, 법규 및 제도 변경 등 외부 환경의 변화에 따른 리스크관리를 위한 "전사적 위험관리시스템(ERP)"과 재무적 리스크 회피를 위한 중장기 사업 및 재무상황 점검시스템(LTP), 개별사업 리스크를 최소화하기 위한 사업타당성분석 시스템(KOPAS) 등 의사결정에 필요한 제반 사업성 분석 시스템을 활용하고 있다. 토지공사의 위기관리 조직으로는 ERM(전사적 위험관리시스템) 운영조직과 부문별로 수행하던 사업관리방식을 프로젝트 중심의 총괄적 관리체계로 관리하기 위한 "프로젝트 관리파트"를 신설하여 운영하고 있다. 토지공사의 위기관리시스템은 2007년 이후 지속적으로 개선되었으며,

현재 공기업 중 상위수준으로 타 공사의 벤치마킹 대상이 되고 있는 점은 높이 평가할 수 있다.

한국토지공사 출자회사의 사업구조는 고수익 / 고위험 구조인 토지신탁사업의 비중이 85%를 점하고 있다. 토지신탁사업은 부동산경기에 따라 민감하게 반응하며, 소요재원의 자체조달 후 정산 방식에 의한 위험발생의 문제점이 있다. 따라서 수익구조를 다변화하여 안정적인 사업구상을 체계화하여야 할 필요성이 제기된다. 이는 <표 32>에서 제시되고 있는 한국토지공사 출자회사 현황에서도 살펴볼 수 있다.

출자회사 중 한국 토지신탁, 한국 건설관리공사, 대한주택보증을 제외한 나머지 출자회사의 당기순이익은 적자이거나 그 수익 규모가 미야한 편이다. 특히 PF 사업을 담당하는 출자회사 중 2006년도 당기순이익이 흑자를 기록한 기업은 쥬네브, 스마트 시티, 레이크파크에 불과하다. 이 중 쥬네브를 제외한 나머지 두 기업의 당기순이익은 각각 9억 원, 1억 원이다. 또한 토지공사는 대규모 국책사업을 추진하므로 투자규모가 크고 금융권 및 민간과의 파트너십을 통한 사업의 추진과 자금의 조달이 재무안정성 및 사업의 성공에 중요한 요인이다. 그러나 현재까지 이러한 파트너십 관계는 미미한 실정이다(기획예산처, 2007).[15]

---

15) 토지공사의 사업은 사회정책적 목표인 개발이익의 사회적 환수, 토지의 계획적 이용, 저소득층 주거문제 해결 등을 위한 것으로서 관련 법률에 의거 사업시행자가 한정되어 있어 민간과의 전면적인 파트너십 구축에 한계가 있으나, 택지개발촉진법에 의거 민간이 공공에게 공동사업 시행을 제안할 수 있다. 2007. 4. 20. 택지개발촉진법 개정으로 민간부문의 주택건설사업을 효율적으로 추진하기 위하여 공공·민간 공동사업시행제도를 도입하여 현재 2개 사업지구에 대해 민간의 제안을 받아 시범사업으로 선정하여 추진 중에 있다.

<표 32> 한국토지공사 출자회사

(단위: 억 원)

회사명	출자액	지분율(%)	인원	06년 매출	당기순이익
한국토지신탁	1,000	51.51	184	1,395	92
한국건설관리공사	5.8	6.2	640	475	12
대한주택보증	267	0.8	342	7,028	9,288
새롬성원	5	0.7	105	1,010	−115
회사명	출자액	지분율(%)	주요사업		당기순이익
그린시티	43	18.18	용인죽전 역세권개발 PF 사업		−17
쥬네브	63	19	용인동백 테마형 쇼핑몰 PF 사업		147
메타폴리스	105	19.9	화성동탄 복합단지 PF 사업		−92
스마트 시티	94	19.9	용인동백 테마형쇼핑몰 PF사업		9
스마트시티 자산관리	0.6	19.9	대전엑스포 컨벤션복합센타 PF사업		0
모닝브릿지	14	19.9	용인동백 환경친화적 주택단지 PF 사업		−9
모닝브릿지 자산관리	0.6	19.9	용인동백 환경친화적 주택단지 PF 사업		0
레이크파크	25	19	광주수완호수공원쇼핑몰 개발사업 PF 사업		1
레이크파크 자산관리	0.6	19	광주수완호수공원쇼핑몰 개발사업 PF 사업		0

자료: 한국토지공사 2007년 경영공시

예산부문에 있어 한국토지공사는 지난 2006년 예·결산 차이분석에 따른 피드백이 강화되었다는 평가를 받고 있다. 특히 경상경비 및 자본예산 차이분석 및 결과의 원인 규명으로 예산편성기준을 개선하고 연간 예산을 보완하는 5분기 예측을 통하여 자원이 효율적으로 배분되도록 예산편성을 피드백하였다.

토지공사는 단일연도 사업비보다는 총사업비 계획에 의해 원가를 측정하여 각 단계별 사업비 추정 변동성을 최소화하고 표준화하여 사업비 추정관리 내실화를 기하였다는 평가를 받고 있다(기획예산처, 2007). 그러나 2006년 구축된 원가관리시스템(KOPAS)은 그 활용 측면은 우수하지만 예산관리 시스템과 연계되어 있지 않고 사업비 및 사업일정관리 등 성과관리가 엑셀에 기반을 두어 오프라인으로 관리되고 단위사업지구별 점검만 가능할 뿐 전체 조직차원의 사업분석이 수행되지 않아 시스템의 보완이 필요하다는 지적도 제기된다.

한국토지공사는 정부 재정지원 없이 사업비를 자체 조달하는 유일한 공기업으로서 정부정책사업의 완수와 재투자 재원 확보 및 영속기업 유지를 위해서는 수익성을 감안한 예산관리가 필수적이며, 투자결정 시 수익성 확보를 위해서 투자사업타당성시스템을 활용 택지, 신도시 등 수익창출이 가능한 사업에서는 시뮬레이션을 통한 최적 투자방안을 도출하여 신규투자를 결정하도록 시스템을 갖추고 있다. 또한, 수익사업에서 창출된 수익으로 산업단지 조성, 국가균형발전사업, 국토관리사업 등 비수익 국가정책 사업에의 투자재원으로 확보하고, 기타 개발이익 환원, 사회공헌활동 적극 확대 등 공적 역할 수행을 위한 기본체계를 구축하고 있음을 제시하고 있다.

이러한 노력에 반하여 한국토지공사에 대해서는 성과지표 발굴과 예산제도 개선을 통하여 사업성과와 예산을 연계하는 성과주의 예산제도의 본격적인 시행을 통하여 수익성과 공익성이 조화된 예산관리를 강화해야 할 필요가 있다는 점이 지적되고 있다. 그러나 성과주의 예산제도를 공익성을 띄는 토지공사에 무비판적으로 적용하는 것은 성과의 측정과 성과정보의 활용 등의 측면에서 심각한 문제를 야기할 가능성이 있다.

물론 기획예산처(2007)에서 수익성과 공익성의 조화를 강조하고 있기는 하지만, 공익차원의 성과측정이 어려운 실정에서 적절한 검토가 이루어지지 않은 성과주의 예산제도의 도입은 공익성보다는 수익성에 치중한 예산편성에만 초점을 둘 가능성이 있다. 따라서 성과주의 예산제도를 도입하기에 앞서 토지공사의 성과측정지표를 면밀히 검토하여 공익성에 부합되는 차원을 보다 구체화해야 할 필요성이 있다.

3. 개발이익

국회예산정책처(2007)에 의하면 2001년에서 2006년에 이르는 기간 동안 토지공사의 당기순이익 규모가 2조 5,967억 원으로 평가대상 건설교통부 산하 정부투자기관 중 가장 높고 증가율 역시 가장 높은 것으로 나타났다. 그 규모는 다른 기관의 약 2배 이상이다.

<표 33>은 정부투자기관의 연도별 당기순이익을 보여주고 있는데, 대한주택공사의 당기순이익 증감률은 −176.8%이고, 도로공사와 수자원공사의 경우 각각 66.9%, 112.1%를 기록하고 있는 반면 토지공사의 당기순이익 증감률은 무려 459.0%에 달한다.

이와 같은 과다한 이익규모는 앞서 언급한 바와 같이 이미 2005년 국정감사에서도 지적된 바 있다. 택지공급면적이 감소하였음에도 공급금액이 현상을 유지하고 있고, 택지공급가격체계로 미루어볼 때 과다한 이익은 결국 높은 낙찰가격과 감정가격에 기인한다(국회 국정감사 자료, 2007).

<표 33> 정부투자기관 연도별 당기순이익

(단위: 억 원)

	2001	2002	2003	2004	2005	2006	증감률
대한주택공사	3,275	1,328	2,033	2,347	2,448	1,958	−174.8
한국도로공사	317	482	652	529	530	586	66.9
한국토지공사	1,087	3,720	4,384	4,867	6,078	5,831	459.0
한국수자원공사	1,032	2,916	2,195	1,445	2,188	2,170	112.1
합계	17,383	39,096	32,474	40,367	38,442	32,898	121.1

자료: 정부투자기관별 감사보고서(2001년부터 2006년까지)를 이용하여 재구성.

<표 34> 한국토지공사 택지공급 개발내역

		2001	2002	2003	2004	2005	2006
택지취득	면적	7,746	15,215	21,069	29,844	37,827	82,168
	금액	9,923	13,393	20,899	37,485	26,819	98,309
택지개발	면적	8,122	7,178	8,402	13,257	17,109	23,799
	금액	7,160	5,864	10,372	12,833	21,026	30,872
택지공급	면적	22,025	21,820	21,225	19,185	17,643	22,080
	금액	58,765	63,840	66,683	63,810	66,033	94,599

자료: 한국토지공사 결산서, 각 연도.

2006년도에는 2005년도에 비해 택지공급이 늘어났음에도 공급가액은 비슷한 면적을 공급한 2001년도에 비해 62% 정도 높아졌다(국회 국정감사 자료, 2007). 토지공사의 이익 증가는 부동산 개발이익을 향유하는 건설업계 전체의 문제라고 할 수 있다. 박용신(2007)에 의하면, 토지공사는 주택공사와 경쟁적으로 일을 하는 과정에서 민간 기업과 마찬가지로 개발이익의 극대화를 추구하였으며, 이 과정에서 토지와 주택의 투기를 제도화하였다. 지난 2006년 국회 김석준 의원의 국정감사 보도 자료에 의하면, 토지공사의 순이익은 매년 급격하게 증가하였다. 그러나 이는 토지공사가 자체적인 원가절감이나 인건비 절감을 위해 노력한 결과라기보다는 택지공급가격이 높아짐에 따라 발생한 측면이 크다.

높은 개발이익 자체를 반드시 부정적이라고 하기는 어렵다.

토지공사는 개발이익의 과도화 문제보다 공공이 개발이익을 환수하여 공익을 위해 사용하는 것이 합리적이라 주장하고 있다. 토지공사는 공공기관으로서 각종 개발사업으로 인한 개발이익의 사유화로 야기되는 비형평성, 부동산 투기문제 등을 예방하고, 공공이 개발이익을 환수하여 국가균형발전 차원에서 낙후지역의 경제활성화를 위해 지역개발사업에 재투자하여 모든 경제주체에게 혜택이 돌아갈 수 있도록 하여야 한다고 한다. 이를 위해 정부와 국민에게 부담을 주지 않고 재투자 재원을 확보하기 위해서 매년 적정 수준의 개발이익을 실현할 필요가 있으며, 개발이익은 과다문제보다 개발과정에서 개발이익의 사유화를 방지하고, 공공이 환수하여 공익을 위해 활용한다는 차원에서 접근하는 것이 보다 바람직하다고 한다. 또한, 토지공사의 개발이익은 공법에 의한 형질변경, 규제완화, 사용밀도(용적률, 건폐율) 완화, 기반시설 완비 등 결국 국민 전체의 부담으로 발생하는 것이므로, 그 용도도 저소득계층만이 아니라 일반 국민 모두가 이용할 수 있는 공공사업(지역균형개발, SOC 투자, 토지자원 비축 등 국가·사회적 차원) 투자재원으로 활용하는 것이 바람직하다고 주장하고 있으며, 이에 개발이익의 개념, 환원대상, 적정 개발이익 및 방법 등에 대한 합리적이고 사회 공동목적에 부합하는 방안을 검토 중에 있다고 한다.

택지지구명		조성원가 (a)	총사업 면적	기공급 면적(b)	총조성원가 (B = a*b)	총공급 가액(A)	매각이익 (A − B)
수도권	용인죽전	886	3,232	1,852	16,410	18,007	1,597
	용인동백	777	3,305	1,645	12,789	17,614	4,824
	용인신봉동천	799	665	351	2,802	2,157	− 645
	성남판교	2,248	4,992	616	13,845	12,892	− 953
	하남풍산	1,570	1,016	404	6,347	7,364	1,016
	화성동탄	811	9,036	3,863	31,319	42,659	11,340
	파주교하	747	2,044	1,046	7,813	10,690	2,877
	남양주평내	666	848	592	3,937	4,128	191
	소 계				95,264	115,511	20,248
비수도권	청주산남	451	1,099	572	2,576	3,953	1,377
	대전가오	402	644	371	1,492	1,799	307
	대전노은2	508	1,566	797	4,050	5,341	1,291
	홍천연봉2	260	96	65	169	166	− 3
	춘천거두	330	238	133	440	474	35
	김해진영	360	636	378	1,361	1,395	34
	거제장평2	430	213	85	364	389	25
	경산백천	333	328	205	680	722	41
	북제주함덕	191	119	67	128	149	21
	소 계				11,261	14,387	3,127

주: 조성원가는 천 원, 나머지는 억 원 단위임.
자료: 1. 한국토지공사, 「택지개발지구 아파트분양가와 택지비 분석」, 2006. 4.
　　　2. 한국토지공사, 「결산보고자료」, 2006. 5.

　　토지공사의 주장대로 개발이익을 통해 이를 사회로 환원하는 것도 공익성에 부합하는 하나의 방안이라고 할 수 있다. 그러나 타 공사와 비교해 매우 높은 당기순이익이 바람직한 현상인지에 대해서는 다시 한 번 고려해 보아야 할 필요가 있다. 또한 토지공사의 주장대로, 토지개발을 통한 이익을 공공이 환수하여 공익을 위해 활용한다면, 지금까지 어떠한 방식으로 활용해 왔고 또 앞으로는 어떻게 활용해 나갈 것인지에 대한 구체적인 계획과 자료 제시가 필요하다.

4. 세부 사업부문

1) 토지개발사업

기획예산처(2007)에 의하면, 토지개발사업부문에서 북한 개성공단에 우리의 환경 기준을 적용하여 연간 15억 원의 운영비 절감이 기대된다고 하였다. 또한 공사주도로 재경부 등 관계기관과 협의체를 운영하도록 하여 간접투자 유치방식인 국제공모 방식의 외자유치를 추진하기로 한 것은 긍정적으로 평가받고 있다.

이와 함께 인천 청라지구가 61조 원 규모의 경제적 파급효과가 기대되고 26만 명의 고용창출이 예상된다는 평가(기획예산처, 2007)도 받고 있다. 그럼에도 지난 2006년 8월 인천 청라지구 국제업무 타운 개발사업의 사업자 후보로 대우건설 컨소시엄을 선정했다가 2007년 6월 27일 이를 취소하고 차순위인 포스코건설 컨소시엄을 사업자 후보로 선정한 것에 대해 국회 국정감사에서 실사에 대한 무지라는 비판을 받았다.

대우건설 컨소시엄에는 21%(1,323억 원)의 최대지분을 보유한 와코비아사가 참여하고 있다. 와코비아는 미국의 4대 상업은행 중 하나이다. 지난 2006년 토지공사는 사업자 후보 선정 당시 와코비아 측이 제시한 실사 및 내부승인을 조건으로 사업협약을 체결하는 방식을 수용하였다. 그러나 토지공사는 와코비아 측에 실사 및 내부승인 조건이 없는 사업협약 체결을 요구하였다.

현재의 전반적인 상황을 바탕으로 토지공사에 대하여 지역종합 개발사업의 총괄조정 기능이 미흡하다는 지적과, 경제자유구역 사업의 마케팅 기능 제고 노력이 필요하다는 지적이 제기되고 있다. 경제자유구역 사업은 토지공사가 수행하는 통상의 택지개발사업과는 달리 외국인 기업을 유치해야 하기 때문에 이들을 대상으로 마케팅을 수행할 전문 인력이 필요하다. 반면에 단지계획 및 건설사업관리의 적정성 부문에서, 건설사업 협력업체와 동반자적 상생협력 사업을 추진하고, 전자입찰 확대 및 공동계약 운용기준을 비롯한 심사기준 개선을 통해 행정의 투명성을 강화하였다는 평가를 받고 있다(기획예산처, 2007).

그러나 환경과 사업특성을 고려한 다양한 단지계획이 수립되어 실행되고 있다는 긍정적인 평가에도 불구하고 개별적 단지계획을 종합적인 시각에서 포괄하는 노력은 부족하다는 지적을 받고 있다. 이와 함께 건설현장에서 2003년 94건, 2004년 127건, 2005년 181건, 2006년 197건 등 매년 지속적으로 재해 건수가 증가하고 있는데, 이에 대한 대책 마련도 필요하다. 이는 제2기 신도시, 행정중심 복합도시 건설 등과 같이 사업물량 확대에 따른 건설현장의 수가 증가하였기 때문이기도 하지만 재해율이 2003년 0.06%, 2004년 0.16%, 2005년 0.26%, 2006년 0.23%로 매년 꾸준히 증가하는 추세를 보이고 있어 이에 대한 대책이 필요하다.

2) 토지관리사업

토지공사는 토지관리사업 부문에서 토지관리기능을 강화하여 최대의 판매실적을 달성하였다(기획예산처, 2007). 공급가능토지의 확대 및 시스템 관리를 통해 안정적인 토지공급 기반을 구축하였는데, 최적의 판매 기반을 조성하여 공급가능 토지규모를 3조 7천억 원에서 8조 7천억 원으로 확대하여 창립 이래 최대의 공급 실적을 달성하였다.

그리고 사업성 분석시스템(KOPAS)을 통해 조성원가의 산정을 체계화한 것은 토지가격 산정의 일관성 유지 및 원가공개 도입에 따른 구체적인 대책을 세울 수 있는 기반을 제공하였다는 점에서 매우 적절한 제도개선으로 평가받고 있다(기획예산처, 2007). 또한 보유토지의 관리체계를 확립하여 전략적 판매기반을 구축하는 한편 공공택지의 조성 원가를 최초로 공개하였다는 점은 긍정적으로 평가받을 만한 부분이다.

그럼에도 공급되는 토지의 품질에 대한 정보를 구체적으로 작성하여 미매각된 보유토지뿐만 아니라 공급 예정인 토지의 상품에 대한 정보공개를 좀 더 적극적으로 수행하여 미분양되는 토지의 규모를 줄이는 노력이 필요하다.

또한 원가공개를 통한 택지 및 주택분양가 인하 대책을 적극적으로 개진해야 할 필요성도 제기된다. 기획예산처(2007)에 의하면 기존의 원가공개 수준에서 세분화되고 확장된 원가공개제도는 이제까지 인정되었던 지역 간 개발이익의 교차보조를 어렵게 만들 것이다. 따라서 이에 대한 대처 방안으로 개발이익의 교차보전을 유지하면서 개발이익을 기반시설에 투자하는 방식을 지속적으로 추진하되 택지 및 주택분양가 인하대책을 적극적으로 개진하여야 한다.[16)]

---

16) 현재까지 토지공사에서는 부분적으로 조성원가 산출방식을 개선하려고 원가공개항목을 확대하려는 노력이 있어 왔다. 그럼에도 현재까지 투명성을 제고할 수 있을 정도로 원가공개 수준이 향상되지 않았으며, 원가의 완전한 공개도 고려하여야 할 필요가 있다.

3) 서민주거안정사업

기획예산처(2007)에 의하면, 이주대책 다양화 및 원주민 생활보상 시행, 정서적 주민보상체계를 도입하여 사업공감대 형성, 사회적 약자를 위한 장애물 없는 도시건설기반 구축, 그리고 갈등관리 시스템을 통하여 주민 친화적 사업후보지 선정을 서민주거안정 사업의 긍정적인 측면으로 평가하고 있다.

그러나 갈등관리 시스템 도입에 있어 주민, 지역전문가, 행정청, 시행자가 참여하는 갈등관리 협의회 구성이 어떠한 방식으로 구성되고 진행되었는지, 그리고 갈등해소에 어떠한 긍정적인 영향을 미쳤는지에 대한 세부적인 분석은 제시되어 있지 않다. 이를 위해서는 보다 구체적인 분석 기준이 요구되며, 시간의 흐름에 따라 갈등협의체의 구성, 전개, 결과에 이르는 분석과정이 보다 체계적으로 이루어져야 할 필요가 있다.

또한 용지취득의 시행상 문제점 분석을 통한 제도적 개선방안 마련과, 용지취득에 따른 보상방법을 다양화하여 사회적 파장을 줄여야 한다는 지적도 제기되고 있다(기획예산처, 2007). 기획예산처에서는 보다 건설적이고 상호 수익이 높은 방법으로 입체환지방법을 제시하고 있다. 이는 토지라는 원자재를 사서 주택 및 상가라는 상품으로 제공하는 방법이 다소 복잡한 경로를 거치지만 토지수용자와 공사 모두 Win-Win 할 수 있는 방법이라는 것이다. 그러나 이러한 사업추진 방식은 기존에 토지공사와 주택공사가 안고 있는 업무상 중첩의 문제를 더욱 심화시킬 것이며, 이와 병행하여 발생하는 문제를 보다 심화시킬 가능성이 있다.

4) 국가균형 발전사업

국가균형 발전사업의 일환인 행정복합도시사업 수행에 대해 기획예산처(2007)는 주민참여형 보상시스템 실시를 통한 주민신뢰형성과 사업비 절감, 사업단계별 프로젝트 중심의 도시성장관리 프로그램 수립, 도시경관 7대 전략과제를 선정하여 도시디자인의 질적 향상을 도모, 사업추진전략과 연계한 개발계획 수립을 긍정적으로 평가하고 있다.

특히 유동성 억제를 통한 보상금 예치제를 운영하여 인근지가상승을 억제하였다는 점은 바람직하다. 보상금이 인근 부동산시장으로 유입되어 부동산가격을 상승시키는 문제를 야기하여 왔는데, 단순한 채권 보상은 채권할인이 가능하여 유동성 억제에 한계가 있어 이에 대한 대안으로 토지상환채권 발행을 검토하고 시행이 용이하고 부작용이 적은 보상금 예치제도를 도입하였다. 이러한 제도시행을 통해 전체 보상금 3조 1,767억 원 중 채권보상 4,472억 원, 보상금 예치 2,973억 원으로 24%의 현금지급 감소 효과를 달성하여 현금보상으로 인한 부정적인 시장파급효과를 줄였다. 그러나 행정중심복합도시의 자생력 확보를 위한 구체적인 인구유입계획이 미흡하다는 점은 문제점으로 지적된다(기획예산처, 2007). 행정중심복합도시를 2020년까지 자족적인 성숙단계로 누적인구 30만 명 달성과 2030년 도시완성단계로 50만 명의 도시건설을 완성할 수 있을 것으로 예상되나, 이러한 계획을 달성하기 위해서는 도시 매력요인에 대한 분석을 통해 구체적인 인구유입계획이 요구된다.

또한 기본계획과 개발계획의 시차중복으로 인한 문제의 최소화, 구체적인 원가절감대책 및 사업위험 극복방안에 대한 모색이 필요하다. 공공기관 이전 예정지구에 대한 지가관리가 미흡하다는 점, 종전 부동산의 구체적 매입 및 활용계획이 미흡하다는 점, 공공기관 및 직원의 참여유도를 통한 갈등관리가 필요하다는 점 등은 향후 개선되어야 할 것이다(기획예산처, 2007).

5. 토지공사와 주택공사의 업무중첩

지난 2001년 건설교통부는 토지공사와 주택공사의 통합을 목적으로 그 방안을 연구한 바 있다. 이는 1998년 재정경제부·문화관광부·농림부·산업자원부·정보통신부·건설교통부·기획예산처 등이 제기한 '제2차 공기업 민영화 및 경영혁신기획'에 의해 한국토지공사와 대한주택공사의 상호 기능중복을 해소하고 경영의 효율화를 위해 2001년까지 통합하기로 결정하였으나 공적 기능과 재검토대상기능의 범위가 결정되지 않은 데 따라 바람직한 통합 방안을 마련하기 위한 것이었다.

양 공사의 설립 목적을 비교하면, 우선 한국토지공사는 "토지를 취득·관리·개발 및 공급함으로써 토지 자원의 효율적인 이용을 촉진하고 국토의 종합적인 이용·개발을 도모"(한국토지공사법 제1조, 동 정관 제1조)하는 것이며, 대한주택공사는 "주택을 건설·공급 및 관리하고 불량주택을 개량하여 국민생활의 안정과 공공복리의 증진에 이바지"(대한주택공사법 제1조, 동 정관 제1조)하는 것이다.

건설교통부(2001)가 분석한 양 기관의 수행기능은 <표 36>과 같다. 한국토지공사의 주요사업은 택지개발, 산업·유통단지 개발, 과학연구단지·관광단지·복합단지 개발, 해외 토지개발, 토지취득·

비축·관리 및 보상수탁이며, 대한주택공사의 주요 사업은 택지개발, 소형 분양주택 건설, 임대주택 건설, 주택관리, 도시정비사업, 보상수탁이다.

건설교통부(2001)의 지적대로 양 기관의 고유핵심사업 중 중복기능은 택지개발부문으로서, 이를 단순히 주택공사의 대지조성 기능을 기준으로 계산하면 매출액 기준 6.7%에 지나지 않는다.

그러나 핵심 기능인 토지공사의 토지개발기능과 주택공사의 대지조성 및 주택건설은 주택공급 촉진이라고 하는 하나의 목적사업이기 때문에 이들 사업의 매출액을 합하면 양 기관 전체 매출액의 85%가 이 부분에 집중되어 있다(건설교통부, 2001).

〈표 36〉 토지공사와 주택공사의 고유 핵심사업 추출

한국토지공사	대한주택공사
<주요사업> - 택지개발 - 산업 유통단지 개발 - 과학연구단지 · 관광단지 · 복합 단지 개발. - 해외 토지개발 - 토지취득 · 비축 · 관리 - 보상수탁	<주요사업> - 택지개발 - 소형 분양주택 건설 - 임대주택 건설 - 주택관리 - 도시정비사업 - 보상수탁
<지원기능> - 관리 · 연구 · 지가정보	<지원기능> - 관리 · 연구 등

자료: 건설교통부(2001).

<표 37> 토지공사와 주택공사의 유사 및 중복기능

(단위: 명, 10억 원)

		계	중복기능	고유기능		
계	인력(%)	4,820	1,450(30.1)	3,370 (69.9)		
	매출액(%)	6,774.3	2,484(36.7)	4,290.3 (63.3)		
토지공사	기능구분	소계	택지개발	산업단지	비축토지	기타부문
	인력(%)	2,932	1,234(60.2)	414(20.2)	102(5.0)	299(14.6)
	매출액(%)	2,932.9	2,227.6(76.0)	397.2(13.5)	23.0(0.8)	285.1(9.7)
주택공사	기능구분	소계	대지조성	주택건설	주택임대	도시정비
	인력(%)	2,771	216(7.8)	1,898(68.5)	414(14.9)	244(8.8)
	매출액(%)	3,81.4	256.4(6.7)	3,272.9(85.2)	217.8(5.7)	94.3(2.5)

자료: 건설교통부(2001).

　당시 건설교통부(2001)가 양 공사의 중복 기능으로 지적한 것은 택지개발사업이다. 사업비를 기준으로, 총 사업비 중 택지개발사업비 비중이 토지공사는 약 80%, 주택공사는 29%를 차지하고 있었다. 또한 택지개발사업의 중복 인력은 279명이며, 지원부서의 경우 기획실, 총무처, 홍보실, 연구소 등이 부분적으로 중복된다[토지공사 240명(13.1%), 주택공사 556명 (18%)]. 따라서 이 당시 건설교통부(2001)의 판단으로 인력을 기준으로 10% 내외의 중복기능이 발생하고 있었다. 때문에 통합에 따른 시너지 효과를 발생시키기 위해 양 공사의 핵심 역량이 상호 보완작용을 일으켜 경쟁력을 높여야 한다는 의견이 제기 되었던 것이다.

　토지공사의 핵심역량사업은 택지개발사업이며, 주택공사의 핵심역량사업은 주택건설사업이다. 또한 양 공사가 수행하고 있는 택지·산업단지 개발 및 소형주택건설 사업은 공기업 업무의 성격상 경쟁논리가 아닌 계획논리에 의해 수행되어야 할 사업이고, 상호 경쟁적으로 업무를 수행할 경우 특정 지역을 주택공사가 먼저 확보하는 경우 산업·유통단지로서의 적지가 주택단지로 결정될 수 있고, 토지공사가 먼저 확보하는 경우 그 반대의 현상이 나타날 수 있다(건설교통부, 2001).

〈표 38〉 토지공사와 주택공사의 통합논의 전개과정

시 기	주 요 내 용	추 진 결 과
1993년 12월	공기업 민영화 및 기능조정 (초기 통합추진 → 기능조정으로 선회)	- 주공: 택지개발제한 (자체소요 국한) - 토공: 재개발기능 폐지
1994년 5월	주·토공 기능조정	- 주공: 택지개발면적 확대 (18만 평까지) - 토공: 공단개발기능 독점 (수자원공사 공단기능 폐지)
1995년 12월	기능조정 재추진	- 주공: 택지개발면적 확대(30만 평까지) 민간에 택지매각 일부 허용
1998년 7월	공기업 민영화 및 경영혁신 (통합방침 결정)	- 양공사 자체 구조조정을 거쳐 '01년까지 통폐합 추진 결정
2001년 1월 ~ 2003년 5월	주·토공 통합추진 (초기 통합추진 → 기능조정으로 선회)	- 양 공사 통합법안 심의 도중 통합 유보 및 기능조정
2006년 1월~	주·토공 통합법안 발의, (국회 계류 중)	- 한나라당이 통합을 당론으로 결정, 통합법안 발의

자료: 박용신(2007).

토지공사와 주택공사의 통합 논의가 전개된 것은 이미 15년이 경과하였다. <표 38>은 토지공사와 주택공사의 통합 논의가 전개되는 과정을 보여주고 있다. 표에서 제시되는 바와 같이 1993년부터 토지공사와 주택공사의 통합 논의는 계속해서 전개되어 왔지만, 그때마다 각 공사의 기능을 축소하거나 조정하여 통합이 무산되어 왔다.

뿐만 아니라 정확한 추산은 이루어지지 않았지만, 양 공사의 인력 및 재원 그리고 사업 영역이 시간이 갈수록 늘어나고 확장되고

있다는 것은, 업무 중첩이 기능 개편에 의해 교정되지 않았음을
반증하는 것이라고 할 수 있다.

<표 39> 토지공사와 주택공사의 업무구분

구　분		주택공사	토지공사
중복	도시 개발	○ 대지조성사업 ○ 택지・신도시개발사업 ○ 국민임대주택단지조성사업 (330㎡ 이상 토공, 그 미만 주공) ○ 도시개발사업 ○ 국토균형개발사업 　- 기업・혁신도시 　- 지역(종합)개발사업 ○ 복합단지개발사업	
	도시 정비	○ 도시정비사업 　- 도시재정비촉진특별법에 의한 총괄관리자 　- 도시및주거환경정비법에 의한 사업시행자	
	기타	○ 도시계획사업 ○ 해외건설사업 ○ 지방이전기관부지 관리	
부분 중복	도시 개발	○ 국가균형발전을 위한 　 도시개발 　- 행정복합도시(첫마을공급)	○ 국가균형발전을 위한 도시개발 　- 행정복합도시(대지조성)
	주택 사업	○ 주택건설・공급・관리	○ 산업단지 내 주택건설사업 ○ PF사업을 통한 주택건설사업 ○ 자회사인 (주)한국토지신탁을 통 　 한 주택건설사업 ○ 비축용 임대주택 건설 시도중
비중복		○ 도시정비사업 　- 주거환경개선사업 　- 주택재개발・재건축사업 ○ 주거복지사업 　- 다가구 매입 등	○ 개성공단 개발 ○ 산업・유통・과학연구・관광단지 　 조성 ○ 경제자유구역 개발사업 ○ 토지비축 및 관리

자료: 박용신(2007).

토지공사와 주택공사는 유사하거나 혹은 동일한 영역에서 활동할 수밖에 없는 상황이다. 따라서 기능조정만으로는 불필요한 업무 구획과 중복된 업무 영역 및 경쟁으로 인한 폐해를 피할 수 없으며, 토지공사와 주택공사는 업무 중복을 넘어 사업선정을 둘러싸고 과열경쟁 및 충돌에 이르고 있다. 그 대표적인 예로 신도시, 행정도시, 혁신도시와 같은 주요 국책사업을 들 수 있다. 또한 택지개발사업과 지역종합개발사업 등에 있어서도 경쟁적으로 사업을 추진하고 있으며, 미래의 선도 사업 선점에 있어서도 경합이 벌어지고 있다(박용신, 2007). <표 39>와 <표 40>은 현재 토지공사와 주택공사의 업무가 어느 정도 중첩되어 있는지를 보여주고 있다.

〈표 40〉 주요 개발사업 시행자 지정현황

개발사업	사업시행자		
	주공	토공	기타
신도시	○ 4개 지구 파주, 아산, 대전, 판교	○ 5개 지구 행복도시, 화성, 김포, 양주, 판교, 대전	○ 2개 지구 수원, 무안
혁신도시	○ 3개 지구 경남진주, 충 북진천·음성, 제주 서귀포	○ 7개 지구 전북완주·전주, 경북 김천, 강원 원주, 울산, 대구, 전 남 나주, 부산	－
기업도시	○ 1개 지구 충북 충주	－	○ 5개 지구 충남태안, 전남 영암·해남, 전남 무안, 강 원 원주, 전북 무주

개발사업	사업시행자		
	주공	토공	기타
지자체 협력사업	○ 12개 지구 양평군, 수원시, 인천시, 광주 서구, 홍성군, 당진군, 충청북도, 청주시, 안성시, 파주시, 포천시, 제주도	○ 46개 지구 남양주시, 고양시, 화성시, 용인시, 부천시, 하남시, 연천군, 의왕시, 강화군, 동두천, 평택시, 부산시, 강원도, 천안시, 전주시, 사천시, 충주시, 경산시, 원주시, 칠곡군, 울산시, 진해시, 대구시, 영천시, 익산시, 김해시, 부안군, 고령군, 목포시, 정읍시, 김천시, 광주시, 포항시, 마산시, 대전시, 전북도, 나주시, 전남도, 속초시, 제천시, 평택시, 공주시, 파주시, 포천시, 안성시, 제주도,	─
지역종합 개발시범사업	○ 1개 지구 충남 홍성	○ 2개 지구 경기 화성, 충북 제천	

자료: 박용신(2007)

특히 대지조성사업, 택지 및 신도시 개발사업, 국토균형개발사업, 지방이전기관부지 관리 등은 적어도 업무 조정을 통해 양 공사의 기능을 구분해야 할 필요가 있는 사업이다. 또한, 사업선점을 위한 양 공사의 과열경쟁 및 충돌이 발생하고 있는데, 국책사업 선점경쟁, 택지개발사업 및 지역종합개발사업의 경쟁적 추진, 토지공사의 소극적인 임대주택용지 확보 노력, 부동산펀드와 같은 신규사업 주도권 다툼, 관련정보시스템의 이원화는 공사의 업무 중첩과 이로 인한 과열경쟁이 낳은 심각한 부작용으로 평가받고 있다.

박용신(2007)에 의하면 최근 택지개발 수요가 감소하고, 주택보급률이 증가하는 한편 지방자치단체와 민간 부문의 역할이 증대하여 양 공사가 해야 할 토지 및 주택 분야에서의 역할이 상대적으로 협소해지는 상황에서 업무영역의 중첩과 경쟁은 더욱 심각한 상황으로 나아가고 있다. 이러한 과도한 업무중복 현상은 단순히 기능을 조정하여 해결할 수 없는 문제이다. 국토의 자원이 유한한 상황에서 개발가능지를 놓고 양 공사가 사업지구를 선정할 수밖에 없는 상황에서 경쟁은 불가피하다. 토지수용권을 가진 공기업이 지속 가능성을 고려하여 신중한 개발사업을 추진해야 하나 경쟁적으로 개발사업을 추진하게 될 경우 사회 전체적인 비효율성을 낳게 될 가능성이 높다. 그 대표적인 예로 용인지역 택지개발 사례는 토지공사와 주택공사가 공공택지개발사업에 참여하여 사업 규모가 작아지고 이원화되어 난개발의 원인이 되었다.

뿐만 아니라 신도시 개발사업, 국토균형 발전사업 등과 같이 사업물량이 증가하는 가운데, 이를 충당하기 위해 양 공사가 인원을 과도하게 충당하고 있다는 지적도 제기되고 있다. 실제로 토지공사의 경우 공기업 구조조정 기간 동안 1,000여 명에 가까운 인력감축을 시행하였지만, 2002년 이후부터 다시 새롭게 인력을 충당하여 2006년 직원 수가 2,677명으로 증가하였다.[17] 참고로 시민단체 등

---

17) 한국토지공사가 제시한 자료에 의하면 토지공사 · 주택공사의 택지개발 기능이 중복 수행되고 있다는 생각은 양 기관의 인식(토지공급자 및 토지수요자) 부족에서 온 착시현상이며, 양 기관의 설립목적과 역할 등 본원적 차원에서의 업무중복은 없다고 주장하고 있다. 또한 주택공사의 업무중복에 대한 의도적 과장으로 외부에는 양 기관이 같은 업무를 두고 경쟁하는 것처럼 오해하고 있으나, 도시개발 분야에서만 일부 중복의 여지가 있을 뿐, 양 기관의 설립목적과 역할 등 본원적 차원에서의 업무중복은 없다고 한다. 토지공사에서는 각 기관의 발전방향으로 토지공사는 국토종합개발계획 기조하에 관련 부문정책과 연계한 다양한 용도의 도시용지 적기 공급자 역할을 수행하고, 주택공사는 순수 공공주택 건설 · 관리기관으로 역할을 강화하는 것이라 주장하고 있다.

의 토지공사, 주택공사 통합관련 주장을 요약하면 <표 41>과 같다.

〈표 41〉 시민단체 의견

	통합 반대: 주공 민영화	토공 · 주공 통합
주장 단체	자유기업원, 바른사회시민회의 지방자치학회, 건설업계 등	경실련, 녹색연합, 대선시민연대 등
주요 논지	▪ 토지는 공공재, 주택은 시장 영역 ▪ 주택은 민간영역, 궁극적으로는 민영화⇒통합은 임시처방책 ▪ 일본 '97 분양 · 임대주택 공급 폐지, 현재 임대주택관리만 허용 ▪ 주공의 중대형아파트 건축은 민간영역 침범⇒ 역할 축소 (건설업계)	▪ 택지개발은 중복되므로 비효율 ▪ 택지개발과 주택건설 일원화 　- 아파트 공급가격 인하 　- 공기단축 　- 토공 개발이익 국민임대에 지원

제5절 결론

지금까지 토지공사 조직관리 영역의 주요 이슈를 임원의 정치적 임명과 전문성 · 임금, 업무의 중첩과 조직개편, 인사채용과 인력운영계획 · 인력구조, 내부 교육훈련체계, 보수 관리체계, 성과관리시스템, 노사관계와 사회봉사활동으로 구분하여, 주요 사업운영 영역의 주요 이슈를 부패관리, 독점수입과 자본예산 비중, 개발이익, 세부 사업부문, 토지공사와 주택공사의 업무중첩 등으로 구분하여 논의하였다.

한국토지공사는 2007년 6월 기획예산처가 발표한 정부투자기관 경영실적 평가보고서에서 14개 대상기관 중 8위를 차지하였다. 이는 평균에 미치지 못하는 성적이다. 또한 이와 함께 제기되는 가장 큰 문제점은 2005년도 평가 부문에서는 1위를 차지하였음에도 2006년도에는 8위로 급락하였다는 것이며, 종합경영부문에서는 건설교통부 11개 산하 기관 중 최하위를 기록하였다는 것이다. 정부투자기관 평가에서 이렇듯 급격하게 순위가 하락하는 것은 평가체제에 문제가 있어서 평가의 역할을 제대로 수행하지 못하는 경우이거나 아니면, 한국토지공사에 문제가 있는 것, 둘 중의 한 가지 결과일 것이다.

〈표 42〉 한국토지공사의 최근 5년간 정부평가 추이

	2002년	2003년	2004년	2005년	2006년
순 위	8	4	3	1	8
득 점	74.6	79.4	79.1	83.4	77.4

자료: 국회 국정감사 자료(2007)

토지공사가 2002년 8위에서 꾸준히 순위 향상을 하다가 2006년 다시 8위로 급락한 것은 경영여건의 전반적인 악화를 의미하는 것이다. 특히 종합경영부문에서 책임경영구현 및 공익성 제고를 위한 최고경영진의 노력과 성과, 경영혁신 노력과 성과, 이사회·감사기능의 활성화 노력과 성과, 생산성, 고객만족 향상도 등의 지표를 분석한 순위가 상대적으로 낮게 나타났다. 특히 중장기 사업에 근거한 인력수급계획에 있어 경영진의 적절한 인력관리가 미흡하여 인력증원을 통해 문제해결을 하려는 공사의 최근 행태가 향후 장애가 될 수 있음을 지적받고 있다(국회 국정감사, 2007). <표 43>은 정부투자기관 중 건설교통부 산하기관의 경영실적 평가 결과이다. 토지공사의 총괄 순위는 도로공사와 수자원공사에 이은 8위로 건설교통부 산하 정부투자기관의 순위가 전반적으로 낮게 나타난 가운데, 산하기관 중에서는 중간 정도를 기록하고 있다. 그러나 이러한 수치는 최근 5년간 정부평가 추이를 살펴보았을 때 상대적으로 매우 악화된 것이다. <표 44>는 종합경영, 주요사업, 경영관리 및 연금제도와 관련한 건설교통부 산하 정부투자기관의 경영실적 평가 결과 순위이다. 특히 종합경영 부문에서 토지공사는 산하기관 중 최하위인 11위를 기록하였으며, 주요 사업 부문에서도 8위를 기록하였다.

〈표 43〉 정부투자기관 중 건설교통부 산하기관 경영실적 평가(1)

	순위	총괄	계량 득점	비계량 득점	종합 경영	주요 사업	경영 관리	퇴직 연금
도로 공사	1	91.795 83.45%	38.795 86.21%	53.000 81.54%	32.215 92.04%	29.893 85.41%	24.562 81.87%	5.125 51.25%
수자원 공사	7	86.078 78.25%	36.078 80.17%	50.000 76.92%	28.527 81.51%	29.555 84.44%	23.496 78.32%	4.500 45.00%
토지 공사	8	85.083 77.35%	38.583 85.74%	46.500 71.54%	26.612 76.03%	28.721 82.06%	25.250 84.17%	4.500 45.00%
주택 공사	9	84.990 77.26%	37.990 84.42%	47.000 72.31%	28.461 81.32%	27.654 79.01%	24.375 81.25%	4.500 45.00%
철도 공사	12	81.194 73.81%	36.444 80.99%	44.750 68.85%	29.273 83.64%	24.640 70.40%	22.781 75.94%	4.500 45.00%
평균		85.588 77.81%	38.275 85.06%	47.313 72.79%	28.184 80.52%	28.672 81.92%	22.932 76.44%	5.800 58.00%

자료: 국회 국정감사(2007)

<표 44> 정부투자기관 중 건설교통부 산하기관 경영실적 평가(2)

	전 체		종 합 경 영		주 요 사 업		경 영 관 리		연금제도	
	득점률	순위	득점률	순위	득점률	순위	득점률	순위	득점율	순위
도로공사	83.45%	1	92.04%	1	85.41%	5	81.87%	3	51.25%	7
수자원공사	78.25%	7	81.51%	6	84.44%	7	78.32%	8	45.00%	10
토지공사	77.35%	8	76.03%	11	82.06%	8	84.17%	1	45.00%	10
주택공사	77.26%	9	81.32%	7	79.01%	11	81.25%	5	45.00%	10
철도공사	73.81%	12	83.64%	4	70.40%	14	75.94%	9	45.00%	10
평균	77.81%		80.52%		81.92%		76.44%		58.00%	

자료: 국회 국정감사(2007)

위의 평가결과는 본 연구에서 제시하고 있는 주요 이슈들에 따른 문제점들과 밀접하게 연관되어 있다. 이에 본 연구는 논의한 주요 이슈들을 중심으로 제기되는 개선방안을 정리하여 제시하는 것으로 결론을 대신하고자 한다.

첫째, 기관장의 책임성과 전문성을 제고할 수 있는 임용방안과 역량을 지속적으로 평가할 수 있는 체계가 구축되어야 하며, 비상임이사의 정치적 임명 이외의 인원 증대와 함께 질적인 전문성 향상을 이룰 수 있어야 하며, 적극적인 업무활동을 유도하기 위한 인센티브제도가 필요하다.

둘째, 토지공사의 특성에 가장 적합하고, 조직의 경쟁력 제고를 위하여 조직개편 시 다른 조직을 무분별하게 모방하기보다 조직의 성격을 적절하게 고려하여야 할 필요가 있으며, 기능 중첩을 최소화하여 낭비적인 요소를 줄여야 하며, 불필요한 기능분화를 지양하고, 조직 기능의 적절한 통합 운영이 필요하다.

셋째, 토지공사는 인재상을 제시하고 있으나, 보다 비전과 목표에 부합하는 현실적이고 구체적인 인사채용 기준을 마련하여야 할 필요가 있다. 이는 인재에 대하여 측정 가능하고 정의할 수 있는 기준을 제시할 수 있어야 하는 것이다. 또한 장애인 및 여성의 채용을 위하여 근무여건을 개선해 나가야 하며, 전문성이 요구되는 부문에서 사외 인사채용을 적극적으로 도입하여야 할 필요가 있다.

넷째, 사업구조의 변화에 대비한 중장기적인 인력계획의 수립과 추진실태, 업무량을 고려한 인력배분 노력에 대한 구체화와 적극적인 홍보를 통해 외부평가 및 감사로부터의 긍정적인 인식변화를 얻을 수 있어야 하며, 기관 차원에서 비정규직의 정규직 전환과 같은 중장기 운영 대책이 마련되어야 한다.

다섯째, 현재 자발적인 학습조직 구축과 외부전문교육에 관한 내실화가 필요하며, 직원들의 학습의욕 고양과 적극적인 교육훈련 참여를 유도하기 위한 인센티브가 필요하다. 예를 들어, 교육훈련 참여 실적을 인사고과나 연봉 인센티브에 반영하는 등의 대비책이 요구된다.

여섯째, 전 직원에 대한 연봉 차등제도를 도입하여, 직원들의 경쟁 및 자기개발 의욕을 향상시켜야 할 필요가 있으며, 성과등급을 보다 차등화하여 배분하여야 할 필요가 있다. 이는 성과관리 모니터링 시스템과 BSC 시스템의 정교화 노력 및 성과관리문화 정착에 기반을 두어야 할 것이다.

일곱째, 노사협상의 진행, 결과의 적용과정, 구성원과의 의사소통에 대한 체계적인 검토방안이 마련되어야 하며, 2010년부터의 노조전임자 임금지급을 위한 구체적인 대안이 필요하다. 또한 적극적인 홍보와 전략적 투자를 통하여 전시적인 사회봉사활동이라는 평가에서 벗어나야 하며, 환경과 연관되는 업무 자체에서 공사의 취지에 맞게 환경보전에 기여하려는 노력이 요구된다.

여덟째, 부패문제의 방지를 위해서 직원들에 대한 적극적인 윤리교육을 실시함과 동시에 부패에 대한 내부적인 처벌의 수위를 강화할 필요가 있다. 또한 조직적인 부패 문제를 해결하기 위해 외부로부터의 감시를 보다 확대하고, 내부고발자의 보호를 위한 인식의 전환이 요구된다.

아홉째, 현재의 위기관리체계의 효과성에 관한 적절한 평가결과가 있어야 할 것이며, 사업운영에 있어 민간과의 파트너십을 구축할 수 있는 분야를 발굴하고, 지속적으로 확대할 필요가 있다. 이는 위탁 및 독점수익구조에서 탈피하여 수익성과 공익성이 적절하게 조화를 이룬 예산관리체계 구축과 함께 이루어져야 할 것이며, 그 결과를 명확히 평가하여 객관적인 결과정보를 제공할 수 있도록 토지공사의 현재 성과지표를 분석하여 질적·양적으로 공익성에 부합하는 성과지표로 수정·보완하거나 새로운 지표를 개발하여야 할 필요성이 있다.

마지막으로 개발이익에 대한 사회환원의 문제에 대하여 구체적으로 어떠한 방식이 바람직하며, 또 앞으로는 어떻게 이루어 나갈 것인지에 대한 세부적인 계획과 자료 제시를 위한 연구가 필요할 것이다.

본 연구는 연구의 객관성을 보장하기 위하여 최대한 토지공사 관련 연구논문, 국내·외 기관분석 및 경영평가 자료, 토지공사 관련 감사보고서 등 공개된 자료와 토론회 자료에 대한 토지공사의 의견 자료를 중심으로 하였다. 자료에 따라서는 과거의 문제점으로 현재

개선 중인 부분이 적지 않을 것이라 생각하며, 토지공사가 설립목적에 부응하여 토지자원의 효율적인 이용을 촉진하고 국토의 종합적인 이용·개발을 도모하여 건전한 국민경제 발전에 기여하기를 기대한다. 나아가 세계 최고 토지서비스 기업의 비전을 달성하여 아름답고 살기 좋은 터전의 창조적인 계획과 개발, 관리의 미션을 향해 끊임없이 도약하기를 바라는 바이다.

참고문헌

건설교통부. 2001. 「토공과 주공의 통합방안 연구: 최종보고서」

국회예산정책처. 2007. 「정부투자기관 경영현황 평가」

국회. 2007년도 국정감사 자료.

기획예산처. 2007. 「2006년도 정부투자기관 경영실적 평가보고서」.

김준기. 2005. "공기업 지배구조에 대한 평가와 개선방안: 정부투자기관 이사회를 중심으로", **공기업논총** 16(1): 55 - 72.

박석희. 2006. "공기업의 성과관리와 조직생산성", **한국행정학보** 40(4): 511 - 530.

박용신. 2007. "토지공사 주택공사의 구조와 개혁방안에 대한 제언", **김진균 기념사업회 2007년 학술 토론회 발표 논문집.**

염미경. 2004. "사외이사의 효율적 활용방안", **상사법연구** 23(1).

윤태범. 2001. "부패사례에 대한 체계론적 접근: 수서지구 택지 특별공급 사건을 중심으로", **한국사회와 행정연구.** 12(1): 147 - 165.

이명석. 2001. "정부투자기관 임원의 정치적 임용과 경영실적", **한국행정학보** 35(4): 139 - 156.

이상철. 2005. "정부투자기관 부패요인과 제도적 과제", **한국행정논집.** 16(2): 241 - 264.

주효진. 2004. "조직구조, 조직문화 및 조직효과성의 관계에 관한 연구: 업무특성별 기관분류를 중심으로", **행정논총** 42(2): 29 - 53.

진태홍·강인수. 2002. "통신사업의 민영화: 민영화 이후 KT의 기업지배구조", **정보통신정책연구** 9(1): 243 - 260.

최만기. 1989. "조직의 성과와 의사소통내용에 관한 종단적 연구", 13: 99 - 119.

한국토지공사. 2007. 「2007년 경영공시」.

한국토지공사. 2006. 「택지개발지구 아파트분양가와 택지비 분석」

한국토지공사. 2006. 「결산보고 자료」

한태영·김원형. 2006. "권한위임과 조직공정성이 직무효과성에 미치는 영향에 대한 다수준적 고찰", **인사·조직연구.** 14(1): 183 - 216.

황기연·백성준. 1998. "서울지하철공사 경영혁신을 위한 인력운영 개선방안", **한국철도학회 1998년도 춘계학술대회 발표논문집:** 172 - 183.

하재룡. 2002. "공기업 노동조합의 임금인상 효과", **한국정책학회보** 11(1): 131 - 155.

Farazmand, A. 1996. "The Comparative Study of Public Enterprise Management." in Farazmand, A. (ed.). *Public Enterprise Management*: *International Case Studies*. London: Greenwood Press.

Geeds, R. Richard. 1994. "Agency Costs and Governance in United States Postal Service", in J. Gregory Sidak (ed.). *Governing the Postal Service*. The AEI Press.

Horn, H. 1976. "Transit Board Members: Who are They and What do they do?" *Transit Journal*. 2: 15 - 32.

제4장 토지공사의 신도시개발과 문제

-화성동탄 신도시의 경우 -

이윤하(건축사, 경희대 건축대학원 겸임교수)

제1절 들어가는 말
제2절 사업개요
제3절 단계별 분석: 개발이익을 중심으로
제4절 사업의 분석 및 평가
제5절 정책 대안 및 제안

제1절 들어가는 말

토지공사의 업무는 크게 토지개발 사업, 산업활성화 관련사업, 지역균형발전사업 등으로 구분할 수 있다. 토지개발 사업으로는 택지개발사업과 신도시개발사업, 지역종합개발사업이 있다. 이 글은 신도시개발사업 중에서 화성동탄 신도시 개발사업을 대상으로 토지공사의 문제와 개혁과제에 대해 살펴보고자 한다.

신도시개발사업은 1980년에 제정된 '택지개발촉진법'에 근거하여 추진되고 있다. 택지개발촉진법에서는 신도시개발사업의 촉진을 위한 지구지정, 계획수립 및 변경승인, 사업자 선정 등의 모든 권한을 국토해양부에 부여하고 있다. 주택건설을 통한 주택가격의 안정을 목적으로 국토해양부에게 이러한 특혜와 특권을 부여한 것이지만, 실제로는 국토해양부는 주택가격의 안정을 이루기는커녕 오히려 전국적으로 투기를 부추기고, 산하기관인 토지공사는 심지어 '땅 장사'를 하는 것으로 비판받고 있다.

지난 20여 년 동안 수도권을 중심으로 대단위 신도시개발이 계속 이루어졌지만 여전히 주거안정화는 제대로 이루어지지 않았다. 2006년의 '통계청 인구주택조사'에 의하면 2005년 현재 주택보급률은 105.9%로 가구 수보다 더 많은 주택이 건설되어 있다. 그러나 자기 집을 가지고 있는 사람의 비율은 55.6%에 머물렀고, 전체 세대의 5%에 불과한 다주택보유자가 전체 주택의 21.2%를 소유한 것으로 나타났다. 집부자 중에는 심지어 혼자 1천 채가 넘는 집을 소유하고 있는 자도 있다. 이러한 통계만 보더라도 기존의 공급 위주 개발정책의 오류를 지적할 수 있다. 기존의 공급 위주 개발정책에 따른 신도시 건설은 투기세력의 시장왜곡, 비자족적 신도시 건설, 수도권 광역교통문제 등을 초래했다.

기존의 신도시는 투기를 막기는커녕 부추기는 방식으로 건설되었으며, 자족성의 구현이나 특성화에 실패해서 서울의 베드타운으로 전락했으며, 거대한 아파트 도시로 건설되어 도시경관이 극도로 불량하다. 또한 주변지역을 아우르는 전체적인 관리정책의 미비로 신도시 주변지역의 난개발과 주변지역의 지가 동반상승이라는 문제까지 발생하고 말았다.

모든 개발사업의 원칙은 '선계획 후개발'이어야 한다. 그러나 우리나라에서는 정부와 공기업이 '택지개발촉진법'을 내세워서 제대로 계획을 수립하지 않고 무소불위의 공권력을 동원해서 신도시 건설, 구도심재개발, 기업도시 건설 등을 강행하면서 많은 후유증을 낳고 있다. 주거복지의 강화와 국토이용의 효율화를 추구해야 할 정부와 공기업이 각종 특혜시비를 불러일으키고, 크고 작은 개발업자들과 강력한 부패의 구조를 구축했다는 비판까지 받고 있는 것은 심각한 문제가 아닐 수 없다.

이미 많은 전문가와 시민단체에서 토지공사의 문제를 지적하고 그 개혁을 촉구하는 의견을 발표했다. 우리는 2000년 이후에 주거비가 2배로 폭등하였고, 전국이 투기장으로 변해 버린 현실을 직시해야 한다. 토지공사는 계속 신도시를 개발했지만 그것은 오히려 많은 문제를 낳았다. 이제 동탄 제1신도시 개발사업의 현황과 문제를 분석하고, 바람직한 개발방향에 대한 정책을 제안하고자 한다.

제2절 사업개요

1. 동탄 신도시 사업현황[1]

1) 동탄 신도시의 위치

'동탄 신도시'는 경기도 화성시 동탄면과 태안읍 일원에 건설된다. 수원에서 동남쪽으로 10㎞, 평택에서 동북쪽으로 10㎞ 정도 떨어진 곳에 위치해 있다.

〈그림 1〉 화성동탄 신도시의 위치도

---

1) '동탄 신도시' 홈페이지 참조. 동탄 신도시는 제1신도시와 제2신도시로 나누어 건설된다. 여기서는 2001년 1월에 지정 고시되고 2008년 3월에 1단계 공사가 끝난 제1신도시만을 다룬다. 제2신도시는 2007년 6월에 발표되었으며, 2010년 1월에 최초 분양될 예정이다.

2) 사업 목적

동탄 신도시의 건설은 다음과 같은 세 가지 사업목적에 따라 추진되고 있다. 내용상으로는 '중·저밀도 친환경 주거단지', '첨단산업 자족도시'의 건설이 핵심이라고 할 수 있다. 따라서 과연 이 목적을 달성할 수 있을까에 대한 지속적인 평가가 필요할 것이다.

- 수도권 남부지역의 난개발을 방지하고 계획적 개발을 유도할 거점도시 건설
- 다양한 주거수요충족을 위한 중·저밀도 친환경 주거단지 조성[2]
- 주거와 첨단산업이 복합된 첨단산업 자족도시 조성[3]

3) 사업 개요

동탄 신도시는 경기도 화성시 동탄면과 태안읍 일원에 건설되는 대규모 신도시이다. 먼저 그 크기와 계획인구 등은 다음과 같다. 토지공사의 설명에 따르면 273만여 평이라는 크기는 '분당, 일산 이후 최대 규모'이다.

- 위치: 경기도 화성시 동탄면 일원
- 면적: 9,036,055㎡ (273만 평)
- 계획인구: 40,921가구 12만 4천 명
- 사업기간: 2001. 12. 14.~2008. 03. 31.(예정)

---

2) "- 친환경 신도시건설을 위하여 인구밀도는 분당 198인/ha, 일산 175인/ha보다 낮은 135인/ha으로, 녹지율은 최소 40% 이상 확보"했다.
3) "- 인접한 삼성 반도체공장 등의 산업단지와 신도시 내 자족시설을 확보함으로써 수도권남부 중심도시 조성을 목표로 계획"했다.

4) 토지이용 구성

토지이용 구성을 보면, 공공시설용지 49%, 주택용지 30%, 상업 및 업무용지 4%로 되어 있다. 이 자체로는 공공성과 쾌적성을 중시해서 계획을 세웠다고 할 수 있을 것이다.

5) 토지이용 계획

상세한 토지이용 계획은 다음의 <표 1>과 같다. 주택의 경우 단독, 공동, 연립, 아파트 등 네 가지로 건설되었으나 실제로는 아파트가 주택 전체의 85%에 이를 것으로 보인다. '주택건설용지'가 전체의 29.81%만 차지하도록 되어 있으나, 주택에서 차지하는 아파트의 비중으로 보았을 때, 역시 '아파트 도시'에 머무르고 있는 것이다.

〈표 1〉 동탄 신도시의 토지이용 계획

구 분		면적(㎡)	구성비(%)	비 고
총 계		9,036,055	100.00	
주택 건설 용지	소 계	2,693,999	29.81	
	단독주택	613,289	6.79	
	공동주택	(2,041,533)	(22.59)	연립주택(0.34) + 아파트(22.26)
	근린생활시설	39,177	0.43	
	소 계	367,834	4.07	
	일반상업	147,936	1.64	
	근린상업	95,452	1.06	
	복합단지	95,494	1.06	주거, 상업, 업무
	업무용지	28,952	0.32	보건소, 우편물류센터, 출장소, 파출소
도시지원용지		876,042	9.69	첨단벤처 단지 등
농업관련용지		621,178	6.87	대체농지

구 분		면적(㎡)	구성비(%)	비 고
공공시설용지	소 계	**4,477,002**	**49.56**	중복부분(저류지4호,배수지,주차장 25 / 33)제외
	도 로	1,466,627	16.23	보행자 도로포함
	공 원	1,622,383	17.95	어린이공원 6개소, 근린공원 11개소 (배수지 11,654㎡, 저류지4호 40,668 ㎡, 문화회관 등 33,206㎡ 포함)
	녹 지	584,430	6.47	완충녹지 12개소 및 경관녹지 9 개소 포함
	공공공지	17,124	0.19	6개소
	학 교	354,980	3.93	유5, 초14, 중7, 고6
	기 타		4.79	

자료: 토지공사(2007), 화성동탄 신도시 홈페이지, www.lplus.or.kr

2. 동탄 신도시 추진과정

1) 사업 추진 일정

동탄 신도시는 '수도권 2기 신도시'의 일환으로 건설되고 있다. 2기 신도시의 입지는 이미 2000년에 대략적으로 결정되었던 것으로 밝혀졌다.

국토연구원은 2000년 『수도권 도시성장관리와 신도시 개발』이라는 보고서를 발표했다. 이 보고서의 결론은 수도권에서의 신도시 개발은 장단점이 있으나 체계적인 도시성장 관리를 위해서 개발이 바람직하다는 것이었다. 또 개발 대상지로 수도권 북부지역의 파주·고양지역(거점개발형, 600만 평), 의정부지역(거점개발형·수요대응형, 300만 평), 김포 남부지역(난개발방지형, 300만 평), 그리고 수도권 남부지역의 성남 판교지역(난개발방지형·수요대응형, 250만 평), 화성군 중부지역(거점개발형·난개발방지형, 400만 평), 화성군 남서부지역(거점개발형, 1,000만 평), 아산만권 배후지역 – 천안·아산(거점

개발형, 890만 평) 등 7곳을 제안했다. 7곳 중 5곳은 파주운정신도시
와 교하지구, 김포신도시, 판교신도시, 화성동탄신도시, 아산신도시
등 2기 신도시입지와 거의 일치한다. 나머지 2곳도 택지개발지구로
활발히 개발되고 있다(허귀식, <중앙일보> 2007년 7월 2일).

동탄 신도시의 건설계획은 2000년 11월 11일에 발표되었다. 경
제위기에서 벗어나는 것을 무엇보다 중요한 과제로 삼고 있었던
'국민의 정부'는 '건설투자 적정화 대책', '지방건설 활성화방안'이
라는 명목으로 화성 동탄, 김포 양촌, 성남 판교에 신도시를 건설
하겠다는 계획을 발표했던 것이다(박선옥, 2007). 계획의 발표부터
1단계 사업의 완료까지 일정은 다음과 같다.

<표 2> 동탄 신도시 추진 일정(경실련, 2006)

- 2000. 11. 11. 화성동탄 신도시 건설계획 발표
- 2001. 04. 25. 화성동탄지구 택지개발예정지구 지정고시
- 2001. 12. 14. 화성동탄지구 예정지구 및 개발계획 승인고시
- 2001. 12. 18. 토지보상 착수
- 2002. 12. 26. 화성동탄지구 실시계획 승인고시
- 2003. 01. 21. 공동주택지 공급착수
- 2003. 03. 31. 시범단지 공사 착수
- 2003. 12. 31. 택지 개발계획 변경 및 실시계획 변경 승인
- 2004. 12. 31. 개발계획변경(3차) 및 실시계획변경 승인(2차)
- 2006. 05. 11. 택지개발사업 예정지구 지정변경, 개발계획변경 및 실시계
            획변경 승인
- 2006. 09. 30. 택지조성공사 준공(예정)
- 2006. 12. 31. 시범단지 주민입주
- 2008. 03. 31. 사업준공(예정)

자료: 경실련(2006), '화성동탄 신도시 추진일정', www.ccej.or.kr/

2) 분양일정

동탄 신도시는 4차에 걸쳐 분양되었다. 그런데 이 과정에서 건

설사의 폭리가 큰 문제로 떠올랐다. 경실련의 조사에 따르면, 건설사들은 동탄 신도시에서 무려 1조 2,229억 원의 폭리를 취했다(경실련, 2006).

<표 3> 동탄 신도시의 분양과정

```
- 1차분양 2004. 07. (입주예정일 2006. 12.~2007. 05.)
- 2차분양 2004. 10. (2007. 09.)
- 3차분양 2005. 03. (2007. 12.~2008. 03.)
- 4차분양 2005. 10. (2008. 03.~2008. 09.)
- 원가연동제 2005. 11. (2008. 03.~2008. 10.)
- 임대분양 2005. 03. (2008. 03.)
```

자료: 경실련(2006), '화성동탄 신도시 추진일정', www.ccej.or.kr/

그러나 신도시 건설에서 폭리를 취하는 것은 건설사만이 아니다. 주공과 토공도 엄청난 폭리를 취하고 있다. 이미 2005년에 토공이 수도권에서 막대한 폭리를 취하고 있다는 비판이 강력히 제기되었다.

<표 4> 토공의 수도권 택지지구 보상가와 판매가

택지지구	보상시기	평당보상가	평당 판매가	차이(판매가 / 보상가)
파주 교화	2001년 5월	26만5,000원	194만9,000원	7.3배
화성 동탄	2001년 12월	28만4,000원	183만3,000원	6.4배
김포 장기	2003년 4월	39만4,000원	153만5,000원	3.9배
화성 향남	2003년 4월	30만2,000원	147만원	4.9배
하남 풍산	2003년 9월	110만4,000원	240만7,000원	2.2배
성남 판교	2003년 12월	117만3,000원	253만4,000원	2.2배
용인 흥덕	2004년 6월	94만원	259만원	2.8배
화성 청계	2005년 5월	47만3,000원	158만1,000원	3.3배
화성 동지	2005년 5월	57만2,000원	155만1,000원	2.7배
평백 청북	2005년 8월	17만3,000원	74만3,000원	4.3배

• 토지공사 수도권 주요 택지지구 보상가 및 판매가

(자료: 한국토지공사)
출처: <한국일보> 2005년 9월 23일

그러나 이러한 비판에도 불구하고 문제는 해결되지 않았다. 2006 년 10월 31일, 국회에서는 토공이 동탄 등에서 막대한 폭리를 취했다는 사실이 다시금 밝혀졌다.

국감자료에 따르면 토공은 판교지구에 조성한 151만 4천 평을 평당 136만 3천 원에 매입한 뒤 평당 812만 7천 원에 공급해 무려 1조 241억 원을 벌어들였다.

또 화성 동탄지구 개발을 위해 조성한 262만 4천 평을 평당 40만 5천 원에 매입, 8배에 가까운 평당 356만 4천 원에 공급해 8천억 원 이상을, 용인 흥덕지구에서는 3천323억 원의 차익을 남기는 등 세 곳에서만 무려 2조 1천564억 원을 챙긴 셈이다.

단순 수익률만 보면 평당 51만 8천 원에 매입한 후 489만 2천 원에 공급, 844%의 수익률을 기록한 김포 장기지구가 전체 31개 택지개발지구 중 최고를 기록했다.

이어 화성동탄(780%), 평택청북(691%), 파주교하(605%) 순으로 나타났다.

31개 지구의 평균 수익률 역시 412%가 넘어 개발에 따른 수익 규모를 가늠할 수 있다(박관종, 2006).

제3절 동탄 신도시 건설의 단계별 분석

1. 1단계: 택지개발예정지구 고시전 ~ 수용

1) 일 정

동탄 신도시의 택지개발예정지구 지정은 1999년 하반기에 시작되었다. 처음에는 반려되었으나 2000년 6월에 재신청해서 지정되

었으며, 같은 해 11월에 신도시 건설계획이 발표되었다. 전체 일정
은 다음의 <표 5>와 같다.

〈표 5〉 동탄 신도시의 추진과정1(김학송, 2005)

- 1999년 하반기 토지공사 택지개발예정지구 신청, 국토해양부 반려
- 2000년 6월 27일 택지개발예정지구 지정 재신청
- 2000년 7월 4일 수도권 남부지역 택지지구지정에 따른 교통개선대 　　책 마련
- 2000년 10월 12일 택지개발예정지구에 따른 교통개선대책 수립 등 　　보완자료 제출
- 2000년 11월 11일 화성동탄 신도시 건설계획 발표
- 2000년 12월 28일 화성계획도시 발표(국토해양부)
- 2001년 1월 6일~1월 19일: 주민공람시행(화성시)
- 2001년 4월 25일 화성동탄지구 택지개발예정지구 지정
- 2001년 4월 30일 화성동탄지구 택지개발예정지구 지방공시
- 2001년 10월 16일 택지개발계획 승인 신청
- 2001년 12월 14일 택지개발계획 승인
- 2001년 12월 18일 토지보상 착수

자료: 김학송(2005), '불법이 난무하는 신도시택지공급', 『2005년 건교위
　　국정감사 정책자료집 V』, 12~13쪽.

2) 지가 상승

동탄 신도시 건설계획이 발표되고 이 지역의 땅값은 크게 올랐
다. 신도시 예정지역의 땅값 상승률은 2000년에는 1999년에 비해
11% 상승했지만, 2001년에 택지개발 지구지정 고시(2001년 4월
30일 화성동탄 지구 택지개발예정지구 지방공시)와 용지보상착수
(2001년 12월 18일)가 진행된 뒤에는 2000년에 비해 무려 150%
의 상승을 기록했다.

〈표 6〉 동탄 지구 내 표준지가 상승률 (64개 필지 지가 상승률)〉

필지	소재지				공시지가(단위: 원 / ㎡)			전년대비 상승률	
	읍면	리	본번	면적(㎡)	1999년	2000년	2,001년	'00년	'01년
1	동탄면	금곡리	13	2,433	7,400	7,500	18,000	1%	140%
· · · · ··	· · · · ·	· · · · ·	· · · · ·	· · · · ·	· · · · ·	· · · · ·	· · · · ·	· · · · ·	· · · · ·
64	태안읍	병점리	228	3,521	26,000	28,000	50,000	8%	79%
			전체 면적	267,463		평균 지가 상승률		11%	150%

출처: 한국토지정보시스템 개별공시지가, klis.gg.go.kr

그러나 공시지가 상승률만으로는 실제지가인 시세에 대한 분석이 미흡하므로, 현지 주민과의 인터뷰를 통하여 다음과 같은 표를 얻을 수 있었다.

〈표 7〉 시세에 따른 지가 상승률

필지	소재지	지목	시세(원 / ㎡)		대비 상승률	비고
			고시전	보상가		
A	동탄면 신도시 내	대	45,450	454,500	100%	도로변
B	동탄면 신도시 내	대	30,300	303,000	100%	상가주변
C	동탄면 신도시 내	대	30,300	242,400	80%	주거지

자료: 필자의 인터뷰 자료(2008년)

인터뷰를 통하여 살펴본 결과 지정고시가 되기 1~2년 전부터 외부의 투기꾼이 모여들었다는 사실을 알 수 있었다. 인터뷰에 응한 주민들의 증언에 따르면, 거래가 활발하지 않았던 1999~2000년에 외부의 투기세력이 ㎡당 30,000~45,000원(평당 100,000~150,000원) 정도에 땅을 매입하기 시작했고, 그 뒤 땅값이 크게 오르기 시작했다고 한다. 주민들의 증언은 지정고시되기 전에 이미 개발정보가 유출되었다는 것을 알려준다. 실제로 보상가의 80~100% 정도를 투기세력이 불로소득으로 취득해서 실질적 지가상승의 원인이 된 것으로 보인다.

2. 2단계: 수용

1) 일　정

2001년 12월 18일에 토지보상이 시작되었다. 이렇게 토지수용이 시작되었으며, 1년 뒤인 2002년 12월 26일에 실시계획 승인고시가 발표되었다.

〈표 8〉 동탄 신도시의 추진과정2

- 2001년 12월 18일 토지보상 착수 - 2002년 4월 8일 민간업체 공동택지 우선공급 방침 결정(토지공사) - 2002년 12월 18일 택지공급 승인신청 - 2002년 12월 26일 화성동탄지구 실시계획 승인고시

자료: 김학송(2005), '불법이 난무하는 신도시택지공급', 『2005년 건교위 국정감사 정책자료집 V』, 12~13쪽.

2) 동탄 신도시의 용지 조성원가 구성

택지공급은 택지개발촉진법 제18조, 동법시행령 제13조의2, 택지개발업무처리지침 제18조에 의거해서 이루어진다. 다음의 <표 9>은 80만 원에 수용한 131만 8천 평의 조성원가이다. 이에 따르면 토공은 80만 원에 논밭을 사서 용지를 만들어서 297만 원에 판 것으로 나타났다.

<표 9> 동탄 신도시의 용지 조성원가

구 분	조 성 원 가	비 율	산 출 내 역
용지비	80만 원 / 평	27%	토지 보상비 10,624억 원
조성비	164만 원 / 평	55%	토목 공사비 21,639억 원
직접인건비 등	23만 원 / 평	8%	직접인건비 등 2,972억 원
자본비용 등	30만 원 / 평	10%	자본비용 3,907억 원
합계(조성원가)	297만 원 / 평	100%	총사업비 39,140억 원

출처: 토지공사(2008), '화성 동탄사업 추진현황', 4쪽.

3. 3단계: 분양

1) 일 정

아파트 등의 공동주택지는 2003년 1월부터 공급되기 시작했다. 그리고 2006년 9월에 택지조성공사가 준공되었으며, 2006년 12월 말에 시범단지 주민입주가 이루어졌다.

<표 10> 동탄 신도시의 추진과정3

- 2003년 1월 21일 공동주택지 공급착수
- 2003년 3월 31일 시범단지 공사 착수
- 2003년 12월 31일 택지 개발계획 변경 및 실시계획 변경 승인
- 2004년 12월 31일 개발계획변경(3차) 및 실시계획변경 승인(2차)
- 2006년 5월 11일 택지개발사업 예정지구 지정변경, 개발계획변경 및 실 시계획변경 승인
- 2006년 9월 30일 택지조성공사 준공
- 2006년 12월 31일 시범단지 주민입주
- 2008년 3월 31일 사업준공

자료: 경실련(2006), '화성동탄 신도시 추진일정', www.ccej.or.kr/

2) 아파트 분양가의 구성

토지공사는 공동주택지의 평당 공급가격을 316만 원으로 밝혔

다. 조성원가 297만 원에 19만 원을 더한 셈이다. 그리고 토지
공사는 아파트 분양가의 구성비율을 다음의 <그림 2>와 같이
제시했다. 이에 따르면 용적률을 적용한 아파트의 택지비는 평
당 193만 원으로 전체 분양가의 24%일 뿐이다.

〈그림 2〉 아파트 분양가의 구성비율

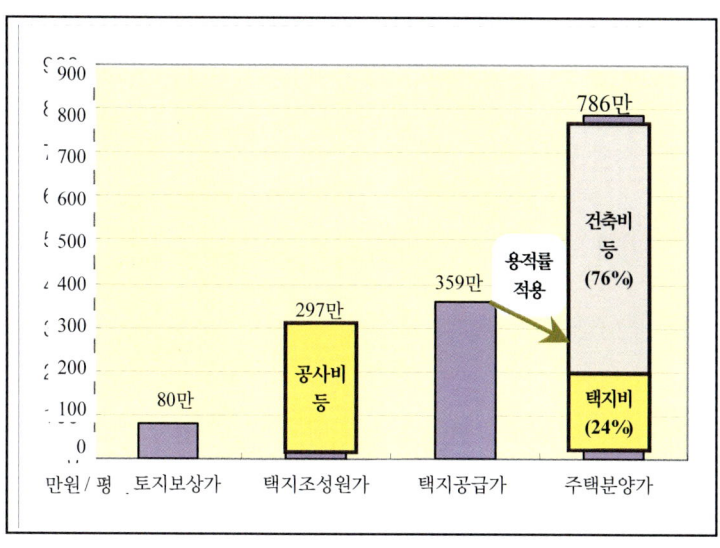

출처: 토지공사(2008), '화성 동탄사업 추진현황', 4쪽.

4. 택지 분양방식 검토

1) 분양방식

토지공사는 택지를 추첨분양(37%)과 수의계약(63%)의 두 가지 방
식으로 분양했다. 수의계약은 공공기관, 협의양도사업자, 현상공모의
세 가지 방식을 사용했다. 구체적인 내역은 다음의 <표 12>와 같다.

<표 11> 분양방식별 분양내역

(단위: 평)

구 분		소 계		분 양		임 대	
		면적	비중	면적	비중	면적	비중
추첨분양		227,434	**37%**	160,659	38%	66,775	35%
수의 계약	소계	391,425	**63%**	266,655	62%	124,770	65%
	공공기관	165,952	27%	41,182	10%	124,770	65%
	협의양도	169,335	27%	169,735	40%		0%
	현상공모	55,738	9%	55,738	13%		0%
총 계		618,859	100%	427,315	100%	191,545	100%

자료: 경실련(2006ㄱ), '아파트 반값의 진실(2) - 동탄신도시 개발, 부풀려진 땅값
만 2,908억 원', www.ccej.or.kr/

2) 공공기관 수의계약의 문제

공공기관으로는 군인공제회, 주택공사, 경기지방공사, 공무원연
금관리공단 등이 수의계약으로 택지를 공급받았다. 2004년 7월에
분양한 시범단지의 경우 현상설계 공모전에서 당선한 대가로 공동
주택지를 수의계약으로 공급하였다. 현상설계에 당선되었으면 실
시설계권을 부여하는 것이 마땅하다. 하지만 택지를 수의계약으로
우선 공급하여 명백한 특혜를 주었고, 이에 대해서는 감사원도 시
정권고를 하였다. 또한 당선작으로 택지를 공급받은 업체들이 대
부분 대규모 건설회사에 집중된 것은 현상설계에 대한 심사과정의
공정성조차 의심하지 않을 수 없게 한다(경실련, 2006ㄱ).

3) 협의양도 규정의 문제

동탄 신도시 전체 면적 중 아파트 용지는 22.26%이다. 이 아파
트 용지의 30% 내에서 신도시 발표 이전부터 이미 민간 건설업자

가 아파트 사업을 추진하고 있었다.

신도시 택지개발예정지구 신청(1999년)이 이루어졌으나 아직 지구지정은 이루어지기 전인 '99. 10.~'00. 5. 기간 동안 이미 민간 건설업체들이 화성시에 주택건설사업 승인 신청(7개 사, 5개 지구, 7,220세대, 18만 9천 평)을 해서 사업을 추진 중이었고, 이들은 이후 관계기관회의(국토해양부, 토지공사, 화성시)를 통해 협의양도 규정에 따라 택지를 우선 공급받았다. 이렇게 많은 건설업자들이 지구지정 이전에 대부분 논밭인 곳에서 아파트사업을 추진 중이었다는 것은, 협의양도를 악용한 택지개발계획의 사전정보 유출로 볼 수 있다. 또한, 건설업자가 토지공사에 토지매매계약서가 아닌 토지사용승낙서만 제출해도 아파트사업을 추진 중인 것으로 인정되기 때문에 실제로 100% 토지소유권을 확보하지 않아도 협의양도 규정을 적용받을 수 있는 제도를 악용한 것이다(경실련, 2006ㄱ).

〈표 12〉 협의양도사업자와 우선 공급된 택지면적 (김학송, 2005)

협의양도사업자 건설업체명	지구지정 이전 주택사업추진면적(㎡)	실제공급면적(㎡)	건설업체소유면적
황경	48,595	46,546	없음
(주)넥서스	120,128	106,473	없음
남우, 명신	145,022	114,848	구거3,236㎡ 수용
월드, 반도	152,924	143,263	임야430㎡ 협의양도
청일(주)	157,697	148,654	없음
합계	624,366 (188,870평)	559,784 (169,335평)	

자료: 김학송(2005), '불법이 난무하는 신도시택지공급', 『2005년 건교위 국정감사 정책자료집 V』, 14쪽.

4) 개발이익

가장 큰 논란을 빚은 것은 토공이 택지를 비싸게 팔아서 막대한 개발이익을 챙겼다는 의혹이었다. 2004년 5월에 발표된 '경실련'의 조사자료에 따르면, 평당 44만 원이었던 논밭이 865만 원의 아파트용지가 되면서 불과 1~2년 사이에 땅값은 20배 가까이 상승하였고, 이 과정에서 발생한 평당 597만 원, 총 6,221억 원이라는 막대한 개발이익을 토공과 업체들이 가져갔다는 것이다. 수익률은 조성원가 대비 223%, 논밭구입비 대비 1,400%를 넘는다.

시범단지에서는 금강종합건설, 한화건설, 재향군인회, 현대산업개발, 군인공제회, 월드건설, 반도건설, 아이랜드 건설, 우남종합건설, 삼성물산, 포스코건설·월드뷰, 롯데건설·대동건설 등 총 12개 업체들이 택지를 모두 수의계약으로 우선 공급받아서 7개 단지에 24~42평 규모의 아파트 6,606가구를 분양할 예정이었다. '경실련'은 2004년에 토지공사에 정보공개청구를 해서 '화성동탄 공동택지 가격내역'의 자료를 입수했으며, 이 자료를 분석해서 다음의 <표 13>과 같이 토공과 건설업체들이 논밭을 강제수용해서 막대한 개발이익을 챙길 것으로 추정했다.

〈표 13〉 시범단지의 개발이익 추정

공급형태	지번	업체명	택지면적(평)	택지공급총액(억 원)	노발구입비	택지조성원가	평당택지공급가	평당택지판매비	택지 한 평 기준(만 원 / 평)		
									토공이익(수익률)	업체이익(수익률)	계(수익률)
현상설계 공모전 당선에 의한 수의계약	2-6	금강종합건설(주)	8,003	283	44	268	353	840	86(32%)	487(138%)	573(214%)
	2-7	(주)한화건설	8,840	316	44	268	357	840	89(33%)	483(135%)	572(214%)
	2-9	현대산업개발(주)	12,394	443	44	268	357	840	89(33%)	483(135%)	572(214%)
	5-2	(주)포스코건설	9,363	337	44	268	360	840	92(34%)	480(133%)	572(214%)
	5-2	삼성물산(주)	9,363	337	44	268	360	840	92(34%)	480(133%)	572(214%)
	5-2	롯데건설(주)	7,775	280	44	268	360	840	92(34%)	480(133%)	572(214%)
공공기관 우선공급에 의한 수의계약	2-8	국방부(재향군인회)	12,128	433	44	268	357	840	89(33%)	483(135%)	572(214%)
	2-10	국방부(군인공제회)	8,244	318	44	268	386	814	118(44%)	428(111%)	546(204%)
택지지구 지정이전 토지소유에 의한 수의계약	4-4	우남종합건설	9,264	360	44	268	388	924	121(45%)	536(138%)	657(245%)
	4-4	(주)반도+월드+아이랜드	19,482	699	44	268	359	924	91(34%)	565(158%)	656(245%)
계			104,856	3.805	44	268	363	865	95(36%)	502(138%)	597(223%)

자료: 정심련(2004), '화성동탄택지 공급과정에 대한 정심련 성명', www.ccej.or.kr/

제4절 사업분석 및 평가

1. 공공시설면적 증가에 따른 분양가 상승

택지공급의 가격체계[4]를 보면, 택지공급에서 전체 사업면적의 약 45%는 도로, 공원 등 공공시설로 조성해서 지방자치단체에 무상으로 양여하도록 하고 있다. 이는 도로, 녹지율 등을 높여서 주거환경의 질적 향상을 꾀하고자 하는 것으로 그 취지 자체는 대단히 바람직한 것이다.

그러나 동탄지구에서는 전체 사업면적의 52% 정도가 무상공공시설이어서 유상가처분 면적의 평당 조성원가를 높이는 요인이 되었다. 무상공공시설을 이유로 아파트 분양가를 높게 책정하는 것은 그 자체로 문제이다. 무상공공시설의 비용을 최종 소비자의 분양가에 전가시키지 않을 수 있도록 주의해야 하는 것이다.

〈표 14〉 수도권 신도시의 무상귀속비율

구 분	동 탄	판 교	분 당	일 산	평 촌
무상귀속비율	52%	62%	43%	48%	36%

자료: 토지공사(2008), '동탄택지 개발사업 현황'

2. 간선시설 설치비 일부 국고 지원방향 모색

지구 내의 간선시설은 공공적 기능을 수행하므로 국가나 지자체

---

4) 택지개발촉진법 제18조, 동법시행령 제13조의 2, 택지개발업무처리지침 제18조에 의거해서 마련되었다.

에서 기반시설로 확보해 주어야 분양가가 인하될 수 있다. 그러나 이 설치비용은 여전히 분양가에 포함되어 일반 분양자에게 전가되고 있다.

전국사업지구 평균 간선시설비용은 직접비 대비 평균 약 30% 수준이며, 동탄 및 판교신도시 등 수도권 택지개발사업지구의 경우 약 32% 수준이다. 전국적으로 수도권의 택지의 분양가가 높고 수요가 많은 만큼 간설시설 설치비의 상승은 수도권 분양가 상승을 가져오고, 앞으로도 교통의 중요성을 감안하면 그 비율이 올라갈 것이므로, 국가와 지자체가 일정부분 공동으로 부담해야 한다.

〈표 15〉 통탄지구 간선시설비 현황

(06년 12월 현재)

지구명	총사업비	간선시설비	간선시설 비용률	비 고
동 탄	32,475	14,985	46.0%	

자료: 토지공사(2008), '동탄택지 개발사업 현황'

3. 택지공급 시 수의공급의 문제점

동탄지구에서 택지개발예정지구로 지정될 당시 사업시행자인 토지공사가 주택건설업체에게 택지를 수의공급해 주기 위해서는 택촉법 상의 엄격한 요건을 충족시켜야 하였다. 그것은 지구지정을 위한 주민공람 공고일로부터 1년 이전에 토지를 소유한 주택건설업체가 협의로 땅을 양도한 경우여야 하며, 그런 경우에도 감보율을 제외한 택지를 공급하도록 되어 있기 때문에 실제로 공급하는 땅은 줄어들게 마련이다. 택촉법이 이런 규정을 만든 까닭은 세계에 그 유례를 찾을 수 없는 토지 강제수용의 방법으로 조성된 택지를 주택건설업체에게 추첨이 아닌 수의계약방식으로 과다하게 공급하는 식으로 특혜를 주어서는 안 되기 때문이다.

그럼에도 불구하고 앞서 준농림지 땅 소유자의 동의를 얻어 아파트 사업을 추진하면 주택건설업체가 단지 민원을 제기한다는 이유만으로 법을 제대로 적용하지 않고, 또 원활한 사업추진을 위해 의도적으로 협의양도사업자 규정을 적용하지 않고 공급제한규정을 적용하여 수의공급해 줌으로써 해당업체에게 엄청난 이익을 안겨 주었다. 용인죽전 신도시 사업에서부터 비롯된 잘못된 법적용이 화성동탄 신도시에서 더욱 악화되었으며, 이로부터 신도시의 택지공급이 온갖 비리와 특혜의 온상으로 비춰지는 결과가 초래되었다. 이 때문에 소비자만 고분양가를 부담하는 잘못이 구조화되고 말았다.

4. 법 악용의 문제점

법의 악용과 관련해서 드러난 국토해양부와 토지공사, 주택건설업체의 문제는 다음과 같다.

우선 국토해양부는 택촉법 시행의 주무부처로서 누구보다도 법의 취지와 내용을 잘 알면서도 토지공사의 위법한 법 적용을 묵인하거나 조장함으로써 불법사례를 확대시킨 책임을 면할 수 없다.

토지공사는 용인죽전지구 우선공급방안의 승인을 검토하는 문서에서 합동개발지침상의 선수협약 방법으로 수의공급을 해 주는 것으로 정리하였는데, 선수협약은 토지공사가 수용보상을 통해 소유권을 취득하기도 전에 미리 선수금을 받고 업체에게 택지를 공급해 주는 것을 말한다. 이것은 사실 불법이다. 이러한 전례가 화성동탄지구에도 그대로 적용되면서 다시 특혜 논란을 일으키게 되었다.

당시 외환위기 직후의 어려운 경제여건에서 택지를 개발해도 분양이 쉽지 않은 불확실한 상황이었으므로 토지공사는 조기에 유상 공급을 실현함으로써 자금유동성을 확보한다는 이점이 있었고, 또 주택건설업체는 보상은 보상대로 받으면서 택지도 공급받을 수 있는 길이 되므로 토지공사와 주택건설업체의 이해가 맞아 떨어져 이 같은 불법적 선수협약 방법으로 수의공급이 이루어진 것이다.

이처럼 국토해양부가 불법을 묵인하거나 조장하고, 또 토지공사가 위법한 택지공급을 주도하다 보니, 주택건설업체가 여기서 한 걸음 더 나아가 공공연히 법을 악용하기에 이른다.

5. 국토해양부의 감시와 감독 소홀의 문제

국토해양부는 주택건설의 효율적 지원을 위해 택지개발지구 내 토지를 소유하고 주택건설을 추진하는 주택건설사업자 등에 대해서는 예정지구 내의 택지를 협의양도에 의한 수의계약으로 공급할 수 있도록 개정하여, 사전토지를 매입한 건설업체는 높은 보상가와 함께 공공택지 수의계약이라는 '이중특혜'를 받을 수 있게 됐다. 결과적으로 이러한 규정이 악용되어 용인죽전과 화성동탄에서는 전체 공동주택지의 75% 이상이 협의양도에 의한 수의계약으로 공급되었고, 화성동탄의 경우 이렇게 택지를 공급받은 건설업체들이 총 9,000억 원 이상의 개발이익을 가져간 것으로 추정된다.

국토해양부에서 정책수립부터 사업집행까지 개발권자로서의 모든 권한을 가지고 있으나 감시와 견제는 전혀 이루어지지 않아 졸속적인 사업계획 변경과 추진은 너무도 당연한 결과이기도 하다. 국토해양부의 특권을 감시하기 위해서는 택지개발촉진법의 전면 재검토를 통한 토지 강제수용권의 엄격한 제한이 필요하고, 나아가 강제 수용한 토지는 공공의 목적으로만 활용되도록 공공주택법을 제정하는 것이 시급하다.

6. 국가정책사업의 이해관계자 집단민원에 대한 대책

국가정책사업의 법과 원칙이 강력한 집단민원으로 왜곡되었다. 2001년 4월 택지개발예정지구로 지정되었다. 이에 따라 원주민과 주택사업승인을 조건부로 한 토지매매계약서로 주택사업승인을 신청하고 있던 건설업자들이 더 이상 사업을 진행하지 못하게 되자 집단적으로 전방위적 민원을 제기했다. 2001년 5월 화성시는 주택사업 불승인을 통보하게 되고, 사업이 어렵게 된 토지공사는 어쩔 수 없이 당시 여건을 감안하여 국토해양부와 경기도, 화성시 관계자들과 8차례 민원대책회의를 개최하여 공동주택지 우선공급방안을 변칙적으로 결정하게 되었던 것이다.

집단적 민원의 전방위적 제기에 결국 법적용의 원칙을 수정해서 편법을 묵인하는 잘못이 저질러졌다. 이것은 막대한 개발이익을 노린 강력한 집단민원에 정부와 지자체가 원칙을 고수하지 못하고 무기력하게 손을 들고만 또 하나의 사례이다. 이런 문제는 이미 용인죽전 신도시 개발에서도 나타났으나 정부와 지자체는 또 다시 집단민원에 제대로 대처하지 않았던 것이다.

7. 조성원가의 적정성에 대한 논란

참여연대와 경실련 등 시민단체들에서는 끊임없이 토지부분의 조성원가 부풀리기 의혹에 대해 문제제기를 했으며, 이 글을 준비하는 과정에서도 조성원가를 상세히 검증할 수 있는 자료에 대한 접근이 원천적으로 봉쇄되어 있음을 알 수 있었다. 토지공사 관계자에게 관련 자료를 요청하였으나 화성동탄신도시 개발사업은 공개 대상이 아니므로 어렵다는 말만 들을 수 있었다. 현재 조성원가에 대하여 일부 항목을 공개하도록 제도를 보완하고 있으나, 그 정도로는 조성원가를 검증할 수 없어서 소비자 불신만 가중시키고 있는 실정이다.

실질적으로 원가절감을 위해 조성원가의 내역을 검증할 수 있을 정도로 평가시스템을 마련하고 공개해야 한다. 원가를 실질적으로 검증해서 시장의 투명성과 가격의 안정화를 확보하는 방향으로 나아가야 할 것이다.

8. 지자체의 보상정책 개선

택지비가 크게 상승하는 최초 시점은 택지개발예정지구 지정 전이다. 시행자인 토지공사가 국토해양부에 지구지정을 제안하고 지정지구의 관계기관과 사전협의를 거치는 동안 사업계획이 외부로 유출되어 미리 정보를 입수한 투기세력들이 개발예정지의 택지를 사재기하면서 보상가 협의단계에서는 이미 상당히 상승한 가격으로 시행사인 토지공사에서 토지를 수용해야 한다.

화성동탄지구에서도 이 시점을 살펴보면, 실거래가는 개별적이어서 정확히 산출할 수 없지만, 지자체가 공시하는 공시지가가 150% 정도 높게 책정되어 가는 과정을 볼 수 있다. 이로 미루어 보면 이 기간 동안 감정가를 기준으로 하는 보상가격의 어느 정도가 투기세력의 투기이득으로 돌아갔는지를 유추할 수 있다.

택지개발예정지구의 지정을 제안하기 이전부터 개발예정지에 대한 정보의 유출을 차단하는 것은 물론이고 택지보상 대책과 적정 보상가에 대한 조사를 완료해서 투기세력의 투기이득을 최대한 막아야 한다. 토지거래허가제 등으로 거래통로를 투명하게 확보하여 불로소득에 대한 환수를 철저히 하고, 검토단계 이전부터 토지를 확보해 두는 토지금고와 같은 제도적 보완이 필요하다.

제5절 몇 가지 제안

결론으로서 택지공급의 안정을 위하여 다음과 같이 몇 가지 내용을 제안하고자 한다.

- 토지금고형태의 선매제도를 통한 택지확보 방안 검토

땅값은 사업계획의 수립단계에서부터 보상시점의 사이에서 상승한다. 사업계획의 수립단계부터 토지공사에서 국토해양부로 지구지정을 제안하여 검토기간을 거치는 동안에 정보가 유출되고, 지자체와의 사전협의 시 이미 땅값은 크게 상승해 버린다. 택지개발예정지구의 지정을 신청할 때 원지주에게 투기세력들이 무차별적으로 접근해서 이미 시세는 과도한 기대심리로 말미암아 폭등하게 된다. 그로 인해 지자체의 보상가격이 너무 높아서 분양가에 직접 영향을 미치게 된다. 이에 대응해서 지정고시 이전에 정부 또는 토지공사가 토지를 선매하여 토지금고 형식으로 보유하다가 수요발생 시 개발하는 제도가 필요하다.

– 토지공개념에 대한 제도적 검토

토지 또는 택지에 관한 공공성을 살릴 수 있는 토지공공임대제의 제도적 도입이 필요하다. 토지공개념을 실현하기 위해서 시행되었던 여러 제도들은 실효를 거두지 못하고 한시적으로 운영되다가 폐지되었거나, 실제 토지공개념의 실현에는 거리가 먼 상태로 별 영향을 미치지 못하고 있다. 직접적인 토지소유규제 방식은 적절치 않으며, 토지불로소득을 얼마나 일관되게, 포괄적으로 환수하느냐가 제도개혁에서 가장 주효하다. 토지를 소유하고 있던 원주민에 대해서부터 수용 및 분양 시 발생하는 불로소득에 대해 개발이익환수법을 철저히 적용하여 원천적으로 투기세력으로부터 토지가격의 안정성을 지키고 토지공개념의 공공성을 실현해야 한다.

– 토지임대부 및 환매조건부 분양주택의 긍정적 시행

우리는 투기의 만연으로 말미암아 발생한 막대한 사회경제적 부작용에 시달리고 있다. 토지를 공공에서 임대하여 사용하고 주택부분만 분양하는 토지임대부 분양주택이나 공공에게 환매를 해야 하는 환매조건부 분양주택을 공급하여 불로소득과 개발이익을 공적으로 환수해야 투기를 막고 부동산가격의 안정을 이룰 수 있다. 2007년에 노무현정부가 안양부곡지구에서 최초로 시행했다가 사실상 실패했던 것은 애초의 취지와 달리 위치가 아주 좋지 않은 곳에 주변 시세의 80% 정도로 책정했기 때문이었다. 심지어 실패를 위한 정책이었다는 비판마저 제기되었다. 송파나 광교 신도시 등에 적용했더라면 크게 다른 결과가 나왔을 것이다.

- 분양가 상한제 및 원가공개 원칙 유지

공공부문에서의 분양가 상한제가 동탄 신도시 사업 이후인 판교 신도시 사업부터 시행되었고, 민간부문 분양주택에서도 2007년 12월에 시행되어서 부동산가격의 안정에 큰 기여를 하였다. 이미 서울시는 뉴타운 지역의 원가공개로 일정부분 분양가 인하와 시장투명성의 원칙을 시행하여 부동산시장에 기여하고 있다.

또한 국토해양부에서 책정해 놓은 분양가 상한제 아파트의 기본형 건축비에 대한 거품논란이 끊임없이 일어나고 있다. 서울시가 은평뉴타운지구에서 아파트 분양가로 산정한 건축비보다 높게 책정되어 있기 때문이다. 공공 및 민간부문의 분양가 상한제 정책을 유지하는 가운데 원가공개 등의 관련 정책을 강화해서 꾸준히 분양가를 현실화해 나가야 한다.

- 후분양제 전면 실시에 의한 토지 및 부동산 시장의 건전화

현재와 같은 선분양제는 과거 정부에서 분양가를 규제하는 대신에 건설업자에게 주었던 특혜였다. 분양가 규제와 선분양 제도가 함께 실시되었던 것이다. 그런데 지난 분양가 자율화 이후에도 선분양제도는 계속 존속되었다. 소비자 중심의 후분양보다는 개발업자를 위한 선분양의 특혜가 유지되고 있는 것이다.

정책수립과 사업집행을 총괄하는 국토해양부는 산하기관인 토지공사와 주택공사에게 사유재산인 민유지를 강제수용해서 그 땅을 팔고 선분양할 수 있도록 함으로써 짓지도 않은 아파트를 소비자에게 고분양가로 판매하여 개발이익을 챙길 수 있는 특혜를 공기업들에게 주고 있다.

- 택지개발 촉진법의 특혜조항 개정

국토해양부와 주공, 토공은 공급자 위주의 건설업자만을 위한 주택정책을 추진해 오면서 판매용 택지와 주택만 만들어 냄으로써 집값의 폭등을 조장하였다. 강제수용해서 조성된 공공택지는 민간에게 매각하지 말고 공공주택을 건설해야 하며, 토지수용과 독점사업권의 특혜는 공공주택 확충을 전제로 해서만 허용해야 한다. 공공택지를 제외한 업무 및 상업용지는 최고가 경쟁입찰로 민간건설업자에게 판매하여 공공주택 건설비로 활용하여야 한다.

택지개발촉진법은 '도시지역의 시급한 주택난을 해소하기 위하여 주택건설에 필요한 택지의 취득, 개발, 공급 및 관리 등'을 규정한 것이다. 그동안 토지공사와 주택공사가 택지개발촉진법에 의해 강제수용권과 독점개발사업권의 특혜를 누리면서 수많은 신도시를 개발하고 주택을 건설하였음에도 수익성을 최우선으로 고려해서 모두 팔아버려 국민들은 집값 폭등의 고통에 시달리게 되었다. 따라서 토지수용과 독점개발 사업권을 엄격히 제한하고, 공동주택지는 판매하지 못하도록 택지개발촉진법을 전면개정하고, 공공주택 확충을 위한 법적 근거를 마련해야 한다.

경실련(2004), '화성동탄택지 공급과정에 대한 경실련 성명', www.ccej.or.kr/

경실련(2006ㄱ), '아파트 반값의 진실(2) - 동탄신도시 개발, 부풀려진 땅값만 2,908억 원', www.ccej.or.kr/

경실련(2006ㄴ), '아파트 반값의 진실(3) - 동탄신도시 건설업체, 1조 2,229억 원 폭리', www.ccej.or.kr/

김학송(2005), '불법이 난무하는 신도시택지공급', 『2005년 건교위 국정감사 정책자료집 V』

박관종(2006), '토공, 동탄 택지 개발로 8배 폭리', <인천일보> 2006년 11월 1일

박선옥(2007), '외환위기 10년, 제도변화 총정리', <부동산 뱅크> 2007년 11월 21일

토지공사(2008), '동탄택지 개발사업 현황'

허귀식(2007), '2기 신도시 입지는 7년 전 정해졌다', <중앙일보> 2007년 7월 2일

〈자료〉 외환위기 이후 부동산 대책의 변화

1998~2001년 발표된 부동산대책 일지

발표		대 책	주요내용
1998	5.22	주택경기 활성화대책	- 양도세 감면(조세특례) - 취등록세 한시적 감면
	6.22	주택경기 활성화자금 지원방안	- 신규주택 중도금 대출
	9.25	건설산업 활성화방안	- 중도금 추가지원 - 택지개발시 민간참여 확대
	12.12	건설 및 부동산경기 활성화대책	- 재개발 / 재건축 활성화 - 준농림지역 개발절차 간소화 - 분양가 전면 자율화
1999	3.22	주택건설 확대계획	-
	10.7	주택건설 촉진대책	- 주택건설 자금대출 이자 인하조치
2000	7.1	주택건설 촉진대책	- 주택건설 자금대출 이자 인하조치 연장
	8.3	건설산업 활성화대책	- 재개발 조합원에 전세금 지원 및 건설자금대출 금리 인하 - 취등록세 감면 - 2001년 말까지 비수도권 지역 신축주택구입시 양도세 면제
	11.1	건설투자 적정화대책	- 지방 거점도시의 신시가지 개발 및 주택공급 확대 - 지방 건설업체의 수주물량 확보방안 강구
	11.11	지방건설 활성화방안	- 화성 동탄, 김포 양촌, 성남 판교 건설 계획 - 재개발 주거환경개선사업 활성화
2001	1.4	지방건설업 및 주택건설 활성화대책	- 6개 지방 신시가지 개발 계획
	5.23	건설산업 구조조정 및 투자적정화방안	- 생애최초내집마련대출 지원 - 취등록세 50% 감면 - 2001년 말까지 구입한 신축주택 양도세 면제

출처: 박선욱(2007)

발표		대 책	주요내용
2002	1.8	주택시장 안정대책	- 강남권 세무조사
	3.6	주택시장 안정대책	- 분양권 전매제한(중도금2회이상, 1년이상) - 청약제도 개선(전용85m² 50% 무주택자 청약)
	8.9	주택시장 안정대책	- 재건축 아파트에 대한 자금출처 조사 - 아파트 기준시가 조정 - 재건축 안전진단 강화
	9.4	주택시장 안정대책	- 세제 강화 　* 서울, 신도시, 관천 '2년 보유' 양도세 비 　　과세 　* 1세대3주택 이상 양도세 실가관세 - 투기과열지구 내 청약요건 강화 　* 5년간 재당첨금지, 세대주 아닌자 2주택 이 　　상 보유자 1순위 자격 박탈 - 재건축요건 강화 - 신도시건설(판교 중대형 늘려 고급수요흡수) - 투기과열지구 내 주택담보대출 LTV 60% 이 　내로 하향
	10.11	부동산시장 안정대책	- 부동산투기 혐의자 국세청 통보 및 세무조사 - 투기지역 내 양도세 실가관세, 탄력세율 적용
2003	1.8	부동산가격 안정대책	- 충청지역 토지거래 동향 감시구역 지정
	4.18	주택시장 안정대책	- 강남 재건축단지, 수도권 남부지역 및 충청권 　집값 동향 점검 착수 - 안전진단 엄격히 운영토록 행정지도
	5.23	주택가격 안정종합대책	- 투기과열지구 내 주상복합 분양권 전매 금지 - 재건축 아파트 일반분양분 후분양 - 재건축 안전진단 강화
	9.5	재건축아파트가격 안정대책	- 재건축아파트 소형평형 의무비율 강화 - 재건축 조합원 지위 양도금지
	10.29	주택시장 종합대책	- 부동산세제 개편 　* 종합부동산세 시행 　* 1세대 다주택자 보유자에 대한 양도세 강화 - 강북뉴타운, 고속철도 역세권 개발 - 신행정수도 거설, 수도권 공공기관 지방 이전 - 투기지역 내 주택담보대출 LTV 40%로 하향 - 20가구 이상 주상복합 분양권 전매 금지
2004	7.1	건설경기 연착륙 방안	- SOC 등 건설투자 확대 - 주택건설지원 강화

발표		대책	주요내용
2005	2.17	수도권집값 안정대책	− 판교 중대형 일괄분양 및 채권입찰제 시행 − 양주 옥정, 남양주 별내, 고양 삼송지구 개발
	8.31	부동산 종합대책	− 송파신도시 및 수도권 5,000여m² 택지 개발 − 생애최초주택 구입자금대출 부활 − 종부세 부과대상 인별→가구별 합산 − 1세대 2주택자 양도세 50% 중과(2007년 이후) − 주택담보대출 DTI 개념 도입
2006	3.30	부동산대책	− 재건축 개발이익환수제 도입 − 투기지역 내 고가주택 주택담보대출 DTI 적용 − 기존 도심 광역적 재정비
	11.15	부동산대책	− 2기신도시 용적률 높여 공급물량 확대 − 분양가상한제 은평뉴타운, 경제자유구역으로 확대 적용
2007	1.11	부동산대책	− 분양가상한제 전국 확대(민간 포함) − 전매제한기간 조정 − 청약가점제 9월로 앞당겨 실시
	1.31	부동산대책	− 임대주택공급 확대 − 임대주택펀드 조성

출처: 박선옥(2007)

제5장 파주 산업단지개발의 문제점

－ 파주출판문화정보산업단지 개발사례 －

정 원(변호사)

제1절 들어가며
제2절 파주출판문화정보산업단지의 현황
제3절 파주출판문화정보산업단지 추진 과정에서
       드러난 몇 가지 문제들에 대한 검토
제4절 결론

제1절 들어가며

"가장 성공한 비정부기구(NGO)의 작품"(김윤기 전 건설교통부
장관), "파주출판도시는 삶을 풍부하게 할 '공동성의 실현'을 추
구"(한국예술종합학교 미술원 민현식 교수), "세계지식산업 사상
유례가 없는 책문화의 집산지, 2000년대 건축미학의 전시장, 생태
환경을 고려한 도시건설……"(문화일보 2006. 2. 25). 파주출판도
시에 쏟아지는 이러한 찬사를 접어두더라도 이 도시가 성공적인
도시개발의 사례이자, 「산업입지 및 개발에 관한 법률」(이하 '산업
입지법')과 「산업집적활성화 및 공장설립에 관한 법률」(이하 '산업
집적법')이 목표로 삼는 클러스터(cluster)[1]에 가장 근접한 도시임
을 부정할 사람은 찾기 어렵다.

그러나 파주출판도시의 성공을 사업시행자인 한국토지공사(이하
'토지공사') 덕분이라고 말하기는 어렵다. 출판도시는 1980년대 북
한산과 도봉산을 오르며 현대적인 출판유통문화센터 건설을 꿈꾼
이기웅 열화당 대표를 위시한 8명의 출판인들의 꿈과 이 꿈을 현

---

1) 클러스터란 경쟁성 및 협력성을 가진 기업들, 서비스 제공자, 전후방
산업에 종사하는 기업, 관련 제도들이 지리적으로 집중하고 있는 공
간을 의미한다{Porter, M. E.(1998), On Competition, Harvard Busi-
ness School Press, 이종열 외, 한국의 혁신클러스터 발전방안: 산업단
지 클러스터 성공요인의 우선순위 분석을 중심으로, 정책분석평가학회
보(제15권 2호), 165 - 166에서 재인용}.

실로 바꾸기 위한 출판인들의 18년에 걸친 노력의 산물이라고 보는 것이 정당한 평가이다.[2]

그렇다면 토지공사는 출판도시건설 과정에서 어떠한 역할을 했는가. 토지공사는 사업시행자로서 현행 법률을 준수하며 사업을 수행한 것으로 평가할 수 있다. 물론 법률이 허용한 합리적인 재량의 범위를 적절하게 행사하였는지 의문을 가질 수 있는 몇 가지 점들은 분명 존재한다. 하지만 토지공사가 다른 지역에서 수행한 산업단지개발사업의 사례에 비추어 보거나, 우리나라 행정기관 내지 공공기관이 실제 행사하고 있는 재량의 범위가 협소한 점을 고려할 때 토지공사가 파주출판도시 개발사업 과정에서 두드러진 잘못을 저질렀다고 보기는 어렵다. 조성원가 산출내역 비공개 정도가 「공공기관의 정보공개에 관한 법률」(이하 '정보공개법') 위반 사례에 해당하여 명시적인 위법 사례로 꼽을 수 있는 정도이다.[3]

하지만 파주출판도시는 현행법을 기계적으로 준수한 것만으로는 결코 탄생할 수 없었다. 토지공사가 특별히 사업수행을 방해하지는 않았지만 그렇다고 현재의 모습으로 출판도시가 건설되는 데 큰 도움을 주지 못했다는 것, 좀 더 객관적으로 평가하면 토지공사만이 주체가 되어 파주출판도시를 건설했다면 현재와 같이 생태적, 미학적 완성도를 갖추고 산업별 시너지를 극대화할 수 있는 방식의 도시는 존재하기 힘들었다는 것이 우리가 주목해야 할 현실이다. 작게는 파

---

2) 비와 바람의 도시일기, 출판도시문화재단, 17 – 18쪽
3) 파주출판문화정보산업단지 사업협동조합(이하 '출판단지협동조합')은 토지공사를 상대로 조성원가 산출내역 비공개처분의 취소를 구하는 소를 제기하여 1심에서 승소하였고(서울행정법원 2005. 11. 3. 선고 2005구합12398 판결), 위 판결은 서울고등법원에서 토지공사의 항소가 기각되고(서울고등법원 2006. 10. 12. 선고 2005누27521 판결), 토지공사가 2007년 3월 9일 상고를 취하함으로써 확정되었다.

주출판도시의 가로등만 해도 그렇다. 파주출판도시의 가로등은 우리가 거리에서 볼 수 있는 일반적인 형태가 아니라 도시 전체의 미관과 조화를 이루고 있는 디자인이다. 토지공사가 애초에 이러한 가로등 설치를 계획하였을 리 없다. 파주출판도시 측의 계속된 설득과 계획변경 요구로 가까스로 현재의 가로등이 설치될 수 있었던 것이다.[4]

이러한 점은 현행법에 따라 토지공사가 주도하여 추진하는 산업단지개발이 분명한 한계를 갖고 있다는 점을 시사한다. 특히 우리 사회의 산업발전단계에 비추어 볼 때 과거와 같은 대규모 산업단지개발은 정책리스트에서 더 이상 높은 순위에 위치할 수 없다는 점을 고려할 때 파주출판도시처럼 상대적으로 작은 규모이면서도 클러스터로서의 기능을 충실히 구비한 도시건설을 위해서는 과거와 같은 개발방식은 더 이상 유효하지 않다는 점을 알 수 있다.

우리가 특히 주목할 부분은 파주출판도시 건설을 가능하도록 한 이른바 '위대한 계약서'를[5] 우리의 도시계획, 건설, 개발 법제에 어떻게 반영할 수 있을 것인가이다. 과거에도 그러했지만 이명박 정부가 들어서면서 '탈규제'를 국정개혁의 우선순위에 놓고 이를 추진하는 움직임이 강화되고 있다.[6] 하지만 우리사회에 널리 퍼져

---

4) 이러한 예는 파주출판도시에서 수없이 찾아볼 수 있다. 파주출판도시에 설치된 아름다운 다리들, 자연스러운 하천의 흐름과 하천변의 제방은 일반적인 산업단지와 같이 획일적인 개발을 하려고 했던 토지공사와 출판도시의 특성을 살리기 위해 도시미관적 측면과 생태적 측면을 강조한 출판도시협동조합 측의 팽팽한 줄다리기의 산물이다.
5) 위대한 계약서는 파주출판도시의 모든 건축행위의 기본이 되는 계약서로서 입주기업들은 위대한 계약서에 기초하여 작성된 건축지침을 준수해야만 한다(이기웅, 출판도시를 향한 책의 여정, 눈빛, 119-122쪽).
6) 이명박 정부는 5대 국정지표 중 두 번째로 '활기찬 시장경제'를 설정하고 있는데, 그 내용에 "과감한 규제개혁"이 포함되어 있다. 이명박 대통령은 당선자 시절부터 '목포 대불공단 전봇대' 문제를 제기하는 등 정부의 탈

있는 '규제는 악(惡)이고, 탈규제는 선(善)'이라는 등식은 적어도 도시계획, 부동산개발, 건축에는 반드시 들어맞는 것이 아니다. 필요한 규제는 신설, 강화하고, 불필요한 규제를 없애는 방향에 관해 법령 소관 부서인 국토해양부를 포함해 다양한 전문가들이 참여하여 논의할 필요가 있다.

본 검토에서는 파주출판도시 건설과정에서 드러난 문제 중 조성원가 산출내역의 공개 문제, 개별입주기업들에 대한 건축행위 규제의 필요성 문제 등을 주로 살펴본다. 이를 통해 토지공사가 주도하는 산업단지개발의 현실적 한계성과 바람직한 산업단지 개발의 방향을 모색하고자 한다.

제2절 파주출판문화정보산업단지의 현황

1. 사업개요

○ 위치: 경기도 파주시 교하읍 문발리, 산남리, 서패리, 신촌리 일원
○ 면적: 1,560,000㎡(47만 2천 평)[1단계: 26만 4천 평, 2단계: 20만 8천 평]
○ 사업기간: 1997년 3월~2011년 12월[1단계: 1997. 3.~2003. 12., 2단계: 2004. 1.~2011. 12.]
○ 주요유치업종: 출판업, 상업인쇄 및 인쇄관련 서비스업, 소프트웨어 산업(소프트웨어자문 개발 및 공급업), 영상산업(영화·방송 및 기타 공연관련 산업), 출판유통업

규제 정책에 대통령이 직접 나서겠다는 모습을 보여주고 있다.

2. 추진경위 및 향후 일정7)

○ 1988. 이기웅 열화당 대표를 포함한 8명의 출판인들이 출판유통의 합리화를 위한 공간을 건설하자는 논의를 구체적으로 시작

○ 1989. 9. 5. 한국출판문화정보산업단지 건설추진위원회발기인대회 개최

○ 1991. 1. 8. 출판문화산업단지 사업협동조합 결성(조합설립인가)

○ 1993. 일산신도시에서 추진 중이던 출판문화산업단지 개발사업은 고가의 토지분양책정으로 포기8)

○ 1994. 7.: 파주출판문화산업단지 조성계획발표(문화체육부)

○ 1996. 6.: 국가산업단지 지정 승인신청

○ 1997. 3.: 국가산업단지 지정 및 개발계획승인(건설교통부)

○ 1997. 12: 1단계 실시계획 승인(서울지방국토관리청)

○ 1998. 11.: 1단계 조성공사 착공

○ 1999. 6. 30. 1998년 시범지구 산업용지, 문화시설용지 등에

---

7) 추진경위 및 향후 일정에 관하여는 '비와 바람의 도시일기' 및 파주출판도시 홈페이지(http//:www.pajubookcity.org/Bookcity/sub01_1.php) 참조.

8) 토지공사의 전신인 한국토지개발공사는 1992년 8월 28일 일산신도시의 출판물종합유통센터 부지를 평당 347만 원으로 결정하여 경쟁입찰방식으로 매각한다는 내용을 공고하였다. 유통센터 부지를 판매시설, 운수시설, 창고시설이 복합된 영리성 시설로 보아 토지공급단가를 산정하였기 때문이다. 그러나 이는 문화부가 유통산업근대화 추진위원회에 제시한 평당 가격 125만 원과 출판유통센터와 유사하다고 볼 수 있는 평촌 농수산물센터의 평당 가격 121만 원과 비교할 때 지나치게 높은 감정가격이었고, 이 때문에 일산에 출판도시를 조성하려는 계획은 수포로 돌아갔다(비와 바람의 도시일지, 66~67쪽). 일산의 경우 신도시 개발로 인한 시가 상승분이 감정가격에 일부 반영되었기 때문에 이처럼 높은 토지공급단가가 설정된 것이었다.

대한 매입계약체결

○ 1999. 9. 9. 파주출판도시 인포룸 개관

○ 2000. 1. 25. 출판도시 건축을 위한 설계지침 완성

○ 2000. 4. 26. 출판도시의 모든 건축물에 대한 건축방향을 제시한 합의서인 '위대한 계약서' 체결

○ 2003. 12. 1단계 사업준공

○ 2003. 12. 12. 출판도시문화재단 설립

○ 2005. 3. 개발계획변경승인

○ 2006. 입주기업협의회 창립

○ 2008. 1. 개발계획변경승인

○ 2008. 12. 2단계실시계획 승인 예정

○ 2011. 12. 2단계 사업준공 예정

제3절 파주출판문화정보산업단지 추진 과정에서 드러난 몇 가지 문제들에 대한 검토

1. 조성원가 산출내역의 공개에 대하여

1) 조성원가 산출내역 공개의 당위성

최근 대한주택공사(이하 '주택공사')는 고양시 풍동지구 아파트의 분양원가를 공개했다. 이미 2007년 대법원에서 해당 아파트의 분양원가를 공개하라는 판결을 내렸지만 기준을 마련하겠다고 하면서 공개를 미루어 오다가 수분양자들이 판결에 대한 간접강제[9]

신청을 하자 어쩔 수 없이 원가를 공개한 것이다.

주택공사가 공개한 내용에 따르면, 주택공사는 고양 풍동지구 2, 3블록에서 분양원가가 1,946억 원임에도 2,594억 원에 분양해 648억 원의 수익을 올렸다. 원가대비 33%의 수익을 올린 것이다. 이처럼 거액의 이익을 취득한 사실이 드러나는 것 때문에 주택공사가 그동안 원가공개를 미루어 왔음을 충분히 짐작하게 하는 대목이다. 이러한 사정은 토지공사 역시 크게 다르지 않을 것이라는 것이 일반적인 평가이다.

특히 토지공사나 주택공사 모두 수익성이 좋은 사업을 통해 큰 이익을 얻고 있는 반면 일부 사업에서는 상당한 손실을 입고 있는데, 분양원가 등 사업수익을 평가할 수 있는 수치가 사업별로 공개되지 않음으로써 해당 기관들의 업무가 효율적으로 이루어지고 있는지, 기관의 설립목적에 부합하지 않는 사업까지 무리하게 사업영역을 확장한 것이 아닌지를 외부에서 평가하기 힘들다는 점이 문제이다. 이러한 점을 보더라도 토지공사나 주택공사가 공급하는 토지나 건물의 공급가격은 그 산정근거가 명확히 밝혀져야 한다.

이는 토지공사 등에게 토지수용권이라고 하는 막강한 권한이 부여되어 있다는 점을 보더라도 그러하다.

산업단지개발실시계획의 고시가 있은 때에는 「공익사업을 위한 토지 등의 취득 및 보상에 관한 법률」(이하 '공익사업법')에 의한 '사업인정'이 있는 것으로 보아(산업입지법 제19조제2항), 사업시행자는 사업시행에 필요한 토지 등을 수용 또는 사용할 수 있다(산업입지법 제19조제1항).

---

9) 간접강제(間接强制)는 채무자가 직접 채무를 이행하는 것 외에는 강제집행의 목적을 실현할 수 없는 경우에 채무자의 이행을 강제하기 위하여 불이행시 일정한 손해배상을 명하도록 하는 제도이다.

이처럼 산업단지개발사업의 시행자는 공공필요에 의하여 국민의 재산권을 수용할 수 있는 권한을 부여받으므로(헌법 제23조제3항), 자신의 수용권 행사가 적절하였고 공공의 필요에 이바지하였음을 사후적으로 검증받기 위해서라도 수용권 행사를 통해 조성한 토지의 원가를 공개하는 것은 수용권을 정당화하기 위한 최소한의 요건이다.

대법원은 대한주택공사의 분양원가 공개에 관한 판결에서 "국민의 알권리를 보장하고 국정에 대한 국민의 참여와 국정운영의 투명성을 확보한다는 정보공개법의 입법목적과 취지에 비추어 보면, 공공기관은 자신이 보유하는 정보를 공개하는 것이 원칙이고, 정보공개의 예외로서 비공개사유에 해당하는지 여부는 이를 엄격하게 해석할 필요가 있"고, "피고[주택공사]는 주택을 건설·공급 및 관리하고 불량주택을 개량하여 국민생활의 안정과 공공복리의 증진에 이바지하게 함을 목적으로 대한주택공사법에 의하여 설립된 법인으로서 그와 같은 목적의 수행을 위하여 일반 사기업과는 다른 특수한 지위와 권한을 가지고 있"는 점을 고려할 때 "위 정보를 공개함으로 인하여 피고의 정당한 이익을 현저히 해할 우려가 있다고 볼 수 없다"고 판시하였다(대법원 2007. 6. 1. 선고 2006두20587 판결).

위 판결의 판시내용은 토지공사에도 그대로 적용될 수 있다고 할 것이다.

한편 출판도시협동조합이 토지공사를 상대로 조성원가 산출내역 공개를 구한 사건에서 법원은 토지공사에게 산출내역 공개를 명하는 판결을 선고하였다(서울행정법원 2005. 11. 3. 선고 2005구합12398 판결, 서울고등법원 2006. 10. 12. 선고 2005누27521 판결).

위 사건에서 법원은 "한국토지공사법, '공익사업을위한토지등의취득및보상에관한법률' 등 관계 법령을 살펴보면, 피고[토지공사]는 토지의 취득·관리·개발 및 공급업무를 수행함에 있어서 사경제주체로서 매매, 협의취득 등 사법상 계약에 의할 수 있고, 공익사업의 경우에는 수용·사용 등 공권력의 행사에 의하여 토지를 취득할 수 있으며, 건설교통부장관이 승인한 공급기준에 따라 토지의 공급가격을 정할 수 있도록 되어 있고, 피고 법인의 이익은 대부분 토지의 공급가액에서 그 취득가액과 사업비용을 공제한 것인데, 토지의 취득가액은 시장가격과 '정당한 보상'의 원칙에 의하여 결정되어야 할 것이고, 사업비용은 대체적으로 건설시장과 노동시장에서의 가격구조에 의하여 결정된다고 보는 것이 합리적이며, 개발사업을 통하여 피고 법인이 얻는 이익은 주로 개발대상토지의 형질변경, 지목변경, 토지의 분할 또는 합병등과 같이 자연환경이나 사회·경제적 환경을 변화시킴으로써 발생하는 것이므로 이는 궁극적으로 국민 전체에 귀속되어야 할 성질의 것이라고 보아야 할 것"이며, "결국 피고가 조성원가 산출내역을 비공개함으로써 업무추진상 편의를 거두는 이익과 다른 한편 이에 관한 정보를 공개함으로써 조성원가 산출과정의 투명성을 확보하고 나아가 정부투자기관이 내부적으로 빠질 수 있는 행정편의주의와 형식주의 및 권한남용으로 인한 폐해를 방지하는 효과를 거둘 수 있는 이익 등을 비교형량하여 보면, 이 사건 정보공개로 인하여 피고 법인의 정당한 이익을 현저히 해할 우려가 있다고 볼 수는 없다"고 판시하였다(서울행정법원 2005. 11. 3. 선고 2005구합12398 판결).

토지공사가 개발사업을 통해 얻는 이익은 개발대상토지의 형질변경, 지목변경, 토지 분할, 합병 등과 같은 자연환경 내지 사회, 경제적 환경을 변화시킴으로써 발생하는 이익이므로 궁극적으로 국민 전체에게 귀속되어야 할 성질의 것임을 밝히고, 이를 공개함으로써 행정편의주의와 권한남용으로 인한 폐해를 방지할 수 있다는 점을 밝힌 점에서 위 판결은 큰 의의가 있다.

문제는 위와 같은 판결에 의하여 조성원가 산출내역을 공개하더라도 그 정확한 근거를 알기에는 부족한 정보가 제공될 수밖에 없는 점이다. 실제 주택공사는 2002년 무렵부터 분양원가를 공개하라는 판결을 받았음에도 그동안 합리적인 공개기준을 마련하겠다고 하면서 공개를 계속 미루어 왔다. 분양원가 공개로 생길 수 있는 주택공사에 대한 부정적 영향을 최소화할 수 있는 방향으로 기준을 마련하려 했기에 공개가 늦어진 것이라고 생각할 수밖에 없다. 수분양자 및 국민의 알권리 충족, 나아가 공공기관의 사업이 설립목적에 맞게 진행되었는가라는 공익적 요구들을 충족하기 위해 기준 마련이 늦어졌다고 보기는 힘들다.

이하 현행 조성원가 산정에 관한 규정 등을 살펴보고, 이에 필요한 개선방안을 검토하기로 한다.

2) 현행 산업입지법상 조성원가 산정 등에 관한 문제점

(1) 산업입지법상 조성원가에 관한 규정 내용

사업시행자가 개발된 토지 또는 시설 등을 산업입지법 제38조제1항에 따라 산업시설용지로 분양하는 경우 그 분양가격은 조성원가로 하도록 되어 있다(산업입지법 시행령 제40조제1항).[10][11]

---

10) 산업단지개발사업의 시행자가 민간사업자일 경우(산업단지법 제16조 제1항 제3호 내지 제6호) 조성원가에 적정이윤을 합한 금액으로 분양가격을 정할 수 있다.

11) 사업시설용지는 조성원가(산업입지법 시행령 제40조 제1항), 지원시설용지는 감정가격(산업입지법 시행령 제40조 제6항), 상업시설용지는 낙찰가격(산업입지법 시행령 제40조 제6항 제3호)으로 분양하도록 되어 있다.

조성원가는 용지비, 조성비, 직접인건비, 이주대책비, 판매비, 일반관리비, 자본비용 및 기타 비용을 합산한 금액으로 한다(산업입지법 시행령 제40조제7항). 위와 같은 비용을 산정하는 기준은 다음과 같다.

[표 1 조성원가 항목 및 내용], 산업단지 조성원가의 법률 근거:
「산업입지 및 개발에 관한 법률」시행령 제40조제7항, [별표 1]

조성원가항목	내 역
용지비	용지매입비·지장물 등 보상비·조사비·등기비 및 그 부대비용
용지부담금	토지 등의 취득과 관련하여 부담하는 각종 부담금
조성비	해당 산업단지 조성에 소요된 직접비로서 조성공사비·설계비 및 그 부대비용
기반시설설치비	해당 산업단지 조성에 필요한 기반시설 설치비용(다른 법령이나 인·허가조건에 따라 국가 또는 지방자치단체에 납부하는 부담금 및 공공시설설치비 등을 포함한다.
직접인건비	해당 사업을 직접 수행하거나 지원하는 직원의 인건비 및 복리후생비
이주대책비	이주대책의 시행에 따른 비용 및 손실액
판매비	광고선전비 그 밖에 판매에 소요된 비용
일반관리비	인건비, 임차료, 연구개발비, 훈련비, 그 밖에 일반관리에 소요된 비용(직접인건비에 포함된 금액은 제외하되, 일반관리비율은 「국가를당사자로하는계약에관한법률」시행령 제9조에 따른 공사에 관한 비율을 초과할 수 없음)
자본비용	산업단지개발사업의 시행을 위하여 필요한 사업비의 조달에 소요되는 비용으로서 최초 실시계획에서 정하여진 사업기간(정부지원계획의 차질 기타 건설교통부령으로 정하는 불가피한 사유로 실시계획기간을 연장한 경우 동 기간을 포함한다)까지의 비용
그 밖의 비용	「산업재해보상보험법」에 따른 보험료 및 천재지변으로 인하여 발생하는 피해액 등 산업단지개발사업과 관련하여 발생하는 비용으로서 위의 항목에 포함되지 아니하는 비용

(2) 조성원가 산출내역에 관한 개선방안

그러나 위와 같은 조성원가 내역만으로는 당해 사업에 투입된 비용이 얼마인지를 항목별로 제대로 알기 어렵다는 문제점이 있다. 더욱이 산업입지법의 경우 조성원가 공개가 의무화되어 있지도 않다. 이러한 관점에서 현재 산업단지개발과 관련한 조성원가 제도는 다음과 같이 개선되어야 할 것이다.

첫째, 조성원가 산출내역의 공개를 의무화해야 한다. 「택지개발촉진법」의 경우 2006년 3월 24일 개정되면서 제18조의2를[12] 신설하여 택지조성원가를 공개하도록 정하였다.[13] 산업입지의 경우도 택지개발촉진법과 마찬가지로 조성원가의 내역을 공개하는 방향의 입법이 이루어져야 한다. 택지와 산업입지 모두 헌법상 보장된 재산권을 침해하는 방식인 토지수용을 통해 조성된다. 또 토지공사의 경우 대체로 택지개발사업에서는 엄청난 규모의 수익을 얻는데 비해, 산업단지개발에서는 그렇지 못한 경우들이 많다. 산업단지 조성원가에 대한 정확한 공개를 통해 토지공사가 주도하는 산업단지개발의 성과를 정확히 평가해야 할 것이다.

둘째, 조성원가 산출내역이 보다 구체적으로 규정되어야 한다.

---

12) 택지개발촉진법 제18조의2[택지조성원가의 공개] ① 제18조의 규정에 따라 택지를 공급하고자 하는 자는 건설교통부령이 정하는 기준에 따라 택지조성원가를 공시하여야 한다. 이 경우 택지조성원가는 다음 각 호의 항목으로 구성된다.
1. 용지비, 2. 조성비, 3. 직접인건비, 4. 이주대책비, 5. 판매비, 6. 일반관리비, 7. 그 밖에 건설교통부령이 정하는 비용
② 생략
13) 구체적인 산정기준은 택지개발촉진법 시행규칙 제11조 및 [별표] 택지조성원가산정표에 규정되어 있다. 택지조성원가산정표의 내용은 산업입지법 시행령 별표에 규정된 산업입지조성원가 산정기준과 거의 동일하다.

현행 조성원가 산출에 관한 기준(산업입지법 시행령 별표 1)은 택지개발촉진법상 택지조성원가 산출기준과 사실상 동일하다. 두 법률 모두 조성원가의 산출기준을 현재보다 더 구체적으로 정해야 한다.

이에 관하여는 국가청렴위원회가 2007년 12월 6일 택지조성원가 산정의 문제점에 관하여 제시한 지적이 그대로 적용될 수 있을 것이다. 즉 해당 사업지구와 직접 관계없는 비용의 원가반영을 금지하고, 민간이 참여하는 원가심의위원회를 설치하여 조성원가 산출과정의 적정성·타당성에 대한 심사를 강화하며, 조성원가 세부항목과 산출근거를 공공기관 홈페이지에 공개하는 것이 바람직하다고 할 것이다.[14]

현재의 조성원가 공개방식은 용지비, 용지부담금 등 법규에서 정한 10개 원가항목에 대하여 이루어지고 있는데, 각 항목을 구성하는 세부항목, 즉 용지비의 경우 (i) 용지매입비, (ii) 지장물 등 보상비, (iii) 조사비, (iv) 등기비, (v) 부대비용별로 나누어 공개해야 할 것이다.

또한 위 항목별 비용에 대한 산출내역과 근거도 세부적으로 밝혀야 한다.

아울러 판매비, 일반관리비, 자본비용, 기타비용 등의 경우 구체적인 예시를 통하여 포함시킬 수 있는 비용과 그렇지 않은 비용을 명시해야 한다.

셋째, 원가 산정의 변경 내역을 의무화하는 방향으로 입법이 이루어져야 한다. 택지개발사업 등은 실시계획이 여러 차례 변경되

---

14) 공공택지 원가산정의 공정성·투명성 제고방안, 국가청렴위원회 공개토론회('07. 12. 6.) 발제자료, 25쪽 이하 참조.

는 과정에서 원가를 반복적으로 산정하는 일이 많다. 이때 변경 내역 전체가 공개되어야만 원가 산정의 적정성을 제대로 평가할 수 있을 것이다.[15)]

토지공사와 주택공사의 분양원가 공개는 현재 민간건설사업자에게도 적용되는 분양가상한제의 충실화에도 상당 부분 기여할 수 있다. 분양가 억제를 통해 주택가격 안정을 도모하기 위한 목적에서 마련된 분양가상한제에 대해 건설사들은 다양한 비판을 제기하고 있다. 특히 기본형건축비가 비현실적이라는 비판이 다수를 차지한다.[16)] 토지공사와 주택공사의 철저한 분양원가 공개는 적정한 건축비 산정 기준을 마련하는 데 필요한 객관적 데이터를 마련하는 일에도 크게 기여할 것이다.

2. 분양 과정상 문제에 대하여

1) 산업용지 분양절차

사업시행자는 산업단지관리기본계획이 작성된 지역안의 토지·시설 등을 분양하는 경우 처분계획을 작성하여 산업집적법 제30조에 따른 관리기관과 협의하여 공급세부방침을 정하여 분양공고를 하게 된다. 분양공고 후 분양을 원하는 자들이 입주계약을 신청하면 입주자격 심사기준에 따라 심사를 하여 입주심사를 통과한 업체에게 입주계약확인서를 발급한다. 이후 입주희망업체는 관리기관의 확인서를 첨부하여 시행자에게 토지분양계약을 신청하며, 입주계

---

15) 위 자료, 20쪽.
16) 서울신문, 2007년 2월 8일자 4면, "[1·11대책 뒤집어보기](중) 천안 式 통제의 명암" 등.

약적격업체가 동일필지에서 동일순위로 경합하는 경우 추첨을 실시해 입주계약과 토지분양계약을 체결한다.

공공사업을 통해 조성한 토지이므로, 분양절차에 따라 일반에게 공급받을 수 있는 기회를 부여하되, 산업단지의 특성을 고려해 산업단지관리기본계획상 입주대상업종, 입주기업체의 자격요건, 입주 우선순위, 기타 입주계약절차 등을 정할 수 있도록 한 것이다(산업집적법 제33조제1항, 제5항, 같은 법 시행령 제42조).

파주출판도시의 관리기본계획(산업자원부 고시 제2007 – 36호, 2007. 3. 6.)에 따르면 2단계 사업의 입주자격요건은 다음과 같다.[17]

(1) 산업시설 구역

1) 산업집적법시행령제6조의 규정에 의거 산업단지 입주자격을 갖춘 업체로서 동법 시행령 제27조에서 정한 공장

2) 중소기업진흥및제품구매촉진에관한법률에 의거 중소기업진흥공단으로부터 중소기업협동화 사업 실천계획 승인을 받아 협동화 사업을 추진하고자 하는 자[18]

3) 영화·방송·공연관련산업 및 소프트웨어 자문·개발 등의 사업을 영위하고자 하는 자

4) 출판, 인쇄, 기록매체 복제업 및 출판관련 종이제품 사업을

---

17) 입주 우선순위는 산업시설구역의 경우 "1) 수도권지역에서 이전하는 기업체, 2) 산업단지 입지여건에 적합한 미래 유망업종, 3) 지역 내 전후방사업 관련 효과가 큰 업종, 4) 고용창출 효과가 크고 공해가 적은 업종"으로 지원시설구역의 경우 "1) 공공지원시설 및 복지사업을 영위하고자 하는 자, 2) 산업단지 내 입주기업 및 종업원 후생복지에 대한 기여도가 높은 업체, 3) 최근 회계연도 재무제표상 자기자본비율이 높은 업체"로 정해져 있다.
18) 출판단지협동조합이 바로 협동화사업을 추진하는 주체에 해당한다.

영위하고자 하는 자

5) 출판관련 물류시설을 영위하고자 하는 자(지정용도에 한함)

6) 폐기물 처리를 위한 사업을 영위하고자 하는 자(지정용도에 한함)

(2) 지원시설구역

1) 산업집적법 제2조제12호 규정의 지원기관으로서 동법 시행령 제6조의 규정에 의한 입주자격을 갖춘 자

2) 관리기관이 입주기업체의 지원을 위하여 건축한 건축물에 입주하는 자

3) 문화관광부장관이 필요하다고 지정하는 사업을 영위하고자 하는 자

2) 파주출판도시를 통해 본 분양절차의 개선 필요성

그러나 이러한 원칙적인 규정을 통해서는 산업집적법이 목표로 하는 클러스터를 형성하는 데 일정한 한계를 가질 수밖에 없다.

기본적으로 당해 산업단지의 특성을 충분히 고려하여 클러스터를 형성할 수 있는 입주자들을 선별하는 것이 쉽지 않기 때문이다. 특히 파주출판문화정보산업단지의 경우 '문화산업'이 갖는 특성상 도시 자체가 하나의 문화적 자본으로 기능해야 하는데, 생태·문화 도시라는 어젠다에 동의하지 않는 입주자가 필지를 분양받을 경우 위 가치는 상당 정도 훼손될 수밖에 없다. 산업단지 개발의 일반적인 진행 방식인 '개발 후 분양 방식'으로는 특정 업종을 효과적으로 산업단지에 입주시키기 어려운 것이 현실이다.[19]

이러한 점 때문에 파주출판도시의 1단계 사업 추진에서는 출판단지협동조합이 일괄하여 산업단지를 매수한 후, 개별입주자들에게 매수인 지위를 양도하는 방식으로 사업이 이루어졌다. 이러한 분양계약체결이 가능하도록 명시적인 규정을 두는 방향을 검토할 필요가 있다.

원래 산업단지에 대한 분양계약은 법률상 토지공사가 사경제주체(私經濟主體)로서 체결하는 계약이기 때문에 원칙적으로 사적 자치의 원칙이 적용된다(대법원 1982. 12. 28. 선고 82누441 판결 등). 하지만 사적 자치 원칙이 적용되더라도 공기업으로서 갖는 공적인 성격을 고려할 때 계약의 내용, 계약당사자의 선정에 있어서 무제한의 자유가 허용될 수는 없다. 따라서 특정인 내지 특정사업자들의 협의체 등과 수의계약 방식으로 계약을 허용할 수 있는 명시적인 규정을 마련하는 것을 적극적으로 검토해야 할 것이다. 현재 국가가 당사자로서 체결하는 계약에 대하여 일반법적인 기능을 하는 「국가를 당사자로 하는 계약에 관한 법률」(이하 '국가계약법')에 의하면 원칙적으로 계약은 일반 경쟁입찰로 체결하도록 정해져 있고(국가계약법 제7조 본문), 예외적으로 수의계약에 의할 수 있는 경우들이 규정되어 있다. 산업단지 용지계약의 경우 예외

---

19) 이는 기업마다 입지에 대한 가치를 다르게 추정하기 때문이다. 아울러 산업단지가 조성되었더라도 일부 기업이 조업을 중단한 경우 같은 업종의 기업을 다시 유치한다는 것도 현실적으로 어려운 측면이 많다(최진석, 토지이용권에 기초한 산업단지정책 전환의 필요성과 성과예측, 산업단지정책의 토지이용 및 소유의 공익성 회복, 한국환경정책평가연구원, 62쪽). 이러한 면을 고려할 때 파주출판도시의 경우처럼 조성 전부터 입주기업을 모집하는 방식을 적극적으로 고려할 필요가 있으며, 이를 제도적으로 보장해야 하는 방안을 도입할 필요성이 크다. 물론 이는 특정 기업에 대한 특혜가 되지 않도록 제도적 안전장치를 마련하는 것이 전제되어야 할 것이다.

사항에 명시적으로 규정되어 있지 않은데, 이를 예외적으로 허용하는 방향의 입법이 검토되어야 한다.

물론 이러한 입법은 특혜시비를 가져올 소지가 있다. 하지만 이와 같은 수의계약체결을 산업단지의 클러스터화 및 지속 가능한 개발을 가능하게 할 수 있는 경우에 한정하여 요건을 세부적으로 정하고, 관리권자인 산업자원부장관[20] 등의 승인을 얻도록 한다면 수의계약체결에 따른 부작용을 줄일 수 있을 것이다.

또한 현행 제도하에서는 산업단지관리기본계획상에 입주자격을 보다 구체화하여 정함으로써 산업단지의 목적에 부합하는 입주기업들이 우선적으로 입주할 수 있는 방안을 적극적으로 추진해야 할 것이다. 파주출판도시의 관리기본계획에서 알 수 있는 것처럼 관리계획에서는 입주기업의 업종 등 일반적·추상적 기준을 입주자격으로 정하고 있다. 따라서 당해 산업단지의 발전방향에 진정 도움이 되는 입주업체들을 우선적으로 입주시킬 수 있는 길이 막혀 있다. 올바른 클러스터 형성에 중대한 장애요소로 작용하는 것이다.

3. 건축행위에 대한 제한에 대하여

1) '위대한 계약서'가 사적 계약으로서 갖는 한계

파주출판도시는 우리나라에서 비슷한 사례를 찾기 힘들 정도로 생태적, 건축미학적으로 우수한 도시이다. 하지만 파주출판도시의

---

20) 파주출판문화정보산업단지의 경우 산업자원부장관이 문화부장관에 관리권한을 위임하였다.

아름다움은 우리나라 개발·건축법제 때문이 아니라, 파주출판도시에 입주한 기업들과 건축가 사이에 체결된 '위대한 계약서'를[21] 기반으로 하는 자율적 규제 때문에 가능한 것이었다. 오히려 우리 개발법제는 파주출판도시 건설에 장애가 되었다고 해도 지나치지 않다.

위대한 계약서의 주요내용은 다음과 같다.

> 첫째, 건축가와 출판인은 신뢰를 바탕으로 서로 존중하며, 각기 가지고 있는 좋은 생각을 허심탄회하게 교환하여 소기의 목적을 달성하는 데 최선을 다한다.
> 둘째, 출판도시의 바탕은 하나의 건축이다. 공동성과 개체성이 조화를 이루지 않는 한 이 도시는 성공될 수 없다는 인식을 새로이 다짐한다.
> 셋째, 출판인은 이 기회를 스스로 좋은 건축주로서의 위상을 세우는 계기로 삼는다. 참다운 건축가의 이상을 받들어야 위대한 책의 생산공간은 마련될 수 있다는 신념으로 임한다.
> 넷째, 건축가는 참다운 건축가로서의 소명을 생각한다. 그리하여 우리 시대의 새로운 건축이 이곳에서 역사되어야 한다.
> 다섯째, 설계에 따르는 비용은 합리적이고도 공정하게 산출되어, 건축가와 건축주 모두의 명예와 이익에 도움이 되도록 한다. 다만 그 실제의 문제를 잘 풀어 가기 위해 출판인 대표와 건축가 대표는 쌍방 간의 현실을 잘 파악하여 일이 원만하게 진행될 수 있도록 적절한 조치를 위할 것을 약속한다.
> 우리 모두는 역사적 소명과 시대정신의 이름 아래 이 계약서를 '위대한 계약서'라 칭한다. 이 '위대한 계약서'는 출판도시의 모든 건축 행위의 기본적 계약이며, 개별적 계약은 이와 더불어서만 유

---

21) 위대한 계약서의 전체 내용은 "출판도시를 향한 책의 여정", 눈빛, 119 – 122쪽 참조.

효하다. 이를 위하여 출판인 대표 이기웅과 건축가 대표 승효상이 앞장서 서명하고, 모든 입주자와 건축가가 연기명으로 서약한다.[22]

위대한 계약서를 기초로 해 출판도시의 모든 건축행위가 준수해야 할 자세한 건축지침이 만들어졌고, 출판도시의 모든 건축행위는 이 지침의 구속을 받게 되었다.

하지만 위대한 계약서는 사적인 계약으로 당사자 사이에서만 효력을 가질 뿐, 제3자에게 계약내용을 주장할 수 없다는 점에 본질적인 한계가 있다. 행정관청에 위대한 계약서를 다른 입주자들이 준수하도록 해 달라고 요청할 수 없음은 물론이다. 따라서 위대한 계약서의 당사자가 아닌 제3자가 출판단지협동조합이 정한 건축지침을 준수하지 않고, 층고, 색상, 디자인 등이 주변 건물과 조화를 깨뜨리는 방식의 건축을 하더라도 이를 막는 것은 현실적으로 어렵다.[23]

결과적으로 현재 생태적으로나 미학적으로 잘 설계된 파주출판도시의 모습이 앞으로도 계속 유지될 수 있을 것이라고 장담하기 어렵다.

2) 건축행위에 관한 지침 적용을 위한 제도적 방안

우리 건축행정법의 문제들 중 하나는 적절한 규제가 부재한 것이라고 할 수 있다.[24] 특히 산업단지의 경우는 건축행위에 대한

---

22) '위대한 계약서'는 2000년 4월 26일 파주출판단지 이사장 이기웅과 파주출판도시 건축 코디네이터인 건축가 승효상이 대표로 서명했다.
23) 실제로 출판단지협동조합은 조합이 정한 건축지침을 어기고 건물을 신축한 A사의 건축행위를 중지하라는 내용의 건축공사중지가처분신청 및 파주시장을 상대로 건축허가 효력정지가처분을 신청하였지만 모두 기각되었다.
24) 대표적으로는 2000년 초 전국적인 화제가 되었던 일산 러브호텔 건

제한이 사실상 전무하다고 해도 과언이 아니다. 우리 산업단지개발법제가 과거 구로공단과 같이 굴뚝형 공장 다수가 단순하게 배치되어 있는 산업단지를 기본 모델로 하였기 때문에 입주자들의 개별 건축행위를 규제할 필요성이 거의 없었던 것도 한 가지 이유로 볼 수 있다. 하지만 앞으로는 파주출판도시의 예에서 볼 수 있는 것처럼 도시 자체의 미관 등 문화적 가치가 산업 발전의 자산으로 기능하는 일이 많아질 것이다. 산업단지가 지향하는 클러스터(cluster)가 기업과 대학 및 연구소, 지원기능을 담당하는 기관 등이 한 장소에 모여 시너지를 극대화하는 것임을 고려할 때 이러한 기관에 근무하는 사람들이 정착할 수 있도록 쾌적한 주거환경까지 보장할 수 있는 산업단지를 개발하는 것이 새로운 정책목표가 되어야 한다.

산업단지를 그 특성에 맞는 도시로 발전시키기 위해서는 다음과 같은 방안들이 충분히 검토되고 실천되어야 할 것이다.

첫째, 입주계약에 건축행위지침을 준수하는 내용을 규정하는 것이다. 현재 우리나라에서 체결되는 일반적인 입주계약의 경우 이러한 내용이 포함되어 있지 않다. 하지만 입주계약이 사적인 계약인 점을 고려할 때 건축지침을 준수하는 내용을 규정하는 것은 충분히 허용될 수 있다고 생각한다. 특히 건축행위지침 준수를 통해 얻게 되는 공익이 상당한 점을 고려할 때에도 이러한 제한을 부가하는 것은 허용된다고 할 것이다.

축허가문제를 들 수 있다. 우리나라 건축허가가 기속행위로 해석되어 다른 제한을 거의 두지 못하게 운영되는 바람에 학교, 주거지 주변에 러브호텔이 난립하는 상식적으로 도저히 이해할 수 없는 문제가 발생하였다. 이에 2001. 1. 16. 법률 제6370호로 건축법이 개정되면서 주거환경 또는 교육환경 등 주변환경의 보호상 필요한 경우 도지사의 사전승인을 얻도록 하였다(건축법 제8조제2항제3호).

둘째, 건축행위지침을 지방자치단체의 조례로 정하여 건축허가 시 건축위원회의 심의를 거치도록 하는 방안이다(건축법 제4조). 지방자치단체별로 개성 있는 도시를 만들고자 하는 의지가 분명하다면 현재로서는 이러한 방안이 비교적 현실적인 대안이라고 할 것이다.[25] 그러나 지방자치단체의 조례가 건축주의 권리를 과도하게 침해한다고 판단될 경우는 조례가 무효로 판단될 소지를 배제할 수 없다. 특히 건축허가의 경우 건축허가요건을 충족하는 경우 반드시 건축허가가 발급되어야 하는 기속행위의 성격을 가지고 있기 때문에 조례로 설정할 수 있는 규제의 폭이 제한된다.

셋째, 산업단지개발 시에도 필요한 경우 지구단위계획[26]을 의무적으로 작성하도록 할 필요가 있다. 참고로 현재 택지개발의 경우 택지개발사업실시계획을 작성할 때 제1종 지구단위계획을 반드시 포함시키도록 정하고 있다(택지개발촉진법 제9조제2항, 제1항). 지구단위계획을 수립한다면 당해 지역 내에서는 당초 설정한 지구단위계획에 반하는 건축행위는 허용되지 않으므로 어느 정도는 전체적으로 일정한 방향성을 갖는 도시를 건설할 수 있을 것이다. 물론 지구단위계획은 한 번 수립하면 이를 변경하는 것이 쉽지 않아 자칫 도시의 자연스러운 발전을 가로막을 수도 있다. 따라서 모든

---

25) 최근 들어 서울시는 주변 경관과 조화를 이루지 못하는 재개발·재건축 사업에 대해서는 정비구역지정을 보류하는 조치를 통해 주변과 어울리는 건축을 요구하고 있다. 예를 들어 강동구 상일동 고덕지구 재건축의 경우 "획일적인 건물 높이를 바꾸고 주변 재건축 단지와 연계한 디자인 설계 등 정비계획을 수립하라"는 보완지시를 하였다 (매일경제, 2008. 5. 16.자 "서울시, 주변경관 해치는 재개발 No!").
26) 지구단위계획(地區單位計劃)은 일본도시계획법상 지구계획제도를 본받은 것으로서 그 근원은 독일의 지구단위계획(B‒Plan)에 있다(김종보, 건축행정법, 도서출판 학유, 2005, 211쪽). 즉 작은 지구에 국한하여 상세한(입체적) 내용을 담는 도시계획을 정하는 것을 말한다.

산업단지개발 시에 지구단위계획을 수립하도록 의무화하는 방안은 좀 더 면밀한 검토를 필요로 한다. 하지만 산업단지의 효과적인 건설을 위해 필요한 경우에는 지구단위계획 수립을 의무화하거나 적극적으로 수립하도록 권고하는 제도는 필요하다고 본다.

제4절 결론

파주출판도시는 우리나라 도시개발, 산업단지개발에 있어서 하나의 이정표로 부를 수 있는 소중한 자산이다. 그러나 우리나라의 법률제도나 토지공사와 같은 공기업이 중심이 되어 탄생한 도시라고 볼 수 없다. 오히려 우리의 개발사업에 관한 법제는 생태적, 미학적으로 우수한 도시의 건설에 장애 요인으로 작용하는 측면이 있음을 부정하기 어렵다.

과거 토지공사나 주택공사로 대표되는 공기업들이 우리나라의 도시개발에 있어서 어느 정도 긍정적인 역할을 수행한 점 자체를 부정하지는 않는다. 그러나 현 시점은 개발의 과잉을 우려할 수밖에 없는 때이다. 지속 가능한 개발을 고민해야 하는 시점인 것이다.

이러한 시대적 요구에 비추어 볼 때 파주출판도시는 우리에게 중요한 의미를 갖는다. 파주출판도시 사업의 수행과정을 검토한 결과, 과거와 같은 대규모, 획일적인 산업단지개발 방식이 아니라, 철저한 사전계획과 유치하고자 하는 산업을 고려한 맞춤형 개발을 추진해야 할 필요성이 크다고 하겠다.

행정 전반에 있어서 탈규제가 요청되는 상황이지만, 건축, 개발 법제에 있어서는 반드시 개발과잉을 막기 위한 적절한 규제의 신설이 요청된다.

파주출판도시를 건설하는 과정을 검토한 결과 산업단지개발 시 현재의 제도 틀 안에서도 입주계약의 내용을 구체화하는 방안을 통해서 상당 부분 현재보다 진전된 산업단지 개발이 가능할 수 있다는 것을 알게 되었다. 개발사업의 주체가 올바른 개발에 대한 구체적인 청사진을 가지고 이를 실현할 강한 의지를 갖고 있다면 현재 법률제도하에서도 어느 정도는 바람직한 개발의 모델을 만들 수 있는 것이다.

그런데도 왜 우리나라에서는 바람직한 산업단지의 모습을 쉽게 찾기 어려운 것일까. 클러스터의 기능을 충분히 하지 못한 채 관련이 없는 공장들이 무질서하게 배치되어 있는 사례들을 자주 접하게 되는 이유는 무엇일까. 모든 것을 설명해 줄 수 있는 답변은 아니겠지만 과잉개발이 위 질문들에 대한 비교적 설득력 있는 답변이라고 생각한다.

지방자치가 활성화되면서 지방정부의 최대 목표는 자기 지역에 산업을 유치하는 것이 되었다. 특히 지역 주민들의 선거에 의하여 선출된 지방자치단체장은 자신의 임기 중에 가시적인 성과를 내기 위해 대규모 산업단지를 조성하는 사례가 많았다. 부동산 개발 이익을 보고 뛰어든 민간기업 내지 공기업, 그리고 가시적 성과를 바란 지방자치단체장의 이해가 맞아 떨어진 결과였다. 그 결과 일부 지방산업단지는 상당한 정도의 미분양사태가 장기간 계속되었고, 미분양을 해소하기 위해 당초 설정한 분야와 무관한 산업의 공장까지 무분별하게 입주를 허용하는 예가 많았다.

과잉개발은 산업단지개발을 통해 상당한 개발이익이 발생할 수 있다는 기대에서 비롯되었다. 개발이익에 대한 적절한 환수 방안

에 관하여 끊임없이 연구하여 제도를 보완해야 할 이유가 바로 이
때문이다.

제6장 토지소유권본질과 선진국 토지 이용규제 및 관련기구

－ 미국, 일본, 영국, 독일 －

위평량(희망제작소연구위원)

제1절 서론
제2절 선진국의 토지소유권형성과 법제도 변화 및 기구
  1. 토지의 특수성과 소유권
  2. 미국의 토지소유권 변화와 이용규제 및 관련 정부기구
  3. 일본의 토지소유권 변화와 이용규제 및 관련 정부기구
  4. 영국의 토지소유권 변화와 이용규제 및 관련 정부기구
  5. 독일의 토지소유권 변화와 이용규제 및 관련 정부기구
제3절 각국 토지소유권과 규제 비교
제4절 결론 및 정책적 시사점
〈참고문헌〉

제1절 서론

1948년의 토지개혁 이후 한국에서 토지문제가 국민생활과 경제전반에 걸친 문제로 인식되기 시작한 것은 1970년대 중반 이후로 알려져 있다. 특히 1980년대 말 부동산 가격의 폭등은 기업의 경쟁력, 나아가서 한국 경제의 성장에 결정적인 걸림돌로 작용했다. 그러나 21세기에 들어와서도 부동산 가격의 폭등은 반복되고 있으며 부동산(땅과 집)의 소유 여부는 양극화의 핵심적 요인으로 지적되고 있다.

〈그림 1〉 엄마 또 이사가?

아기를 업고 "경실련 세입자 주거안정대책 촉구 시민대회"에 참석했던 한 주부의 모습. 언론에 보도된 이 사진을 본 집주인이 "쓸데없는 데 쫓아다닌다"며 방을 빼라고 요구해서 결국 또 이사를 가야 했다(경실련, 2006:916).

1974년부터 1999년까지 우리나라의 GNP는 9.3배, 소비자 물가는 7.2배, 주가지수는 8.5배 상승한 반면 땅값은 17.6배가 상승했다. 1988년 이후 약 3~4년간은 지가(地價)와 주택 가격의 폭등, 부동산투기의 만연 때문에 국가 전체가 혼란의 소용돌이에서 벗어나지 못하였다.

1980년부터 1987년까지 전국 평균 땅값상승률은 10.5%였지만 1988년 27.5%, 1989년 32.0%, 1990년 20.6%, 1991년 12.8%로 급등했다.[1] 특히 1989년 당시 전국의 땅값이 1,300조 원 규모로 추산되었는데 이는 당시 한국 GNP의 9.3배에 해당하였다(이근식·김태동, 1989;15). 그리고 토지 소유자의 상위 5%가 모든 사유지의 65.2%를 소유하고 있으며 임야의 84.1%, 대지의 59.7%를 과점하고 있었다. 더욱이 30대 재벌그룹의 보유부동산이 1억 2천만 평(1988년)에 이르는 등 한국사회는 심각한 토지편중 현상을 나타내고 있었다.

〈그림 2〉 자살세입자 17인 합동추도식

1980년대 말 당시 미친 듯이 뛰어 오르는 집값과 전세 값을 감당하지 못해 17명의 세입자들이 스스로 목숨을 끊었다. 경실련은 이들의 넋을 위로하기 위해 합동추도식을 열기도 했다(경실련, 2006:916).

---

1) 지난 20년간 땅값은 170배가 상승하여 토지소유에 의한 불로소득과 경제적 불평등 및 불의가 심화되었다.

토지가격과 주택가격의 급등은 도시의 전월세 값의 폭등에 직접
영향을 주었고 이에 따라 빈민들이 자살하는 극단적 사태까지 빚어
졌다. 기업들은 땅값의 상승으로 경쟁력이 저하될 수밖에 없으므로
지가 상승을 한국경제의 가장 고질적인 병폐로 지목하였다. 그러나
기업들은 다른 한편으로 땅 투기에 앞장서는 양면성을 드러냈다.

당시 정부는 토지공개념 법안[2]을 마련하기도 하였으나 1990년
대 중반에 이르러 부동산 문제가 사회적 의제에서 제외된 시기에
모두 그 실효성을 잃게 되었다. 그리고 당시 정부는 서울 근교에
신도시를 건설하는 방법과 가격상승에 대한 행정지도(토지거래허
가제 및 투기 지역지정 등)를 구사했을 뿐 근본적이고 중장기적인
대책을 세우지 못했다.

부동산가격 폭등 때문에 많은 사람들이 목숨을 버리는 유래 없
는 상황속에서도 장기적인 관점에서 국가발전의 중요한 장애요인
으로 지목된 부동산 문제를 국가가 심각하게 받아들이지 못한 것
이다. 과거의 일이지만, 이러한 사회적 문제를 배경으로 절대다수
의 지지를 받는 토지 및 주택제도를 개혁할 수 있는 절호의 기회
를 상실했고 그 결과 2000년 이후 부동산가격 폭등을 또 다시 겪
게 되었다.

1980년대 말과 1990년대 초의 대소동을 경험한 뒤 한국의 토지와
부동산제도가 결정적으로 변화된 것은 거의 없다. 전국토지소유현황
을 보면 2004년 말 현재 총인구의 상위 1%인 48만 7천 명이 전체

2) 1989년 정기국회에서 '택지소유에대한법률', '토지초과이득세법', '개발
   이익환수에관한법률' 등 토지공개념 관련 법률이 제정되었으나 택지소
   유상한 법은 98년 9월에 폐지되고 1999년 4월 위헌 판결을 받았다.
   그리고 토초세는 1994년 7월 헌법불합치 판정 이후 1998년 12월 폐지
   되었다. 개발이익환수법은 존속하고 있으나 크게 후퇴했으며, 2004년부
   터 부과하지 않았다.

사유지 5만 6,661㎢의 51.5%에 해당하는 2만 9,165㎢를 소유하고 있다. 또 총인구의 상위 5%가 82.7%인 4만 6,847㎢, 상위 10%가 91.4%인 5만 1,794㎢를 소유하고 있는 것으로 나타나고 있다(행정자치부, 2005). 여전히 토지소유의 편중은 해소되지 않고 있다.

그리고 정부의 땅 가격 산출도 정확하지 못하다. 이런 상황에서는 땅값을 억제하기 위한 정책을 만들고 실행하기가 매우 어렵다. <표 1>은 이런 사실을 잘 보여주고 있다.

〈표 1〉 정부의 지가통계와 경실련 추정치 비교

연도	건교부 발표자료				8.31대책	경실련추정		
	공시지가 Ⓐ	시세반영률 Ⓑ	시가 Ⓒ=Ⓐ÷Ⓑ	상승률	상승률	시가	시세반영률	상승률
2000	1,277조	54%	2,365조	–	0.7%	2,672조	48%	–
2001	1,307조	55%	2,377조	0.5%	1.3%	2,675조	49%	0.1%
2002	1,354조	56%	2,419조	1.8%	9.0%	3,123조	43%	17%
2003	1,546조	67%	2,307조	-4.6%	3.4%	4,042조	38%	29%
2004	1,830조	76%	2,408조	4.4%	3.9%	4,647조	39%	15%
2005	2,176조	91%	2,391조	-0.7%	2.8%	5,195조	42%	11%

자료: 경실련(2006), 아파트값 거품빼기운동 발표문, p.437.

토지는 자유로운 생산이 제한되어 있으며 천부적으로 주어진 것 혹은 통제할 수 없는 상수(常數)라는 인식이 강하다. 제한된 자원, 한정된 필수재화라는 점은 분명하지만, 부와 권력의 원천이라는 특징 때문에 만인의 균등한 토지활용을 어렵게 하였다.

세계 어느 곳에서나 토지의 공공성과 사유재산의 불가침 원칙이 심각하게 충돌하였고 이를 다루기 위한 법과 제도는 시대에 따라 발전되어 왔으며 따라서 현존하는 토지 관련 제도는 해당 국가의 역사와 문화를 깊이 반영하고 있다. 이 장에서는 '선진국'의 토지소유권 관련 제도와 그 역사적 배경을 살펴보고 그것이 우리에게 주는 의미를 검토하고자 한다.

자본주의 국가는 사유재산제도를 근간으로 삼고 있다는 점에서는 동일하지만 그러나 토지 소유와 활용에 관한 제도와 정책에서는 국가마다 여러 차이를 보이고 있다. 우리는 이러한 차이가 어떻게 나타났으며, 그 내용은 어떤 것인가에 주목할 필요가 있다.

한국에서 토지는 가장 확실하고 거대한 부의 원천으로 여겨지고 있으며 그 결과 한국은 세계적으로 보기 드문 '지대사회'가 되었다. 이 문제를 극복하지 않는다면 양극화 해소는 물론이고 경제성장도 크나큰 난관에 부딪히지 않을 수 없다. 이런 점에서 '선진국'의 경험은 우리에게 많은 교훈을 제시해 줄 수 있을 것이다.

'선진국'은 토지의 사유제와 공공성 사이의 모순을 어떻게 해소하고 있는가, 이를 위한 법과 기구는 어떤 것들이 있는가, 그리고 우리는 여기서 무엇을 배워야 하는가? 이제 이런 질문들에 대한 답을 더듬어 찾아보도록 하자.

제2절 선진국의 토지소유권형성과 법제도 변화 및 기구

1. 토지의 특수성과 소유권

토지의 첫 번째 특수성은 유한성이다. 둘째, 부동성이다. 셋째, 두 가지 속성에서 비롯된 인간에 의한 지배 독점이다. 넷째, 토지의 가치는 우발성이 있다. 즉 소유자의 인위적인 노력이 없어도 경제적 가치가 급등할 수 있다. 다섯째, 토지는 일반적으로 마모되지 않는다. 따라서 보유하는 데 따른 세금만 지불하면 장기간 보유가 가능하며 이 과정에서 지대(rent)라는 불로소득을 수취할 수 있다. 여섯째, 다양한 사용가치와 용도의 고정성을 가지고 있다. 일곱째, 공간적 연속성을 가지고 있다. 여덟째, 연결성을 지니고 있다(김재덕, 1983: 20). 아홉째, 활용의 제한과 소유의 희소성, 그리고 무위험자산이다. 이는 경제적 가치를 획득함은 물론 이를 통해 권력의 원천이 될 수 있다. 토지 소유의 집중은 이러한 보편적 이유에서 발생하며 시장경제 체제의 근본적인 결함은 이 문제를 더욱 악화시킨다.

토지는 공유자원으로서 주어진 것이다. 일부분은 인간의 노력에 의해 확장되기도 하지만 땅은 근원적으로 자연(自然)이다. 그러나 인간의 상상력, 노동력이 투입됨에 따라 땅에는 새로운 가치가 창출되며 따라서 인간은 토지의 가치를 높이기 위해 노력한다.

또한 토지는 이용하기 쉬운 것과 이용하기 어려운 것으로 구분할 수 있다. 그러나 무엇보다 중요한 것은 우리는 누구나 토지에 의지해서 살아야 한다는 것이다. 이러한 여러 성격을 고려했을 때, 토지는 국민생활과 생산 활동의 둘도 없는 필수재로서 여타 재화와는 다른 차원에서 접근해야 한다. 이와 같은 내용은 한국의 헌법재판소 결정문에도 충분히 담겨 있다.

> 토지는 원칙적으로 생산이나 대체가 불가능하여 공급이 제한되어 있고, 우리나라의 가용토지의 면적은 인구에 비하여 절대적으로 부족한 반면, 모든 국민이 생산 및 생활의 기반으로서 토지의 합리적인 이용에 의존하고 있으므로, 그 사회적 기능에 있어서나 국민경제의 측면에서 다른 재산권과 같게 다룰 수 있는 성질의 것이 아니므로 공동체의 이익이 보다 더 강하게 관철될 것이 요구된다고 할 것이다(89헌마214 결정, 1998. 12. 24., 헌법재판소).

19세기 미국의 사회운동가 헨리조지는 "토지사유제는 노예사유제와 마찬가지로 진정한 사유재산권을 침해하는 제도이며 둘 다 형태는 달라도 모두 강탈행위를 정당화하는 제도"라고 주장하고, "사회발전이 어느 단계에 도달했을 때 늘 나타나는 것처럼 일반대중이 소수에 복속하는 형태는 토지가 사유재산으로 전유된 데에서 비롯한다."고 주장하였다(김윤상외, 2003:112).

헨리 조지는 역사적으로 수없이 많은 인간들이 노예로, 농노로, 소작인으로, 비굴한 사람들로 전락한 것은 바로 토지의 사유제에서 비롯되었다고 보았다. 이런 주장과 운동에 힘입어 19세기 말부터 서구의 자본주의 국가에서 토지 소유권의 제한이 이루어지기 시작하였다. 토지 소유권이 계속 강화되면서 경제적, 사회적 폐해가 너무나 커졌기 때문에 헨리 조지와 같은 사회운동가들이 나타나게 되었고 이에 대응해서 토지 소유권의 제한이 이루어지게 되었던 것이다. 결국 토지 소유권은 '상대적인 권리'라는 인식이 확산되었다.

그 결과 궁극적으로 국토의 이용, 개발, 보전에 따른 계획을 수립하고 국민 전체의 복지를 위한 토지이용을 추진하게 되었다(雄川一郎 外, 1968:7). 이런 경향에 의해 2차 대전 후에는 아예 '토지의 사회화'가 제창되기도 하였다(김증한, 1981:228). 이렇듯 토지 소유권을 절대적·무제한적 지배권으로 받아들일 필요는 없으며(김재덕, 1983:68), 토지의 공공성과 사회성의 강화야말로 현대사회의 주요 특징이라고 할 수 있다.

사실 재산권의 행사에서도 공공복리를 위해야 한다는 법적 규정이 1919년 바이마르헌법에 최초로 등장했고 그 뒤 각국의 헌법은 재산권의 사회적 성격을 강력하게 인정하기 시작했다. 우리 헌법도 이런 세계적인 조류 속에서 토지의 사유화와 공공성을 함께 명문화하고 있다.

토지에 관한 소유개념은 시대에 따라 변화되어 왔다. 근대에 정착된 토지소유권의 절대성은 역사 이래 지속되어 온 토지에 의한 인간의 속박과 봉건적 제도의 극심한 폐해를 극복하고자 한 정치·경제적 변혁의 결과라는 점에 주목해야 한다. 이러한 변혁을 뒷받침한 사상은 계몽주의에 바탕을 둔 자유주의와 평등주의였다. 특히 사유재산권의 절대성을 명문화한 프랑스 인권선언은 곧 모범이 되어 빠르게 전 세계로 확산되었다. 그러나 토지소유권의 절대성이 강화되어 많은 문제들이 발생했기 때문에 이것을 제어하기 위해 토지소유권의 상대성(공공성)을 강화하기 위한 조치들이 취해지게 되었다.

헌법 제23조제1항은 "재산권은 보장하되 그 내용과 한계는 법률로 정한다." 제2항은 "재산권의 행사는 공공복리에 적합하도록 하여야 한다."고 하여 재산권 행사의 공공적 및 사회적 의무를 강조하고 있다. 이는 독일에서 나타난 바와 같이 사유재산권의 강화에 따른 영향이 사회에 해를 끼칠 수 있다면 사회의 이익을 위해 사유재산권을 규제해야 한다는 의미로 해석해야 옳을 것이다.

나아가 헌법 제122조는 "국가는 국민 모두의 생산 및 생활의 기반이 되는 국토의 효율적이고 균형 있는 이용, 개발과 보전을 위하여 법률이 정하는 바에 의하여 그에 관한 필요한 제한과 의무를 부과할 수 있다."고 규정하여 토지재산권에 관한 공공 이익의 우선권을 명시적으로 밝혀서 토지소유권을 제한하고 있다.[3][4]

---

3) 헌법재판소의 판결 94헌바 37의 택지소유상한법률에 관한 결정 및 헌재 1989년 12월 22일 선고 88헌가 13, 1998년 12월 24일 89헌마 214 결정 참조.

공공성 보호가 우선인가, 사적 재산권 보호가 우선인가에 대해서는 논란이 있을 수밖에 없다. 토지에 예속되어 사람이 누려야 할 천부인권을 침해당해 온 역사적 경험에서 보면 사유화를 통해 보편적 인권과 개인의 권리를 보호할 수 있는 경제적 토대를 확보하는 것은 정당하다. 그러나 이러한 사적 소유권의 강화와 고착으로 인해 다시 불평등이 강화되고 수많은 사람들의 기본권과 인권이 침해된다면 당연히 공공성이 강화되어야 할 것이다.

2. 미국의 토지소유권 변화와 이용규제 및 관련 정부기구

미국의 역사는 규제만으로는 토지에 대한 보전 혹은 활용에 따른 문제를 모두 해결하기 어렵다는 사실을 보여주며 또한 여러 가지 이해충돌 등에 의해 토지의 소유와 활용에 관한 미국 국민들의 인식이 크게 변화했다는 사실을 보여준다. 토지소유권을 사유재산권의 표상으로 인식했던 미국은 이 때문에 여러 사회적 문제들을 경험해야 했다. 따라서 현대에 들어와서는 토지를 관리의 대상으로 보게 되었으며 그 결과 토지의 공공성에 대한 인식이 강화되었다.

미국은 토지소유의 상대성과 절대성의 문제를 해결하기 위해서 개인과 집단 등 모든 이해당사자들이 합의와 조화를 이루는 수밖에 없다는 것을 일찍이 파악한 것으로 보인다. 미국에서는 토지의 소유와 활용을 둘러싸고 오래전부터 매우 높은 수준의 정치적 과정과 결정이 자연스럽게 이루어졌다. 미국에서 토지계획과 이용

---

4) 민법 제211조에서는 "소유자는 법률의 범위 내에서 그 소유물을 사용, 수익, 처분할 권리가 있다." 제212조는 "토지의 소유권은 정당한 이익 있는 범위 내에서 토지의 상하에 미친다." 민법은 헌법 제23조의 소유권보장을 전면적으로 받아들여 기본원리로 확인하고 있다.

등은 어느 일방의 주장이나 전제(專制)로 해결할 수 없으므로 개인과 집단은 이런 정치적 접근을 할 수밖에 없었던 것이다.

미국 정부는 민간토지시장의 유연성 창출 및 유지와 공공성 증진을 위한 시장조절이라는 정책적 목표를 달성하기 위해 특별히 노력해 왔다고 볼 수 있다. 그 결과 현재 미국의 토지이용 조절체계는 매우 동적(動的)이고 신축적이며 지역적 여건을 잘 반영하고 있는 것으로 평가된다. 최근 토지이용에 관하여 시민의 참여가 높아졌지만 그 권한의 핵심은 여전히 지방정부가 보유하고 있으며, 중앙정부의 역할에 관해서는 논란이 계속되고 있다.

1) 점유권의 변천과 일반화

영국의 왕토사상에서 영향을 받아 토지소유권은 '영구적 점유권'이라는 형식을 지니고 있지만, 영국과 달리 토지소유권이 토지에 대한 전면적이고 포괄적인 권리라는 인식이 강하다(박철곤, 2003:63). 그러므로 미국에서는 유럽에서 흔히 볼 수 있는 토지에 대한 절대적 소유권의 개념은 존재하지 않았다.

미국의 산업혁명은 19세기 후반 동해안의 항만도시와 중부지방의 공업도시를 중심으로 이루어졌다. 산업화 및 도시화의 급진전은 다른 나라와 마찬가지로 토지의 투기가 성행하게 되는 토양을 제공하였고, 지방정부는 이를 통제하기 위한 조치로서 토지이용을 규제하게 되었다.

미국에서는 소유권과 비슷한 개념으로 점유권이 일반화되었는데 이것은 "기한이 있는 소유권"으로서 특정기한까지 토지를 배타적·독점적으로 지배하고, 부동산(토지＋부착물＝real estate)을 사용할 수 있게 하는 것(토지공사, 1992:33)이다.[5] 그리고 연방정부

차원의 토지등기제는 없으며 주마다 차이가 있는 토지등기법이 있다. 따라서 권리의 보호는 주 등기법(state recoding act)과 보험회사의 사적 권원보험(權原保險, private title insurance)에 의해 이루어지고 있다(이용호, 2006: 35).

미국에서 토지이용의 규제는 주마다 다르며 주 고유의 권한에 속한다. 즉 실질적인 토지이용에 관한 규제는 주 정부에 따라 다르다. 따라서 미국의 토지이용 및 도시계획은 통합적, 광역적 개발에 속하는 계획으로서 광역도시권 내의 지방공공단체에서 구성된 도시권정부협의회가 책정하는 지역통합계획이 유일하다. 그런데 지역통합계획은 법적 구속력을 가지지 않기 때문에 계획 실시의 판단은 협의회의 구성주체인 지방공공단체의 자유재량에 맡기고 있다. 연방정부 수준의 통일적인 도시계획은 물론 전 국토를 대상으로 한 종합개발이나 토지이용에 관한 계획은 존재하지 않고 각 주에 있어서도 주 전체를 대상으로 하는 계발계획, 토지이용계획이 없다(박철곤, 2003: 64).

미국은 전통적으로 토지의 기능에 맞춰 효율적 · 경제적으로 이용하고 관리하는 것에 초점을 맞추고 있다. 이에 따라 토지이용

---

5) 토지점유권은 Free Hold(불확정기한부 점유권)와 Lease Hold(확정기한부 점유권)로 구분되며 Free Hold는 fee simple(최고 점유권), fee simple determinable(특약부 점유권), fee simple subject to condition subsequent(조건부 점유권), fee for life estates(생애점유권)으로 나뉜다. Lease Hold는 estate for years(확정기간의 점유권), periodic estate (일정주기로 갱신되는 점유권), tenancy at will(당사업자가 원하는 기간 동안 존속하는 점유권)로 나뉜다. Free Hold 및 Lease Hold 간에는 양자 모두 토지부동산을 독점적으로 지배하여 부대되는 제반 권리를 행사할 수 있다는 점에서 본질적인 차이가 없고 다만 점유권의 기간이 확정되어 있는가에 차이가 있다고 할 수 있다(토지공사, 1992: 36).

규제는 미시적으로 용도지역규제와 거시적으로는 토지이용계획, 분할통제(sub division control), 도시계획도(mapping), 건축법규, 계획단지개발(planned unit development) 등으로 이루어지고 있으며 환경적 관점에서의 규제도 이루어지고 있다.

미국 토지소유권의 가장 큰 특색은 한국과 달리 부동산의 절대적 소유권은 존재하지 않고 부동산의 독점적인 사용과 이용을 보장하는 점유권의 개념이 지배적이지만, 이 점유권은 지방정부로부터 여러 제약을 받는다는 점도 유념해야 한다. 즉 지방정부는 헌법의 규정에 의하여 부동산에 대한 과세권, 토지수용권(eminent domain), 경찰권(police power) 등의 권리를 부여받고 있으며 이러한 지방정부의 권리는 개인들이 갖는 점유권에 우선한다.

(1) 토지소유권의 변천

1895년의 토지 령(令)은 미국의 토지활용을 더욱 자유롭게 만들었고 이에 따라 토지개발은 무질서하게 확산되었다. 그 과정에서 땅값은 크게 상승하였고 이로써 도시지역을 중심으로 한 투기업자들은 대지조성사업 등을 통하여 막대한 이득을 보았다.

20세기에 이르러서는 자유경제원칙으로 인한 토지투기성향과 무질서·무계획적인 토지이용 및 개발로 도시주택가가 슬럼화되기도 하였으며 이에 따라 강력한 토지이용규제조치가 도입 되었다.

미국의 토지이용규제는 근본적으로 상향적이며 지방정부의 고유영역으로 출발하였기 때문에 연방 및 주 정부의 역할은 배제되어 있다. 각 시(市)나 카운티 등의 자치정부가 다양한 제도를 독자적으로 운용해 오고 있다. 그러나 1960년대에 접어들면서 이와 같은 규제패턴에 큰 변화가 일어났는데, 연방과 주정부가 토지이용규제에 관여하기 시작하였고 장기적 도시성장과 개발전략에 대한 정책 · 계획적 개념이 등장하였다(김영혜, 2004:101).

한편 1970년대에 들어서면서부터 국가 환경정책법의 제정을 필두로하여 지방정부 중심으로 수행되던 토지정책이 주정부와 연방정부가 개입하여 환경적 측면에서의 토지이용규제가 강화되고 있다. 토지정책의 기본방향은 토지의 소유와 거래에 대한 개별적 규제보다는, 광활한 국토의 효율적 활용에 역점을 두고 있으며 급속한 도시 확대에 부응할 토지의 개발 및 이에 따른 투기억제와 개발이익의 공유화를 추구하는 것이다.

미국은 토지사유제도를 표방하고 있지만 합리적인 토지이용과 효율화를 도모하기 위해 사적 소유권에 규제조치를 하고 있다. 즉 도로건설, 공원조성, 빈민가 재개발사업 등 공공의 목적에 필요한 토지 취득을 위해서 수용권을 활용하며 토지에 대한 세금은 연방이나 주정부가 부과하지 않고 지방 정부가 부과하고 있다.

아울러 부동산세가 주축을 이루고 있는 조세제도를 용도지역지구제나 가구(街區)분할통제 조례에 보편적으로 적용시키고 있다. 이러한 제도는 바람직하지 못한 토지이용행위를 방지하여 토지소유자를 보호하고 공공복리를 증진시키기 위한 목적이 있다. 정부는 각종 공공사업 및 공적 목적에 투입하는 비용을 가지고 개인토지소유자와 토지용도에 영향을 미칠 수 있다.

토지소유권의 제한에 관해서는 먼저 사유권에 대한 것으로서 앞서 살핀 바와 같이 부동산의 독점적 소유의 지양과 함께 수요의 안정 및 지가 안정의 실질화를 기하려는 것이다. 이런 측면에서 정부의 토지수용권 발동은 국민의 반감을 가져오게 할 가능성이 있으므로 신중한 태도로 집행되고 있다. 이는 사유재산제도의 근간을 흔들지 않은 한편 국가 공공의 목적을 달성하고자 하는 것으로서 시장경제시스템에서는 이러한 기조를 유지하는 것이 불가피하고 또한 필요한 방법이라 할 수 있다.

2) 토지이용 계획 및 규제

토지법은 루이지애나주를 제외하고는 모두 영국의 보통법(Common Law)에 근거하고 있으며 토지 관할권은 미국의 헌법에 의해 주정부에게 주어져 있으므로 토지법의 내용과 토지문제 및 토지로부터 비롯된 상황은 각 주마다 다르다.

미국의 토지정책은 3가지 기본적인 틀로 이루어졌다(박헌구 외, 1998:34-37). 연방에서 주관하는 일관된 토지정책은 없으며 토지의 사적 이용은 조정하지만 정부의 직접적인 토지개발도 없고 토지사용에 관한 규제절차는 대폭 분산되어 있다. 즉 토지이용규제는 공법측면에서 계획조례(planning code), 용도지역조례(zoning code), 건축조례(building code), 주택조례(housing code)로 이루어져 있다. 이로부터 비구속적 성격의 토지이용계획인 기본계획(general plan or master plan)과 구속적 성격의 용도지역지구제(zoning), 필지분할규제(subdivision regulation), 공도제(official mapping), 계약제(covenant)[6] 등을 통해 토지이용을 규제하고 있다. 도시개발에 관한 자치단체의 기본방향을 나타내는 종합계획과 이것을 실현하기 위한 수단인 조닝(zoning), 토지구획규제, 공도제 등이다. 아래에서는 대표적인 계획 등을 약술하여 살펴보도록 한다.

---

6) 민사계약에 의한 행위규제이다

(1) 토지이용계획제도

미국에서의 전통적인 토지이용규제는 토지의 기능과 적성에 맞추어 토지를 효율적으로 이용·관리함이 그 기본목적임을 살펴보았다. 이와 같은 목적의 토지이용규제는 미시적인 용도지역지구제와 장기적인 관점에서의 토지이용계획이 필요하게 된다(John B. Corgel 외, 2002:228).

19세기 전반의 토지이용계획은 주로 지방정부의 주무사항이었으나 최근에 와서는 주정부나 연방정부차원으로 변화되어 가고 있다. 기본계획은 약 20년 정도의 장기적인 것으로서 토지이용, 교통시설, 각종 공공시설 등과 같은 물리적 개발계획 중심이고, 이것은 각종 공공사업의 조정에 대한 지방정부의 기본정책을 담고 있다. 그러므로 미래의 토지이용방향을 제시하여 이용자들이 향후 정책 방향을 예측하는데 있어서 혼선을 최소화할 수 있다는 장점이 있다.

그 밖에도 토지구획규제, 도시계획도, 건축법규, 도시재개발, 계획단위개발 등이 있고 최근에는 환경보호와 관련된 토지이용규제 수단이 등장하고 있다. 즉 토지구획규제란 토지를 개발함에 있어서 개발된 필지의 크기, 배열, 가로공사, 사유지를 공유지로 전환하는 절차 등에 대한 매우 구체적인 토지개발규제를 두어 부(負)의 외부효과를 사전에 방지하고 토지의 효율적 이용을 추구하였다(이용호, 2006:35).

특히 각종 환경관련 법들은 토지이용에 중요한 영향을 주고 있다. 이에 따라 주정부는 토지이용 및 환경을 관리하는 전문기관[7] 등을 설치하여 정책을 수행토록하고 있다(박헌구 외, 1998:35).

(2) 용도지역지구제(Zoning)

---

7) American Planning Association 등

이 제도는 재산으로서 토지에 관한 포괄적인 규제로 인식되고 있다. 즉 특정한 지역 내에서 이용자가 공공 혹은 사적으로 토지를 이용하고자 할 때 그 지역의 전체적인 계획과 조응할 수 있도록 하는 법적 지침이다. 그리고 이를 위해 자치단체가 토지를 각각의 용도에 따라 구분하고 토지, 건물 등의 위치, 규모, 형태, 용도 등을 그 지역마다의 기준에 따라 규제하도록 되어 있다.

구역(區域)은 주의 수권법에 의거해 자치단체 의회가 조례 형식으로 제정한다. 특히 이 제도는 토지소유자와 지방정부에게 상호이익을 제공한다는 점이다. 즉 인접토지에 대한 규제, 획일적인 취급, 특정지역에 있어서 장래 이용에 대한 불확실성을 해소 해준다.(박형상, 2006:85). 그러므로 조닝은 공정성에 입각하여 합리적인 토지이용 배치 및 효율성을 담보함으로써 무계획적인 개발과 도시지역 혹은 특정지역의 팽창에 따르는 난개발, 그에 따른 혼잡비용을 최소화할 수 있게 된다. 좀 더 적극적으로 해석한다면 계획적 개발을 통해 공동사회의 공공성을 증대할 수 있다.

조닝은 또 양립할 수 없는 두 가지 이상의 이용행위가 동시에 존재함으로 인해서 상호 악영향을 미치고 토지가치를 하락시키는 상황을 방지하는 기능도 한다. 그리고 이미 공공시설이 설치되어 있거나 설치될 계획으로 있는 지역에는 중복시설의 건축을 사전에 방지하는 기능도 함께하고 있다. 주 헌법은 따라서 자치단체에 주권한배분 방식에 관한 규정을 하는데 자치단체는 지역지구 지정권한을 헌법에서 구할 수 있다(박철곤, 2003:64).

조닝과 관련한 조례는 1916년 뉴욕시에서 시작되어 1920년대와 1930년대에 걸쳐 교외의 자치단체에 보급되었다. 1926년 연방최고재판소의 판례(유클리드 판례)에 의해 합법화됨으로써 전국적으로 확대되었다. 조닝의 특징은 토지소유자 내지 신흥중산계급의 자산가치하락 방지 및 최적의 주거환경을 보전하는 데 효과적이다.

조닝에서의 규제 대상 예를 보면 지자체에 따라 그 규정이 다르나 일반적인 규제대상은 다음과 같다. 첫째, 토지 및 건축물 등에는 그 부속물도 포함되어, 가령 주차장규정 등이 적시되어 있다. 배치에 있어서는 전정·측정·후정 등의 규제에 의한 대지와 건축물과의 위치관계 등의 규제가 중심이다. 둘째, 규모에 있어서는 최소대지면적을 비롯하여 대지의 최소 앞 기장, 건축물 연면적과 상한·하한을 규제하는 경우도 있다. 셋째, 형태에 있어서는 건물의 높이제한, 사선제한이 일반적이다. 마지막으로 용도규제에 있어서는 각 지역 내에서 허용 또는 금지되는 용도가 지정되는데 이상의 규제들은 기본적으로 필지 단위로 행해진다. 지역구분은 용도의 차이를 기준으로 하여 이루어지며 주거지역, 상업지역, 공업지역을 기본으로 하여 세분되나 구체적으로는 규제내용과 마찬가지로 자치단체마다 상이하다.

특히 흥미로운 것은 몇몇의 주에서 나타나는 '용도지역지구 지정권' 위임 양상이다. 즉 주의 입법부는 그 권한을 직접행사하기도 하지만 권한을 위임할 때는 그 영향력과 공정성 및 객관성 등이 담보되는 기관에 위임하기도 하는데 대체적으로 지방정부에 위임한다. 나아가 지정권을 위임받은 지방정부는 다시 그 권한을 하부의 시(市)나 자치단체 등에 분배하기도 하며, 특이한 것은 특별지구 및 학교지구의 경우에는 이와 관련된 사무를 행해오고 있는 지역의 평판 있는 단체에게도 지정권한이 주어지기도 한다. 이 제도의 3가지 특징은 다음과 같다.

첫째, 지방정부가 주 수권법에 의해 조례를 재정하여 각각의 독자적인 조닝제도를 갖고 있다. 전국적으로 획일화되어 있지 않을 뿐만 아니라 조닝을 시행함이 없이도 개발업자와 주민 간의 사적 계약에 의해 규제되기도 한다. 둘째, 지역구분이 매우 상세하다. 즉 용도별, 고도별, 용적별 및 밀도별로 구분되고 조례에 의하여 용도별은 다시 상업·공업·주거 혹은 기타 지역으로 나누어진다. 여기서 주거지역은 또다시 단독주택·2가구주택·4가구주택·아파트용, 호텔용지구로 나뉜다. 셋째, 도시계획위원회와 조닝 조정위원회가 존재한다. 전자는 대체적으로 일반 주민들로 구성되어 자치정부의 담당부서가 작성한 조닝의 시안을 승인하여 의회로 보내는 기능을 수행한다. 후자의 기관은 자치정부의 조닝 운용결정에 대한 불복신청을 처리하는 기관이다. 이 두 기관은 행정관청과는 독립적으로 위치하여 매우 중요한 역할을 하고 있다(김영혜, 2004:108).

이러한 특징에서 나타나듯이 조닝은 그 다양성이 보장되고 매우 상세할 뿐만 아니라[8] 이로부터 비롯될 수 있는 각종의 민원을 효과적으로 해소할 수 있는 주민참여가 제도적으로 보장되어 있음을 알 수 있다. 결국 미국은 자유방임에 기초한 시장경제의 대표적인 모델로 인식되고 있지만 국토관리에서는 매우 엄격한 계획과 통제를 하고 있는 시스템이다. 다시 말하면 19세기 말 독일에서 도입된 용도지역제를 근간으로 하고 그 취약점은 시장과 시민의 자율에 의해서 보완되도록 하고 있다.

---

8) 주거지역은 31종류, 상업지역은 41종류, 공업지역은 12종류로 세분화하여 운영되고 있다.

(3) 개발권양도제도(TDR: Transfer of Development Right)

미국에서 매우 성공적이라 할 수 있는 제도이다. 개발권양도제도 (TDR)는 소유권을 인정하지만 이로부터 발생하는 다양한 사회적 문제는 시장기능을 통해 해소하고자 하는 것이다. 이 제도는 1961 년부터 시작하여 광범위하게 활용되고 있는 제도로서 토지이용규 제, 개발촉진, 보상, 공공녹지확보, 역사적 표상건물의 보전 등을 위한 종합적인 정책수단으로서 사용된다.

TDR은 이전의 개발권 선매제도[9]의 단점을 보완하고자 도입된 것이다. 선매제도는 기존의 조닝제도에 의해서 관리된 농지가 대 도시주변의 개발압력으로 인하여 우량한 농지 보전이 한계에 부딪 혔고, 따라서 정부는 농민과 합의를 통해 개발권을 매입하는 방식 으로 문제를 해소하고자 하였다. 그런데 선매제도는 농지보전의 영속성을 높이고 농민들의 재정적 안정에 크게 기여하였으나 이에 소요되는 막대한 예산마련이 필요하다는 점에서 치명적인 약점을 내포하고 있었다. 또한 협의에 의한 자발성이 필요하다는 점에서 전체 대상농지를 모두 매입하기 어렵고 심사 기간이 장기간이라는 단점을 안고 있다(이정전, 2006:491).

따라서 TDR은 이러한 단점을 보완하고자 하였으며 토지이용규제 를 받는 지역의 토지소유자가 당하는 재산상의 손실을 개발이익으 로 보상하는 제도이다. 쉽게 말해 토지소유권에서 개발권을 분리 독 립하였다고 볼 수 있지만 공유화하지 않은 대신 시장을 통해 개발 권을 유통시킨 것이라 할 수 있다.

---

9) 정부가 개발권을 토지소유자로부터 미리 매입하여 우량 농지를 보전 하기 위한 것으로 활용되었다. 1972년 서포크카운티, 1977년 메릴랜 드주, 1978년 뉴저지주, 1987년 펜실베니아주 등에서 도입하였다.

이러한 양도의 방식은 각 주별로 조금씩 다르다. 즉 개발권을 시장 가격기능에 맡겨 수요와 공급에 의한 가격형성이 이루어지게 하거나(뉴저지), 개발권 거래대상을 지정하여 같은 지역 내에 땅을 가진 사람에게만 매도하도록 하고, 또한 시(county)는 소유자가 양도를 원하지 않는 경우 그 개발권을 소유자재산상의 피해가 최소화되는 범위 내에서 수용(eminent)한 다음 시의 개발기금에 적립하였다가 이를 사고자 하는 주체에게 팔도록 하는 방식(시카고) 등이 있다. TDR는 용도지역지구제 대신 토지이용규제 역할을 할 수 있으며 개발권의 배당수 및 규제를 통한 개발의 디자인과 밀도, 토지의 용도 등을 조정할 수 있고 환경보전 수단으로도 활용할 수 있다.

이 제도에 대한 공통된 평가는 도시의 팽창에 대한 여러 문제점과 갈수록 중요해지는 환경보전을 동시에 해결할 수 있고, 아울러 인구와 시설의 도시집중에 따른 자연스러운 개발압력을 효과적으로 통제할 수 있는 가장 혁신적이면서도 가장 미국적인 토지이용규제 기법으로 평가받고 있다. 즉 토지이용규제는 물론 저소득층의 주거 공간 확보, 개발손실보상, 우량농지의 보전, 공공용지 및 녹지의 보전, 생태자원의 보호, 역사적 표징건물의 보전 등을 위한 종합적인 토지이용 정책수단으로 활용되고 있다. 우리나라에서도 이 제도를 도입하자는 주장과 논의가 학계와 전문가들을 중심으로 제시되고 있지만 정작 공론화되고 있지는 못한 상황이다.

3) 규제행정조직과 기관

이상과 같은 주요한 규제제도의 작동체계는 전체적으로 보면 의외로 간단한 시스템이다. 대부분의 개발에 관한 규제는 지방자치단체에 의해서 이루어지고 있다. 특히 우리나라의 토지공사와 같은 역할과 기능을 하는 중앙정부 차원의 기구는 존재하지 않고 각 지방정부는 해당 지역의 부동산 개발과 땅의 사용 문제를 직접 통제하고 있다.

앞서 살펴본 것처럼 각 지방정부의 조닝위원회에서 책임지고 운영하고 있다. 따라서 각 지역의 위원회는 더 많은 사람들과 더 많은 산업시설들이 그들의 지역으로 이주해 와서 자유롭게 경제활동을 영위할 수 있도록 하기 위해 최고의 계획을 경쟁적으로 제시할 수밖에 없다.

〈그림 3〉 규제관련 행정조직

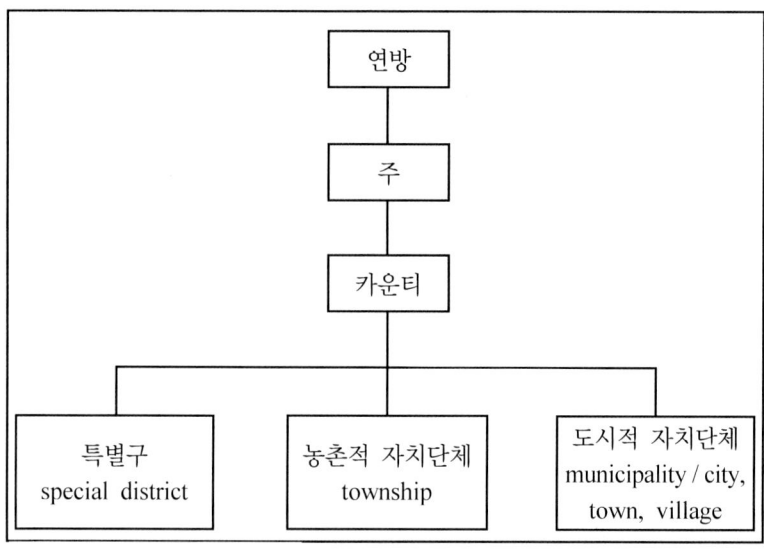

자료: 성연동, 2000

아울러 APA(American Planning Association)는 비영리공공이익

을 추구하지만 연구기관 및 실행기관으로서 65%의 사람들이 주정부와 지방정부의 대리인으로서 농촌과 도시 계획에 관한 일을 하고 있다. 각 지역별로 존재하며 정책계획을 수립하거나 토지사용과 규제 등을 준비·입안하기도 함으로써 이러한 과정에서 민간참여 창구가 되고 있다.

3. 일본의 토지소유권 변화와 이용규제 및 관련 정부기구

일본은 자본주의적 시스템 관점에서 보면 영국과 함께 농업자본주의가 먼저 시작된 국가이다. 즉 농업에서 축적된 자본을 기반으로 산업화가 이루어진 특징이 있다. 일본의 근대적 토지소유권이 확립된 것은 메이지유신이지만 일본헌법에서 비로소 실질적인 개인의 토지소유권이 확립되었다.

농업적 기반에서 비롯된 과거의 도시구조는 매우 경직적이었다. 따라서 산업화 초기부터 도쿄를 중심으로 한 도시구조의 개조가 시작되었다. 비록 성공을 거두지는 못했지만, 몇 차례의 시도를 통해 1888년 도쿄시구개정조례(東京市區改正條例)부터 비로소 도쿄시 전체에 대한 토지소유 및 이용에 관한 제한을 가할 수 있게 되었다.

한편 일본이 본격적으로 현대적인 토지문제와 이를 다루기 위한 제도 정비는 이른바 1950년대 후반 신무경기(神武景氣) 때 부터이다. 즉 산업과 인구의 도시집중 등으로 발생한 지역 간의 격차발생에 대응하여 제정한 각종 토지이용과 거래의 규제부터라고 볼 수 있다. 특히 전체적으로 보면 패전 이후 현재까지 3차례의 지가폭등에 대한 부동산 정책은 토지소유와 이용의 규제, 그리고 세금제도의 강화로 이루어져 왔다.

1990년대 이후 일본경제의 장기침체가 나타나기 전까지, 그리고 부동산의 버블이 붕괴되기 이전까지는 지속적인 규제강화의 틀을 유지하였다. 일본의 부동산 개념은 토지와 건물을 별개의 부동산 으로 취급한다. 그리고 "불가침성"과 "절대성"이 강하다.

1) 소유권의 변천과 일반화

근대적인 토지소유권은 메이지유신(1868년) 이후 메이지헌법(1889 년)에서 명문화되었으나 형식적인 소유권이라고 볼 수 있어서 완전 한 것이라고 보기는 어렵다. 메이지유신 이전에는 토지의 개인소유 를 인정하지 않았다.[10] 메이지유신 당시에도 토지자유매매금지가 해 제되고 지가(地價)조사와 함께 경작자에게 소유권을 부여하는 토지사 유화 제도가 시행되기도 하였으나 충분하지 못한 것으로 보인다.

유럽의 영향을 받은 일본이지만 동양의 전통적인 왕토사상과 천황 체제에 따라 개인의 소유권개념은 희박하였다. 아울러 당시의 소유 권제한 논리가 천부인권에 의한 내재적인 측면이 아니라 국가가 독 점하는 공익에 의한 제한이 가해졌다. 패전 이전까지의 일본에 있어 서도 대부분의 사람들이 타인소유의 토지와 가옥을 임차하고 있었다 고 한다.

1946년 일본헌법 제29조 각항에 의하여 비로소 일반적인 토지 소유권이 정비되었다. 「재산권은 이를 침해할 수 없다. 재산권의 내용은 공공의 복리에 적합하게 법률로 이를 정한다. 사유재산은 정당한 보상하에 이것을 공공을 위하여 사용할 수 있다.」고 명시

---

10) 유신 이전까지는 1643년의 전답영구매매금지령(田畓永久賣買禁止令) 에서 나타나는 바와 같이 개인의 자유로운 토지 매매가 금지되었다.

하였고, 이로써 사유재산에 대한 공공성 측면에서의 제한이 가능하게 된 것이다. 소유권은 제29조 제1항에 「재산권은 이를 침해하여서는 아니 된다.」 제2항은 「재산권의 내용은 공공의 복지에 적합하도록 법률로 이를 정한다.」고 명시하고 있다.

패전 이후 비로소 토지 소유권은 주권자인 국민에게 그 절대성이 보장되었다. 재산권으로서의 토지도 국민의 일반의사에 의하여 일정한 제약을 받는다는, 즉 공공성이 강화되었다. 결국 이를 통해 소유권의 내재적인 제약은 시민법의 원리이며 적극적 목적에 의한 정책적 제약은 시민법의 기능장애를 행정법에 의하여 외재적으로 수정하는 것이기 때문에 핵심적으로는 소유권보장의 상대화, 즉 소유권제약의 확대의 의미로 해석해야 한다는 것이다(오하마게이기치, 2004:85).

1950년대의 고도성장의 기틀을 마련한 일본은 급격한 도시화의 문제에 봉착하게 되었다. 특히 60년대 초반 제1차 지가폭등기(1960~1962년)가 나타난다. 이 시기에는 연 평균 42%라는 기록적인 지가상승이 있었다. 일본은 이 시기에 법을 제정하였고,[11] 사업주체에게 사업대상지역에 대한 토지수용권을 부여하였다는 점이 중요하지만 그러나 반드시 공공성을 유지할 수 있도록 규정한 것이 특징이다. 이와 같은 대책은 절대적 소유권에 입각하여 현재에 이르기까지 토지정책의 기반으로 유지되고 있다.

1972년과 1973년 사이에 2차 부동산 대폭등이 시현되었다.[12] 전년 대비 30.9%, 32.4%라는 살인적인 지가앙등이 있었고, <표2>에서 보는 바와 같이 제3차 지가급등은 1980년대 중반 이후에 나

---

11) 1962년에는 '신산업도시건설촉진법', 1963년에는 '신주택시가개발법'이 제정되었다.
12) 1968년의 '도시정책대강(都市政策大綱)'은 일본 전체를 광역도시권화하는 시도로서 2차 지가폭등의 계기를 제공하였다.

타난다. 일본 정부는 이에 따라 국토청의 신설(1974년)과 토지거래의 허가와 신고 등이 포함된 종합적인 국토이용법의 제정, 1988년 토지기본법의 제정, 1989년에는 법인의 토지거래 규제 등을 신설하였다. 주요 내용은 거주용 자산의 교환특례 원칙폐지, 특별토지보유세의 강화, 이자 제한조치 등을 구사하였다.

〈표2〉일본의 지가동향

(단위: %)

연도	동경권	오오사카권	나고야권	3대 도시 평균	지방 평균	전국 평균
1987	21.5	3.4	1.6	13.7	1.2	7.6
1988	68.6	18.6	7.3	46.6	1.9	25
1989	0.4	32.7	16.4	11	4.4	7.9
1990	6.6	56.1	20.2	22	11.4	17
1991	6.6	6.5	18.8	8	13.6	10.7
1992	− 9.1	− 22.9	− 5.2	− 12.5	2.3	− 5.6
1993	− 14.6	− 17.1	− 8.6	− 14.5	− 1.7	− 8.7
1994	− 7.8	− 6.8	− 6.1	− 7.3	− 1.2	− 4.7
1995	− 2.9	− 1.9	− 4	− 2.8	− 0.3	− 1.6
1996	− 5	− 4.3	− 3.6	− 4.6	− 0.6	− 2.6
1997	− 3.4	− 2.2	− 1.7	− 2.8	− 0.4	− 1.6
1998	− 3	− 1.5	− 0.8	− 2.2	− 0.6	− 1.4
1999	− 6.4	− 5.2	− 3.3	− 5.7	− 1.9	− 3.8
2000	− 6.8	− 6.1	− 1.8	− 5.9	− 2.3	− 4.1
2001	− 5.8	− 6.7	− 1.9	− 5.6	− 2.8	− 4.2
2002	− 5.9	− 8.6	− 4.4	− 6.5	− 4	− 5.2
2003	− 5.6	− 8.8	− 5.6	− 6.5	− 5.1	− 5.8
2004	− 4.7	− 8	− 4.9	− 5.7	− 5.7	− 5.7
2005	− 3.2	− 5.2	− 3.3	− 3.7	− 5.4	− 4.6
2006	− 0.9	− 1.6	− 1.3	− 1.2	− 4.2	− 2.7
2007	3.6	1.8	1.7	2.8	− 2.7	0.1

2) 토지이용 계획 및 규제

일본의 토지이용규제 혹은 도시계획의 기원은 1888년 동경시구 개정조례로부터 시작된다. 이어서 현대적인 도시계획제도는 1919년 도시계획법에서 비롯되어 용도지역제와 도시계획제한제도를 통해 근대적인 토지이용규제제도를 도입하였다(坂本一洋 외, 2002:26). 토지이용 규제제도는 상위계획으로서 국토종합개발법(전국, 도도부현, 지방종합, 특정지구)과 국토이용계획법(전국, 도도부현, 시정촌계획), 수도권정비법 등이 있고 하위법으로서 각 지방자치법이 있으며 이들은 상위법의 범주하에 있다.

2차 대전 패전 이후 경제회복을 위해 도시지역의 주택확보를 위한 건설, 식량 확보를 위한 농경지의 정비 등이 현안으로 떠올랐다. 이를 위해 1950년에 이르러 국토종합개발법, 1951년의 토지수용법, 1952년의 농지법, 1954년의 토지구획정리법이 각각 제정되었다. 이처럼 현대적인 토지제도가 도입되기는 하였지만 토지투기 및 가격 급등이 경제 성장의 장애요인으로 인식된 결과, 토지공유제 및 토지국유화론도 강하게 대두되었다(이동찬, 1995:47).

(1) 국토이용계획법

이 법은 기존의 여러 법률에 산재되어 있어서 상호 관계가 없이 토지 규제가 다발적으로 이루어진 것을 통일적으로 체계화하였다. 제1조 목적에서는 국토이용계획의 책정에 필요한 사항을 규제함과 동시에 토지이용기본계획서의 작성, 토지거래의 규제에 관한 조치 및 기타 토지 이용을 조정하여 종합적이고 계획적인 국토이용을 도모하고자 하였다. 기본이념으로서 국토는 현재와 미래에 있어서 국민의 생활과 생산 활동에 필요한 유한 자원임을 인식하고 공공복지와 자연환경을 보전하는 한편 지역의 자연적, 사회적, 경제적 및 문화적 조건을 배려하여 건강하고 문화적인 생활환경의 확보와 국토의 균형발전을 도모한다는 것을 제2조에 명시하고 있다.

내용 면에서 토지이용계획은 국토이용계획과 토지이용기본계획으로 구성되어 있다. 국토이용계획은 전국계획, 도도부현계획, 시정촌계획을 포함하고 있으며, 토지이용기본계획은 토지이용에 대한 규제의 상위 계획으로서 포함되어 있다. 이 계획은 용도지역으로 구분하여 현실에 입각한 각 지방자치단체의 토지이용 기준을 마련해 주며 총체적·기본적 방향설정 기능을 해준다. 이 법은 명확한 국토이용 기본이념 설정, 국토이용과 토지거래, 그리고 유휴토지와 관련된 다양한 계획 및 규제의 체계화 등을 포괄하고 있으며 각 지방자치단체의 역할을 강화하고 있다.

(2) 도시계획법

목적은 도시의 건전한 발전과 질서 있는 정비를 도모하고 또한 국토의 균형 있는 발전과 공공복지의 증진에 기여하는 것이다. 선언적 의미이지만 기본이념은 농림어업의 조화, 도시생활의 문화화와 기능의 강화를 위한 합리적인 토지이용이다. 도시계획의 궁극적인 목표를 명확히 하여 도시건설과 그 계획에 있어서 토지의 이용을 개인의 자의적인 활용에만 맡겨 두지 않겠다는 것이며, 또한 공공적 관점에서 적정한 제한을 가함으로써 합리적인 토지이용을 달성하기 위한 것으로 해석된다.

이런 점에서 보면 도시계획의 진취적인 목표를 담보하고 있으며 이러한 것은 국민의 공통인식을 바탕으로 국가·지방자치단체 및 주민의 책무를 통해 도시의 원래적 목적을 달성하고자 한 것으로 보인다(박철곤, 2003:70). 이렇게 기본이념을 법에 명시하고 있는 것은 시간이 경과함에 따라 법에 명시되어 있지 않을 때 발생할 수 있는 제정취지훼손, 다양한 해석에 따른 법의 실효성을 확보하고자 하기 위한 것이다.

체계 및 내용 면에서는 ① 토지이용규제를 위한 지역·지구 ② 시가지의 면적 개발을 도모하기 위한 시가지개발사업 ③ 도시 내의 주요한 시설을 정비하기 위한 도시시설을 정하는 것이지만 이들 대부분에 대하여는 각각 따로 법률이 정해져 있고, 여기서 구체적인 권리제한의 내용과 사업의 수법을 규정하고 있다. 도시계획관계법은 도시계획법을 기본으로 하여 ① 촉진구역에관한법 ② 지역지구에관한법 ③ 시가지개발사업에관한법 ④ 지구계획등에관한법 ⑤ 도시시설에관한법으로 구성되어 있다. 도시계획법에 의하여 토지 이용의 규제, 건축 기타의 규제, 각종의 도시정비와 관계된 사업 등이 실시된다. 따라서 도시계획법은 다른 관계 여러 법률과 하나가 되어 완전한 기능을 발휘하게 된다(유해웅, 2000:11).

3) 규제행정조직과 기관

토지정책구조는 다음과 같다. 중앙정부차원에서는 국토청이 중심이 되어 있다. 지방정부는 도도부현으로 구성되어 있고 지방정부는 중앙정부의 광범한 지침하에 의사를 결정한다. 전체적인 토지이용계획은 국토이용계획과 도시계획으로 구분되어 있다. 이러한 국토이용계획에는 중앙정부의 국토계획, 도도부현 계획, 시정촌 계획이 있으며 도시계획에는 도도부현 도시계획과 시정촌 계획으로 구분된다.

단계별로는 국토이용계획에 의해 토지이용계획이 통제된다. 토지이용 계획은 구속적 이용계획으로서 구역구분제와 용도지역제로 구분된다. 토지이용계획하에 도시계획이 있고 지구계획과 건축계획은 각각 상위 계획에 합당하여야 한다.

도시계획은 1919년 도시계획법 이래 도시계획제한과 용도지역제 등을 구비한 근대적인 토지이용규제에서 지속되었고 큰 변화는 패전 이후에 용도지역 지구제를 다양화하면서, 그리고 3차례의 지가 앙등에 따라 관련법을 세부화 시키는 방향으로 진행되어 왔다.

〈그림 4〉 일본규제관련 행정조직

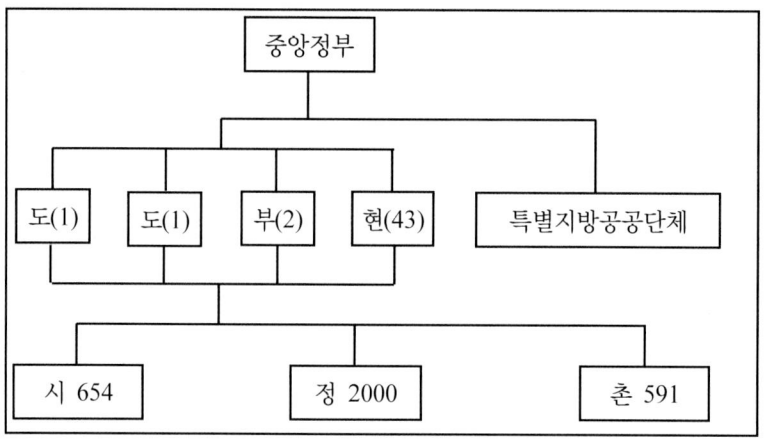

자료: 김영혜, 2004 재인용.

도도부현(都道府縣)은 모두 광역적 지방공공단체로서 원칙적으로 모두 동등한 법적 지위와 구조를 가지고 있다. 지방자치단체는 특히 의결기관인 지방의회와 집행기관인 지사, 시정촌장이 있다. 중앙정부는 지방자치단체에 대해 포괄적인 수권방식을 취하면서도 통제가 강하지 않다.

2001년 중앙 성청(省廳) 개편을 통해 건설성, 운수성, 국토청, 홋카이도 개발청을 하나로 통합하여 국토교통성(Ministry of Land,

Infrastructure, Transport and Tourism, MLIT)으로 통합하였고 이 밑에 수많은 기관 및 소관법인과 연계법인 등을 거느리고 있다.

국토교통성에는 총합정책국(건설업과, 건설시장조정과, 건설시공기획과, 부동산과 등 20개과) 등 총 13개국이 있고 토지와 부동산 관련해서는 토지·수자원국(토지정책과, 토지정보, 지가조사과, 토지이용조정과, 국토조사과 등 10개과)이 있으며 여기서 토지정책과 이용 및 지가조사·공표, 부동산감정 등 토지 관계정책을 다루고 있다. 또 국토계획국(대도시권계획과, 지방계획과 등 6개과)과 주택국(주택정책과, 주택생산과, 건축지도과, 시가지건축과 등 6개과)은 주택행정(공적주택, 주택품질, 주거환경 등)과 건축행정 등을 중점적으로 다루고 있다.

한편 산하 기관에는 국토심의회, 토지감정위원회 등 13개 심의회가 있으며, 특히 "소관독립행정법인"의 하나로서 우리가 보고자 하는 도시재생기구가 있다.

〈그림 5〉 관련기관의 변천도

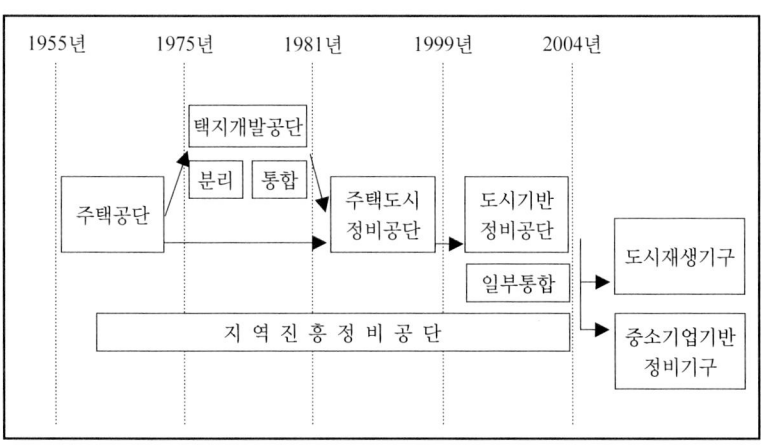

자료: 토지공사 2008에서 재구성

우리나라의 주택공사와 유사한 역할을 하는 도시재생기구(都市再生機構, Urban Renaissance Agency)[13]를 살펴보자. 이 기구는 대도시나 지방도시 등에 있어서 시가지정비개선이나 임대주택을 공급 지원하고 UR임대주택(구 공단주택)의 관리를 주요 목적으로 설립된 독립행정법인이다. 2004년 7월 1일에 도시기반정비공단과 지역진흥정비공단의 지방도시개발정비부문이 통합되어 설립되었다.

운영형태, 업무범위 등은 독립행정법인도시재생기구법에 정한 바에 따른다. 주요 수익원은 UR임대주택의 임대수입이나 시가지정비에 있어서 토지의 매각수익에 의존한다. 자본금은 8,843억 엔, 종업원은 4308명이다. 주요한 사업내용은 도시재생생산(produce), 지진 등의 복구 지원 사업, 도시부(都市府)의 방재기능 강화 등이다.[14]

산업단지 공급 및 관리는 중소기업기반정비기구(SMR)에서 담당하고 이 기구는 기존의 지역진흥공단의 산업단지부문과 중소기업종합사업단 및 산업단지정비기금 등을 통합하여 2004년 7월에 설립된 것이다. 이 기구는 기업들의 유치와 창업을 지원하는 인큐베이터 및 입주기업들의 편의를 도모하기 위한 상담 등을 진행한다.

일본의 경우에도 토지공사가 존재한다(토지공사, 2008:7). 그러나 중앙 정부차원이 아니라 지방자치단체가 공유지확대추진법에 의거하여 2003년 설립한 것이다. 이 지방공사는 공공사업을 위한 토지비축업무를 중점적으로 수행하고 있으며 2007년 말 현재 토지

---

13) 1955년 고도성장과 관련하여 중산층에 양질의 주택을 공급하고자 하는 목적으로 일본주택공단이 설립된 것이 효시이다. 1981년 택지개발공단이 통합되어 주택·도시정비공단으로 전환되었다. 1999년에는 1995년의 고베대지진에 따른 2만여 채의 주택복구가 문제시되었고 이에 주택공급 및 도시정비에 중점을 두고 있는 도시기반정비공단을 개조하고 분양주택의 공급을 정지하였다.

14) www.ur‐net.go.jp

비축면적은 약 27,000ha 규모이다. 즉 중앙차원의 토지공사역할을 지방에서 담당하고 있으며, 토지비축업무를 중점으로 한다.

4. 영국의 토지소유권 변화와 이용규제 및 관련 정부기구

자유방임주의와 산업혁명, 그리고 시장경제 발전에 따른 토지사유의 절대주의가 발생하게 되는데 어떻게 소유절대주의와 공익을 위한 토지의 사회성을 조화롭게 달성하고 있는지 자못 궁금한 일이다.

영국은 산업혁명과 함께 인구의 도시집중으로 인해 사회적·환경적·경제적 문제가 야기되었고 1800년 후반부터는 사람들은 전원적 생활을 위해, 그리고 기업은 혼잡비용과 높은 땅값의 부담을 피해 농촌지역으로 이주하는 현상이 나타나기 시작하였다.

생산능력의 급속한 확장은 생활수준의 향상이라는 결과를 가져왔으나 심각한 사회문제도 동시에 잉태하였다. 즉 노동조건이 열악해졌음은 물론 주거환경은 한계에 달했다. 1851년 35%, 1871년 62%에 이르는 도시화 율에서 나타난 것처럼 인구의 도시 집중이 급격히 이루어졌고, 자유롭고 무분별한 토지개발은 토지에 관한 제도개혁의 필요성을 불러일으켰다. 다시 말해 산업혁명의 병폐로 인하여 영국은 일찍이 전원도시에 대한 사회적 요구가 발생한 것이다.[15]

---

15) 1841년 영국인의 평균수명은 41세인 데 비하여 공업도시였던 리버풀이나 멘체스터는 24세에서 26세였다(최병선, 2000:326). 아울러 노동자들의 쟁의가 반복된 결과 1799년의 단결금지법, 1819년의 노동관련 6법을 탄압하는 입법 등이 제정되었다. 열악한 근로상황은 노동자들로 하여금 단결의 중요성을 인식하게 하였고 이로써 1834년에는 전국 노동조합대연합이 이루어졌다. 1837년의 공장법, 1847년의 10시간법 등 보호입법, 1848년의 보건법, 1855년의 공해제거법, 1866

따라서 영국의 국토이용은 자연스럽게 도시와 농촌을 구분하지 않고 국가 전체를 하나의 공간차원에서 다루는 토지 및 도시재개발 관련 정책이 근간을 이루게 되었다. 영국은 국가주도방식과 시장과 사법(私法)영역을 적절하게 혼용하는 국가로 볼 수 있겠다.

영국의 부동산(real property) 개념은 토지 및 그에 부착된 인공구조물(real estate)로서 그에 부대하는 여러 권리(소유권, 관리권, 향유권, 매각과 양도권 등)를 포함하는 것을 의미한다. 그러므로 토지와 건물은 독립된 부동산이라고 인식되고 있지 않다.(토지공사, 1992:33). 특히 이러한 기한 있는 소유권은 토지에 대한 배타적인 소유와 지배로 여러 권리를 향유할 수 있지만 이용권은 공공적 목적을 달성하기 위한 범위 이내에서만 가능한 것이 또한 특징이라 할 수 있다.16)

영국의 토지규제는 판례를 통하여 이루어지고 있다. 이는 과거 사례와 공정성 및 합리성에 근거하여 판단하므로 공법적 의미가 부여되며 따라서 국가는 명백한 공적인 목적과 행위가 공정하고 합리적인 한, 법적으로 토지를 수용할 수 있고 개인의 토지권리를 제한할 수 있다(국토개발연구원, 1995:43).

영국은 불문법의 체제이기 때문에 부동산에 대한 사적 권리는 헌법으로 보장받지 못하지만 이때의 국가는 공공적 조직으로서 모든 국민을 대상으로 하여 공정하고 합리적이어야 한다는 전제가 있기 때문에 가능하다. 그러므로 이 조건하에서는 국가는 법적으로

년의 위생법의 제정 등에서 나타나듯이 당시의 사회상황은 참혹했다.
16) 이와 같은 부동산의 여러 권리는 두 가지 양태로 제약을 받는데 첫째, 지역권(easement)과 이웃권리(right of neighbours), 계약(covenants)에 의한 이용의 제약과 둘째, 공법에 의한 것으로서 아래에서 살펴볼 TCPA(Town and Country Planning Act)와 환경 및 주택법 등에 의해서이다.

토지를 수용할 수 있고 토지에 대한 권리를 제한할 수 있게 된다.

1) 소유권의 변천과 일반화

영국은 전 국토가 국왕의 소유라는 왕토사상이 근본을 이룬다. 따라서 토지소유제도는 다층구조로 발전해 왔다. 즉 관습법상 토지의 절대적 소유권은 국왕에게 있고 개인은 사용권만을 가진다는 관념이 지배적이다. 이것은 크게 불확정기한부점유권(free hold)과 확정기한부 점유권(lease hold)으로 구분된다. 그러므로 토지소유권은 헌법상의 권리라기보다는 관습법에 의한 제한된 권리로서 대륙법체계에서 나타나는 소유권개념은 없다. 그러나 그렇다고 영국에서의 사적인 소유권이 부인된다는 근거는 없다(박철곤, 2003:60).

시민혁명은 토지의 사적 소유제가 성립되는데 결정적인 역할을 하였고 이를 통해 대지주와 차지농(借地農)과의 관계는 농지의 임대차라는 새로운 형태의 이용권으로 전환되어 토지소유권은 소유와 이용 중심으로 분리되는 계기가 되었다(김윤구, 1986:12). 영국의 토지이용에 관한 규제는 구빈법(Poor Law, 1848)에서부터 시작되었다는 것이 정설로서 주거환경개선을 위한 건축규제가 주 내용이었다.

그러나 20세기에 들어서 보다 더 엄격한 규제가 가해지기 시작했고, 이후 집권당의 정책노선에 따라 극명하게 공적규제와 시장자율에 의한 토지소유규제가 반복적으로 구사되었다. 즉 노동당은 토지 공유화와 적극적인 이용규제를 정책의 근간으로 한 반면 보수당은 자유주의 시장메커니즘을 신봉하여 토지이용과 소유에 대한 규제를 최소화·소극적으로 추진해 왔다.

현대적 의미의 토지이용제도 및 도시계획규제로서는 1909년 주택 및 도시계획법(Housing Town Planning Act) 이후 개발예정지에 대한 규제가 시초이다. 1925년 부동산법(Law of Property Act)은 오랜 전통에 대해서 개혁적 조치를 취하면서 불확정기한부점유권과 확정기한부 점유권이 정착되는 계기를 마련했다. 1932년의 도시농촌계획법(Town and Country Planning Act), 1947년의 TCPA, 1948년의 토지심판소법(Land Tribunal Act), 1972년의 TCPA, 1976년의 토지위원회법(Land Commission Act), 1975년 토지공유화법(Community Land Act) 등을 제정하여 토지의 사적 소유와 이용을 제한하였다.

특히 1947년의 법은 토지소유권에서 개발권을 분리하여 그것을 공유화한 것이 특징이다. 즉 당시의 토지소유자에게는 토지의 이용권만을 인정하고 장래의 개발권은 국가가 갖도록 한 것이다. 그러한 이유로는 첫째, 녹지보전과 둘째, 토지로부터 발생하는 개발이익과 개발손실의 조정을 위한 것이었다(김상용외, 2004:232).

현대에 있어서의 영국 토지이용계획의 특징과 근간은 1965년 노동당정부가 추진한 정책들이다. 주요 내용은 첫째, 공적계획을 실시하기 위해서 필요한 토지를 쉽게 이용할 수 있도록 하고 둘째, 개발이익을 사회화할 수 있도록 하는 내용이 중심이다. 앞서 언급한 바와 같이 집권당이 보수당인가 아니면 노동당인가에 따라 토지에 관한 입법 정신과 정책수단이 변해왔지만 큰 흐름은 개인토지의 사회화 경향이 크게 변화하지는 않았다는 것이 특징이다.

토지이용에 관한 각종의 계획은 사실상 토지의 소유권을 간접적으로 규제하는 성격을 지니고 있다. 이런 점에서 영국의 토지이용규제는 공공성을 확보하고자 하는 것으로서 사실상 토지소유권의 절대성을 완화시키는 의미이다. 그럼에도 불구하고 여러 계획들에 대한 주민참여제도는 이해당사자 간의 갈등을 최소화 시키고 있다.

(1) 토지소유권규제의 변천

토지이용계획의 구조는 용도지역을 정하는 바와 같이 명확한 규제나 도시계획제한(예컨대 용적률, 건폐율, 고도 제한 등) 등이 없는 대신 기본적인 사항만을 정한 법에 의하여 진행되지만 계획허가 신청단계에서 엄격한 심사를 취하는 방식으로 발전되어 왔다. 이것은 사회에 뿌리내린 자유주의적 가치관을 확고하게 제어할 수 있는 사회적 방안의 하나로 이루어진 것이라 할 수 있다.

1909년의 주택 및 도시계획법(Housing Town Planning Act)의 특징은 노동자계급이 이용하는 주택을 제공하는 데 있어서 지방공공단체는 자치성의 인가를 조건으로 하여 토지를 강제로 취득할 수 있는 권리를 부여하고 있으며 특히 개발이익의 공공환수를 규정하고 있다. 즉 대지주의 토지에 대한 권한을 약화시켜 토지의 충분한 활용과 실질적인 토지 국유화를 추구하는 것이었다.

1938년의 그린벨트법의 제정과 함께 1939년에는 런던을 중심으로 하여 그린벨트가 설치되었으나 이때에도 사유지에 대한 벨트지정은 가능하지 않았고 따라서 정부가 사유 토지를 매입하여 지정하였다. 이어 1942년 Uthwatt위원회(Expert Committee on Compensation and Betterment)는 토지개발권의 국유화와 개발이익의 철저한 환수를 제안하였다.[17]

---

17) 동 시기에 활동하였던 위원회는 Barlow 왕실위원회(1938), Reith위원회(1945) 등이 있다. 이들 위원회는 대도시문제는 전국적 혹은 지역적 차원의 대응이 필요하다는 것과 국가적 차원의 역할을 할 주무부처 설치, 전원도시를 개발할 신도시개발공사 설치 등을 제안하였다. 이러한 결과 탄생된 법은 대런던계획(Plan for the Greater London, 1944), 공업배치법(Distribution of Industry Act, 1945), 신도시법(New Town Act, 1946), 국립공원 및 전원보호법(National Park and Access to the Countryside Act, 1949), 도시개발법(Town Develo-

한편 1947년의 TCPA(Town and Country Planning Act)는 1932
년의 TCPA를 개정 보완한 것이다. 사유지의 강제매수와 토지 개
발가치의 국유화를 인정한 획기적인 내용임과 동시에 종합적인 근
대 도시계획제도의 모델로서 자리하였고, 이 법이 근간이 되어 토
지소유권 규제에 대한 흐름은 현재까지 이어지고 있다. 1947년 도
시농촌계획법은 영국 의회에서 전후 노동당이 통과시킨 법이다.
이것은 영국의 현대 도시농촌계획법의 시초가 되었다.[18]

  1951년 집권한 보수당은 1953년 개발부담금제의 폐지와 1954년
토지매매규제를 폐지하였다. 아울러 1959년의 개정에서는 ① 토지
수용에 있어서 시장가치로 보상기준을 정하고 ② 도시계획으로 인
하여 점유자 또는 소유자가 받은 손해에 대하여 지방공공단체가

---

pment Act, 1952), 그린벨트의 전국적 확산정책(Government Circular
on Green Belt,1955) 등이 만들어졌다.

18) 법률의 가장 중요하고 기본적인 조건은 토지 개발을 위해서는 계획
   허가가 있어야 된다는 것(planning permission, 계획허가란 영국에서
   건물을 토지에 짓거나 토지나 건물의 용도를 바꿀 때 받아야 하는
   허락)이었다. 개인 소유권 하나만으로는 토지를 개발할 권리가 없다.
   현지 관료나 기관들은 계획 허가를 내줄 수 있었을 뿐만 아니라 그
   외에도 막강한 권력을 행사하였다. 그들은 자신들이 토지 재개발을
   할 수도 있었고 의무 구입(compulsory purchase, 의무적 구매란 국
   가의 힘을 상속받아 국민의 사유재산이나 재산의 권리를 소유자의
   동의 없이 징발할 수 있는 법률제도) 명령을 내려 땅을 사서 개인
   개발자들에게 임대를 해줄 수도 있었다. 또 그들은 야외 광고를 제
   어할 수 있는 권력과 수목 토지나, 역사적 유서가 깊은 건물들을 보
   존할 의무가 있었다. 토지 소유자가 토지를 '개발되지 않은' 가격에
   팔기를 거부했을 경우 중앙 토지 위원회는 강제적으로 구매해 다시
   소유자에게 팔 권리가 있었다. 영국은 2차 대전 이전에 계획 및 개
   발규제, 즉 용도지역지구제(Zoning)가 존재하였으나 전쟁 중에 발생
   한 불황과 실업으로 인하여 인구의 이동이 주로 중부와 남동부로 집
   중적으로 이동하였고 이에 따라 도시문제가 혼란해진 결과로 실패하
   였다(진봉선, 2002:29).

토지상 권리를 의무적으로 매수하도록 한 것이 특징이다(유경춘, 1990:324). 이러한 보수당의 자유주의적 경쟁원리를 적용한 토지거래의 자유화는(개발부담금제도의 폐지, 민간매수의 해제, 사유지 매수가격의 현실화 등) 토지가격의 폭등을 초래해 심각한 사회·정치적인 쟁점이 되었다.

1964년 집권한 노동당은 1968년 법을 개정하였는데 그 가운데 주목할 것은 개발규제에 의한 주민의 권리침해 구제수단의 대폭적인 개선이다. 즉 기본계획과 세부계획 수립 시 주민의 의사를 반영하고 이의신청제도를 도입하는 한편, 허가결정에 관한 심사청구의 기회를 부여하고 청문(聽聞) 기회를 부여하였다. 또 관할장관이 지방공공단체에 토지 수용권을 부여하여 개발 및 재개발의 필요가 있는 토지, 그 지역의 적정한 계획을 위하여 직접 취득할 필요가 있는 토지는 수용할 수 있도록 하였다. 공공건물 사업장관(Minister of Public Buildings and Works)에게는 공공적 역무를 위하여 필요한 토지의 강제취득권한을 부여하였다.

토지위원회법(1967)은 ① 토지매수국유화를 위하여 토지위원회를 설치하고 토지위원회는 중요한 개발을 위하여 적당하다고 인정되는 일체의 토지를 취득할 수 있는 강제수용권을 가진다. ② 취득한 토지의 관리, 개발권을 다른 기관에 처분할 수 있다. ③ 토지위원회가 보유하는 토지에 대해 이를 매수하는 자가 얻는 불로소득을 방지하기 위하여 토지증가 과징금제도를 도입(betterment levy)하였다. ④ 토지위원회가 보유하는 토지를 주택용으로 양도하는 경우 당해 토지의 장래가치를 위원회에 귀속시킬 유보조건을 붙일 수 있다(crown-hold disposition). 그러나 이 법은 보수당 집권과 함께 1971년 폐지되었다.

1975년 노동당 정권에 의하여 제정된 토지공유화법(Community Land Act)은 토지개혁이라고 불릴 정도로 강력한 규제를 포함하고 있다. 즉 개발권의 공유화와 토지소유권자체를 공공기관이 취득하고 적정개발개념을 도입하여 공공의 목적에 부합하는 방안을 수립한 것이다.(박철곤, 2003:60).

1980년의 보수당은 지방정부계획 및 토지법(Local Government, Planning and Lan Act)을 제정하여 카운티(county) 규제권한의 대폭적인 축소 및 디스트릭트(district)로의 대폭적인 권한 위임, 기본계획에 대한 환경성의 승인절차 간소화, 개발규제대상의 축소화 등의 조치를 단행하였다.

2) 토지이용 계획 및 규제

원칙적으로 지방자치단체가 TCPA에 기초하여 독립된 계발계획을 수립한다. 즉 카운티가 주체가 되어 수립하는 광역적인 기본계획(카운티 중심)과 디스트릭트가 수립하는 지방계획(디스트릭트 대상)으로 구성되어 있다. 그러나 1986년의 개혁에 의하여 단일(연계)개발계획체제로 일원화되었고 이것은 토지이용에 관한 규제적 성격이라기보다는 지침적인 성격을 가지고 있다.[19]

먼저, 1947년의 TCPA 특징은 ① 지방 계획청이 그 지방의 토지이용 및 개발의 실시단계를 나타낸 개발계획을 작성하여 전면적인 토지이용계획을 수립한 것이다. ② 모든 개발행위는 이 개발계획에 따라 중앙정부나 지방계획청의 허가 없이는 수행할 수 없도록 개발권의 국가귀속과 개발을 허가하는 제도이다. ③ 지방 계획

---

19) 이 외에도 구개발계획, 비법정계획지침, 국가계획정책지침 등이 있다.

청에 의한 개발구역 내의 토지에 대한 강제매수권이 주어져 있다. ④ 사유지의 매수가격을 현재의 사용가치에 따라 결정하도록 하고 있다. ⑤ 개발부담금징수제도가 신설되었다.(전운, 1978:52)

이에 따라 개발에 관한 규제는 다음과 같은 원칙을 유지하고 있다. 즉 중앙은 그 하부조직으로의 권한을 이관하고 관(官)은 민간으로의 각종 권한을 이전하는 것을 특징으로 하고 있다. 부동산 개발은 주로 민간업자, 즉 자산관리(property management)사들에 의해서 이루어지고 있는 것이 특징이다. 민간업자들은 지방정부의 각종 투자유인책에 의해서 그 지역에 이익이 발생할 경우 토지를 임대(lease hold)하여 개발(재개발 및 재건축)사업을 진행하고 있다.

이때 중요하게 적용되는 것이 TCPA에 의한 각종 규제이다. 이러한 규제는 개인들보다는 민간업자와 행정관청의 손에 의해 대부분 이루어지므로 직접당사자는 그 내용을 충분히 알기 어려울 정도이다. 즉 위의 법에 의한 구체적인 규제는 개인이 주택을 손질하는 데까지 너무 세밀하게 규정되어 있으므로 일반적으로 건축업자(builder)들이 개발계획 혹은 수리계획을 수립하고, 인가를 받아내어 시공한다. 여기에는 환경 친화적이어야 한다든지, 이웃 간의 권리인정이라든지 하는 구체적인 내용들이 매우 포괄적이다. 다만 TCPA 제13조에 의거한 허용된 개발(permitted development)로 명시된 23개 등급[20]의 경우에는 통제 없이 단계별로 수립된 지침에

---

20) 1등급: 주택부지 내의 개발, 2등급: 문, 울타리, 건물의 외벽채색, 3등급: 용도의 변경(용도 분류령에 의해 분류된 용도범위 내에서의 용도변경), 4등급: 일시적인 건물과 토지이용, 5등급: 특정 레크리에이션 기관의 회원에 의한 토지이용, 6등급: 농업용도의 건물, 공사, 토지이용, 7등급: 산림업용도의 건물 및 공사, 8등급: 공업용도의 개발, 9등급: 아직 지방정부에게 관리를 인계하지 않은 도로를 인접 주택 소유주가 수선하는 행위, 10등급: 하수도와 같은 서비스시설의 수선,

따라 수행이 가능하다.

한편, 카운티에 의하여 수립되는 광역적, 전략적 개발계획으로서는 장래의 토지이용, 시설, 환경개선 등에 대한 방침을 정하는 기본계획(structure plan)과 디스트릭트가 주관이 되어 수립하는 지방계획(local plan)이 있다. 구체적인 토지이용계획에 따른 토지이용 및 개발규제를 목적으로 한 지방계획은 1986년 단일계획(혹은 연계계획;unitary plan)으로 통합되었다. 이 단일계획은 디스트릭트(district)가 주도적으로 수립하며 계획안의작성에서 부터 광역적인 목표달성 및 그 개선에 대한 대안, 과정에서의 공청회 개최, 심사 및 보고, 승인 등을 매우 엄격하게 진행하고 있다.

(1) 개발권과 소유권의 분리

영국은 그린벨트 내의 토지개발억제를 위하여 지속적인 노력을 기울여왔다. 지방정부가 녹지를 매수하기도 하고 중앙정부가 토지매수자금을 대여하기도 하며 녹지공간내의 토지소유자와 계약에 의하여 농지로만 이용할 것을 약정하기도 하였다(김상용외, 2004;232). 그러나 이 제도는 정부에게 막대한 재정적 부담을 안겨주었다. 따라서 1947년 TCPA 이후부터는 모든 토지의 개발에 있어서 정부 허가를 받도록 함으로써 토지매수에 따른 재정적 부담을 해소할 수 있게 되었다.

그러나 한 가지 중요한 문제는 개발지와 그렇지 못한 지역의 이익과 손실 발생에 대한 조정이다. 이는 국가가 개발권을 가지고 있기 때문에 이익과 손실을 조정해 주어야 하는 의무가 발생한다.

11등급: 戰災를 입은 건물, 공장 및 작업장 교체, 12등급: 지방법, 사법, 행정명령 등에 의한 개발, 13~23등급: 지방공공기관이나 특허업자에 의한 개발(고속도로개보수 등)(김영혜, 2004:91)

이를 해결하기 위해 가장 바람직한 방법은 모든 토지를 국유화하는 것인데 이는 정부재원의 부족이라는 사실도 문제려니와 자유시장경제의 사적 재산권보장과 근본적 충돌이 발생한다. 따라서 지가의 상승과 가치의 이전을 유발하는 개발권만을 공유화하는 방식을 채택하게 되었다.

그러나 개발권을 국가로 이전한다는 규정이 없는 것이 영국의 특징이기도 하지만 다음과 같은 방식으로 공유화가 실천되었다. 첫째, 개발은 반드시 개발허가(planning permission)에 의하여 개발하도록 하고 둘째, 허가가 되지 않더라도 토지주인은 그에 따른 보상청구가 불가하며 셋째, 토지소유자는 개발로부터 향유한 이익을 개발부담금(development charge)으로 납부토록 한 것이다. 아울러 개발권상실에 따른 보상조치는 정부가 기금에서 보상하도록 되어 있다. 이 제도의 특징은 미국에서는 개발권에 시장유통성을 부여한 대신 영국은 공유화한 것에 차이가 있다.

3) 규제행정조직과 기관

영국은 4개 왕국이 하나의 국가를 이루고 있는 연방국가 형태이다. 그리고 일반적으로 대도시(city)지역과 비도시지역이 있고 내부에 카운티(county)가 있으며 동렬의 자치도시(borough) 혹은 자치구가 있다. 그리고 하부에는 지구(district)와 주에 따라 타운(town)이 있다.

영국의 왕권은 상징적이라는 점에서 사실상의 행정은 각 지방정부에 있다. 즉 조직·인사 등에 있어서 매우 광범하게 자치권을 위임하고 있으므로 중앙정부도 상징적 존재라고 할 수 있고 따라서 충분한 통제를 할 수 없다. 그러므로 중앙과 지방 간에는 계층적으로 보면 단계가 없는 점이 특징이다.

영국은 의회가 매우 발달하여 있으므로 지방의회는 의결기관인 동시에 집행기관의 성격을 가지고 있다. 이에 따라 지방자치단체의 공무원을 직접적으로 지휘하고 감독하는 권한을 가지며 각 지방정부(자치단체)의 실질적인 행정수행은 해당 지방의회의 각 분과위원회가 담당한다고 보아야 한다. 그리고 연방정부 혹은 중앙정부는 환경성(Department of Environment)을 통해 지방정부의 계획수립과 규제활동 등에 대해서 필요한 지침 등을 제공하고 있다.

<그림 6>과 같이 대도시지역은 1986년 이후 연방 혹은 중앙정부와 지구(district)와의 관계만 설정된 1단계 지방정부 구조이지만 비대도시지역은 카운티와 지구(district)인 2단계 지방정부 구조이다. 지방정부의 토지이용에 관한 계획과 규제는 지구에서 담당하고 지구 안에서의 계획과 규제에 대한 최종결정은 앞서 말한 대로 해당 지방의회 소관 위원회가 한다.

〈그림 6〉 영국의 규제 행정조직도

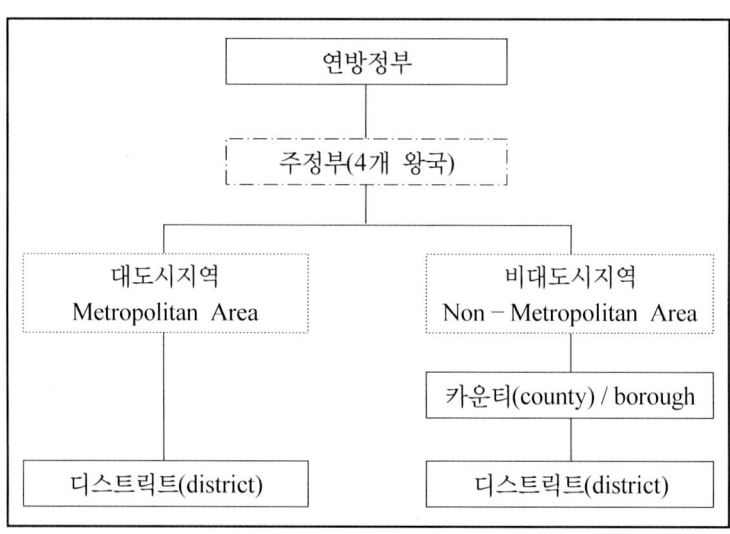

지방정부의 역할은 구조계획(structure plan)과 지방계획(local plan)을 세워 토지이용의 지침을 제시토록 하는 2단계 계획체계이다. 아울러 대도시권의 지구단위에서 수립하는 연계개발계획을 도입하고 토지이용규제의 지침역할을 한다(渡邊俊一, 1997:5). 그러나 이러한 계획은 토지이용규제에 대한 지침을 제시하는 것이고 규제력을 가지고 있는 것이 아니며 현실적으로 토지이용을 위해서는 계획허가제에 의한 별도의 개발허가를 받아야 한다(김영혜, 2004:884 – 888).

카운티에서는 앞서 살핀 구조계획을 수립한다. 이 구조계획(structure plan)[21]은 해당지역의 사회경제적 전략에 관한 기본계획으로서 개발정책을 제시하고 국가와 지방의 동태적 상황을 충분히 고려한 것이다. 물론 광역의회는 이러한 지방계획이 구조계획에 부합하는 지에 관한 자문권(諮問權)을 가지며 또한 이 계획은 중앙부처 간 및 이해집단 간의 조정을 충분히 거치며 해당부처 장관의 승인이 필요하다. 한편, 이 계획은 지역전체의 장래에 대한 토지이용, 시설, 환경개선 등에 관한 방침을 목표로 하고 있다. 여기에는 ① 인구 및 고용의 분포 ② 주택 ③ 공업 ④ 수송 및 유틸리티시설 ⑤ 쇼핑 ⑥ 교육 ⑦ 기타 사회적 시설 또는 커뮤니티 시설 ⑧ 레크리에이션 및 여가시설 ⑨ 자연보호 및 경관 ⑩ 기타관련사항 등에 대한 계획을 포함하고 있다.

다음으로는 지구(district)에서 수립하는 단일개발계획이 있다. 지방계획은 지구계획(district plan)과 사업시행지구계획(action area plan) 및 목표사업계획(subject plan)이 있다. 이 계획들의 특징은 구조계획의 하위 상세계획으로서 지방개발규제의 세부적인 지침이

---

21) 우리나라의 도시계획 혹은 군종합개발계획과 유사한 내용을 포함하고 있다

지만 이는 실정법적 계획이다. 물론 이 계획의 수립과정은 해당 지역의 모든 이해관계자들의 참여가 제도적으로 보장되어 있다. 즉 공개토론회를 해야 하며 주민들의 참여를 통해 다양한 이해갈등에 대한 문제점을 최소화하는 노력을 진행해야 한다. 이 계획들은 중앙정부의 장관승인이 불필요하며 자치정부가 개발통제권을 가지고 있어서 해당지역의 특수성을 충분히 반영할 수 있다.

(1) 지역발전기구(Regional Development Agency)

영국의 지역발전 기구는 전국단위의 RDA를 잉글랜드, 웨일즈, 스코틀랜드에 각각 두고 이들 산하에 지역수준의 RDA를 존치시켜 왔다. 전국단위 RDA는 국내외 기업유치와 고용창출을 주요전략으로 삼고 지역의 산업·경제발전을 위한 업무를 중점적으로 수행하고 있다(한국산업기술평가원, 2007:1 - 7).

영국 정부에서 운영하는 토지개발 관련 기관은 필요에 따라 설립하고 다시 그 목적이 달성되거나 사회적 존재가치가 다할 경우 폐쇄되는 양상이 반복되어 왔다. 이러한 양상은 다른 국가에서도 일반적으로 나타나는 현상이다. 1950년에 설립된 도시개발공사(Urban Development Corporation: UDC)는 1998년 해체되었다. 1992년에 설립되어 운영되다가 1998년 소멸된 도시도전파트너십(City Challenge Partnership: CCP), 1993년부터 설립되어 운영된 광역 공공 민간 합작 개발사업(English Partnership: EP) 등이 대표적이다. 현재는 1999년 설립되어 운영되고 있는 지역개발공사(Regional Development Agency: RDA)가 있고, UDC는 그동안 역할을 수행하지 못하였으나 2003년 재활동 중이다.

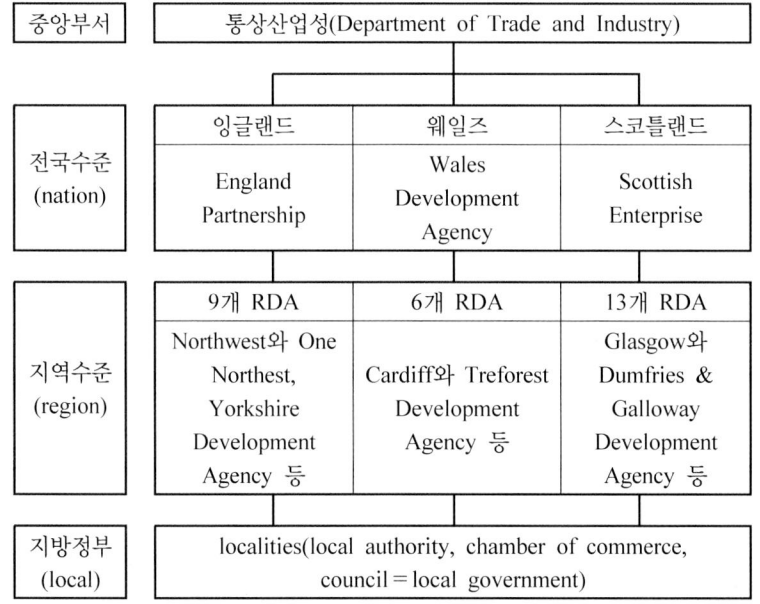

먼저, UDC는 일정지역을 재생하거나 주거환경 개선 등을 위한 토지의 매입, 그리고 도로 등 기반시설 건설 기능을 수행하는 한편 민간 기업을 보조하였다. 이 기관은 도시지역에서의 토지 이용 효율화를 목적으로 하고 이에 따라 토지의 취득, 산업 및 상업단지 공급을 위한 기반시설을 제공하는 한편 이를 위해 해당 지구 내에서는 토지의 수용권 및 계획수립권과 개발허가권을 보유하였다.

CCP는 민간과 공공의 합작으로 진행된 개발사업과 수행과정에서의 토지개발 사업을 진행하였다. 물론 주택 건설사업도 일부 진행하였다. EP는 민관합작운영 기관으로서 지방정부와의 공동투자 및 토지개발사업의 지원, 그리고 토지개발업무를 수행한 바 있다.

전국수준의 RDA는 광역권 개발과 지방분권 활성화, 지역 투자 효율성 제고, 지역경제의 경쟁력 강화 및 지속 가능한 개발을 촉진하기 위한 목적으로 중앙정부 차원에서 운영하고 있다. 기능 속에는 지역개발계획의 수립과 산업단지 개발, 지역경제를 살리기 위한 기술개발과 투자 등도 포함된다(한국토지공사, 2008:8).

〈그림 8〉 영국 지역개발공사와 지역균형개발체계

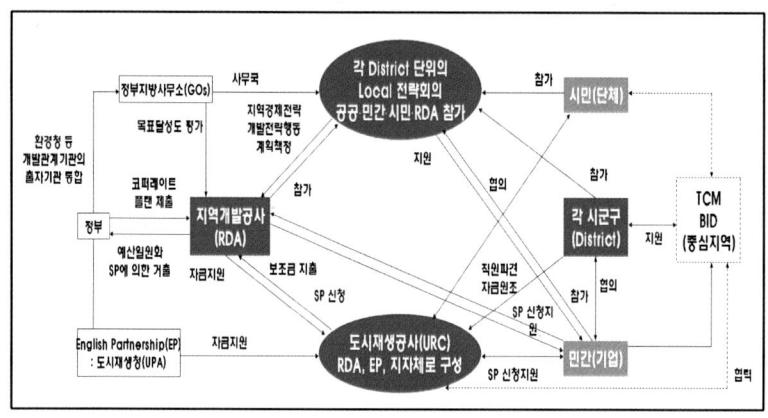

자료: 한국토지공사, 2008.

그러나 지역 RDA는 마찬가지로 지방의회와 연계되어 해당 지역을 중심으로 한 지속 가능한 개발정책을 구사하고 있음으로써 앞서 살펴본 지방계획 틀 속에 포함된 사업구조를 가지고 있다. 그리고 일관되게 민간사업의 지원이나 민간 혹은 지방과의 깊은 연계 속에 그 역할을 수행해 오고 있다.

각 지역의 RDA의장은 지역사회에서 활동하고, 해당 지역사회 (기업, 사회)의 욕구와 상황을 잘 이해하는 사람을 선발한다. 특히 위원회(RDA Board)는 각 지역별로 지역 내에서 정부, 노동자단체, 지역기업대표, 비영리단체 대표, 농촌지역 대표 등이 참여하는 폭넓은 이해관계자집단의 대표 등으로 구성된다. 그리고 여기서 해당지역 사업의 우선순위가 결정되거나 혹은 이해충돌을 최소화하는 역할을 담당한다. 이사회구성은 통상 8~15명 수준이다.

지역 RDA는 지역균형개발을 목표로 하고 있기 때문에 각 지역마다 특화된 장기 계획(10~20년)인 지역경제전략을 구체화시켜 지방정부에 제출하는 한편, 이로써 본부의 기능인 광역도시권 혹은 광역 지역의 경제 및 사회적 수요에 합당한 전략 수립이 원활하게 이루어지도록 하고 있다(한국토지공사, 2008:9). 또한 지역의 물리적·사회적 쇄신과 부흥, 서비스 개선 등 지역사회의 전반적인 발전시책을 추진하기 때문에 지방 RDA는 각 지구(district)로 구성된 지역전략회의에 참여하여 민간기업과 협의가 이루어지도록 하고 구체적인 실행계획을 수립하는 등 지역밀착형 구조를 유지하고 있다.

영국 RDA의 주요재원조달은 중앙정부로부터 받는다. 참고로 중앙정부의 예산은 07 / 08회계 연도 기준으로 한화 약 4조 2,716억 원이 갹출되었으며, 이 재원은 RDA와 관련한 6개 중앙부서의 13개 사업을 통합하여 통상산업부의 배정기준에 따라 차등 배분하는 방식을 취하고 있다.

그럼에도 불구하고 기관의 형태는 준 자율조직으로서 반관반민이며 운영방식은 기업형이라 할 수 있다. RDA는 독립적이고 준자율적인 조직운영방식을 택하고 있으며 지역RDA는 살핀 바와 같이 조직구성에 있어서 지역 내 구성원의 참여와 협력을 중시하고 있다.[22]

---

22) 반면 일본의 RDA는 광역자치단체로부터 재원을 조달하고 기능은 산업진흥 및 지원에 목적이 있고, 기관의 형태는 광역자치단체 외곽기관으로 존재하며 운영방식은 관료제라고 할 수 있다. (한국 산업기술평가원, 2007:9)

5. 독일의 토지소유권 변화와 이용규제 및 관련 정부기구

경제적 관점에서의 독일이 후발국이 될 수밖에 없는 여러 이유 가운데 하나는 산업화초기의 권력구조가 중앙집권적이지 못한 것에 있었다. 이 배경은 중세 후반 1840년대까지 독일의 전 영토를 강력한 봉건영주들(소 영주국)이 분할통치하고 있었기 때문이다. 독일의 도시화 진전율은 1840년에 30%에 이르고 있었으나 중앙 차원 혹은 전국적 차원에서 효과적인 정책은 수행되지 못했다.

1851년 영국의 도시화 율은 약 35%로 나타났고, 그리고 1900년의 미국(40%)과 비교해 보아도 독일은 인구집중에 따른 도시문제가 산업발전 이전에 잉태되었다. 1800년대 중반 이후 시작된 독일 산업혁명과 함께 비교적 신속한 도시화는 토지에 대한 극심한 투기행위가 동시에 진행되었다.[23]

절대적 토지소유권은 근대시민사회의 성장과 함께 절대 권력으로부터 자유를 쟁취하는 과정에서, 부의원천과 자유와 독립의 실체를 담보할 수 있는 경제적 토대로서 정착되었다. 이에 따라 개인의 소유물에 대한 소유지배권과 같이 토지소유권은 원칙적으로 어떠한 구속도 받지 않는 완전한 지배권이며 따라서 자유자재로 처분할 수 있었다. 다만 공공복리 및 공공의 목적에 기초한 외적 제약은 극히 예외적으로 한정되었다.

그러나 이러한 절대적 소유권이 갖는 배타적·절대성으로 인하여 토지이용에 대한 비효율이 발생하였음은 물론 심각한 사회 문제들이 노정되어 절대적 소유권을 강하게 규제하기 시작했다.

---

23) 베를린 샤로텐부르크 지가상승 추이는 1830년에 ㎡당 2마르크, 1860년 5마르크, 1870년 20마르크, 1890년 60마르크, 1900년 85마르크로 급등하였다(최병선, 2000:332).

1) 소유권규제의 사회적 배경

18세기 이후 강화된 토지소유권의 신성불가침 및 절대성으로부터 비롯된 권리남용은 경제적 불평등과 불공정성을 심화시켰다. 이러한 문제를 해결하기 위해 토지소유권에 공익적 혹은 사회적 의무를 부과하기 시작했다. 사유재산의 절대성을 근간으로 하는 자본주의는 수정자본주의를 거치면서 독일 헌법과 민법 등에 이러한 토지소유권의 상대성이 받아들여지기 시작했다.

1850년의 프로이센 헌법(Preussen Verfassung)은 사적 토지재산권을 보장하되 공공복리의 목적을 달성하기 위해서 보상을 전제로 그 권리를 제한할 수 있도록 하였다. 1874년의 토지수용법(Enteignungsgesetz)은 공공의 이익을 위하여 토지와 건축물을 수용할 수 있도록 함은 물론 각종 개발로 인한 토지가격 상승분에 대한 보상은 보상대상에서 제외하였다. 아울러 1891년 도입된 프랑크푸르트의 용도지역제(Zonenbauordnung)와 1902년 도입된 토지구획정리법은 미국을 비롯한 전 세계로 확산되어 도시지역의 토지 소유권 규제의 기초를 제공하였다고 볼 수 있다.

소유권과 그 내용의 규제는 19세기 말부터 20세기 초에 걸친 토지개혁운동과 1919년 바이마르(Weimar)헌법에서 결정을 이룬 토지정책 입법에서 그 바탕을 찾을 수 있다(유해웅, 2000:173). 따라서 이후 토지의 소유권은 무제한적인 지배권이 아니라 제한을 받는 권리로 이해되었으나 나찌 체제에서는 그 의미가 충족되지 못하였고 1945년 2차 대전 패전 후 본기본법(Bonner Grundgesetz)을 통하여 재현되었다. 본 기본법 제14조(소유권, 상속권, 공용징수) 제1항은 「소유권과 상속권은 보장된다. 그 이용과 제한은 법률로 정한다.」 제2항은 「소유권은 의무를 진다. 그 행사는 동시에 공공의 복리에 이바지하여야 한다.」제3항은 「공공수용은 공공의 복리를 위하여서만 허용된다.」등이다.

한편 독일의 경우도 국가 발전의 과정에서 투기문제가 없었던 것은 아니다. 즉 도로의 건설과 공장 및 택지의 조성 등의 과정에서 토지에 대한 투기가 극심하게 나타났다. 1930년 10월 17일 지가정지령을 공포하고 택지에 대해서는 1936년에 발동하기도 하였다. 즉 택지의 경우 지가를 일정시점의 가격으로 동결하였다. 기간이 흐름에 따라 토지의 2중 가격형성과 토지암시장 성행으로 실시된 지 30년 만에 폐지되었다. 아울러 도시개발에 관한(토지이용 포함) 중요한 명령의 제정 등은 연방정부의 권한과 책임이며 지방자치정부는 자치단체에 관련된 모든 수단과 규칙, 즉 토지이용계획의 수립과 시행 등에 대한 것들을 그들의 책임하에 제정할 권한이 부여되었다.

독일에 있어서도 토지소유와 그리고 소유의 규제들은 도시환경의 황폐화 및 난개발, 그리고 극심한 토지투기 현상을 경험한 이후 독자적으로 지구 상세계획 등이 고안되었다. 특히 독일은 전국적인 계획, 주 및 지역계획, 토지이용계획, 지구상세계획의 4중구조로 다른 어느 나라보다 세밀하한 규제를 해오고 있으나 현대에 들어 점차 이용자의 편의에 부응하는 방향으로 운용하고 있다. 그러나 여전히 세계적으로 가장 까다로운 토지이용에 관한 규제를 가지고 있다.

(1) 토지개혁과 재산권

독일의 국토개발은 1826년 도시건설법의 제정으로 그 체계가 정착되기 시작하였다. 이 법에서는 토지를 활용하는 사안과 또한 건축을 할 경우 일정한 요건을 두고 이에 따르도록 의무화하였다. 이후 1874년 토지수용법의 제정과 1919년 바이마르 헌법의 재산권 확립 및 공공복리적 규제를 포함시켰다.

2차 대전 후 독일을 분할 점령한 국가들(미국, 영국, 프랑스, 소련)은 각각의 점령지역에서 토지개혁에 돌입하였다. 미국점령지에서는 1946년 토지개혁법(Bodenreform – Gesetz)에 의해 시작되었고, 영국의 점령지는 1947년 군정령 제103호와 189호에 근거하였으며, 프랑스점령지는 1947년 군정령 제116호에 의하여 실시되었다.

토지개혁은 주정부의 관할에 속하기 때문에 주정부 법률로 시행되었으나 공용수용[24]된 토지에 대해서는 각각의 지역에서 일정한 가치를 정하고 보상하였다. 90%는 국채로, 10%는 현금으로 보상되었다. 1945년부터 1954년까지 총 26만 5백ha의 서독지역 토지가 토지개혁에 의해 정비되었고 이 가운데 15만ha는 사적인 소유자(개인포함)들로부터 공용수용의 과정을 거친 토지였다.

이런 가운데 독일연방헌법재판소는 1967년 1월의 토지소유권에 관한 판결에서 "토지는 인위적으로 확장할 수 없는 것이기 때문에 그 이용을 자유로운 힘에 맡겨서는 아니 되며 개인의 자의(Willkuer)에 맡겨서도 아니 된다. 올바른 법과 새로운 질서사회는 토지에 관하여 다른 재산권보다 강하게 전체의 이익을 관철할 것을 요구한다. 토지는 경제적으로 사회적으로 다른 재산과 동열에 주어질 성질의 것이 아니다."고 하여 토지소유권이 다른 재산권보다 훨씬 더 강력하게 제한받는 것이 권리라는 것을 확인하였다(이기우, 1983:215).

---

24) 국가의 보상에 의한 토지수용이 있고 무상수용이 있다. 소련점령지역에서는 무상몰수가 진행되었다.

2) 토지이용 계획 및 규제

(1) 기본 원칙

독일 기본법 제70조1항은「이 기본법이 연방에 입법권을 부여하지 않은 경우에 지방은 입법권을 가진다.」고 명시하였으나, 1954년 연방헌법재판소 결정은 토지관련법은 계획법의 기본사항이므로 연방에서 입법권을 가지고 기타 사항은 주입법권의 관할이라고 해석하였다. 따라서 도시건설적계획에관한법, 공용환지, 토지거래법, 공공시설에관한법 등은 주에서 입법하게 되었다.

토지이용구분은 건축적 이용(용도지역: 주거지역, 혼합지역, 산업지역, 특별지역)과 비도시적 이용,25) 기타토지이용26)으로 구분된다. 용도지구로서는 소 주거지역, 주거전용지역, 일반 거주 지역, 특별 거주 지역으로 구분되고, 촌락지구, 준공업지구, 공업지구, 특별지구로 구분되어 있다.

토지이용에 관한 계획제도는 연방건설 법 제1조에 따라 게마인데가 수립하는 건설기본계획이다. 이는 게마인데 전역을 계획대상으로 하여 토지이용의 기본방향을 지시한다(김영혜, 2004:96). 이렇게 작성된 기본계획은 의회의 의결을 거치고 상급관청에 의한 검토가 진행된 이후 인가된다. 토지이용 계획체계는 지역계획에서 제시하고 있는 계획의 이념에 상응해서 실제적인 토지의 쓰임새를 규정하고 있다. 주요 토지이용계획법으로는 독일 토지공법의 기본법으로서 연방건설법과 함께 토지이용법(Baunutzungsverordnung)

---

25) 녹지, 수면, 수리이용, 농업지구, 임업용지
26) 환경오염에 대한 예방제한조치를 행한 용지, 방재목적의 용지, 재개발지구, 기타법률에 의해 결정된 계획이나 이용규제지역(환경보전지구, 수면보전지구, 철도, 공항 등)

등이다.

연방건설법은 게마인데의 건설을 실현시키기 위한 수단으로서 토지이용과 관련한 각종 공적 수단에 대한 규정을 담고 있다. 이 법에 의하여 게마인데는 건설기본계획을 작성한다. 토지이용법은 게마인데가 수립하는 건설기본계획의 주요 법적 근거를 제공하고 있다. 용도지구의 지정, 토지용의 형태, 건축방법, 대지 등에 관한 규정 등이다(김영혜, 2004:88).

(2) 주요 규제

독일의 토지이용계획은 1800년대 초부터 추진해 왔으며 1900년에는 작센지역의 지역상세계획(Bebauungsplan)을 중심으로 근대적인 토지이용계획제도가 성립되었으나 현대적 의미의 토지이용계획은 1960년의 연방건설법과 함께 1962년의 토지이용령(Baunutzungsverordnung)으로부터 시작되었다(홍석표, 2005:65).

1960년의 연방건설법(Bundesbaugesetz)의 중요한 특징은 ① 토지선매제도의 채택, ② 입수한 토지 중 공공 이외에는 3년 이내에 건축의사가 있는 자에게 양도할 것을 의무화, ③ 공적 취득가격에 의존할 것, ④ 계획정책에 주민참가제도의 개선과 생활피해에 대한 배려를 강화할 사회계획관념의 도입 등이다(고준우, 1988:63).

이전까지는 관련된 토지법이 67개에 달하였고 직접통제방식 중심으로 이루어져 왔다고 볼 수 있지만 이법이 제정된 이후 토지규제는 간접통제 방식으로 전환되었다. 1960년대 후반에 들어 또 다시 토지투기현상이 심화되어 1969년 사민당의 정강정책에 투기와의 전쟁을 나타낼 정도였다. 이법은 1986년의 연방건설법전으로 통합흡수 제정되었다.

토지이용법(1962년 제정, 1968년 개정)은 토지의 건설적인 이용을 규율하면서 지방자치단체가 기본계획을 수립함에 있어서 준용하여야 할 토지이용에 관한 구체적 범위를 정한 규범이다. 이 법은 용도지역, 이용의 형태, 건축방법, 대지 등에 관해 규정하고 있다. 아울러 이 법은 연방건설법의 집행적 성질을 갖는 것이라 할 수 있다(박철곤, 2003:49 - 50).

도시건설촉진법(1971년 제정)은 계획이익의 공공환원과 토지공법적 수단의 강화라는 점에서 연방건설법보다 진보적이라고 할 수 있다(문경수, 1985:342). 연방건설법은 계획이득의 사유화와 계획손실의 사회화라는 현상을 초래하게 되어 토지투기를 심화시켰기 때문에 토지에 대한 강력한 규제를 목적으로 제정되었다.

여기서의 특징은 재개발지역 지정은 조례로 의결되지만 지정된 지역 내의 토지 및 토지소유권에 관한 법률행위, 예컨대 가격상승을 가져오는 토지변경과 건축시설의 설치·변경 등의 경우 허가를 받아야 한다. 또 법 제41조에는 당해지역의 지가상승 경우에는 부담금징수를 통하여 개발이익에 대한 토지소유자의 향유를 배제하고 있다.

1968년 연방건설법전(Baugesetzbuch)이 제정되면서 위의 연방건설법과 도시건설촉진법은 폐지되었다. 그러나 위 두 법의 골격은 유지하였고 그 부족한 점들을 보완·확대한 것으로서 근래 독일의 새로운 토지이용제도의 근간이 되고 있다. 건설기본계획에 대하여 법전은 「규제된 도시건설적 개발과 공공복리가 사회정의에 합당한 토지이용을 보장하고 인간의 존엄에 상응하는 환경 및 자연적 여건을 보호하고 발전시키는 것을 도모하는 계획을 말한다.」고 정하고 있다(석종현, 1990:11, 61 - 63).

이 법전은 두 단계의 토지이용계획 시스템을 규정하고 있다. 즉 준비적토지이용계획(F-Plan, Flächennuzungsplan)과 지구상세계획(B-Plan, Bebauungsplan)이다. 전자는 전체 자치지역에 대한 개략적인 계획이고 후자는 개별적인 건축계획이다. F-Plan은 각 자치단체 모든 지역을 대상으로 장래의 필요에 따라 계획적인 도시건설과 개발을 위한 것이다. 또 각종 토지이용에 대하여 그 골격을 정하고 있는 토지이용에 관한 기본적인 토지이용계획이다. 이런 측면에서 B-Plan을 준비하는 건설기본계획이라 할 수 있고 따라서 준비적 토지이용계획이라고도 한다. F-Plan은 모든 공공정부를 구속하고 모든 B-Plan에 영향을 주므로 가장 중요하다. 그러나 F-Plan의 법률적 효과는 대외적 효과, 즉 일반시민 토지소유자에게는 법적 구속력이 없고 다만 자치단체 행정기관에 구속력을 갖는다.

B-Plan은 F-plan을 바탕으로 수립되는데 F-Plan에 나타나는 기본사항을 필요에 따라 특정도시지역의 도시환경질서측면에서 구체화한 두 번째 단계의 건설기본계획이다. 그러나 B-Plan만으로 도시건설 개발 질서의 형성이 가능한 경우에는 예외적으로 F-Plan의 수립을 포기할 수 있으며, 긴급한 사유가 있거나 도시건설적인 개발에 역행하지 아니할 때는 F-Plan 수립 전에 B-Plan의 수립이 가능한 경우도 있다. 따라서 이러한 예외적인 경우를 제외하고는 F-Plan을 위반한 B-Plan은 효력이 없으며 무효가 된다(이동찬, 1995:8). 한편 B-Plan의 구속력은 직접적으로 일반시민 토지소유자들에게 미친다.

3) 규제행정조직과 기관

연방정부(Bund: Bundesregierung)는 헌법에 의하여 토지소유와 이용에 관한 규제의 틀을 제공하고 국토관리법에 의하여 국토관리계획(Bundesplanung)이 이루어지도록 한다. 이것은 중심지 이론[27]에 따른 균형적인 공간구조를 창출하고자 하는 것이지만 그러나 연방차원의 총체적이고 구체적인 토지이용계획은 없다.

연방정부에서의 토지관련업무는 재정부(Finanzen)에서 미군기지수용과 같은 큰 틀을 제시하고 모두 주정부에서 담당한다. 그리고 토지수용청도 통일 이후 그 역할을 하기도 하였으나 현재는 역할이 없다. 한편, 주 정부의 토지부동산 담당부서는 각 주마다 차이가 있지만 우리나라의 재정국과 같은 기능을 하는 곳에서 담당하는데 그 명칭은 재정부(Ministerium der Finanzen)이다. 그리고 그 하부에 건축부동산부(Bauen und Liegensehaften Abfeilug)가 있다. 이 부서에서는 부동산의 가치평가, 임대, 마케팅과 판매를 담당하고 있다. 특히 주 정부에서도 계획 내에서 민간업체의 자율성을 최대한 보장하는 방식으로 전개되어 오고 있다.

주(州) 정부(Bundeslaender: Flaechenlaender & Stadtstaaten, Landesregierung)는 토지 개발프로그램을 준비하고 토지에 관한 규제 관련법을 제정하며 지방계획당국의 계획체제를 운영하고 감독하는 역할을 한다. 주 계획법에 의하여 만들어진 종합계획(Landesplanung)은 인구의 적정한 규모, 이를 감안한 정주(定住)체계를 기획하며 주내의 투자우선순위지역을 선정하는 광역사업에 관한 계획 등이 포괄되어 있다. 또한 주는 비법정계획으로서 전문

---

27) 크리스탈러(Walter Christaller, 1893~1969)가 주창한 이론이다.

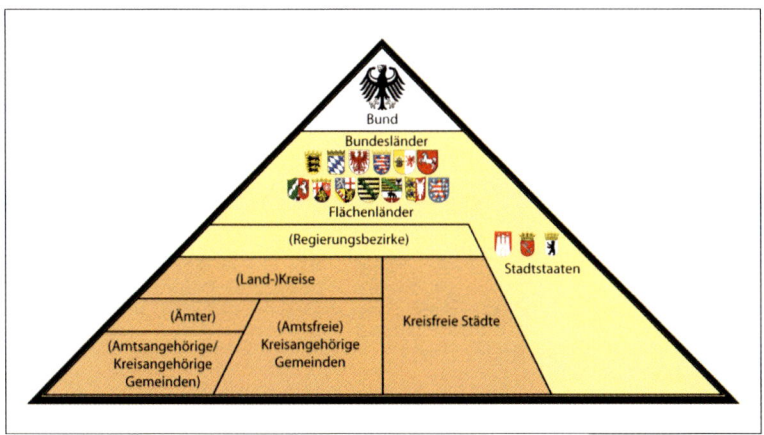

출처: http://de.wikipedia.org/wiki/Regierungsbezirk

특수계획(Fachplanung)을 수립하여 시행하는데 주 종합계획을 준
수하여야 한다. 이는 특정행정부문의 계획으로서 여기에는 오물의
처리나 환경보호 등이 포함되어 있다.

크라이스(Land－: Kreis: Landratsamt, Kreisverwaltung, Kreishaus)
는 수십 개의 게마인데를 포괄하고 있으며 최하급 행정기관으로서
의 역할을 한다. 여기서의 역할은 토지 이용 및 개발계획을 준비하
고 이와 관련한 각종 허가체제를 운용한다.

게마인데(Gemeinde)는 헌법에 의하여 자치권이 보장된 기초적
지방자치단체이다. 여기서는 연방건설법에 의하여 건설기본계획을
작성하는데 앞서 설명한 토지이용계획(F－plan)과 지구상세계획(B
－plan)을 기획 작성한다. 그리고 여전히 연방건설법에 명시된 바
에 의하여 토지이용규제, 토지수용 및 권리의 구제, 토지관련 분쟁
해결을 위한 행정절차, 토지이용계획과 지구상세계획의 작성, 각종
권리침해에 대한 형식적 치유과정 등을 수행하게 된다.

한편 크라이스프라이에슈타트(Kreisfreie Strdt), 즉 크라이스가 없는 도시로서의 자치단체인데 크라이스와 게마인데의 지위를 가지고 있다. 마찬가지로 위의 자치단체가 행하는 일을 맡아 진행한다. 다만, 행정 상하 단위가 공동으로 관계된 계획을 가지고 있는 특징이 있다. 즉 광역적지역계획(Regionalplanung)인데 이것의 주체는 주 당국 혹은 지역계획협의체이다. 이 광역적지역계획은 주 계획에서 분할한 지역을 대상으로 한 계획을 실행하며 공적 기관에 대해서 구속력이 있고 주로 소규모중심지, 개발중심구역의 토지를 세분하는 것 등이다.

독일의 경우 연방정부차원에서 한국의 토지공사와 유사한 기능을 가진 주체, 즉 공기업체제에 의한 산업단지 및 택지공급을 수행하는 기관은 없다. 특수목적을 달성하기 위한 도시개발의 경우 한시적으로 개발권을 위탁받아 수행하는 특수법인(Wasserstadt GmbH)이 조직되고, 그리고 해체된다. 이 경우를 민간파트너십으로 이해할 수 있는데 여기에 소요되는 재정은 지방자치단체가 보조하며 이 특수법인은 위임된 권한과 그 지역을 중심으로 지속 가능성을 담보할 수 있는 경제효율성을 중시하며 투자유치와 부동산의 개발(산업시설 및 택지건설 등) 및 관련한 서비스를 공급하고 있다.[28]

도시의 개발과 택지의 공급은 사업이 진행될 경우 상세계획에 따라 공개경쟁입찰로 민간 사업자를 선정하며 당해 사업에 대해서 개발권을 위임하는 방식으로 진행되므로 공기업은 필요가 없다. 앞서 살핀 바와 같이 지방자치단체가 건설기준계획과 토지이용계획 및 상세계획을 수립 및 관리 감독하며, 광역시는 지역계획을, 주정부와 연방정부는 각각 주 계획과 국토계획을 수립하고 있다.

---

28) 베를린 Water City 개발이 대표적인 사례이다.

제3절 각국 토지소유권과 규제 비교

토지에 대한 국가의 정책 기조 및 그 배경을 이룬 사상과 이념도 시대에 따라 변천해 온 것이기는 하지만 현대에 있어서는 소유권의 상대성, 즉 공공성을 강화하고 있는 추세라는 점이 선진국의 상황이다. 특히 토지와 관련된 쟁점들이 발생하면 그에 대응하여 매우 혁신적인 정책을 펴왔고 수시로 해당 정책을 개정하였다. 아울러 토지제도를 집행하는 기구도 시대에 따라 설립되기도 하고 또 폐기되기도 한다.

가령, 절대소유권이 강한 독일의 경우 「지가정지령」과 같은 매우 강력한 조치를 취하기도 하였다. 영국과 미국의 경우도 개발권의 국유화, 개발권 양도제도와 같은 다양한 조치를 취하여 목적을 달성하고 있음을 확인할 수 있다. 독일은 사전에 전 국토에 대해서 상세한 토지이용계획을 세워 이 계획이 허용하는 범위에서만 경제주체가 이용을 하게 되는 지구상세계획을 시행하고 있다.

영국은 계획허가제(Planning Permission System), 즉 자기 땅이라 하여도 지방정부의 허가를 얻어야 하는 것으로서 토지의 소유권은 인정하지만 미래의 개발권은 국가가 통제하고 있는 시스템이다. 그러나 이로부터 발생하는 불평등을 해소하기 위한 개발지와 그렇지 않은 지역에 대한 손실과 이익을 조정하는 데 중점을 둔 시스템이다.

한편 미국은 살펴본 바와 같이 개인의 토지이용과 활용은 최대한 보장하지만 그것의 결과가 타인에게 손해를 끼치게 된다면 사후적으로 강력한 제재를 가하는 시스템이다. 이런 생각에서 지역지구제를 도입하여 활용하고 있고, 조닝제도와 개발권양도제(TDR)

등을 정착시켜 왔다.

그리고 개발이익의 사유화를 억제하기 위한 정책들이 그 수준은 다르지만 모든 시기에 존치되어 왔고 각국의 중요한 정책 핵심주제로 등장하고 있음을 확인할 수 있다. 적시되지 않았지만 조세제도가 일반적이었으며, 개발과 관련한 정부보상에 있어서도 차별을 두는 한편, 국민경제적인 형평성을 중심축에 놓고 있음을 볼 수 있었다.

<표 3> 토지소유 양식의 변천

소유양식	시대구분	주요 이념과 사상	현 상
공동소유	고대이전 원시사회	침범 불가침	관리자로서의 토지소유, 50년마다 토지의 환원(구약)
가계소유	원시 이후 고대국가	종교적 전통	귀족소유화, BC 594년 솔론의 개혁, 아리스토텔레스 개인소유권강조 BC 133～121 그락쿠스 형제의 토지개혁
중앙권력 자소유	고대 이후 봉건사회		귀족소유와 권력자 간의 투쟁
영주 및 교회, 토호소유	봉건사회와 자본주의 이전	동서양 왕토사상	중앙권력과 교회의 분점(서양) 성주와 토호세력 귀족의 분점
개인절대 소유	근대사회	자본주의 / 사회주의, 자유와평등 / 소유권상대화	자유방임(laissez – faire) / 평등배분 (윌리엄고드윈, 헨리조지 등)
	현대사회		각국의 토지개혁 / 소유권규제법령, 헌법에 명시된 공공성 강화추세

또 각국들은 정책의 입안 과정에서부터 실시까지 그 일관성을 유지하고자 하였으며 무엇보다 중요한 것은 현대에 들어 이해관계자들의 충분한 협조가 이루어질 수 있는 제도적 장치를 마련하고 있다는 점이다. 그러나 우리나라는 토지이용관리법과 건축법에 명시된 몇 가지 요건만 준수하면 자유롭게 행위를 할 수 있다.

각국의 토지에 대한 소유권과 그 규제를 일률적으로 정리하고, 소유권 양식의 변화를 간단하게 말하기에는 매우 어렵다. 이는 각 국가의 역사적·문화적 배경은 물론 국민들의 인식수준까지를 모두 반영하고 있고, 지속적으로 변천을 거듭해 오고 있기 때문이다.

토지소유권은 정치 및 경제 권력 의해 끊임없이 침해당해 왔고 소유권 쟁취의 역사는 이러한 권력으로부터 개인의 자유 및 독립의 상징인 동시에 결과물이다. 개인소유권이 중요하다는 이념은 기원전부터 지속되고 있었으나 현대적인 토지소유권이 헌법에 명문화되고 그 이념이 일반화된 시기는 국가마다 차이가 있으나 1919년 바이마르 헌법이라고 볼 수 있다. 그러므로 토지에 관한 절대소유권이 일반화된 것은 수천 년 역사 속에 불과 100여 년 안팎에 그치고 있다.

〈표 4〉 토지소유와 규제에 관한 각국 비교

구 분	영 국	미 국	독 일	일 본	한 국
근·현대 배경	자유방임주의 / 도시환경악화 / 투기진행	자유방임주의 사상 / 환경악화 / 투기만연	자유방임주의 / 도시화와 투기만연	전통적 국왕소유 / 서구사상 충돌 투기만연	봉건적 소유와 개항시대 / 투기만연
법 계통	영미법 체계		대륙법체계		
부동산개념	토지건물 동일		토지건물 분리		
소유권	상대적 소유권		절대적 소유권		
소유와 이용	이용우선		소유우선		
개발행위	부자유원칙	자유원칙	부자유원칙	자유원칙	
공공성	강함	약함[29]	강함		약함
이용규제 (소유권규제)	계획허가제	세분용도구분 (주별, 도시별)	지구상세 계획제도	11개 용도구분 원칙 (개괄형용도제)	국토지역 계획제도 및 용도지역제[30]
규제주체	지방정부	주정부 / 지방	지방정부		중앙정부
주민참여정도	높음(청문회 및 위원회구조 등 구조적보장)				낮음

<표 4>는 근현대 이후의 선진국 토지소유에 관한 규제 등을 요약하였다. 독일 등 대륙법적 계통에서는 소유권의 절대성이 강하고 영미계통에서는 소유권의 절대성보다는 이용권이 더 중시되고 있다. 대륙법적 국가들에서는 소유권을 강화한 반면 토지이용계획과 도시에 관한 시설의 설치 등에 대해서 관련법 제정으로 토지소유권을 제어하고 있다.

한편 영미계통에서는 토지에 관한 절대적인 소유권개념이 존재하지 않으며 따라서 토지 이용권을 우선하고 있다. 그러므로 철저한 사전 계획을 통해 토지이용과 활용으로부터 나타나는 사회적 비용을 최소화하고자 한다. 토지소유권의 절대성이 높은 국가에서는 그 소유권을 공공성으로 강하게 제약하는 반면 이용권이 상대적으로 중시되고 있는 국가에서는 공공성 준수의무 혹은 사회적 제약이 비교적 낮게 나타나고 있다.

국토여건이 좋은 미국 등과 같은 국가는 토지이용에 관한 규제가 약할 뿐만 아니라 간접적인 규제이다. 즉 토지이용과 관련한 기준을 설정하고 각 경제주체들이 토지이용을 결정하는 방식이다. 반면 유럽의 국가들과 같이 넓지 않은 국토를 효율적으로 활용하고자 하는 국가들에서는 정부가 직접 토지이용에 개입하는 경우가 나타난다.

그리고 국가별로는 중앙 집중형 정부인가 아니면 지방 분산형 정부인가에 따라 토지 이용 등에 관한 권한과 제도의 차이가 발생

---

29) 미국의 공공성 보존은 정부에 의한 것보다는 사후적으로 결과에 의하여 타인에게 해를 준 경우 엄격하므로 제도적으로는 약하지만 실질적으로는 강하다고 해석할 수 있다.
30) 우리나라는 2004년 10월 현재 14개 부처 12개 법률 총 324개 용도지역·지구를 지정하여 운용하고 있다.

한다. 즉 지방분권이 잘된 국가나 연방시스템을 택하고 있는 국가는 중앙 혹은 연방정부의 개입이 매우 낮다. 그러므로 토지이용규제는 자치단체 혹은 각 주마다 상이하게 나타나며 이는 도시와 인구, 지역규모와 역사적인 특성에 따라 토지에 관한 이용규제도 달라지는 원인을 제공한다. 그리고 그 지역의 전통과 관습 및 특성을 잘 반영할 수 있는 것이다.

그렇지만 중앙정부의 역할이 전혀 없는 것은 아니다. 기본적으로 국토이용에 관한 큰 틀을 마련하고 이에 대한 계획과 지침을 제공한다. 여기서 살펴본 국가들은 토지이용규제에 대해서 공통적으로 중앙정부의 문제가 아닌 지방정부의 문제로 인식하고 있다. 그럼에도 불구하고 중앙정부는 기본계획을 수립하고 일관되게 이를 수행하며 지방에서는 철저한 사전계획을 통해 토지를 공급하거나 개발을 진행하고 있다.

선진국의 토지규제가 중앙보다는 지방에 있음을 확인할 수 있다. 이 경우의 장점으로는 지방정부의 통제 속에 있을 경우 해당 지역의 공공성 확보는 전국적인 지역의 공공성도모 보다는 훨씬 더 용이하므로 지방정부 통제에 두는 것이 토지이용의 공공성 확보에 더 유리할 수 있다. 예컨대, 작은 단위(마을, 동, 읍 등)에서 이루어지는 공익확보 및 공익의 확인은 그 범위를 전국 단위로 확보했을 경우보다 비교적 쉽다. 이는 이해관계자가 그만큼 작아 이해충돌소지가 작고, 또 동일한 사회경제문화적인 배경을 공유하고 있으므로 그렇지 않았을 경우보다 공동의 목표를 만들고 추진하기가 쉬운 것과 같은 이치이다.

한편 한국의 법체계는 대륙법 계통이며 따라서 토지소유권도 절대적·배타적이다. 헌법에 토지이용을 공공성을 강조하고 있기는 하지만 토지공개념관련 3법의 조기 소멸에서 확인할 수 있는 바와 같이 독일이나 일본과 같은 공공성을 확보하고 있지 못하다. 토지의 이용보다는 소유우선의 관념이 강하며 그러므로 개발행위는 자유주의적인 것이 현실이다. 헌법에 적시된 바와 같이 공공의 이익을 위해 제한적으로 토지이용을 규제할 수 있지만 소유권의 절대화가 더욱 강화되고 있는 추세이다.

제4절 결론 및 정책적 시사점

지금까지 시대별로 토지소유권 변환, 선진국의 토지소유권과 그 형성 배경, 그리고 그 사회적인 배경, 대표적인 규제제도, 행정조직과 규제기구, 아울러 한국토지공사와 유사한 역할을 수행하고 있는 주요기관을 알아보았다.

선진 국가들도 산업화의 과정에서 도시인구집중과 도시환경 악화 그리고 심각한 토지 투기와 부동산 가격의 앙등, 이로 인한 빈부격차의 심화 등은 정치사회적인 쟁점이 되었다. 이상을 종합하면 다음과 같은 시사점을 얻을 수 있다.

첫째, 토지소유권의 절대성, 배타성의 강화로 인한 사적소유권 강화와 명문화를 통한 실질적 소유권 확립은 18세기 중반 이후이다. 따라서 공공성 강화를 위한 각종 규제는 기본권이 침해되지 않은 범위에서 이루어지도록 충분한 검토가 선행되어야 한다.

둘째, 토지소유권은 인정하되 개발권을 분리할 필요가 있다. 이를 통해 토지소유에 관한 공공성을 실질화 시켜야 한다. 즉 소유권에서 개발권을 분리하고 이를 공유화하여 현재 나타나는 다양한 문제를 용이하게 헤쳐가야 한다. 주기적으로 반복되는 부동산 투기, 각종 난개발, SOC확충필요에 따른 고비용의 문제, 계층 간의 갈등문제 등이다. 개발권의 분리는 개발이익을 효과적으로 환수할 뿐만 아니라 효율적인 국토이용에 큰 획을 그을 수 있는 대안으로 보인다.

셋째, 토지이용 계획체계를 선개발계획 후 개발체제로 변화시켜야 한다. 이를 위해 90여 개에 이르고 있는 토지관련 법의 단순화를 도모하여야 한다. 복잡한 관련법령은 토지이용의 효율성을 저하시키는 한편 중복·상충되는 법령들로 인해 일관성이 떨어지게 된다. 여기에는 토지 및 부동산 관련 조세제도개혁도 포함되어야 하고 중앙과 지방의 괴리를 최소화 할 수 있도록 각종 지침도 포함되어야 한다.

넷째, 토지를 규제·관리하는 주요권한을 지방자치단체로 위임할 필요가 있다. 앞서 살핀 대로 광역적 차원에서의 공익 달성보다는 소규모지역적인 공익의 달성이 용이하며 이러한 접근을 통해 토지소유에 관한 절대성 혹은 사유재산권 절대성을 보완할 수 있다. 이는 지방과 지역의 주민참여를 제도화시키는 한편 이를 통해 토지활용의 지역적 특색을 충분히 살릴 수 있다.

다섯째, 토지 이용과 개발에 관한 주요역할을 민간부문이 담당할 수 있도록 해야 한다. 선진국의 사례에서 나타난 바와 같이 토지의 개발과 활용에 관하여서는 민간의 역할이 매우 크다. 중앙이든 지방이든 확고하고 엄격한 기본적인 가이드라인을 제시하고 민간영역은 그 범위 내에서 경쟁적으로 사업을 하도록 하여야 한다. 이 의미는 사업을 수행하는 정부조직의 신설과 폐지가 시장영역에서 이루어진다는 것을 의미하므로 따라서 정부의 역할을 대행하는 기관의 신설이 억제되며 아울러 역할중복이 최소화될 수 있다.

마지막으로 우리의 한계로 인식되어 있는 토지소유권의 절대화에 대한 인식의 변화가 필요하다. 절대적 소유권을 강화한 반면 그런 만큼 공공의 관점과 사회적 관점에서의 소유권의 상대화가 필요함을 인식해야 한다. 또 헌법적 가치를 실현하기 위한 노력도 필요하다. 예컨대 민법의 소유권규정은 상위법인 헌법의 정신을 깊게 투영할 수 있도록 하고 각급의 법원은 판례를 통해 헌법정신을 구현할 수 있도록 하는 방식 등이다.

참고문헌

강진철, 1970, 한국토지제도사, 「한국문화사대계Ⅱ」, 고대민족문화연구소.

고영근, 2002, 미국의 역사와 토지문제(land and freedom U.S. history lessons)번역문서.

고준우, 1988, 공법상 토지재산권의 제한에 관한 연구, 한양대학교 대학원.

국토개발연구원, 1991, 「일본수도권백서」, 국토개발연구원.

국토개발연구원, 1995, 「토지이용체제의 국제비교연구(독일, 영국, 네덜란드)」, 국토개발연구원.

경실련, 2006, 「2006년 아파트값 거품빼기운동 발표문」. 경실련정책실.

김상종 · 임강원 외, 2000, 「새천년의 환경과 국토 - 공생과 균형의 패러다임」, 나남출판사, 서울.

김상현, 2003, 「미국의 농업법」, 한국농촌경제연구원.

김상용 · 정우형, 2004, 「토지법」, 법원사, 서울.

김영혜, 2004, 토지이용규제법제에 관한 연구, 원광대 대학원 박사논문.

김용한, 1980,「물권법론」, 박영사, 서울.

김윤구, 1986,「부동산 민법개론」, 박문각.

김윤상·전강수 공역, 2003, 헨리조지의 세계관,「The Essence of Henry George」, Henry George, 진리와 자유. 서울.

김재덕, 1983,「토지소유권 제한이론」, 경영문화원.

김정부 외, 1995,「농지법제정백서」, 한국농촌경제연구원.

김증한, 1981,「물권법」, 박영사, 서울.

김행종, 2000, "외국의 토지비축제도의 실태분석", 토지연구 제16권 3호.

김현구 역, 2005,「경제학의 역사, Roger E. Backhouse, 2002, 저」, 시아출판사, 서울.

김현주·박재룡·허순호, 1998, "토지제도 개선을 위한 토지구획의 통합방안", 삼성경제연구소.

남우규, 2002, 도시토지의 효율적 개발과 난개발방지를 위한 개선방향에 관한 연구, 경원대학교 박사논문

대한주택공사, 1994,「외국의 주택정책(미국, 영국, 불란서, 서독, 이태리편)」.

대한주택공사, 1995,「구미의 주택정책 및 금융(미국, 영국, 불란서)」. 주택공사조사부.

문경수, 1985, "토지소유권의 법적 규제와 그 실태에 관한 연구", 원광대학교 학위논집 제14집, pp.211 - 434.

박신영, 1992, "日本의 土地政策 및 稅制考察",「토지연구」, 한국토지공사, pp.96 - 109.

박헌구 외 4, 1998,「토지정책의 전개와 발전방향」, 국토개발연구원.

박형상, 2006, 토지소유권 제한에 관한 연구, 단국대학교 행정법무대학원.

박철곤, 2003, 토지소유권 제한의 한계에 관한 사법적 연구, 전주대 대학원 박사논문.

박홍래, 2004,「미국재산법」, 전남대학교 출판부.

백승주, 2006,「토지공법 강의」, 도서출판 동방문화사, 서울.

서희석, 2005, 「땅의 정책사 – 토지변천사는 국토개발의 미래다」, 지문당, 서울.

석종현, 1983, "서독의 토지법제에 관한 연구", 윤세창 박사 정년기념 논문집, 박영사.

석종현, 1990, "독일 연방법전의 주요내용", 월간고시.

손경환, 2004, "부동산시장의 선진화를 위한 기반정비연구", 국토연구원.

성선제, 2002, "미국 헌법상 수용권", 토지법제의 신경향, 한국토지공법학회 제34회 학술대회.

성연동, 2000, "미국의 토지이용규제 정책에 관한 연구", 한국부동산학회 전국부동산학술발표대회.

안동수, 2000, "독일에 있어 토지에 관한 공익과 사익의 조정 – 형량명령을 중심으로", 한국토지공법학회 제32회 학술대회 발제 자료집.

위평량·김윤환, 2007, 21세기로 가는 사회경제사상사, 대영출판사, 서울.

유경춘, 1990, 「토지이용의 공법적 규제」, 강원대학교.

유성용, 2005, "일본의 택지개발정책과 교훈", 토지연구 제16권 3호, pp.116 – 132.

유해웅, 2000, 「토지법제론」, 부동산연구사, 서울

윤철홍, 1990, "독일에서의 농민해방과 토지소유권", 법사학연구, 제11권, pp.141 – 148.

이근식·김태동, 1989, 「땅: 투기의 대상인가 삶의 터전인가?」, 비봉출판사, 서울.

이기우, 1983, "토지소유권의 공법적 제한에 관한 소고", 호남대학교 논문집 제3집.

이동찬, 1993, 토지규제법제에 관한 연구, 전북대학교 대학원 박사논문.

이동찬, 1995, "한국, 독일, 일본의 토지이용계획제도에 관한 연구", 전북행정학보 제9집.

이용호, 2006, 토지정책의 정부별 비교 연구:5개 정부를 중심으로, 중

앙대 사회개발대학원.

이정전, 1988, 「토지경제론」, 박영사, 서울.

이정전, 2006, 「토지경제학」, 박영사, 서울.

이정전·서순탁·변창흠·김흥상, 2006, 「토지문제의 올바른 이해」, 박영사, 서울.

이창석, 2000, 「부동산 학개론」, 형설출판사, 서울.

이태교, 2001, 「토지정책론(일본)」, 법문사.

이태재, 1977, "소유권의 형성과 그 발달", 영남대학교 사회과학연구소 사회과학 제9집.

전운, 1978, "영국의 토지소유권 규제에 관한 현황", 국회사무처 입법조사월보, 4 - 5월호.

조영진, 1994, 구동독의 토지개혁정책과 통일독일의 과제, 동국대학교 대학원논집 제24호, pp.229 - 244.

진봉선, 2002, 토지정책의 개선방향에 관한 연구, 건국대행정대학원.

최병선, 2000, 「새천년의 환경과 국토 - 공생과 균형의 패러다임」, 나남출판사, pp.325 - 360, 서울.

최임식, 2001, 현행토지수용법상 취득·보상제도의 개선방안에 관한 연구(일본, 독일, 미국, 영국), 한양대행정대학원.

한국산업기술평가원, 2007, 영국지역발전기구에 대한 평가체계분석.

한국토지공사, 1991, 「외국의 토지제도」, 토지공사 조사부.

한국토지공사, 1992, 「주요국의 토지제도비교」, 토지공사 조사부.

한국토지공사, 2008, 토지공사와 유사한 해외의 기관과 역할, 대통령인수위제출 내부문건.

한겨레신문, 1990년 3월 12일자, 1990년 12월 19일자.

행정자치부, 2005, 부동산(토지) 소유현황. 7월 15일.

홍석표, 2005, 택지개발에 관현 연구(독일), 단국대행정법무대학원.

홍완표, 2004, "미국의 토지이용규제의 법리와 그 평가", 환경법연구 제26호.

雄川一郎·成田賴明, 1968, 公土地法の 重要性と 判例研究の 意識,ジュリスト, 東京, 有斐閣.

坂本一洋・日下千章, 2002, 要説不動産에 관한 行政法規, 學陽書房, 1항.

渡邊俊一, 1997, 「영국의 토지개발규제」, (배청 역), 한국감정평가연구원.

가네모토요시츠꾸, 2000, 「일본의 건설산업」, 오태헌 역, 한국건설산업연구원.

오하마게이기치, 2004, "일본에 있어서의 도시형성과 소유권", 토지계획법제의 현안과 그 과제, 한국토지공법학회42회 학술대회. pp.83 – 95.

John B. Corgel & David C. Ling, and Halbert C. Smith, 2001, Real Estate Perspectives: An Introduction to Real Estate, The McGraw – Hill Companies.

Mitteis – Lieberich,1964, Deutsches Privatrecht, 4. Aufl, S.77f; Max Kaster, a.a. O.S. 89.

Mitteis – Lieberich, 1969, Deutsche Rechtsgeschichte, 9, Aufl. S.88.

F. Challaye, 1948, Historire de la propriété, Presses Universitaires de France.

http://www.ppi.re.kr

http://www.bopcris.ac.uk/bopall/ref9579.html

http://www.parliament.uk

http://www.opsi.go.uk

http://www.englandsrdas.com

http://www.planning.org

www.ur – net.go.jp

www.narameme.com

http://photo.naver.com/view/2004051117330720026

제7장 한국토지제도의 문제와 개혁방향에 관한 제언

남기업(토지＋자유 연구소 연구위원)

제1절 토지사유제의 폐단을 제거할
　　　새로운 제도가 필요하다
제2절 토지문제의 원인과 결과
제3절 토지문제 해결을 위한 제도들
제4절 토지공공임대제의 설계
제5절 요약 및 결론
〈참고문헌〉

제1절 토지사유제의 폐단을 제거할
새로운 제도가 필요하다

토지문제를 주택문제로만 보는 경향이 있다. 하지만 조금만 자세히 검토해 보면 토지문제는 우리 사회에서 발생하는 모든 문제의 원인 중 하나임을 알 수 있다. 토지가 택지(宅地)로만 쓰이지 않기 때문이다. 집값이 천정부지로 오르는 문제 이외에도 빈부격차 문제, 정부가 적기(適期)에 알맞은 규모로 도로와 같은 기반시설을 설치하기 어려운 문제, 좋은 아이디어가 있어도 창업하기 어려운 문제, 따라서 일자리가 부족한 문제, 그 외에도 적대적 노사관계 문제, 공무원의 부정부패 문제 등의 원인을 추적하다 보면 우리는 어김없이 토지문제와 만나게 된다. 이것은 자본의 문제가 아니라 토지의 문제다.[1] 이것을 뒤집어서 생각해 보면 토지문제를 근본적으로 해결하지 않고서는 방금 열거한 문제를 해결하는 데는 한계가 있다는 것이 된다.

---

[1] 흔히 경제학에서 토지와 자본을 같은 범주에 포함시키는 경향이 있지만, 엄밀하게 말하면 토지와 자본은 다르다. 대표적으로 출생이 다르고, 가치의 변화방향이 다르다. 토지는 창조되었지만, 자본은 만들어졌다. 토지는 시간의 경과에 따라 가치가 증가하지만, 자본의 가치는 감소한다. 따라서 부동산 문제는 자본인 건물이 아니라, 건물이 자리하고 있는 토지에서 발생하는 것이라고 봐야 한다(남기업 2007a, 53 - 68).

그러면 위와 같은 문제의 원인은 무엇일까? 대부분의 일이 그러하듯이 문제의 핵심은 제도, 구체적으로 표현하면 '토지사유제'에 있다. 지금 본 프로젝트의 주된 대상인 토지공사의 문제점들도 경영에서 비롯된 것도 있겠지만, 더 깊은 원인은 토지사유제에 있다는 것을 부인하긴 어렵다. 다시 말해, 표면상으로 들어나는 토지공사의 문제점들은 토지사유제라는 제도적 틀 안에서 발생하는 것이다. 토지공사가 다른 제도적 틀 안에서 운영되었다면 토지공사의 문제는 다른 공공기관에서 나타나는 것과 유사할 것이다. 사정이 이러하다면 현재의 토지사유제에서 나타나는 위와 같은 문제를 근본적으로 해결할 수 있는 새로운 제도를 구상해서 적용하는 것을 중요한 과제로 삼아야 한다.

이 글은 이런 문제의식하에 현재의 토지사유제에서 나타나는 문제의 원인과 그 원인이 빚어낸 결과를 살펴보고, 이를 극복하기 위해 기존에 제시되어 온 제도들을 비판적으로 검토해본 후, 하나의 대안으로 토지공공임대제를 제시하고 그 제도를 어떻게 도입하고 확대할 수 있는지, 구체적인 실행전략은 무엇인지를 제시하는 것을 목표로 하고 있다.

제2절 토지문제의 원인과 결과

1. 토지문제의 원인

1) 토지문제의 원인은 토지불로소득의 사유화

결론부터 말하자면, 현재의 토지사유제에서 나타나는 문제의 핵심 원인은 '토지불로소득의 사유화'라고 할 수 있다. 현상적으로 나타나는 토지투기는 바로 토지불로소득을 노리고 발생한다. 따라서 토지불로소득이 없으면 투기가 일어나지 않는다. 토지는 위치가 좋아지고, 앞으로 가격이 올라갈 것이라고 시장 참가자들이 확신하면, 가격은 (투기적으로) 상승한다. 다시 말해서, 불로소득의 규모가 커지게 되는 것이다.

물론 통화량이나 금리, 다른 거시경제변수 등도 토지투기에 영향을 주기도 한다. 2000년 이후 한국사회에 불어 닥친 부동산 광풍은 저금리 기조가 중요한 원인으로 작동하였다. 그러나 토지불로소득이 없다면 이런 변수들은 거의 영향을 줄 수 없다. 금리나 통화량 등 다른 경제변수들은 토지불로소득의 '크기'에만 영향을 줄 뿐이다.

토지불로소득이 부동산 문제의 진정한 원인이라는 것은, 왜 많은 사람들이 이용하지도 않은 땅을, 살지도 않는 주택을 소유하는지를 생각해 보면 쉽게 이해할 수 있다.[2] 이용하지도 않는 땅을 소유하는 이유는 그 땅 가격이 앞으로 높아질 것이라고 예상하기 때문이다.[3] 바꿔 말하면 임대해 주기만 해도, 또는 매매하기만 해

---

2) 여기서 한 가지 염두에 두어야 할 것은, 토지에 투자하는 것은 경제적으로 아무런 생산기능을 하지 않는 죽은 투자라는 점이다. 그것은 소득이나 자본을 만드는 것이 아니라, 단지 한 사람은 팔고 한 사람은 사는 것을 의미할 뿐이다(Gaffney 1994: 66). 따라서 지가가 상승한다고 해서 부(富, wealth)가 증가하는 것은 아니다. 지가나 지대가 상승했다는 것은 사회 전체가 만든 부에서 토지소유자가 더 많이 가져갈 수 있는 힘을 가졌음을 의미할 뿐이다. 반면에, 자본에 투자하면 생산력이 증가하고 고용이 창출되어 결국 사회 전체의 부가 증가하게 된다. 이 차이를 이해하는 것은 우리 사회에서 토지문제를 해결하는 데에 있어서 중요한 사항이라고 할 수 있다.
3) 토지불로소득이 발생하는 제도인 토지사유제하에서는 이용목적으로

도 막대한 불로소득이 생기기 때문이다. 그러나 반대로 불로소득이 발생하지 않으면, 기껏해야 은행이자 정도의 이익밖에 생기지 않는다면 토지는 이용하지 않을 사람은 소유하지 않게 된다.[4] 살지도 않는 주택을 여러 채씩 소유하고 있는 이유도 임대과정과 매매과정에서 엄청난 불로소득이 발생하기 때문이다. 만약 이러한 소득이 발생하지 않는다면 예외적인 경우를 제외하고 1가구 다주택 구조는 없어지게 된다.

2) 왜 토지불로소득이라고 말하는가

토지불로소득을 논하기 전에, 토지에 대한 근본원칙을 살펴보는 것이 필요하다. 근본원칙을 찾는 이유는 간단하다. 산악인들 사이에서 잘 알려진 "산에서 길을 잃었을 때는 정상에 올라가서 다시 내려다보라"는 유명한 경구가 있는데, 토지문제와 같은 복잡다단

토지를 소유하고 있다고 해도 투기적 목적이 없다고 할 수 없다. 이용목적으로 토지를 취득하려고 하는 경제주체도 앞으로 지가가 오를 곳, 즉 토지불로소득이 많이 생기는 곳을 소유하려고 한다.

4) 이에 대해서 '토지를 소유해도 이익이 발생하지 않으면 아무도 사용하려고 하지 않을 것'이라는 반론을 제기할 수 있다. 즉 기계와 같은 자본을 사용하는 이유는 기계를 사용하면 그렇지 않을 때보다 훨씬 생산적(이익)이기 때문인데, 토지를 소유해도 아무 이익이 없으면 결국 토지가 버려진다는 것이다. 그러나 이런 생각이 잘못되었다는 것은 토지와 자본의 차이를 생각하면 금방 이해할 수 있다. 토지는 인간의 모든 활동에 있어서 '필수적'이다. 인간은 돈이 되지 않는다고 해서 토지를 사용하지 않을 수 없다. 다시 말해 토지를 이용하는 데 있어서 '수익권'은 반드시 필요한 것이 아니다. 오히려 수익권을 토지 소유자가 가지고 있으면 토지는 이용뿐만 아니라 불로소득을 노리는 투기의 대상으로 변질된다. 또한 사회적 수요가 없는데도 불구하고 불로소득을 노린 개발이 이루어지기도 하고, 가치 있는 땅이 노는 비효율도 발생한다. 자세한 내용은 남기업(2007b, 358 - 363) 참조하라.

한 문제는 토지에 관한 근본원칙을 찾았을 때 문제가 어디에서 생겼는지 알 수 있고, 모두가 수긍할 수 있는 타당한 결론을 도출할 수 있기 때문이다.

논의의 시각은 언제나 존재론이다. 토지는 누가 만들었는가? 토지가 노력의 산물이라면, 노력한 자에게 그 토지의 소유권을 인정하는 것이 마땅하겠지만,[5] 지금의 토지가 있기까지 인간은 어떤 역할도 하지 않았다. 그렇기 때문에 원칙적으로 어느 누구도 '내 땅'이라고 주장할 수 없다. 토지는 인간이 필요하다고 해서 그 양(量)을 늘릴 수 없고(不增性), 위치에 따라 가치가 모두 다르기 때문에(非同質性), 한 사람이 소유하면 다른 사람은 필연적으로 배제된다. 그뿐 아니라 인간은 토지 없이 살 수 없기 때문에 예나 지금이나 토지가 없으면 삶의 자유는 심각하게 침해받을 수밖에 없다. 따라서 출생으로 보나 그 성격으로 보나, 토지는 모든 사람(미래세대도 포함)의 것이고 토지에 대한 권리는 모든 사람에게 평등하다는 것이 '원칙적으로' 옳다는 것임을 알 수 있다. 이런 것은 아래의 사상가들의 말에도 잘 나타난다.[6]

"하나님은 모든 인류에게 세상을 공유물로 주셨다. 어느 나라에서든지 소유자가 더 이상 개량자의 역할을 하지 않는다면 정치경제학은 토지소유를 옹호할 이유가 없다. 재산의 신성함을 이야기할 경우, 토지소유에는 그와 같은 정도의 신성함을 부여할 수 없다는 것을 기억해야 한다."(존 로크[John Locke 1632~1704])

"누군가 땅에 울타리를 친 다음 '이건 내 땅'이라고 말하고 또

---

5) 필자는 기본적으로 자기소유권에서 출발하는 사적 소유권 개념에 동의한다. 그래야 인간의 자유가 존중될 수 있다고 생각한다.
6) 아래의 구절들은 토지정의시민연대(2006, 49 - 53)에서 재인용된 것이다.

주위사람들도 순진하게 그 사람의 말을 믿었을 때 시민사회가 본격적으로 시작되었다. 그 울타리의 말뚝을 빼고 경계를 이루는 도랑을 메우고는 '이런 불한당의 말에 조심하십시오. 땅의 열매는 우리 모두의 것이지만 땅 자체는 누구의 것도 될 수 없다는 점을 잊으면 우리는 망합니다'라고 이웃사람들에게 외치는 자가 있었다면 역사상 무수한 범죄와 전쟁과 살육과 공포와 불행에서 인류를 구할 수도 있지 않았을까?"(장 자크 루소[J. J. Rousseau 1712~1778])

"지구는 인간이 그 위에서 노동하고 살아갈 공동의 재산으로 주어졌다."(토머스 제퍼슨[Thomas Jefferson 1743~1826])

"'사유재산의 신성함'을 이야기하지만 이러한 신성함이 토지재산권에도 같은 정도로 해당되는 것이 아님을 반드시 생각해야 한다. 토지는 사람이 만든 것이 아니다. 토지는 모든 생물이 생래적으로 물려받은 유산이다."(존 스튜어트 밀[John Stuart Mill 1806~1873])

또한 토지에서 발생하는 이익인 지대(rent)도 근본적으로 불로소득이다. 왜냐하면 토지가치가 발생하고 상승하는 것은 개별토지소유자의 노력이 아니라, 자연적 조건, 사회경제적 특성, 정부 조치의 결과이기 때문이다. 따라서 토지가치는 사유재산권 원리에 비추어보아도 '사회의 것'이라 할 수 있다. 이것은 아래의 사상가의 주장에서 잘 나타난다.

"지대는 많은 경우 그 소유자가 그 자신의 관심이나 주의는 전혀 기울이지 않고도 향유하는 그런 수입이다."(아담 스미스[Adam Smith 1723~1790])

"지주들은 일하지 않고도, 위험을 감수하지 않고도, 혹은 절약

하지 않고도 잠자는 가운데도 더 부유해진다. 전 사회의 노력으로
부터 발생하는 토지가치의 증가는 사회에 귀속되어야 하며 소유
권을 갖고 있는 개인에게 귀속되어서는 안 된다."(존 스튜어트 밀
[John Stuat Mill])

"자본가가 수고하지 않고 가장 쉽게 자기 재산을 증식할 수 있
는 방법이 있다. 자기 돈을 모두 털어서라도 땅을 사 놓은 뒤에,
땅 부족에 시달리는 사회가 어떤 값을 치르고서라도 땅을 사려
덤벼드는 그 시점까지 그저 기다리기만 하면 되는 것이다."(앤드
류 카네기[Andrew Carnegie 1835~1919])

요약하자면 토지는 모든 사람의 것임이 원칙적으로 옳고, 사회
가 만든 토지가치도 사회가 환수해서 사회 전체를 위해서 사용하
는 것이 정당하다는 것이다. 이런 관점에서 보면 토지가치인 지대
를 사유화하면서 토지를 배타적으로 점유할 수 있는 현재의 토지
사유제는 정당하지 못하다고 할 수 있다.

3) 왜 토지불로소득만 문제 삼는가[7]

일각에서 "불로소득이 얼마나 많은데 왜 유독 토지불로소득만
문제 삼는가" 하고 반문을 제기할 수도 있다. 물론, 다른 소득도
불로소득의 측면이 있는 것이 사실이다. 그러나 토지불로소득과
기타불로소득은 근본적으로 다를 뿐 아니라, 토지불로소득의 사적
전유를 인정한다고 해서 사회적으로 아무 유익이 없을 뿐만 아니
라 오히려 사회에 막대한 피해만 끼친다.

이것을 분명하게 이해하기 위해 토지불로소득과 기타불로소득의

---

7) 이 부분은 김윤상(2006, 112－4)에 의존한 바가 크다.

악성 / 양성도 평가를 해 보자. 악성 / 양성도는 ① 사회적 기여 / 폐단의 정도, ② 불로소득을 얻을 수 있는 기회가 균등한 정도, ③ 무책손실(無責損失)이 발생하는 정도로 판단할 수 있다.

먼저 사회적 기여 / 폐단 측면을 평가해 보면, 기타불로소득은 사회적 순기능이 있지만, 토지불로소득은 없다. 예컨대, 주식불로소득은 기업에 자금조달을 하고, 임금불로소득은 노동의 공급을 증가시켜 주며, 상품투기로 인한 불로소득은 상품의 공급을 증가시켜 준다. 그러나 토지불로소득을 인정했다고 해서 토지공급이 증가하는 것은 아니다. 오히려 다음 장에서 살펴보듯이 막대한 사회경제적 폐단만 있을 뿐이다.

두 번째로 불로소득을 얻을 수 있는 기회균등측면을 평가해 보면, 토지불로소득을 얻을 기회의 불평등 정도는 높은 데 비해, 다른 소득은 낮다는 것을 알 수 있다. 법적으로 누구나 토지를 소유할 수 있지만, 토지를 사려면 일반적으로 목돈을 지불해야 하는데 이것은 진입장벽이 그만큼 높다는 것을 의미한다. 그렇기 때문에 토지불로소득을 얻을 수 있는 실질적인 기회는 매우 불평등하다. 그러나 상대적으로 상품을 구입하거나 일자리를 얻는 것의 진입장벽은 그리 높은 편이 아니다.

세 번째로 무책손실 측면에서 평가해 보자. 토지불로소득을 사유화하는 것은 비(非)지주계층에게 막대한 손실을 입힌다. 왜냐하면 토지불로소득은 비지주계층에서 지주계층으로 이전되는 소득인데, 토지는 모든 사람의 필수 물자이므로 비지주계층이 투기로 인한 피해를 회피할 방법이 없기 때문이다. 그러나 다른 것은 그렇지 않다. 예컨대, 주식투기는 거기에 참여하는 사람만 손해를 보거나 이득을 본다. 참여하지 않은 사람은 전혀 손해가 없다. 상품에 투기가 발생하여 가격이 급등할 경우 그 상품의 대체재를 사서 쓸 수 있고, 아니면 가격이 정상으로 돌아올 때까지 기다릴 수 있다. 이상을 표로 정리하면 다음과 같다.

〈표 1〉 토지불로소득과 기타불로소득의 악성 / 양성 평가

	토지불로소득	기타불로소득
사회적 차원의 기여 / 폐단	폐단	기여
기회균등의 정도	낮음	토지보다는 훨씬 높음
무책손실의 가능성	높음	낮음
악성 / 양성	**악성**	**양성**

2. 토지사유제의 결과

토지불로소득의 사유화로 발생하는 토지문제는 한국사회에서 아래와 같은 다양한 사회 경제적 문제를 일으킨다.

1) 주택문제

우리 사회를 괴롭히는 것 중에 으뜸을 꼽으라면 단연 주택문제, 즉 내 집 마련문제라고 할 수 있다. 아래 <표 2>에 따르면 해를 거듭할수록 노동자가 내 집 마련하는 데 걸리는 시간이 점점 길어지는 것을 알 수 있다. 서울에서 집을 구입하기 위해서 월급을 한 푼도 쓰지 않고 모으면 1997년에는 7년 걸렸지만, 2006년에는 13년 걸리는 것으로 나타난다. 요컨대, 대다수 국민의 주거권은 상당히 불안정하고, 이대로 지속된다면 그 불안정성의 정도는 앞으로 더 커질 가능성이 크다.

<표 2> 노동자의 소득과 아파트 가격의 상승 추이

연 도	도시노동자 가구당 월 평균 소득(단위: 원)	서울 32평 아파트 가격 (단위: 만 원), 괄호는 평당가
1997	228,7335	2,0402(637)
1998	222,4643	1,9437(607)
2001	262,5118	2,3538(735)
2003	294,0026	3,4464(1077)
2005	325,0837	3,7324(1166)
2006	344,3339	5,2128(1629)

자료: 『Economy 21』(07. 07. 21.)을 재구성.

여기서 하나 분명히 짚고 넘어가야 할 것이 있는데, 그것은 주택 문제의 핵심이 토지에 있다는 사실이다. 주택은 토지+건물로 구성되고, 주택가격은 지가(地價)+건물가로 결정된다. 여기서 건물가격은 장소에 관계없이 건물 짓는 비용으로 결정되므로 어디서나 동일하다. 따라서 주택가격의 차이는 지가의 차이에서 비롯되고, 주택가격이 지나치게 높은 것은 투기로 인한 고(高)지가 때문이다.

2) 일자리 창출 문제

토지문제는 집 문제뿐만 아니라 일자리 창출에도 대단히 부정적인 영향을 끼친다. 토지투기가 일어나면 지가가 폭등하는데, 높은 지가는 지가가 낮거나 안정되어 있을 때와 비교해서 신규로 시장에 진입하는 창업활동을 크게 제약한다. 한국의 지가가 얼마나 높은지는 우리와 선진국의 지가를 비교를 통해 알 수 있다. 선진국의 경우 땅값이 GDP의 1배 정도 안팎인 데 비하여 한국(2006년)은 공시지가로만 계산해 봐도 <표 3>에서 보는 것처럼 3.33배로 나타난다.[8] 또한

<그림 1>에서 보는 것처럼 공장부지의 가격도 다른 나라보다 훨씬 높은 것으로 나타난다. 창업활동의 제약은 일자리 창출을 제약한다는 것이다. 한국의 제조업이 중국으로 이전하여 제조업 공동현상이 발생하는 가장 큰 이유 중 하나가 지가가 높기 때문인데,[9] 이것만 봐도 높은 지가는 실업문제의 원인 중 하나라고 할 수 있다.

〈표 3〉 전국 지가 총액

구 분	2002년	2003년	2004년	2005년	2006년
지가총액	2367.7	2448.9	2543.4	2670.2	2820.2
지가 / GDP	3.46	3.38	3.26	3.29	3.33

자료: 매일경제 07 / 04 / 17

〈그림 1〉 산업단지 분양가 국제비교

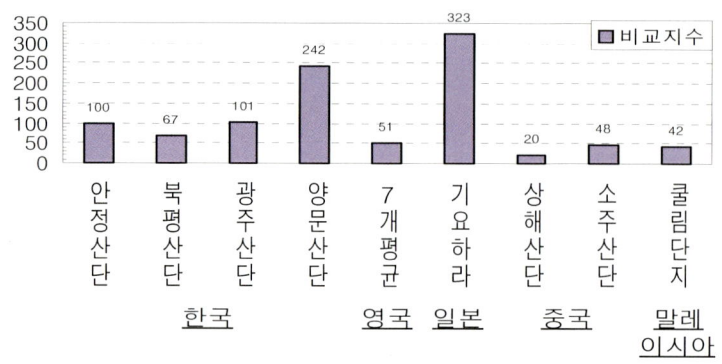

자료: 2006. 4. 6. 재경부·산자부·건교부 보도자료

---

8) 경실련은 2005년도 전국 땅값이 5,195조라고 추산했는데, 이 수치에 따르면 2005년도 지가 / GDP는 6.4가 되는 셈이다.
9) 이정우(2006, 17)는, 현재 우리 기업이 중국으로 속속 이전하고 있는 이유 두 가지가 있는데, 그중 하나가 임금이 중국보다 10배나 비싸다는 점이고, 또 하나가 땅값이 중국보다 40배나 비싸다는 점이라고 하였다.

한편 이것을 다른 각도에서 검토해 보면 토지문제는 자본과 노동의 힘의 비대칭성을 초래하는 중요한 원인임을 알 수 있다. 비정규직 문제, 더 나아가 실업 문제는 근본적으로 노동과 자본의 힘의 비대칭성에서 기인하는 바가 크다. 노동과 자본의 협상에서 자본이 항상 우위에 있다는 것이다. 그런데 따지고 보면 힘의 비대칭성의 중요한 원인 중 하나가 바로 토지문제다. 땅값이 비싸면 창업하기 어렵고, 창업이 어려우면 노동의 수요가 감소하는데, 노동의 수요가 감소한다는 것은 결국 일자리 경쟁이 치열해진다는 의미이다. 즉 자본이 노동에 우위에 설 수 있는 조건이 형성된다는 것이다. 이런 구조 속에서 노동자는 자본가에게 예속되고 착취당할 수밖에 없다. 이렇게 보면 토지문제는 비정규직 문제의 원인(遠因)이라 할 수 있다.

3) 자본과 노동의 갈등 문제

토지문제는 자본과 노동이 갈등하는 중요한 원인이기도 하다. 이를 이해하기 위해서 노동자와 자본가 간에 임금협상과정으로 들어가서 살펴보자. 일반적으로 임금협상에서 노동자는 하한선을, 자본가는 상한선을 결정한다. 다시 말해 노동자는 적어도 '이 정도 이상'은 받아야겠다고 생각하고, 자본가는 '이 정도까지' 줄 수 있다는 생각으로 협상 테이블로 나온다. 노동자들의 하한선은 자녀들의 교육비, 주거비 등이 대부분을 차지할 것이고, 자본가는 원자재 가격, 사무실 및 토지 임대료, 은행 대출 원금 상환과 이자 지불 등이 주류를 차지할 것이다. 협상이 원만하게 타결되려면 노동자의 하한선이 자본가의 상한선 아래에 있어야 한다. 예를 들어 노동자의 임금 하한선이 월 300만 원이고, 자본가의 임금 상한선이 400만 원이면 특별한 변수가 개입하지 않는 한 임금협상은 타결될 것이다.

그러나 토지투기가 일어나면 어떻게 될까? 노동자는 하한선을 올리고 자본가는 상한선을 내릴 것이다. 노동자 입장에서는 주택 가격이 상승하면 주거비가 급상승하기 때문이다. 반면 자본가의 입장에서는 비용 중 하나인 토지 임대료가 급상승하거나, 추가로 토지확보 비용이 높아져서 노동에 양보할 수 있는 상한선이 낮아지기 때문이다.[10] 이렇게 되면 노동과 자본의 협상의 공간은 줄어든다. 만약 노동자의 하한선이 자본가의 상한선보다 높을 경우에는 임금협상은 결렬될 수밖에 없다. 아래 <그림 2>는 이것을 그림으로 나타낸다.

<그림 2> 토지문제가 노동과 자본의 임금협상에 미치는 영향

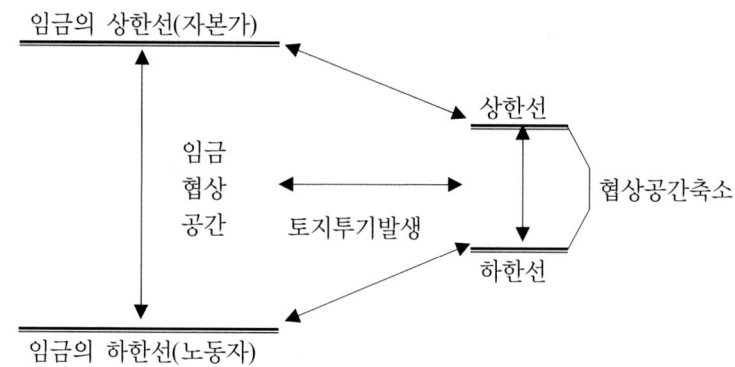

---

10) 물론 대토지를 소유하고 있는, 지주이면서 자본가는 상한선을 내리지 않아도 된다. 오히려 그들은 이런 상황에서 토지투기를 통해 더 많은 불로소득을 향유할 수 있다.

4) 빈부격차 문제

마지막으로 우리 사회에서 토지문제는 빈부격차를 확대 재생산하고 사회정의를 해치는 주범(主犯)이다. 노동자의 상당수가 무주택자들인데, 부동산 투기가 발생하여 주택가격이 크게 상승하면 노동자는 아무 잘못이 없음에도 가만히 앉아서 더 가난해지게 된다. 반면에 소수의 토지과다소유자들은 토지투기가 일어나면 가만히 앉아서 엄청난 재산을 모으게 된다.[11] 원리적으로 따져보면 토지와 같은 자산으로 인한 불로소득은 그 자산을 가지고 있지 않은 사람의 소득이 소유한 사람에게로 이전된 것이다. 이런 토양에서 사회정의가 이루어지기를 바라는 것은 불가능에 가깝다.

아래의 <표 4>은 지가 총액 자료와 지가변동률 자료를 사용하여 1999~2003년 사이에 발생한 불로소득의 규모를 추산한 것이다.

〈표 4〉 1999~2003에 발생한 토지불로소득

단위: 조 원, %

연 도	지가총액	지가상승률	자본이득(A)	명목 GDP(B)	A / B
1999	1483.6	2.94	42.4	529.5	8.00
2000	1493.6	0.67	9.9	578.7	1.72
2001	1513.3	1.32	19.7	622.1	3.17
2002	1649.2	8.98	135.9	684.3	19.86
2003	1705.7	3.43	56.6	721.3	7.84

자료: 전강수(2005, 13)

---

11) 2006년 10월 행정자치부에서 발표한 '2005년 토지소유 현황 통계'를 보면 2005년 말 기준 우리나라 땅부자 가운데 상위 10%(약 500만 명)가 차지하고 있는 토지 면적은 전체 개인 소유 토지의 98.3%이며, 상위 1%(50만 명) 소유의 땅은 57%에 이르는 것으로 나타났다.

<표 4>에서 보는 것처럼, 2001~2003년 사이에 한국 사회에서 발생한 토지 자본이득이 212조 원, 연평균 약 70조 원이 발생했다. 여기에는 아파트 대지 가격의 상승이 제대로 반영되지 않았는데, 이를 감안하면 2002, 2003년의 경우에는 표의 자본이득 값에 최소한 100조 원은 더해 주어야 한다. 또한 김태동(2005)의 연구에 따르면 2000~2004년의 5년간 토지 자본이득이 2,500조 원이 넘는 것으로 추산하고 있는데, 여기에 매년 토지소유자가 누리고 있는 지대 소득까지 감안할 경우 부동산 불로소득의 규모는 더 커진다.

이상에서 살펴본 것처럼, 토지문제는 주택문제, 일자리 창출문제, 노사관계문제, 빈부격차문제의 핵심에 위치하고 있음을 알 수 있다.

제3절 토지문제 해결을 위한 제도들

그동안 토지사유제에서 나타나는 위와 같은 문제들을 해결하기 위한 많은 제도들이 도입되었다. 여기에서는 그중 토지공개념 3법과 토지소유권에 직접적인 영향을 준 택지개발촉진법, 마지막으로는 최근에 새롭게 떠오르는 개발권 공유제를 평가해 본다.

1. 토지공개념 3법

토지공개념 3법은 1989년 6공 노태우 정부 시절에 제정된 법이다. 당시 3저 호황으로 넘쳐나는 달러의 유입, 10% 이상의 계속된

경제성장 등이 토지투기에 직접적 영향을 주었다. 이때에 전국의 토지가격 상승률은 1988년에 27.5%, 1989년에 32.0%에 달했다. 노태우 정부 초기에 지가가 2배로 뛴 것이다. 지가가 이렇게 폭등하자 전세가격도 폭등했고, 이로 인해서 20명 가까운 세입자들이 연쇄 자살하는 사태까지 벌어졌다.

이렇게 되자 노태우 정부는 1989년 토지공개념 3개 법안(택지소유상한제, 개발부담금제, 토지초과이득세제)을 제정하지 않을 수 없었다. 아래에서는 그 3법의 내용과 그것의 성과와 한계를 검토해 본다.

1) 택지소유상한제

택지소유상한제의 입법취지는, 서울특별시 및 5개 광역시에 거주하는 개인이나 법인이 소유할 수 있는 택지면적의 한도를 정하고 이를 초과하는 택지 소유주에 대해서는 초과소유부담금을 부과함으로써 투기를 방지하고, 처분·이용·개발을 촉진하려는 것이었다. 택지소유상한제가 정한 택지소유한도는 서울시와 광역시는 660㎡(200평), 시군 지역은 990㎡(300평), 읍면 도시계획구역은 1,320㎡(400평)이었다. 택지소유상한제에서 규정한 소유한도를 초과하여 소유하는 택지(이용·개발의무기간 중의 택지, 개발제한구역 내의 택지, 건축이 금지되거나 불가능한 택지 등의 경우는 제외)에는 7~11%의 높은 세금을 부과하였다. 이러한 제도는 각기 긍정적인 면과 부정적인 결과를 낳았다.

먼저 긍정적인 면을 살펴보면 택지소유상한제는 토지소유의 편중을 완화하고, 토지공급을 증대시키는 등의 효과를 가져왔다. 건설교통부의 통계자료에 따르면 제도시행 기간 동안(1992~1996) 소유상한 규모를 넘는 택지가 조금 감소하였다. 상한이 넘는 택지는 1992년에 2만 6,032건 2,171만㎡였는데, 1994년 이후 감소를 보이기 시작해 1995년에는 2만 5,652건에 1,940㎡로 건수로는 1.5%, 면적으로는 10.6% 감소하였다. 개인의 경우에는 건수와 면적 모두 감소한 반면 법인의 경우에는 건수가 증가하고 면적은 감소하는 차이를 보였다(이규황 1999, 703~706) 또한 택지초과소유부담금 (1992~1997) 징수규모가 1조 3,710억 원이었으며, 1993년에는 가장 많은 3,257억 원을 징수하였다. 이러한 통계결과를 볼 때 택지소유상한제에 의한 소유 편중 완화효과는 어느 정도 있었다고 판단할 수 있다.

그러나 부정적인 면도 컸다. 먼저 지적할 수 있는 것은 택지초과소유부담금이 지나치게 과도(過度)하여 택지초과소유부담금의 미(未)징수율이 지속적으로 증가하였다는 점이다. 두 번째로 택지초과소유부담금을 회피하기 위해 택지를 타(他)용도로 전용하거나 난개발하는 등의 부작용이 발생한 것을 지적할 수 있다. 나대지를 택지가 아닌 상업용 또는 업무용으로 개발하면 부담금이 부과되지 않는다는 법적 한계를 이용한 것이다(국토연구원 2000, 181). 이것은 토지가 비효율적으로 이용된다고 할 수 있고 택지소유상한제의 본래 목적인 토지공공효과가 그만큼 저하된 것으로 볼 수 있다(국토연구원 2000, 183). 마지막으로 택지소유상한제는 조세를 통한 간접적이 아닌 직접적인 면적규제로 시장기능을 왜곡한 측면이 강하다. 문제는 넓은 택지를 소유한다는 현상 자체에 있지 않고, 소유를 통해서 불로소득을 향유할 수 있다는 데 있다. 따라서 정책의 초점을 과다한 토지 소유, 즉 면적에 두기보다 소유의 원인, 즉 '소유를 통한 불로소득 사유화'에 두었어야 했다. 만약 후자에 두었다면 경제주체는 소유규모를 스스로 알아서 결정했을 것이다.

이러한 장단점이 있는 택지소유상한제는 1999년 4월 29일 헌법 재판소가 택지초과소유부담금이 과도하다는 이유로 헌법불합치 결정을 내리게 되었고[12] 결국 시행된 지 10년 만에 사라져버렸다.

2) 토지초과이득세제

토지초과이득세(이하 토초세)의 목적은, 각종 개발사업 및 기타 사회경제적 요인으로 개발지역 주변의 유휴 토지, 비업무용 토지에서 발생하는 막대한 불로소득인 초과이득을 조세로 환수함으로 조세부담의 형평과 지가 안정 및 토지의 효율적 이용을 유도하고, 나아가 국가경제의 건강한 발전에 기여하는 것에 있었다. 법안을 좀 더 구체적으로 살펴보면 토초세의 과세기간은 3년으로 하며, 과세기간이 개시되는 연도의 1월 1일부터 과세기간이 종료되는 12월 31일까지의 지가상승이 정상지가상승률을 초과하는 토지에 대해 미(未)실현 자본이득을 과세표준으로 하여 토초세를 부과하였다.

이러한 토초세는 최초 토초세 정기과세(1993)에서 6,446억 원이 징수되어 불로소득 환수효과가 있었고, 토지공급이 증대되는 결과를 낳았으며, 지가 및 주택가격이 안정(1992~1994년도 역사상 처음으로 지가상승률이 평균 −3.1%)되는 긍정적 효과들이 있었다.

그러나 문제도 있었다. 과세대상을 유휴토지로 한정한 것이 토초세의 중대한 한계였는데 이것은 두 가지 문제를 초래했다. 첫째는 조세회피를 목적으로 한 난개발이 빈발했다는 것이고, 둘째는

---

12) 그러나 초과소유부담금이 소유 기준을 초과한 택지에 대해서만 부과되었다는 점, 이전부터 재산세가 매우 낮았다는 점을 고려하면 택지초과소유부담금이 과도하다는 주장은 설득력이 떨어진다 하겠다.

이 정책이 직접적으로 소유를 규제하는 방식과 유사하여 토지시장을 왜곡시킬 수 있다는 점이다. 토초세를 통한 불로소득환수 자체는 정당하다고 할 수 있지만, 이 제도는 모든 토지에 부과하지 않기 때문에 비(非)중립적일 수밖에 없다.13)

한편 토초세는 1994년에 헌법불합치 판정을 받았는데, 그 이유가 미(未)실현 이득에 대한 과세가 아님에 유의해야 한다. 즉 불로소득의 실현 여부와 관계없이 환수 자체는 합헌적이라는 것이다. 아래의 판결문을 읽어보면 문제는 과세 기술상에 있음을 알 수 있다.

> 과세대상인 자본이득의 범위를 실현된 소득에 국한할 것인가 혹은 미실현이득을 포함시킬 것인가의 여부는, 과세목적·과세소득의 특성·과세기술상의 문제 등을 고려하여 판단할 입법정책의 문제일 뿐, 헌법상의 조세개념에 저촉되거나 그와 양립할 수 없는 모순이 있는 것으로는 볼 수 없다.([92헌바 49 등, 선고 1994-7-29])

이와 같은 토초세는 1989년 12월 30일 제정되었고, 1993년 정기과세 이후의 과세가 없어 거의 사문화되어 있다가 1994년 7월 29일 토지공개념 관련 법률 중 최초로 헌법불합치 결정을 받아 그해 12월 22일 전면적으로 개정되었지만, 김대중 정부 시절인 1998년 12월 28일 「토지초과이득세법 폐지법률」로 폐지되었다.

---

13) 토지시장의 왜곡을 없애는 가장 좋은 조세 방법은 누진세가 아니라 비례세이다. 누진적으로 조세를 부과하면 토지의 효율적 배분이 왜곡된다.

3) 개발부담금제

토초세가 개발지역 부근에서 일어나는 불로소득을 환수하는 장치라면 개발부담금제는 개발지역에서 발생하는 불로소득을 환수하는 장치라고 할 수 있다. 한국처럼 압축적 근대화를 경험한 나라는 산업화 및 도시화의 진전과 더불어 개발이 필요할 수밖에 없고, 이로 인해서 발생한 개발이익인 토지불로소득은 천문학적 규모였다. 개발부담금제는 이와 같이 사유화되었던 개발이익에 대해 50%의 부과율을 적용하여 환수하기 위한 제도적 장치였다.

개발부담금제는 1989년 12월 30일 제정되었는데 그동안 신축적으로 운영되면서 1990~1998년 사이에는 11,346건의 개발사업에 총 1조 6,397억 원의 개발부담금이 부과되는 실적을 보이기도 했다. 하지만 IMF 경제위기 이후 경기부양책으로 1998년 9월 19일 「개발이익환수에관한법률」을 개정하여 1999년까지 부담금 부과를 유보하고, 1999년 이후는 부과율을 25%로 하향 조정, 개발부담금 납부기한 3년까지 연장 등의 조치를 취했다. 그러다가 각 부문의 부담금 신설억제를 위해 2001년 12월 31일에 제정된 「부담금관리 기본법」에 의해 2002년 1월부터 서울을 포함한 수도권 이외의 지역에서의 징수를 금하였고, 2004년 1월 1일부터는 모든 지역에서 금지하여 전국에서 부과되지 않았다. 그러다가, 2005년 참여정부의 8·31대책으로 25%의 개발부담금을 부과하는 것으로 부활하였다.

이러한 개발부담금제도는 불로소득환수라는 면에서 긍정적으로 평가할 수 있다. 1990년부터 8년 동안 1조 2,458억 원을 환수하였다. 그러나 아이러니하게도 개발이익인 불로소득 환수율이 지나치게 낮다는 점이 이 제도의 문제로 지적될 수 있다. 거둬들인 1조 2,458억 원은, 1990년도 한 해에 실현된 자본이득만 해도 40조 원이 넘을 것으로 예상된다는 것을 고려할 때, 턱없이 낮은 금액이다. 따라서 개발부담금제의 불로소득 환수효과는 대단히 미흡했다고 해도 지나치지 않을 것이다. 그런 이유는 개발부담금제의 대상 지역이 축소되었을 뿐만 아니라 예외로 둔 지역도 많았기 때문이다.

위에서처럼 대한민국 건국 이후로 가장 강력했다고 평가받는 토지공개념 3법의 경험을 통해서 우리는, 제대로 된 토지제도가 갖추어야 할 두 가지 시사점을 추출할 수 있다. 첫째, 직접적인 소유규제 즉 면적을 규제하는 방식은 적절하지 않다는 것이다. 정책은 경제주체가 토지소유의 규모와 위치를 스스로 결정할 수 있도록 하는 방향에서 설계되어야 한다. 둘째, 정책의 성공여부는 토지불로소득을 얼마나 일관되게, 포괄적으로 환수하느냐에 있다는 것인데, 이것이 바로 첫 번째의 전제가 된다. 다시 말해서, 토지불로소득이 환수되어야 경제주체가 토지 소유의 규모나 위치를 순수한 이용목적으로 결정할 수 있게 된다는 것이다.

2. 택지개발 촉진법[14]

1981년에 시행된 택지개발촉진법의 추진 이유는 종래에 토지구획정리법으로 택지를 공급하기에는 폭증하는 주택수요를 감당하기 어렵다는 판단 때문이었다. 산업화가 본격적으로 진행되면서 농촌인구의 도시로의 진출은 주택의 부족현상을 낳았고, 이것을 해결

---

14) 택지개발 촉진법은 주택공급을 신속하게 하기 위해서 정부가 마련한 법이지만, 소유권을 건드리기 때문에 다룰 가치가 있다고 판단되어 검토대상에 포함시켰다.

하기 위하여 정부는 민간의 토지소유권을 강제로 수용하여 택지를 조성하고, 그 조성한 토지를 건설사에 분양하여 주택을 공급하는 제도를 마련한 것이다.

이 법은 특정 지역의 토지가 주무 장관에 의해 택지개발예정지구로 지정되면 이 토지에 적용되는 여러 법률의 효력을 일시에 정지시킨 뒤 일괄 매수해 택지로 개발할 수 있도록 하고 있다. 이렇게 하면 단기에 빠른 속도로 택지를 공급할 수 있는 장점이 있다. 하지만, 이 제도가 우리나라의 부동산 투기를 해결하는 데 기여했다고 보기 어렵다. 오히려 이 제도가 투기를 더 부채질했고, 각종 비리와 부정부패가 양산되는 결과를 초래했다. 이것을 아래 <그림 3>을 통해서 살펴보기로 하자.

〈그림 3〉 토지의 수용·분양 시 발생하는 불로소득

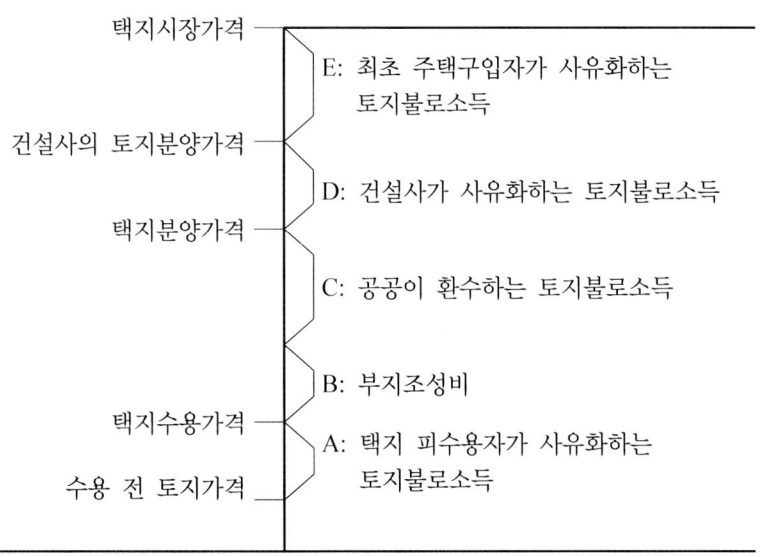

가장 큰 문제점은 택지공급과 관련된 문제점으로서 막대한 개발이익의 사유화라고 할 수 있다. 조성된 택지의 공급은 그동안 임대보다는 분양에 치중하여 왔고, 이를 통해 공공이 투자한 재원을 조속히 회수하여 새로운 택지개발사업에 다시 투자할 수 있게 하여 중·고소득층의 택지수요를 어느 정도 충족시킨 면이 있다. 그러나 이 제도는 공공 투자와 토지의 용도 변경으로 발생한 막대한 개발이익이 공공부문에 흡수되기보다는, 오히려 최초로 택지를 분양받은 건설회사와 최초 주택 구입자에게 돌아가도록 한다. <그림 3>에서 보면 D, E 부분이 사유화된다는 것이다. 특히 건설사들은 택지를 분양받기만 하면 불로소득 D가 보장되기 때문에, 수용·분양하는 과정에서 그것을 노린 온갖 부정부패가 발생한다.[15] 그리고 분양하는 과정에서 불로소득 E를 노리고 암표상과 떳다방도 생겨난다.

그런데 문제는 수용한 토지를 분양하는 한, 위와 같은 문제를 근절한다는 것은 불가능에 가깝다는 데 있다. 이런 문제를 시정하기 위해 건설사들이 분양받은 택지 위에 주택을 지어 팔 때 공공으로부터 분양받은 가격으로 주택을 분양하라는 주장이 제기되기도 한다. 즉 건설사가 취하는 불로소득 D를 없애거나 최소화하라는 것이다. 여기에는 이렇게 하면 주택에서 발생하는 부동산 투기를 막을 수 있다는 생각이 깔려 있는데, 이것은 주택의 분양원가 공개, 분양가 거품빼기 운동을 벌이고 있는 일부 시민단체의 이론적 토대이기도 하다. 물론 이렇게 하면 불로소득 D 때문에 일어나

---

15) 막대한 불로소득이 일부 건설업자가 사유화하는 시스템은 수용당한 기존 토지소유주의 강력한 반발의 원인 중에 하나가 될 수 있다. 만약 수용한 이후에 발생한 모든 불로소득이 공유화되면, 반발은 훨씬 줄어들 것이다.

는 특혜와 같은 부정부패는 상당히 해소할 수 있을 것이다. 그러나 이렇게 하면 주택을 최초로 분양받은 자가 엄청난 불로소득을 사유화할 뿐, 투기 문제는 전혀 해결되지 않는다. 즉 E뿐만 아니라 D의 상당부분이 결국 최초로 주택을 분양받은 자에게 돌아간다는 것이다. 이것에 많은 시민들이 동조하고 있기 때문에 이 부분을 좀 더 자세히 살펴보자.

예를 들어 기존의 주택이 ㎡당 1,000만 원인데 앞의 논리대로 건설사가 불로소득 D를 포기하고 새로운 주택을 ㎡당 500만 원에 분양했다고 하자. 그러면 기존의 1,000만 원이 500만 원으로 하락할까? 아니다. 오히려 그 반대가 된다. 신규주택이 전체주택에서 차지하는 비중이 얼마 되지 않기 때문에 신규주택은 주택시장에서 가격 결정자(price setter)가 아니라 가격 수용자(price taker)가 될 수밖에 없다. 따라서 ㎡당 500만 원의 신규주택은 1,000만 원으로 수렴된다. 결국 건설사가 택지를 분양받은 가격에 주택을 공급할 경우 막대한 불로소득은 초기분양자에게 돌아갈 뿐이다.

그렇다면 원리상으로 공공이 택지를 건설사에게 분양할 때 시장에서 거래되는 가격에 가깝게 분양하면 문제를 해결할 수 있다고도 할 수 있다. 다시 말해, E의 상당부분을 공공이 환수하자는 것이다. 그러나 이것은 지금까지 그랬던 것처럼 "공공기관 주공·토공이 땅장사 한다"는 비판을 초래한다. 그리고 이렇게 하면 공공은 이런 불로소득으로 자신의 규모를 키울 수 있기 때문에 사회적 필요가 없는데도 불구하고, 불필요한 개발을 하는 문제도 발생할 수 있다.

이상의 논의를 종합해 보면 수용한 택지를 분양하게 되면 그 이후의 논쟁은 결국 공공, 민간건설사, 초기 주택 구입자 간에 벌어지는 제로섬게임이 되기 때문에 문제를 해결할 수 없고, 결국 투기도 막을 길이 없어진다. 택지 분양가를 낮춘다고 해서, 그리고 주택 분양가를 낮춘다고 해서 문제가 해결되지 않는다. 문제의 핵심은 택지개발 촉진업의 문제의 핵심은 공공이 공적인 목적으로 강제로 수용한 공공택지를 판매한다는 데 있다. 물론 초기비용을 회수해야 하기 때문이라는 이유를 항상 들이대지만, 그 이유가 과연 타당한지는 차후에 살펴보도록 하자.

3. 개발권 공유제[16)

개발권 공유제는 토지소유자에게는 현재의 토지 이용권만 인정하고 장래 개발권은 국가가 갖거나 독립한 권리로 양도될 수 있는 것을 의미한다. 전통적 토지소유권 관념하에서 개발권은 토지소유권에 내재하는 권리이며 토지소유권 자체에서 도출된 권리로 토지소유권으로부터 개발권을 분리한다고 할 때, 개발권은 독립한 권리로서 사회가 만들어서 특정토지에 분배된 권리를 의미한다. 따라서 개발권은 토지소유권 자체에서 유출된 것이 아니라 국가로부터 허용된 권리라고 할 수 있다. 이 안을 제안한 변창흠(2007)에 따르면, 개발권 공유제를 시행하면 다음과 같은 효과가 나타날 수 있다고 한다.

첫째는 토지공공임대제 시행과 비교하면 상당한 비용 절감 효과가 있다. 현행 토지제도의 문제점은 과도한 개발과 개발이익의 사유화에서 비롯된다고 할 수 있는데, 이런 문제를 근본적으로 없애기 위해서 토지를 국공유할 수 있지만, 이런 정책추진을 하는 데

---

16) 개발권 공유제에 대한 내용은 변창흠(2007)에 의존한 바가 크다.

막대한 비용이 들어간다는 것이다.[17] 이에 비해서 개발권 공유제
는 토지소유권 전체가 아니라 권리 중의 일부인 개발권만 공공이
환수하여 비축함으로써 토지공공임대제와 비교해서 적은 비용으로
효과 달성이 가능하다는 것이다.

둘째는 지가 안정 효과이다. 개발권을 공유하면 개발로 인한 토
지가치가 증가하더라도 그 가치가 공공에 귀속되기 때문에 지가가
상승할 이유가 없다는 것이다.

셋째는 개발이익을 노린 과도한 개발 억제와 지속 가능한 개발
을 유도하는 효과이다. 개발이익이라는 불로소득을 사유화할 수
있다면 사회적 수요가 없는데도 개발을 하게 되는데, 개발권 공유
제는 이것을 근절할 수 있다는 것이다.

네 번째는 지역격차 해소 효과를 들 수 있다. 지역 간 개발의
격차는 지역 간 개발이익의 크기에 따라 좌우될 수 있는데, 성장
지역에서는 그동안의 개발의 집중으로 개발이익이 풍부한 반면,
저개발지역에서는 개발이익이 부족하여 지역 간 개발의 격차가 확
대되어 왔다. 수도권 지역의 경우 그동안 인구의 집중과 개발로
인한 막대한 개발이익이 발생한 반면, 지방은 상대적으로 크게 저
조했다. 개발권이 공유화되는 경우 개발이익의 격차 때문에 발생
하는 지역 간의 격차는 해소될 수 있다는 것이다.

검토한 것처럼 개발권 공유제는 투기억제, 개발이익 환수, 지역
격차 해소 등의 효과가 있다고 할 수 있고, 그렇기 때문에 토지문
제를 해결하는 데 유용한 제도라고 평가할 수 있다. 그러나 개발
권 공유제는 보상의 문제가 있다. 보상 없이 개발권을 국공유화하

---

17) 토지공공임대제의 실시가 비용이 많이 들어간다는 것에 대해서는 4
장을 참조하라.

는 것은 현행 헌법상 한계가 있기 때문이다. 그러면 보상하는데 더 많은 비용이 들어가는 토지공공임대제를 실시하면 어떨까? 그런데 토지공공임대제에는 상당한 부정적 시각이 있다. 그것은 비용이 너무 많이 들어간다는 것, 이 제도가 공공성을 강화하는 것인데 그러면 시장경제와 충돌할 수 있다는 시각, 중국이 토지공공임대제를 했는데도 여전히 토지문제가 일어나고 있다는 것으로 모아지는데, 이것이 토지공공임대제의 태생적 한계인지, 아니면 설계의 문제인지를 절을 바꾸어 자세히 검토해 보자.

제4절 토지공공임대제 설계

1. 토지공공임대제란 무엇인가

소유권의 3요소는 사용권, 처분권, 수익권이다. 따라서 사적 소유권이란 사용, 처분, 수익 모두가 개인에게 귀속되는 것을 의미한다. 물론 대부분의 자본주의 국가에서 토지의 사적 소유권은 존중된다. 하지만 그렇다고 해서 완전한 사적 소유권을 인정하고 있는 것은 아니다. 내용에 있어서 약간씩 다르지만 대부분의 국가는 이 세 가지 권리에 대해서 일정한 제한을 두고 있다. 그러나 큰 틀에서는 소유권의 3요소가 개인에게 있다는 것을 인정하고 있는데, 우리는 이것을 가리켜 토지사유제라고 부른다.

그러나 앞서 검토한 것처럼 토지사유제는 문제가 많은 제도이다. 토지문제의 핵심인 토지불로소득의 사유화로 인해서 투기가 일상적으로 발생하고, 그로 인해서 엄청난 사회경제적 부작용이

속출한다.

토지사유제와 정반대의 제도를 토지공유제라고 할 수 있다. 이
것은 사용권, 처분권, 수익권 모두 모두가 국가(공공)에 귀속되는
것을 말하는데, 이 제도는 사회주의 국가에서 실험해 봤던 방식이
다. 그러나 이 제도는 구사회주의 국가의 역사가 증명하는 것처럼
엄청난 비효율을 초래했다. 사회주의 국가에서 토지는 시장가격인
임대 가치가 존재하지 않기 때문에 계획 입안자들은 아무 비용을
의식하지 않고 노동생산성과 자본생산성의 향상을 대신할 수 있는
대체물로서 토지(와 자연자원)를[18] 사용해 왔다(Harrison 1991, 83).
토지와 자연자원에 임대 가치를 부여하지 않은 이유는, 사회주의
국가에서 토지는 노동의 생산물이 아니기 때문이다.[19] 따라서 자
연히 토지는 낭비되지 않을 수 없었다. 이것을 통해서 우리는 사
회주의의 토지제도, 즉 토지공유제는 현재의 토지 문제를 극복할
수 있는 대안으로 적합하지 않다는 것을 알 수 있다.

마지막으로 수익권을 환수하는 제도를 토지가치공유제라고 하는
데, 이 제도는 처분권을 개인에게 귀속시키는 지대조세제(land value
taxation)와 개인에게 한시적으로만 처분권을 인정하는 토지공공임
대제가 있다. 다시 말해서 토지공공임대제는 공공이 임대한 기간
동안에 한해서 양도·재(再)임대·증여 등의 처분권을 개인에게 귀
속시키는 것을 말한다. 이 제도의 특징은 앞의 토지불로소득이 원
천적으로 제거된다는 데 있다. 이것을 표로 정리하면 아래와 같다.

---

18) 흔히 사회과학에서 토지라고 하면 인간이 만들지 않은 모든 것을 지
칭한다.
19) 사회주의 국가의 정치경제학이라고 할 수 있는 마르크스주의는 가치
는 오직 살아있는 노동에서만 나온다고 본다.

〈표 5〉 다양한 토지소유권의 정의

구 분		토지사 유제	토지공 유제	토지가치공유제	
				지대조세제	토지공공임대제
토지소유권 구성요소	사용권	개 인	국 가	개인	개인
	처분권	개 인	국 가	개인	국가 or 개인
	수익권	개 인	국 가	국가	국가
배분방법		시 장	국 가	시장	시장

앞서 언급했듯이 토지문제는 토지불로소득 때문에 발생한다. 그러므로 토지문제를 근본적으로 해결하려면 우리사회에 토지가치공유제를 도입하면 된다. 그런데 토지가치공유제 중 하나인 지대조세제는 일부 토지가 아니라 전체 토지에 적용하는 것이기 때문에, 한번에 토지불로소득을 환수할 수 없다. 그렇게 하면 지가가 폭락하여 거시경제 전체에 큰 충격을 주기 때문이다. 이런 이유로 지대조세제는 장기간 동안 목표와 일정표를 가지고 실시해야 한다. 반면에 토지공공임대제는 국가가 소유한 토지에만 적용하는 것이기 때문에 토지불로소득을 일거에 제거할 수 있다. 따라서 이 제도는 제대로 실행만 하면 그 효과를 금방 육안으로 확인할 수 있는 장점이 있다.

한편, 토지공공임대제에 '공공(public)'이란 용어가 들어가기 때문에 이 제도가 반(反)시장적이라고 생각할 수 있다. 하지만 정확하게 말하면 토지공공임대제는 시장의 원리를 통해서 토지의 공공성을 구현하는 제도이다. 토지문제의 핵심인 토지불로소득을 공적으로 환수하면서 토지의 배분을 시장에 맡기는 제도이기 때문이다. 토지공공임대제가 자원배분을 시장에 맡기는 방법은 기본적으로 자유경쟁의 원리인 '입찰'이다. 최고의 임대료, 지대를 지불할 의향이 있는 자에게 토지의 사용권이 귀속된다는 의미에서 지대(地

代)시장제라고 부를 수 있다. 이러한 토지공공임대제가 작동하는 시장에는 다음과 같은 세 가지의 특징이 있다.

첫째는 토지불로소득이 원천적으로 환수된다. 물론 공공이 환수하는 임대료와 시장임대료 간의 괴리가 발생하여 불로소득의 사유화가 발생할 수도 있지만, 이것은 제도를 잘 설계하면 얼마든지 방지할 수 있다.

둘째는 토지공공임대제가 실행되는 토지 시장에는 실수요자만 등장한다. 일반적으로 토지가 아닌 일반물자에는 투기가 일어나기 어렵다. 투기를 한다는 것은 예를 들어서 상품을 쌓아놓고 가격이 올라가기를 기다리는 것이라 할 수 있는데, 그것은 위험부담이 크다. 보관비용도 들어가고, 가격이 올라가면 바로 공급이 늘어 균형가격으로 회귀할 가능성이 크기 때문이다. 그러나 토지공공임대제는 불로소득이 발생하지 않기 때문에, 즉 토지를 가지고 사용하지 않으면 오히려 사용료를 내야 하기 때문에 이용목적이 아닌 경제주체는 시장에 등장하지 않는다. 즉 실수요자만 시장에 등장한다는 것이다.

셋째는 토지공공임대제가 적용되는 토지를 효율적으로 이용한다. 왜냐하면 최고가에 낙찰받은 임치인은 정해진 임대료를 비용으로 인식하고 그 비용을 만회하기 위해서 토지를 효율적으로 사용하기 때문이다. 그렇지 않으면 자기에게 손해가 된다.

2. 토지공공임대제 디자인

1) 재원마련 방안

토지공공임대제가 토지시장에 유의미한 영향을 주고, 나아가서 우리사회에 토지제도를 개혁하는 중요한 제도로 자리잡기 위해서는 공공의 토지 보유 비중이 높아야 한다. 다시 말해서 공공이 지속적으로 토지비축의 양을 늘려야 한다는 것이다.[20] 따라서 토지공공임대제 성공의 여부는 비축에 필요한 재원을 어떻게 마련하느냐에 있다고 할 수 있다. 이런 이유 때문에 토지공공임대제에 대한 비판의 핵심은 "취지는 좋지만 재원마련이 어려워 도입이 불가능하다"라는 것으로 결론이 나곤 한다.[21]

그러나 재원마련을 걱정하기 전에 한 가지 따져봐야 할 것이 있다. 그것은 토지문제를 해결할 새로운 제도를 마련하는 것이 시급하고 중요한 과제냐는 것이다. 국가의 정책집행과 그에 따르는 재정투여는 시급성과 중요성이 높은 것부터 실행하는 것이 옳다. 시급하지만 중요하지 않은 것보다, 반대로 중요하지만 시급하지 않은 것보다는 시급하고 중요한 것을 우선적으로 추진해야 한다. 그러면 우리 사회에서 가장 시급하고 중요한 일이 무엇인가? 여러 가지가 있겠지만, 앞에서 살펴본 것처럼 토지투기를 근절하는 제도를 도입·확대하는 것에 이견이 없을 것이다. 앞서 살펴보았듯이 토지제도는 높은 주택가격, 일자리 부족, 빈부격차의 핵심 원인 중 하나였다. 따라서 토지공공임대제의 확대를 위한 재원마련이 어렵다고 무조건 거부하는 태도는 재고되어야 한다.

하지만 국가가 시급성과 중요성이 높다는 이유만으로 막대한 재

---

20) 우리나라의 국공유지 비율 30%는 싱가포르 81%, 이스라엘 86%, 대만 69%, 미국 50%, 스웨덴 40%에 비해서 상당히 낮은 수준이다. 특히 우리나라는 국유지의 대부분이 임야와 도로·학교 등 공공시설 용지로 이용되고 있으며 공공부문이 소유하고 있는 주거용·상업용·공업용 등의 도시용지 보유비율은 0.1%에 불과한 실정이다.

21) 토지공사는 재원조달을 이유로 토지공공임대제의 한 형태인 토지임대-건물분양을 비판했다. 자세한 내용은 국토도시연구원(2006) 참조하라.

정이 투여되는 정책을 집행하기 어렵다. 당위성만 가지고 정책을 집행할 수 없기 때문이다. 특히 새로운 제도가 계속해서 적자가 나거나, 그것이 뻔히 예상된다면 실행이 불가능하다. 그런 제도라면 국민들의 시선을 계속 의식해야 하는 어떤 민주정부도 추진하기 어려울 것이다. 따라서 실행가능성을 높이려면 도입되는 새로운 제도가 스스로 재정을 조달할 수 있는 체계(self-financing system)를 갖추어야 한다.

정부의 재정부담을 줄이면서 재정조달을 원활하게 할 수 있는 방안 중에는 채권을 발행하는 것을 생각해 볼 수 있다. 채권을 발행하여 유동자금을 흡수하고 그것으로 토지공공임대제를 도입·확대한다는 구상이다. 그러나 채권은 일정 기간 동안 이자를 지급한 이후 원금을 다시 돌려주는 것인데, 원금을 되돌려 줄 때는 또 다시 채권을 발행해야 한다. 이런 불편함이 반복되면 정책의 피로현상이 발생할 수 있다.

이런 이유로 본 연구는 영구채권 발행을 제안한다. 영구채권을 발행하면 채권이 민간에서 유통되기 때문에 정부는 원금상환이라는 의무에서 해방될 수 있다. 이런 방식의 영구채권을 통한 재원조달에도 몇 가지 원칙이 필요한데, 그것을 제시해보면 다음과 같다.

첫째, 채권 발행 주체는 공공으로 한정한다.22)

---

22) 민주노동당 심상정(2007. 6.) 의원은 매년 시장금리에 접근하는 이자율을 적용하는 30~40조 원의 영구채권을 발행하더라도 충분하다고 주장한다. 그가 발간한 자료집에 따르면, 2006년 기준 전체 채권발행액 381조(잔액총액 779조)인데, 연 30~40조 원에 해당하는 토지공공채권을 발행하더라도 전체 채권시장에 영향을 줄 수 있으나 잠재적인 채권수요를 고려하면 우리나라 채권시장이 감당할 수 있다. 첫 번째 이유는 2006년 국고채 발행액이 61조 원인데 국고채에 대한 수요가 컸다는 것이다. 작년 국고채 평균응찰률(응찰액/낙찰액)이 160%에 달했

둘째, 채권의 이자율은 시장이자율을 약간 상회하는 것으로 한다.[23]

셋째, 채권은 매매·양도·증여가 가능하도록 한다.

넷째, 채권 이자지급의 재원은 임대료로 충당하는 것을 원칙으로 한다.[24]

이렇게 해도 우려가 남아있는데, 그것은 채권이자보다 토지 임대료가 낮을 것이라는 걱정이다. 이 부분을 좀 더 자세히 검토해 보자.

2) 토지 임대료와 채권이자율과의 관계

정상적으로 성장하는 사회라면 토지 임대료는 시간 경과에 따라 채권이자율을 초과하게 된다. 이것을 그림으로 나타내면 아래와 같다.

다. 두 번째 이유는 강력한 채권 수요자로서 국민연금기금이 빠르게 성장하고 있다는 것이다. 국민연금기금은 2007년 4월 200조 원을 넘고 2010년 300조 원, 2012년 400조 원을 돌파할 것으로 전망되어 5년 내 200조 원의 추가 자산운용처 필요한데, 2007년 4월 현재 국민연금기금 200조 원 중 채권투자가 152조 원(76%)이며, 향후 증가하는 기금 역시 안정적 채권에 투자되는 것이 바람직하다고 할 수 있다. 따라서 이런 연기금은 토지공공임대제를 위한 채권의 수요자로 안정적이라고 할 수 있다. 또한 이것은 자산을 소유하는 비적자성 채권이기 때문에 재정적자에 대한 부담을 덜 수 있다.

23) 그래야 시장에서 채권을 구입할 유인이 생기기 때문이다.

24) 그러나 토지 임대료가 이자보다 낮을 때는 정부의 재정을 투여해야 한다. 물론 토지 임대료가 이자를 상회하면 그때부터 투여한 자금을 회수할 수 있다.

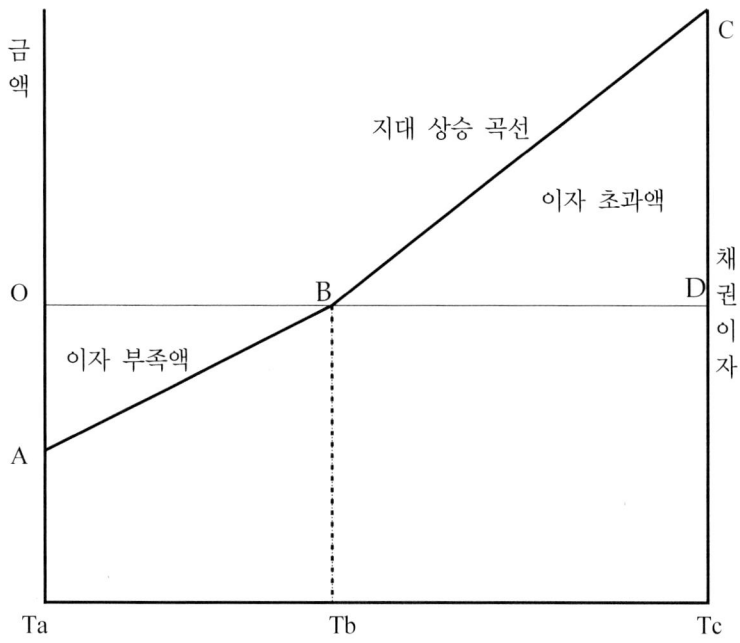

〈그림 4〉 채권이자율과 지대수익과의 관계[25]

　이 그림을 보면 초기(Ta~Tb)에서는 채권이자율이 지대수익을 넘어서지만, 일정한 시점(Tb)을 넘어서면 둘 사이의 관계가 역전되는 것을 볼 수 있다. 왜냐하면 토지가치인 지대는 사회가 발전함에 따라 증가하기 때문이다.

　한편 이 그림을 보면 도시 외곽의 토지가 비용조달 면에서 훨씬 안정적이고 효과적임을 알 수 있다. 왜냐하면 토지임대가치의 상승속도가 도심지보다 도시 주변이 훨씬 빠르고, 그 토지의 용도를 변경하거나 개발하면 지대가 이자를 넘어서는 시기가 훨씬 앞당겨질 수 있기 때문이다. 이것을 그림으로 보면 다음과 같다.

---

25) 이 그림은 이원영(2007, 42)에서 아이디어를 얻었다.

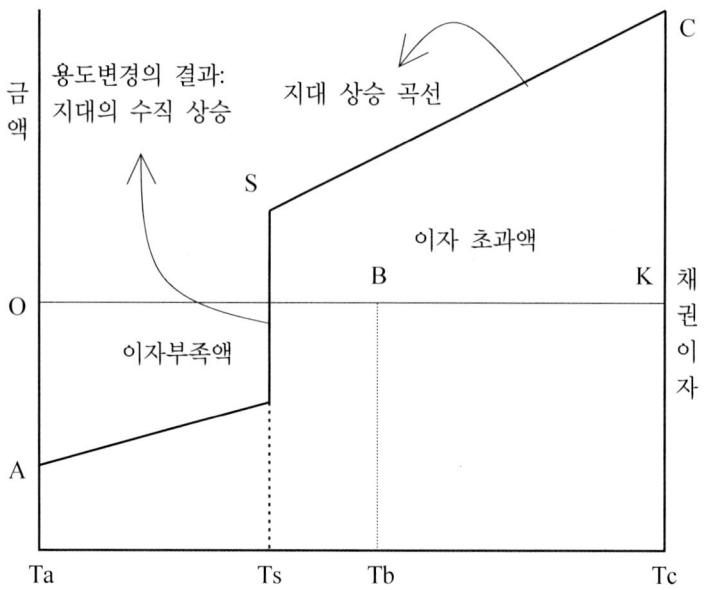

〈그림 5〉 용도가 변경된 토지의 지대수익과 채권이자와의 관계

다시 말해서, 도시외곽의 토지를 미리 비축해 놓고 임대하다가, 그 토지를 적절한 시점(Ts)에서 개발을 위해 용도를 변경하게 되면 지대수입은 수직 상승한다. 여기에서 우리는 재원조달을 이유로 토지 비축량을 늘려 토지공공임대제 확대를 반대하는 것은 더욱 설득력을 잃게 됨을 알 수 있다.[26] 오히려 제대로 실행하기만

---

26) 토지공공임대제 방식으로 도시개발의 세계적인 성공사례로 꼽히는 미국 뉴욕 남부의 '배터리 파크 시티'(Battery Park City)의 사례를 보면, 재원조달을 이유로 불가능하다고 주장하는 것이 타당하지 않다는 것을 알 수 있다. '배터리 파크 시티'의 경우도 '토지임대형' 방식을 채택하여, 총 92.6에이커의 토지 중 42%인 38.1에이커에 14,000세대의 주택, 9%인 8.7에이커에 사무실(나머지 토지는 공원·광장·도로)이 공급되었는데, 초기 투자 재원은 장기 채권으로 충당하였다. 배터리 파크 시티 개발공사가 거두어들인 지대 등의 수입은 1999년

한다면 국가재정을 안정적으로 확보하는 데 도움이 될 것이다. 많은 개혁과제들이 그러하듯이 토지문제 해결을 위한 토지공공임대제의 실행은 '의지의 문제'인 것이다.

3) 제도의 운영주체

토지공공임대제의 운영주체는 중앙정부가 될 수도 있고 지방정부가 될 수도 있다. 아니면 준공공 기구나 민간 기구를 설립할 수도 있다. 하지만 필자는 토지공공임대제가 정착될 때까지는 이와 같은 업무를 수행해 왔던 기관(토지공사와 주택공사)이 주관하는 것이 적합하다고 본다. 그렇게 하는 것이 제도의 집행력과 표준화를 담보하는 데 유리할 수 있기 때문이다. 물론 지방정부 스스로가 이 제도를 시행하는 것이 원칙적으로 옳은 방향이지만, 아직 한국의 지방자치 수준이 높지 않다는 것을 감안하면 공공성을 전제로 한 토지공공임대제를 도입과 함께 지방자치단체에게 맡겨버리면 많은 부작용이 발생할 수 있다. 그러나 장기적으로는 그 기능과 업무가 지방으로 이전되는 것이 바람직하다.

한편, 주택공사와 토지공사가 토지공공임대제를 전담하게 되면 두 기관은 공공성을 강화하는 진정한 공기업으로 거듭날 수 있다는 장점이 있다. 지금까지 토지공사와 주택공사는 국민들로부터 "땅장사, 집장사 한다", "주공, 토공이 부동산 투기의 원인 제공자"라는 비판을 받아왔다. 토지공사는 국민으로부터 토지를 싼 가격에 강제로 수용해서 부지를 조성한 다음 그것을 비싸게 팔아서

한 해에만 1억 4천6백만 달러였는데, 이 중 채권 상환, 공공 투자, 시설 운영에 필요한 비용을 제외하고도 남는 금액을 공공 주택 기금 등의 명목으로 뉴욕시에 돌려주기까지 하였다(김기호 2002).

엄청난 시세차익을 남긴 것은 잘 알려져 있는데, 결국 이것이 고 (高)지가의 원인 중 하나가 된 측면이 있고, 주택공사도 주택을 지어 판매하는 과정에서 고(高)분양가를 부추긴 측면이 있다는 것이다. 물론 지금까지 토지공사와[27) 주택공사는 그 차액을 국민주택 건설 등 주거복지에 썼다고 하지만, 그것을 액면 그대로 믿을 사람은 그렇게 많지 않다. 주된 비판이 수용과 분양에 있었는데, 민간으로부터 수용한 토지를 비축하고 임대하는 것에 집중하면 비판의 근거는 사라지게 된다. 따라서 두 기관이 토지공공임대제의 주무 기관이 되면 진정한 공기업으로 거듭날 수 있을 기반이 형성될 수 있다.

한편 여기서 한 가지 분명히 해 둬야 할 것이 있다. 그것은 공공기관이 그 업무를 담당해도 정치적 압력에서 자유로워야 한다는 것이다. 왜냐하면 토지사용자는 토지 임대료를 시장임대료보다 적게 내기를 원하고, 이들의 정치적 압력으로 징수임대료가 낮아질 수 있기 때문이다. 괴리가 심하면 임차권에 프리미엄이 붙고 투기가 일어날 것은 불 보듯 뻔하다. 토지 임대료가 채권이자를 상회하지 못하면 결국 국민의 세금으로 그 부족분을 벌충할 것이다. 그렇게 되면 토지공공임대제의 의의는 크게 퇴색된다. 이를 고려한다면 토지공공임대제의 수행기관에게 확실한 정치적 독립성을 부여하는 것이 중요하다. 하지만 토지공공임대제 수행기관의 투명성을 높이기 위해서 1년의 사업 내용을 투명하게 공개하는 연차 보고서를 발간하도록 의무화하는 것도 추가되어야 한다. 아래 그림은 이상의 내용을 요약하여 제도운영 체계를 그림으로 나타낸 것이다.

---

27) 엄밀히 이야기하면 토지공사는 국민주택 건설이나 주거복지에 개발 이익을 쓰지 않고 있다.

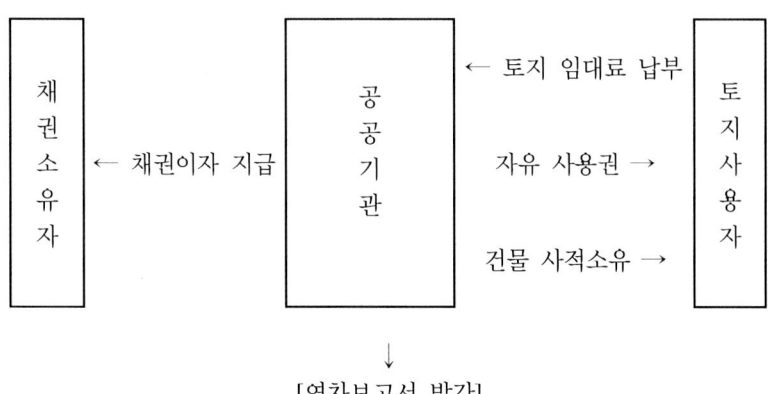

〈그림 6〉 토지공공임대제의 업무 흐름[27]

[연차보고서 발간]

4) 제도 운영의 원칙

토지공공임대제가 성공적으로 운영되려면 최소한 다음의 여섯 가지 원칙이 포함되어야 한다.

① 소유권 범위: 토지 소유권은 공공이 갖는 대신, 토지의 사용은 민간의 자율에 맡기는 것을 원칙으로 해야 한다. 즉 국가가 토지 임대인이 되고 민간이 토지 임차인이 되는 것인데, 토지 임차인은 임대 기간 중에는 자신의 토지 사용권을 자유롭게 처분(매각, 임대, 저당, 증여, 상속 등)할 수 있어야 한다.[29]

② 임대료 납부의 범위: 공공이든 민간이든, 토지의 사용 주체는 사용료를 국가에 납부하도록 해야 한다. 토지를 사용하는 공공

---

28) 이 그림의 아이디어는 이원영(2007, 40)에서 얻었다.
29) 여기에 하나 추구할 것은 토지의 비축량을 빠른 시일 내에 늘리기 위해서 핀란드처럼 양도소득세를 감면하는 것을 생각해볼 수 있다 (Virtanen 2003, 101). 양도소득세 감면은 토지를 공공에 파는 자에게 인센티브를 제공하기 위함이다.

기관도 임대료를 납부하게 되면 토지의 사용 비용을 고려하게 되므로, 결과적으로 토지분배의 효율성이 높아지게 된다.

③ 토지 임대료의 결정 원리: 토지 임대료의 결정은 자유경쟁, 즉 공정한 입찰을 주된 원리로 하되, 예외적으로 협상에 의한 방법도 병행한다. 또한 임대료는 정기적으로 재평가하여 변경한다. 정기적으로 변경하지 않으면 예기치 않은 토지가치 상승으로 인해 투기가 발생할 수 있기 때문이다.

④ 임대기간: 임대기간은 10년으로 하되 토지사용의 안정성을 보장하기 위하여 임차인에게 계약을 갱신할 수 있는 권한을 부여한다. 사용기간도 용도에 따라서 차등을 두도록 해야 한다. 사용 연한이 긴 주거 용지나 용적률이 높은 상업 용지의 경우 임대기간을 길게 잡아도 별 문제가 없다. 하지만 여기서 유의해야 할 점은 임대기간을 길게 잡는다 하더라도 정기적인 임대료 재책정을 반드시 해야 한다는 것이다.

⑤ 임대료 지불 방식: 임대료 지불 방식은 연불(annual land rent)을 원칙으로 하되, 일시불(up‑front premium)이나 일시불과 연불을 혼용하는 방식을 예외로 한다. 물론 납부 방식의 선택권은 토지임차인에게 주는 것이 좋다. 일시불만으로 하면 공공기관은 목돈이 생기기 때문에 좋을 수 있지만, 그렇게 하면 임대제가 아니라 토지사유제로 변질되기 쉽고, 사용자에게는 일시불 자체가 진입장벽이 되어 제도 도입의 취지가 후퇴할 수 있다.

⑥ 공공이 토지를 환수할 경우: 공공은 토지가 심각하게 오남용되거나 공공 목적이 있을 경우 토지를 회수할 권한을 보유하도록 해야 한다. 물론 공공 목적으로 토지를 회수할 경우 토지 개량물의 잔존 가치를 전액 보상해야 한다.

그러나 토지공공임대제에 대한 운영원리를 이렇게 해 놓아도 투기가 일어날 수 있다는 염려가 있을 수 있다. 토지공공임대제를 실시한다고 알려진 중국이 투기로 몸살을 앓고 있으니, 따지고 보면 그런 우려도 이상한 것이 아니다. 그러면 중국에서 발생하는 토지문제는 토지공공임대제의 본질적 한계인가? 아니면 중국이 제도를 잘못 운영하고 있기 때문인가?

중국은 토지 임대료를 고정시켜서 일시불로 받기 때문에 예기치 못한 토지가치 상승분 – 중국처럼 빠르게 경제가 성장하는 사회에서 발생하는 토지가치 상승분은 상당하다. – 을 환수하지 못하고 있는데 이것이 문제의 핵심 원인이다. 또한 중국은 임대제를 100% 실현하는 국가로 알려져 있으나 자세히 살펴보면 그렇다고 말하기 어렵다. 농촌 토지는 100% 토지공공임대제를 하는 것이 맞지만, 중요한 도시 토지는 전체의 21% 정도에서만 실행되고 있다. 1999년을 기준으로 보면 토지를 임대하는 방식은 행정배정방식이 40.6%, 유상매각방식이 34.1%, 임대방식이 21.6% 순이었다(국토연구원 2001). 위에서 말한 순수한 토지공공임대제는 21.6%에 불과한 것이다. 이 방식은 토지소유자인 국가가 토지사용권을 토지 이용자에게 짧게는 3~5년, 많으면 10년 정도의 비교적 단기간 동안 임대해 주고 대체로 매년 임대료를 받는다.

좀 더 검토가 필요하지만, 지금 현재 투기가 일어나는 지역은 바로 유상매각방식이 적용되는 토지일 가능성이 크다.[30] 왜냐하면 이용료를 제대로 받는 임대방식은 투기가 일어날 확률이 매우 적기 때문이다. 유상매각방식의 용도별 토지사용권의 최대 이용기간

---

30) 북한은 개성공단을 설립하면서 토지사용권 유상매각이라는 중국식 경제특구 모델을 벤치마킹(bench marking)하고 있다.

은 주거용지가 70년, 교육·과학기술·문화·위생 등이 50년, 상업·관광·위락·체육용지는 40년, 종합 및 기타용지는 50년으로 규정되어 있으며, 구체적인 사용기간은 이 한도 내에서 양도계약으로 지정하고 있는데, 투기의 원인은 바로 매각할 때 일시불로 임대료를 환수하는 데 있다. 이해를 돕기 위해서 중국에서 부동산 투기가 일어나는 원인을 그림으로 살펴보자.

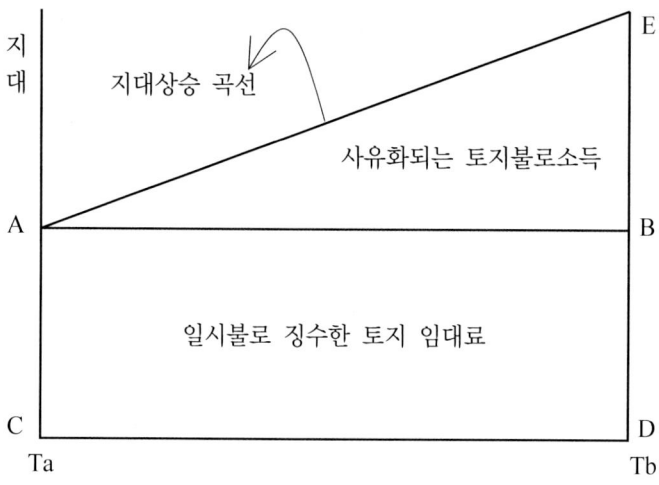

<그림 7>을 보면 알 수 있듯이 중국은 토지 임대료를 일시불로 받는 방식을 취했다. 이런 경우에는 삼각형 ABE라는 토지불로소득은 사유화되기 때문에 그것을 노리고 투기가 일어날 수밖에 없다. 특히 중국같이 연간 10% 이상 성장하는 국가에서는 이런 문제가 발생하기가 너무나 쉽다. 여기서 하나 강조되어야 할 것은 토지불로소득을 환수하지 못하면, 투기가 발생하여 제도의 신뢰성이 떨어진다는 사실이다. 요컨대, 토지공공임대제의 성공여부는 토지불로소득

을 어떻게, 얼마나 잘 환수할 수 있느냐에 달려 있다고 할 수 있다.

5) 토지공공임대 토지의 구체적 활용 방안: 택지의 경우를 중심으로

임대된 토지는 산업, 상업, 주택 용지로 각각 활용될 수 있다. 산업용지와 상업용지로 활용되는 것은 복잡한 것이 없음으로 아래에서는 주택용지로 사용되는 경우를 집중적으로 살펴본다.[31] 택지의 경우에는 복지적 차원에서 접근할 필요가 있기 때문이다.

토지공공임대제가 적용되는 택지는 토지임대부 분양주택을 지어 공급하는 것을 원칙으로 한다. 토지임대부 분양주택은 토지와 주택을 모두 분양하는 일반분양주택과 토지와 주택을 공공이 소유한 상태에서 임대하는 공공임대주택의 중간 형태이다. 즉 토지는 임대하고 건물은 분양하는 주택이다. 기존의 분양방식과의 차이는 아래와 같다.

〈표 6〉 주택의 구분

구 분	토 지	건 물
일반분양주택	개 인	개 인
토지임대부 분양주택	공 공	개 인
공공임대주택	공 공	공 공

---

31) 산업·상업용지의 임대의 경우에는 임대료 환수가 택지보다 훨씬 수월하다. 시장임대료를 받는다 하더라도 수익형 부동산이기 때문에 입찰에서 결정된 임대료를 거부할 명분이 없기 때문이다. 거기에 비하면 택지의 경우에 임대료 환수의 용이성은, 거주자의 수입이 고르지 않고 수입의 지속성도 담보되기 어려운 측면이 있기 때문에 산업·상업용지보다 낮다고 할 수 있다.

토지공공임대제의 일반과 마찬가지로 토지임대부 분양주택은 기본적으로 토지 임차인이 임대 기간 중에 자신의 토지 사용권을 자유롭게 처분(매각, 임대, 저당, 증여, 상속 등)할 수 있다. 또한 토지를 이용하는 주택소유자는 시장가치에 준하는 임대료를 납부하는 것을 기본원리로 한다.

하지만 토지임대부 분양주택의 임대료는 차등을 둘 수 있다. 복지 차원에서 일정 소득분위 이하의 계층에게는 임대료를 시장임대료보다 낮출 필요가 있다는 것이다.[32] 이렇게 했을 때 공공은 임대료를 낮춰주는 복지형 주택만을 공급하는 것으로 한정지을 필요가 있다. 임대료를 제대로 받는 주택은 민간이 공급해도 투기가 거의 발생하지 않기 때문이다. 다시 말해, 시장에 대한 공공의 개입은 시장에 맡기면 필연적으로 문제가 생기는 경우에 한정한다는 원칙을 적용하자는 것이다.

이런 토지임대부 분양주택이 지니는 장점에는 다음과 같은 것이 있다. 첫째는, 공공이 토지의 용도나 밀도의 변경으로 생기는 개발이익을 완전히 환수할 수 있다. 둘째, 도시 계획 기능을 제고할 수 있다. 소유권이 공공에게 있기 때문에 사유지에서 발생하는 도시 계획상의 문제점 제거가 가능하다. 셋째, 공공임대주택과 비교하면 건물 관리 문제가 발생하지 않는다. 건물은 개인소유이기 때문에, 건물주는 자신의 재산 가치를 유지하거나 높이기 위해서 잘 관리하게 된다. 넷째, 주택 건설 산업의 부패를 없애고 건전한 육성과 발전에 도움을 준다. 앞서 살펴보았듯이 지금까지 건설사는 수용

---

32) 물론 이렇게 하면 시장임대료와 징수임대료 간의 괴리가 발생하여 프리미엄을 노린 투기가 발생할 수 있다. 이런 것을 막기 위해 환매조건부를 덧붙여야 한다. 이렇게 하여 주택문제를 상당한 정도로 해결한 모델이 싱가포르 모델이다.

한 토지를 분양받기만 하면 엄청난 토지불로소득을 누릴 수 있었고, 그것을 노리고 온갖 부정부패가 양산되어 왔다. 그러나 토지를 임대하면 불로소득 때문에 발생했던 부정부패는 사라진다. 토지로부터 획득하는 불로소득이 없기 때문에 건설회사는 양질의 주택을 건설하는 데 매진하게 될 것이고, 이것은 주택 건설 산업의 건전한 육성과 발전에 도움을 줄 수 있다. 마지막으로, 초(超)장기의 내 집 같은 주거가 가능하다. 토지임대부 분양주택은 지금의 전세 시장보다 훨씬 자유롭고 안정적이며, 세금도 미미하다.[33] 건설시장도 살고 부동산 중개 시장의 활력을 떨어뜨리지 않을 수 있다.

6) 토지공공임대제의 모범 사례: 핀란드[34]

성공적으로 토지공공임대제를 운영하는 국가에는 호주의 캔버라, 싱가포르, 홍콩, 스웨덴, 네덜란드, 핀란드가 있는데, 아래에서는 가장 성공적으로 운영되고 있는 핀란드 사례를 살펴본다. 핀란드에서 공공토지를 임대하는 것은 많은 도시에서 보편화되어 있다. 관례에 따르면 과거에 왕이 토지를 하사하면서부터 토지의 공유가 시작되었는데, 이런 오래된 도시에서는 공공토지를 모두 민간에 임대한다. 토지를 임대하는 지방자치단체의 목표 가운데 공통되는 다섯 가지 목표가 있다. ① 토지 이용 계획의 효율성 증진, ② 토지 가격의 안정화, ③ 토지 개발이익의 환수, ④ 토지투기방지, ⑤ 산업발전촉진이다. 핀란드의 지방자치단체들은 토지공공임대제를 통해 이 목표들을 달성하고 있다.

핀란드의 현재 모든 공공토지임대는 공공토지임대법의 적용을

---

33) 토지분 재산세는 전월세로 이미 부담하고 있기 때문에 제외된다.
34) 이 부분은 Virtanen(2003)을 요약하였다.

받는다. 이 법은 계약 유형별로 임대 기간을 규정하고 있다. 일반적으로 주거용지의 임대기간은 짧으면 30년, 길면 100년이다. 건물이 있는 농업용지의 최장 임대 기간은 15년이다. 미개량 농업용지의 최장 임대 기간은 10년밖에 안 된다. 산업용지, 캠핑장, 통신시설 부지의 임대 기간은 협상에 의해 결정된다.

공공토지임대법에서는 개발 시점에 대해서는 어떤 제한도 두고 있지 않다. 그러나 통상 지방자치단체들은 임차인에게 정해진 기간 내에 건축을 완료할 것을 요구하는 특별한 조건을 임대 계약서에 포함시킨다. 임차인이 이 조건을 이행하지 못하면 지방자치단체는 토지 임대 계약을 취소할 수 있다. 지방자치단체는 토지를 회수해서 다른 사람에게 임대할 수 있는 권한을 갖고 있다. 일부 도시에서는 임대인이 임차인에게 벌금을 부과할 수도 있다. 이런 조건을 붙이는 목적은 두 가지인데, 토지 개발이 적기(適期)에 이루어지도록 촉진하는 것과 토지 투기를 방지하는 것이다.

앞서도 언급했지만, 이러한 토지공공임대제의 핵심은 임차인들에게서 임대료를 제대로 징수하는 것인데, 핀란드에서 대부분의 임차인들은 성실히 토지 임대료를 납부한다. 토지 임대료 미납으로 인한 재정 손실은 극히 미미하다고 한다. 예를 들어 1999년 헬싱키의 토지 임대료 미납률은 겨우 0.07%였다. 이는 임대료가 낮아서 생긴 결과라고 할 수는 없다. 토지 임대료가 높지는 않지만 그렇다고 하찮은 것도 아니다. 부동산국(the Real Estate Department)과 건축감독국(the Building Inspection Department)은 임대 계약 조건을 철저하게 집행하고 있다.

특이한 것은 공공기관도 공공토지를 사용하는 경우에는, 관련 부서에 내부 토지 임대료를 납부해야 한다는 점이다. 이러한 내부

임대료 제도는 1990년대 중반에 적용되기 시작한 새로운 제도이다. 1999년 현재 주민 수 5만 명 이상인 도시들 중 60%가 내부 토지 임대료를 징수하고 있으며, 나머지 자치단체들도 장차 그렇게 할 계획을 세워두고 있다. 내부 토지 임대료를 징수하는 목적은 공공부문에서 토지 사용의 효율성을 높이려는 것이다. 내부 토지 임대료는 공공기관으로 하여금 토지 비용을 인식하게 만들고, 유휴지를 줄이며, 공공기관이 토지 배분을 '최적화'하여 돈을 절약하도록 유도하고, 토지 비용을 당해 사용자에게 부담시키는 효과가 있다고 알려져 있다.

공공토지임대법은 임대 계약의 취소를 어렵게 만드는 규정들을 담고 있다. 임대인은 임차인이 임대료를 내지 않거나, 토지의 유지·보수를 게을리 하거나, 계약 내용과는 다른 방식으로 토지를 사용하거나, 정해진 기간 내에 토지를 개발하지 않을 경우에만, 토지 임대 계약을 취소할 권리를 갖는다. 정부가 공공 목적으로 부득이하게 토지 임대 계약을 중단해야 하는 경우에는, 토지 사용권의 반환을 놓고 임차인과 협상을 하거나 강제수용권을 사용할 수 있다.

핀란드의 수도 헬싱키는 다른 지역보다도 토지공공임대제를 성공적으로 수행하는 시로 유명한데, 그 시는 1999년 헬싱키의 총 임대 계약 건수는 약 7,000건이었다. 같은 해 토지 임대로부터 발생한 수입은 7억 3,400만 마르카(약 1억 2,000만 달러)였는데 그 중 2억 4,400만 마르카는 공공기관 임대로부터 발생한 것이다. 총 임대수입은 헬싱키 시의 1년 예산의 15%에 해당되는 금액이다.

헬싱키의 임대 기간은 토지 용도에 따라 다르다. 주거용지의 경우 임대 기간은 50~60년이다. 1995년 이후 시 정부는 100년짜리 임대도 하고 있다. 임대료는 매년 생계비 지수를 기준으로 조정할 뿐 아니라 실질 지가의 상승에 따라 조정하기도 한다. 예를 들어 시 정부는 토지의 시장가치의 변화를 반영하기 위해 모든 100년짜리 임대의 토지 임대료를 30년마다 조정한다. 상업용지의 경우 임대 기간은 보통 50년이다. 그리고 산업용지의 경우 20~30년이다. 이 둘의 경우 매년 하는 임대료 조정만 하고, 30년마다 하는 방식의 임대료 조정은 하지 않는다. 공개 경매를 통해 임대되는 최고급 주거용지의 토지 임대료는 토지 시장가치의 4% 수준에서 결정되고 있다.

헬싱키 시의 부동산국은 활동 결과를 매년 공개적으로 보고한다. 이것은 사업 내용을 투명하게 공개하는 것이 이런 연차 보고의 목적이다. 아래 표는 지방자치단체와 임차인의 찬성과 반대에 대한 입장을 정리한 것이다.

〈표 7〉 핀란드에서의 토지공공임대제에 대한 찬성과 반대

	지방자치단체의 입장	임차인의 입장
찬성	− 지방자치단체는 정기적으로 토지 임대료를 조정함으로써 토지가치의 불로증가(不勞增價)를 환수할 수 있다. − 토지공공임대제는 지가 상승을 억제해서 주택 가격을 안정시키고 주민들의 주택 마련을 돕는다. − 토지공공임대제는 토지 투기를 억제한다. − 공공토지 임대는 지방자치단체에 지속적으로 안정적인 임대료 수입을 가져다준다. − 토지공공임대제는 정부로 하여금 임대 기간 만료 후 토지를 재확보할 수 있게 해준다.	− 개발업자는 부동산 개발을 위한 토지 구입에 소요되는 막대한 초기 투자 자본을 마련할 필요가 없다. − 토지 임차는 재산세 부담을 경감시킨다.

	지방자치단체의 입장	임차인의 입장
반대	− 임대 기간 만료가 가까워지면 임차인은 토지 개량물의 유지·보수를 게을리 하기 쉽다. − 공공토지 임대 사업을 관리하기 위해서는 정부는 고도의 청렴성과 전문 지식을 갖추어야 한다. − 소규모 지방자치단체들은 통상 정치적 자율성과 공공토지 임대 사업을 관리할 전문 인력을 갖추지 못하고 있다. − 연불 임대료의 선납 제도가 활용되지 않는다면, 소득의 증가는 느릴 수밖에 없다.	− 임차인은 임대 기간 만료 시 자기 재산을 잃을 수도 있다. − 토지 임대 계약서에 지루한 내용들이 포함될 수 있다. − 공공임대 토지는 임차인에게 사유지만큼 심리적 만족을 주지 못한다. − 임차권의 신용 가치는 사유권보다 적다. − 토지 임대료가 정기적으로 변화하기 때문에 불확실성이 높아진다. − 임차인이 토지가치의 증가에 의해 이익을 얻을 수 없다.

7) 토지공공임대제 실행의 효과

(1) 사회경제적 효과

첫째는 분배에 대한 효과를 들 수 있다. 토지공공임대제의 적용 면적이 넓어지는 만큼, 토지불로소득으로 인하여 발생하는 빈부격차는 해소될 수 있다. 토지소유자가 불로소득을 향유하는 것이 아니라 공공이 환수하기 때문이다.

두 번째는 생산에 대한 효과를 들 수 있다. 토지공공임대제의 적용대상이 되는 토지의 효율적 이용도는 증가한다. 또한 토지공공임대제는 지가가 '0'이 되는데, 이것은 그만큼 진입장벽이 낮아지는 것을 의미한다. 따라서 토지공공임대제의 확대는 신기업의 활발한 시장진입, 일자리 증가로 이어질 수 있다.

세 번째는 노동과 자본의 힘의 비대칭성 해소에 기여할 수 있다. 앞에서 살펴본 것처럼 힘(power)에 있어서 자본이 노동에 비해 압도적인 이유 중 하나는 토지문제에 있었다. 그러나 우리사회에 토지공공임대제의 확대는 '토지 때문에 생긴' 자본과 노동의 힘의 불균형이 해소되는 데 기여할 수 있다.

넷째는 주택문제가 완화될 수 있다. 토지공공임대형 주택을 공급하게 되면 주택가격에서 토지가격이 제외되기 때문에 아파트와 같은 공동주택의 경우 평균 350~400만 원에 주택공급이 가능해진다.[35] 앞으로 공공이 공급하는 주택에 모두 토지공공임대제 원리를 적용하게 되면 주택투기를 완화하고 주택문제를 해결하는 데 크게 도움이 될 수 있다.

(2) 통일한국에 주는 시사(示唆)

통일 전 혹은 후 북한에 어떤 토지제도를 적용할 것인가는 대단히 중요한 과제가 아닐 수 없다. 왜냐하면 어떤 토지제도를 정착시키느냐에 따라서 북한경제재건의 내용과 속도가 크게 좌우되기 때문이다. 그런데 대부분의 학자들은 통일이 되면 북한 토지는 당연히 사유화해야 한다고 본다. 물론 급작스러운 사유화는 여러 가지 문제를 야기할 수 있기 때문에 잠정적으로 임대제를 거쳐야 한다고 하지만, 그것도 최종적으로 사유화로 가는 것이어서 결국 문제의 발생은 충분히 예상된다.

토지제도와 관련해서 명심해야 할 것은 만약 남한과 같은 토지투기가 만연한 토지사유제가 적용되면 북한의 경제재건은 훨씬 지

---

35) 주택공사가 군포시 부곡에 토지공공임대형 주택인 대지임대부 주택을 공급하는 데 실패했다고 하지만, 그것은 '기획된 실패'라고 해야 할 것이다. 이에 대한 자세한 논의는 토지정의시민연대 2007년 10월 7일 논평을 참고하라.

체되고, 통일비용은 상당히 늘어나며, 남과 북의 공동체적 유대감은 하락하고, 그렇게 되면 통일은 결국 '축복'이 아니라 '재앙'이 될 가능성이 크다는 점이다. 따라서 앞에서 살펴본 것처럼 북한에는 국유화된 토지를 사유화하지 않고 임대제를 실시하는 것이 최상이다. 이렇게 하면 도로 등의 사회기반 시설을 알맞은 규모로 적기에 설치하기가 쉽고, 설치 결과는 지대상승으로 나타나기 때문에 설치비용 회수가 가능하다(self‒financing system). 또한 임대료 환수 대신 타 세금을 감면하면 투자유치에도 상당히 유리할 수 있어 경제 재건에 큰 기여를 할 수 있을 것이다.[36)

북한에 토지사유제를 적용하면 안 되는 이유는 독일통일의 경우를 보면 알 수 있다. 통일독일의 경우, 구동독 토지 사유화 조치 때문에, 심지어 베를린 근교에서는 토지가격이 200배 폭등하는 등 부동산투기가 광범위하게 일어났다. 또한 분단 전에 동독에서 서독으로 피난한 원소유자에 대한 구동독 토지의 반환 조치 때문에 자살과 암살이 일어나는 사태까지 빚어지는 등 사회혼란이 극심하였다. 이로 인해 원소유주 110만여 명이 240만 건의 소유권 반환 심사청구를 요구하였고, 이것은 아직도 해결되지 못하고 있다고 한다.(Schmidt 2005, 120)

이런 것은 구동독 지역에 대한 기업 투자를 저해하는 가장 큰 요인이 되었다. 구동독 토지 사유화 조치 때문에 결국 기업 투자가 막힘으로써 고용이 창출되지 않았고, 구동독 지역의 실질실업

---

36) 전강수(2007)는 위와 같은 토지공공임대제의 원리를 북한에 어떻게 적용할지에 대해서 구체적인 구상을 밝혔다. 자세한 내용은 그의 논문 "통일에 대비한 북한 토지제도 개혁 구상"을 참조하라. 또한 북한에 영구임대제를 실시하는 것이 정책적·규범적 측면에서 왜 타당한지에 관해서는 김일영·남기업(2002)을 참고하라.

률은 30%로 급상승하였다. 이것이 바로 서독에서 마련한 통일비용의 대부분이 경제 활성화와 무관한 소모성 비용으로 지출된 결정적 원인 중 하나였다. 그 결과 구동독 주민과 구서독 주민 사이에는 심각한 지역감정이 발생하였는데, 이 동서 지역감정은 100년이 지나도 치유되기 힘들 것이라고 한다. 사실상 구동독 주민들은 독일 내 2등 국민으로 전락하고 만 것이다.

따라서 남한에 토지공공임대제를 성공적으로 구현하는 것은 북한에 안심하고 토지공공임대제를 실시할 수 있는 발판이 될 수 있으며, 더 나아가서 이 제도는 남과 북의 체제를 이어주는 가교 역할을 할 수 있을 것이다. 이런 점으로 볼 때 토지공공임대제의 도입·확대는 통일을 준비하는 과정이라 할 수 있다.

제5절 요약 및 결론

전술했듯이 현재의 토지사유제에서 발생하는 토지투기의 문제의 원인은 토지불로소득의 사유화에 있었다. 또한 토지투기는 우리 사회에서 발생하는 모든 문제의 원인 중 하나였다. 토지투기는 제로섬게임(zero－sum game)을 넘어서 대표적인 네거티브섬게임(ne-gative－sum game)이다. 다시 말해서 토지투기는 한 사람은 잃고 한 사람은 따는 게임에서 그치는 것이 아니라, 그 과정에서 엄청난 비효율과 빈부격차, 사회적 문제를 양산한다는 것이다. 토지문제로 인해 빈부격차가 심해지면 사회가 불안해진다. 사회불안은 민주주의의 발전 또한 어렵게 한다. 따라서 이렇게 문제가 많은 토지사유제는 좀 더 공정하고 효율적으로 개혁되어야 한다.

본 글은 이러한 토지문제를 해결하기 위해서 실시되었거나, 제안되고 실행된 제도들을 검토해 본 후, 새로운 제도의 하나로서 토지공공임대제의 도입·확대를 제안하고, 그것의 구체적 도입 방안을 디자인했다. 이 제도에 대한 기존의 반대 이유는 비용조달문제와 반(反)시장성, 토지공공임대제를 실시하는 중국의 토지투기문제라고 할 수 있지만, 검토 결과 이것은 잘못 알려졌거나 충분히 극복 가능한 문제임을 알 수 있었다. 먼저 초기비용이 많이 소요되기 때문에 불가능하게 된다는 반대론이 어제 오늘의 일이 아니지만, 이 제도의 도입은 시급성과 중요성 면에서 상당히 앞설 뿐만 아니라, 정상적으로 운영하기만 한다면 비용문제도 충분히 해결할 수 있고, 더 나아가서 안정적인 국가재정확보에도 크게 기여할 수 있다. 또한 토지공공임대제를 시행하고 있는 중국에도 투기문제가 일어나기 때문에 근본적 대안이 될 수 없다는 시각도 있지만, 그것은 토지공공임대제 자체의 문제가 아니라 제도 설계의 문제였다. 이 제도가 우리 사회에 안정적으로 정착되면 토지 때문에 발생하는 수많은 문제도 해결의 실마리를 찾을 수 있을 것이다. 그리고 토지공공임대제는 공공이 시장을 대체하는 것이 아니라 시장의 원리로 토지의 공공성을 강화하는 방법이다. 오히려 이 제도를 안정적으로 정착시키면 토지시장을 건강하게 만드는 데 크게 기여할 것이다.

끝으로 하나 덧붙이고자 하는 것은 토지공공임대제의 도입·확대는, 전체 토지를 대상으로 토지불로소득의 환수비율을 강화하는 정책수단과 함께하면 더욱 안전하게 정착할 수 있다는 점이다. 그렇게 하면 토지공공임대제가 시장에서 외면받지 않을 수 있고, 저렴하게 국가가 토지를 매입할 수 있으며, 일부토지가 아니라 전국토에서 토지의 공공성이 점차 구현되어 갈 것이다. 물론 이것은 토지문제의 완전한 해결의 길이기도 하다.[37]

참고문헌

경실련, 2005. 10. 6. 보도자료, "공시지가 실태분석, 전국지가추정 및
경실련입장발표".

국토도시연구원, 2006, "『토지임대 - 건물분양』방식 고찰".

국토연구원, 2000, 『토지공개념 제도 평가연구』.

국토연구원, 2001, 「개혁·개방 이후 중국의 토지정책에 관한 연구」.

김기호, 2002, "대규모 도시개발사업의 전략과 기업에 관한 연구 - 뉴욕
배터리 파크 시티와 런던 도크랜드 개발 사례를 중심으로 - ",
대한건축학회, 『대한건축학회논문집 계획계』, 제18권 제10호.

김윤상, 2006, 『알기 쉬운 토지공개념』, 대구: 경북대출판부.

김일영·남기업, 2002, "공동체적 토지공유사상과 통일 후 북한토지
제도의 변화방향", 『전통과 현대』 제22호.

김태동, 2005, "시장경제 발전과 부동산 정책", 『철학연구』, 제72집.

남기업, 2007a, 『지공주의: 새로운 대안경제체제』, 파주: 한국학술정보.

남기업, 2007b, "'토지가치공유'의 관점에서 본 자유지상주의의 새로
운 가능성", 『대한정치학회보』, 제14집 3호.

박성욱, 2007, "조세종류별 후생효과 분석", 한국은행, 『금융경제연
구』, 제301호.

변창흠, 2007. 8. 16. "부동산의 공공성 확대를 위한 개발권 공유제도
의 도입 방안", 민주노동당 공청회 발표자료.

심상정, 2007. 6. 25. "심상정의 <세박자 주택정책>", 토지정의시민연
대 초청강연회 강연자료.

오승우(역), 2007 『독일통일의 노정에서: 결산과 전망』, 서울: 시와
진실.

---

37) 이에 대한 자세한 논의는 김윤상(2006)을 참조하라. 박성욱(2007)은
토지불로소득을 조세로 환수하는 정책이 경제적 형평성과 효율성을
동시에 높인다는 것을 수식화해서 설명하고 있다.

이규황, 1999, 『토지공개념과 신도시: 구상에서 실천까지』, 서울: 삼성경제연구소.

이원영, 2007. 9. "토지개발정책의 과제와 방향", 국회예산결산특별위원회.

이정우, 2006. 1. 15. "비교 관점에서 본 참여정부의 부동산정책", 토지정의시민연대 주최 정책토론회 자료집.

재경부·산자부·건교부 2006. 4. 6. 보도자료.

전강수, 2005, "부동산 양극화의 실태와 해소 방안", 『역사비평』통권 71호, 역사비평사.

전강수, 2007. 11. 5. "통일에 대비한 북한 토지제도 개혁구상" 토지+자유 연구소 창립 정책기념 발표 논문.

토지정의시민연대, 2006, <개헌을 위한 시장친화적 토지공개념 7문 7답>.

토지정의시민연대, 2007. 10. 18. 논평 "군포 부곡 '반값아파트'가 실패할 수밖에 없는 다섯 가지 이유"

행정자치부, 2006. 10. 3. 보도자료, "2005년 토지소유현황 발표"

『Economy 21』 (07 / 07 / 21).

Gaffney, Mason, 1994, "Land as a Distinctive Factor of Production", in N. Tideman ed., *Land and Taxation*, London: Shepheard‒Walwyn.

Harrison, Fred, 1991, "Post‒socialism and the Single Tax: a holistic philosophy", in Noyes, Richard (ed.), *Now the Synthesis*, London: Shepherd‒Walwyn.

Schmidt, Helmut, *Aufdem Weg zur deutschen Einheit: Bilanz and Ausblick*

Virtanen, Pekka V., 2003, "Public Land Leasing in Finland" in Bourassa, Steven C. and Yu‒Hung Hong eds., 2003, *Leasing Public Land: Policy Debates and International Experiences*, Cambridge, Massachusetts: Lincoln Institute of Land Policy.

제8장 토지공사의 사업영역 확대과정과 기능조정 방안

변창흠(세종대 행정학과 교수)

제1절 들어가는 말
제2절 개발공사의 기능확대론과
     기능축소론의 평가
제3절 토지공사의 변천 과정과 사업 실적 분석
제4절 토지공사의 기능확대 과정과 문제점
제5절 토지공사의 기능재조정 과정 평가와
     기능조정의 방향
제6절 결론
〈참고문헌〉

제1절 들어가는 말

그동안 공영개발사업을 주도해 왔던 한국토지공사(이하 토지공사)와 대한주택공사(이하 주택공사) 등 개발공사의 구조조정 논의가 활발하게 진행되고 있다. 특히 경쟁체제의 도입과 작은 정부 실현을 지향하고 있는 이명박 정부가 출범하면서 조세감면과 규제완화와 함께 공공부문의 구조조정과 민영화가 경제정책의 최우선 과제로 설정되고 있다. 이에 따라 그동안 개발공사가 수행해 온 성과를 재평가하고 역할을 재조정하고자 하기 위한 다양한 방안들이 제시되고 있다.

개발공사는 그동안 국가주도의 경제성장과 산업화를 추진하는 과정에서 필요한 기반시설을 확충하고 부족한 택지와 주택을 건설하여 공급하였으며 지역개발사업과 같은 사회적 투자 활동을 주도해 왔다. 그 결과 세계적으로 유래가 없는 도시화와 산업화 과정을 지원하는 데 결정적인 역할을 담당해 온 것이 사실이다.

그러나 개발공사가 주도해 온 공공택지개발사업은 그간의 성과에도 불구하고 효율성 측면이나 형평성 측면에서 많은 문제점이 지적되면서 공공택지개발사업의 정당성 문제로까지 이어지고 있다. 실제 최근 한국지방자치학회(2008)와 한국공기업학회(2008) 등에서 개최한 공기업 구조조정관련 세미나에서는 개발공사의 구조조정을 넘어서서 민영화하는 방안까지 제시되고 있는 실정이다. 개발공사로는 논자에 따라 토지공사와 주택공사 외에도 한국수자원공사까지를 포함시키기도 하고(박석희, 2008), 여기에 한국도로공사, 한국관광공사 등을 추가하기도 하며(권영주, 2008), 한국전력공사, 한국농업기반공사까지 포함하여 광범위하게 설정하는 경우(홍성태 외, 2005)도 있다.

그러나 개발공사 중 토지의 개발을 본연의 업무로 수행하고 있으며, 그동안 가장 많은 토지를 개발하여 공급한 공기업은 토지공사라는 점에서 토지공사는 개발공사의 대표적인 기업이자 상징적인 기업이라 할 수 있다. 이에 따라 토지공사의 역할변천 과정과 수행업무를 평가함으로써 향후 개발공사의 구조조정을 위한 기초자료를 제공하는 것은 현재 진행되고 있는 공공부문의 구조조정과 관련하여 매우 의미 있는 작업이라 할 수 있다.

토지공사는 1974년 기업의 비업무용 부동산을 매입하여 서민주택용지와 공공시설용지 또는 공업용지 등으로 매각하는 구조조정 지원기관으로 설립된 이후 지속적으로 업무영역과 조직이 확대되어 왔다. 이러한 기능의 확대와 조직의 팽창이 어떠한 논리와 제도를 통해 추진되어 왔는가를 분석하는 것은 다른 개발공사의 기능을 재평가하고 역할을 재정립하는 데도 중요한 함의를 제공할 것으로 생각된다.

현재 진행 중인 개발공사의 역할에 대한 평가와 기능 조정에 대한 논의를 살펴보면 크게 두 가지 입장이 상반되고 있다. 개발공사가 그동안 과도하게 업무영역을 확대함으로써 과도한 개발과 조직 운영의 비효율성 등의 문제점을 유발하였으므로, 기능과 조직을 대폭 축소해야 한다는 주장이 하나이다. 이 주장에 대해서도 토지나 주택이라는 상품을 시장기구나 민간영역을 통해 해결하고 공공의 역할은 최소화해야 한다는 주장에서부터 지방화와 분권화 시대를 맞이하여 지방자치단체에서 상당부분 역할을 담당해야 한다는 주장, 과도한 개발을 축소하기 위해 조직이나 기능 자체를 축소하되 공공성은 확대하여야 한다는 주장에 이르기까지 스펙트럼이 다양하다.

이와는 반대로 토지와 주택이 지니는 공공성을 확보하고 민간개발 과정의 문제점을 극복할 수 있도록 개발공사가 오히려 적극적인 역할을 수행해야 한다는 주장이 다른 하나이다. 이 입장에 따르는 경우 개발공사의 과도개발과 비효율성 문제는 개선되어야 하지만 주거복지 정책의 추진이나 우리나라의 토지 및 주택시장의 정상화를 위해 공공부문인 개발공사가 더욱 적극적인 역할을 수행해야 한다는 것이다.

이 글에서는 개발공사의 역할과 기능에 대한 두 가지 상반된 입장을 비판적으로 검토하고 개발공사의 위상을 재평가하고자 한다. 이를 위해 토지공사를 대상으로 주요 기능과 조직이 확대되어 온 과정과 조직 확대 논리, 그로 인한 문제점을 분석하고자 한다. 이를 통해 개발사업의 공공성과 공공부문의 효율성 제고를 위해 토지공사의 기능과 역할을 어떻게 조정해야 하는가에 대한 함의를 제시하고자 한다.

제2절 개발공사의 기능확대론과 기능축소론의 평가

1. 개발공사의 기능 확대를 초래한 원인

1) 토지와 주택의 공공성과 개발공사의 개입 확대

대부분의 국가에서는 토지가 지닌 위치의 고정성, 공급의 고정성, 외부효과 등의 특성 때문에 토지문제를 일반 상품의 생산이나 배분과는 다른 정책수단을 동원하여 해결하는 것을 당연하게 생각해 왔다. 토지는 어느 사회에서나 항상 공급부족, 과잉개발, 고지가, 소유 편중, 개발이익의 사유화와 빈부격차 유발 등의 문제를 유발하는 원인이 되어 왔기 때문에, 자유방임국가에서조차 국가의 적극적인 개입이 당연시되었던 것이다.

주택도 인간의 기본적인 욕구 중의 하나인 주거문제와 직접 연관되기 때문에 어느 나라에서나 일반 시장에서 거래되는 상품과는 달리 공공부문이 적극적으로 주택시장에 개입하고 있다. 주택의 생산과 공급을 시장에서 해결하는 경우 시장에서 구매력을 갖지 못한 계층의 주거문제가 주거불안 문제뿐만 아니라 각종 사회적 갈등의 원인이 되기 때문이다.

그러나 실제 국가가 토지나 주택문제에 어느 정도 개입할 것인지, 어떠한 정책수단을 사용할 것인지에 대해서는 그 사회가 토지나 주택이란 상품을 어떻게 인식하는가에 달려 있다. 토지와 주택이 일반 상품과는 분명히 차별화되는 특성을 갖고 있어서 시장이나 민간부문만으로 해결할 수 없다고 판단하는 경우 국가가 시장의 영역에 개입하거나 극단적으로는 택지나 주택이라는 상품을 공공부문이 직접 생산하여 공급하는 역할을 담당하게 된다. 개발공사를 통한 택지와 주택의 생산방식은 토지나 주택시장에 대한 국가개입 중 직접 토지나 주택이라는 상품을 생산하는 대표적인 형태 중의 하나이다.

반면, 토지나 주택도 시장에서 생산되고 거래되는 상품의 하나로 본다면 공공부문의 역할은 최소화될 수밖에 없다. 김정호(2005)는 토지는 인간이 만든 것이 아니기 때문에 사유화를 제약하거나 과도하게 규제하는 것은 정당화될 수 없으며, 오히려 토지에 대한 규제를 풀고 완전한 소유권을 인정하는 것이 토지의 공급을 늘릴 수 있는 방안이라고 주장하고 있다. 주택에 대해서도 분양가 규제나 주택공영개발 등과 같은 국가의 직접적인 개입은 오히려 시장의 왜곡을 가져올 뿐이라는 주장이다(서승환, 2006, 김정호, 2005).

결국 공공부문의 개입여부와 정도는 그 사회에서 토지와 주택의 성격을 어떻게 규정하는가에 따라 결정된다. 토지와 주택이 다른 상품이나 재화와는 달리 공공성이 강하다고 판단한다면 공공부문의 적극적인 개입과 규제를 정책수단으로 활용하게 되는 것이다. 그중에서도 개발공사가 직접 토지를 개발하고 주택을 건설하여 공급하는 방식은 공공부문의 개입 중 가장 적극적인 형태라 할 수 있다.

우리나라에서는 그동안 토지나 주택이 어떠한 공공성을 지니는가에 대한 사회적 논의나 합의가 충분하지 않은 상태에서 중앙집권적인 행정구조의 특수성 때문에 다른 국가들에 비해 이 분야에 대한 국가개입이 컸다는 점에서 특징이 있다. 우리나라의 주택정책은 주택의 물량 공급 확대를 통해 주택가격의 안정을 추구하고, 공공임대주택보다는 자가주택의 소유를 촉진해 왔다는 점에서는 사회민주주의적 정책모형보다는 자유주의적 시장모형에 더 가깝다고 할 수 있다. 그러나 일반적으로 자유주의적 시장모형을 채택한 국가에서는 공공부문에 의한 토지개발이나 주택건설이 제한적인 반면, 우리나라는 개발공사에 의한 토지나 주택의 공급이 지속적으로 확대되어 왔다.

그러나 우리나라에서 공공부문에 의한 토지 및 주택정책의 개입은 사회민주주의라는 정치적 이념 때문이 아니라 중앙집권적이고 권위주의적인 정부의 속성에서 기인한 바가 크다. 즉 토지나 주택정책을 사회복지 차원의 필요성 때문이 아니라 경제문제나 정치문제를 해결하기 위한 보조적인 수단으로 활용해 온 것이다. 이때 공공부문의 토지개발 및 주택건설 사업의 시행주체는 토지공사나 주택공사와 같은 개발공사였다. 이들 개발공사는 주거복지정책으로 공공임대주택을 건설하고 운영하기보다는 분양주택을 건설하여 매각하는 역할에 치중해 왔다. 정부가 주거복지에 대해 재정적인 지원을 해주지 않았기 때문에 택지개발사업이나 주택건설사업을 통해 스스로 재원을 확충해야 하기 때문에 불가피하게 채택했던 사업방식이었다.

2) 국가주도의 경제성장전략과 개발공사의 역할 확대

우리나라는 짧은 기간 동안 산업화, 근대화를 추진하는 과정에서 공공부문이 주도적인 역할을 담당해 왔다. 민간부문이 충분히 성장하지 못한 상태에서 국가주도의 자본축적전략을 채택해 왔기 때문에 공공부문의 개입은 불가피하게 받아들여져 왔다. 그 결과 경제개발과정, 산업화 과정에서 공공부문은 효율성과 능률성에 기반을 두어 스스로 자본축적업무를 수행했을 뿐만 아니라 이를 지원하기 위한 사회간접자본 건설이나 산업단지 개발, 주택건설 등의 역할을 성공적으로 담당해 왔다.

공공부문은 역량이 부족한 민간부문을 대신하여 국토의 산업적 기반형성과 부족한 주택공급에서 중요한 역할을 담당해 왔다. 그동안 공공부문은 거점개발, 산업단지의 개발 및 공급, 신도시의 건설 및 택지개발, 행복도시 및 혁신도시의 건설, 토지비축업무 수행 및 국유지의 관리, 토지정보사업, 대북사업 등에서 독점적인 지위를 인정받아 왔다.

그러나 공공부문의 개입의 형태는 정부의 재정투입을 통해 자원의 분배를 중심으로 하는 외국의 공공부문과는 달리 정부의 재정 투입이 없는 상태에서 스스로 재원을 조달하는 공기업방식을 채택해 왔다. 이에 따라 토지나 주택의 개발과 공급은 공공부문이 주도하되, 민간에게 개발된 토지나 주택이란 상품을 매각하는 방식을 채택하게 된 것이다.1) 이에 따라 공공부문은 각종 산업단지 건설, 도시개발사업이나 주택단지에 대한 계획수립과 사업시행의 역할을 담당하는 반면, 민간기업은 시공을 통해 직접 생산에 참여하거나 토지나 주택 상품을 구매하는 소비자로서 남게 된다.

3) 정치적 정당성 확보를 위한 개발공사의 주도적인 역할

자본주의에서 국가는 자본축적 지원과 정당성 확보 기능을 수행한다. 토지개발과 주택건설은 한편으로는 건설자본을 활성화함으로써 건설자본의 축적기능을 지원하고 다른 한편으로는 대량의 주택공급을 통해 정당성 확보기능을 수행하게 된다. 경제 침체기에는 유효수요를 창출함으로써 시장을 활성화해야 한다는 주장은 케

---

1) 택지의 개발과 공급방식은 정부의 역할 정도에 따라 공공개발과 공영개발, 민관합동개발, 민간개발로 구분할 수 있는데, 우리나라의 개발방식은 공영개발의 성격을 지니고 있다. 공공개발은 정부가 토지에 대한 모든 권한, 즉 개발권, 소유권, 처분권을 장악한 채 토지를 개발하는 것으로 개발 이후 토지의 이용 및 처분까지도 정부가 직접 규제하는 방식이다. 반면에 공영개발은 정부가 개발권을 장악하고 토지를 개발하지만 분양절차를 거쳐 토지의 소유 및 처분의 권한을 민간에게 이양하는 것으로 토지의 이용 및 처분에 간접적으로만 개입한다. 결국 토지의 소유, 개발, 유통 및 이용의 전반적인 토지공급 과정에 대해 공공개발이 전면적이고 포괄적인 시장개입이라면, 공영개발은 개발 및 유통단계에 국한한 제한적인 시장개입이라고 할 수 있다. 장세훈, 1996, "자본의 토지소유 및 개발에 대한 국가정책 연구" 서울대학교 박사학위 논문.

인즈의 유효수요이론 이후부터 자본주의 국가에서 일반화되었다. 반면, 정권의 정당성이 취약한 경우 건설경기를 활성화함으로써 자본축적을 지원하고 주택공급을 통해 중산층을 양산함으로써 정당성을 확보하고자 한다.

특히 우리나라의 경우 건설산업이 전체 경제에서 차지하는 비중이 높기 때문에 경제위기를 극복하기 위한 수단으로 건설산업의 활성화를 활용해 왔다. 한편으로는 대규모 토목사업의 시행과 주택건설을 통해 재정지출을 확대하고, 다른 한편으로는 건설산업 관련 규제를 완화함으로써 일자리를 창출하고자 하는 노력이 지속되어 왔다. 신경제 5개년 계획에서 토지이용 규제완화와 민자유치법의 제정, IMF 경제위기 극복과정에서의 건설산업 활성화 대책들이 대표적인 사례이다.

또한 우리나라에서는 서구 자본주의 국가와는 달리 지방정부가 아닌 중앙정부가 주택정책에서 주도적인 역할을 담당하게 되면서 주택정책은 주거복지보다는 정부의 정당성 확보의 수단으로 활용되었다. 정권의 정당성이 취약할수록 정권책임자들은 주택정책을 지지기반을 안정화하기 위한 수단으로 활용하게 되었고 그 결과는 대규모 택지개발사업과 주택공급계획으로 나타나게 되었다.

1972년 10월 유신을 통해 재집권한 박정희 정권은 비상국무회의를 통해 250만호 주택건설 10개년 계획을 수립하였다. 이 계획은 1972~1981년의 10년간 총 250만 호를 건설하고 그중 110만 호 정도를 공공자금으로 건설하는 것을 주된 내용으로 하였다. 도시노동자와 민주화 세력들을 무마하기 위한 방안의 하나로 대규모 주택건설 계획을 활용한 것이다. 이를 실현하기 위해 1972년 12월 '주택건설촉진법'을 제정하여 중앙정부가 공공주택과 민간주택의 개발계획, 시공, 분양을 총체적으로 관리할 수 있는 권한을 갖도록 하였다.

1980년 군사쿠데타로 집권한 전두환 정권은 국보위 입법회의를 통해 주택 500만 호 건설계획[2]을 수립하였다. 군사정권의 정통성을 인정하지 않는 민주화 세력과 노동자와 저소득층 계층의 사회적 동요를 방지하기 불가피한 조치의 일환이었다. 단군 이래 최대의 주택건설계획이라 불리는 이 계획은 1981~1995년까지 15년간 공공부문에서 200만 호, 공공부문에서 300만 호를 건설하는 것으로, 500만 호는 당시 국내 총 주택재고와 맞먹는 규모였다.[3]

이러한 시도는 1987년 민주화 운동을 계기로 출범한 노태우 정권에서도 200만 호 주택건설과 수도권 5개 신도시 개발로 나타나게 되었으며, 참여정부에서도 대규모 국책개발사업의 추진과 수도권 신도시 건설을 통해 정권의 정당성과 이념성을 분명히 보여주고자 하였다.

정권의 취약성을 보완하고 정당성을 확보하기 위해 시행한 대규모 개발사업과 신도시 건설사업은 이를 뒷받침할 수 있는 제도적 장치와 조직적 기반을 수반하게 되었다. 이러한 역할을 담당한 법률적인 장치가 주택건설촉진법, 택지개발촉진법 등의 토지나 주택건설 특별법과 '신행정수도후속대책을위한연기·공주지역행정중심복합도시건설을위한특별법', 기업도시 건설 및 지원을 위한 '기업도시건설특별법', 지역의 특화산업의 육성을 위한 '지역발전특화특구법', 미군기지 이전에 따른 평택지역의 지원을 위한 '평택지원특별법', '주한미군공여구역주변지역등지원특별법', '서남권등

---

2) 500만 호 주택건설계획의 공식명칭은 [공공주택건설 및 택지개발기본계획]이었다.
3) 임서환, 1995, "택지개발정책의 전개와 쟁점: 1970~1980년대를 중심으로", 한국공간환경학회 엮음, 『새로운 공간환경론의 모색』, 한울아카데미., 한국토지공사, 2005, "국가균형발전을 위한 토지정책 방향연구", 서울대학교 환경계획연구소, 2005. 3.

낙후지역발전및투자촉진특별법' 등의 지역개발 특별법이다. 또한 실행을 담당하는 개발공사로서 대한주택공사, 한국산업기지개발공사, 한국수자원공사, 한국토지공사 등이 설립되었다.

4) 부동산문제의 증폭과 토지에 대한 공공개입의 확대

우리나라에서 부동산의 공공성 확대에 대한 요구는 부동산의 개발과 배분과정에서 발생하는 문제점을 극복하는 과정에서 나타나게 된다. 부동산 시장에 공공부문이 적극적으로 개입하게 되는 것은 시장기능이 부동산 시장에서 자원배분기능을 원활하게 수행할 수 없기 때문이다. 이 경우 부동산 시장에 대해 공공개입의 확대에 대한 요구가 증대하게 된다.

우선, 우리나라에서는 주기적인 부동산 가격 급등과 투기를 억제하기 위해 부동산에 대한 공적인 규제의 확대와 공공부문의 주도적인 참여가 요구되었다. 우리나라의 부동산가격은 1970년대 말 이후 10년을 주기로 크게 3차례에 급등해 왔다. 1970년대 말 중동특수와 주택공급 부족이 겹치면서 주택가격이 급등하였으며, 정부는 1978년 8.8대책(부동산 투기억제 및 지가안정을 위한 종합대책)을 발표하였다. 2차 부동산 가격 폭등은 1980년대에 진행되었으며, 3저 호황이라 불리는 경기상승국면과 맞물려 토지와 주택가격이 폭등하였으며, 결국 토지공개념의 제도화와 대규모 수도권 신도시 건설이라는 정책을 낳았다. 3차 부동산 가격 폭등은 IMF 경제위기를 거치면서 기간이 이연되어 IMF 경제위기 극복의 여파와 맞물려 장기간 지속되었다. 이를 극복하는 과정에서 2003년 10월 29일 대책, 2005년 8월 31일 대책 등 주요 부동산 대책이 등장하게 되었고 부동산 시장에 대한 국가의 적극적인 개입이 나타나게 되었다.

둘째, 부동산에 대한 규제완화를 통해 발생한 문제점을 해소하기 위해 공공부문의 적극적인 개입을 요구하게 되었다. 1994년 국토이용관리법의 개정으로 준농림지역과 준도시지역 등 가용토지의 면적이 확대되면서 난개발문제가 사회적인 쟁점이 되기 시작하였다. 특히 1989년부터 건설되기 시작한 수도권 5개 신도시 지역을 중심으로 발생한 난개발 문제를 극복하기 위해서는 토지의 계획적인 개발이 불가피하다는 인식이 확대되었다. 계획적인 개발은 곧 토지의 공익적 규제와 공익적 활용을 전제로 한 것이었으며, 결과적으로 개발공사의 적극적인 역할을 요구하게 되었다.

셋째, 부동산 가격 폭등에 따라 사회적인 갈등이 심화될수록 공공부문의 적극적인 개입을 요구하게 되었다. 주기적인 부동산 가격 폭등이 있을 때마다 부동산제도는 강력한 공공부문의 개입과 규제를 요구하게 되었고, 그 결과 공공부문의 역할은 확대되었다. 1980년대 말 부동산 가격 폭등으로 토지공개념제도가 도입되어 개발이익의 환수에 대한 법률적 근거를 마련하였으며, 과도한 부동산 가격상승과 초과이익을 억제하기 위한 제도적 장치가 마련되었다. 참여정부 기간 동안에도 부동산 가격이 폭등하면서 개발이익 환수와 공공부문의 적극적인 개입을 제도화한 각종 법률이 제정되었다.

넷째, 토지와 주택의 소유 및 이용방식에 대한 각종 대안이 등장하면서 공공부문의 역할이 중요시되었다. 2002년 이후부터 주택가격이 급등하여 주택가격이 소득수준에 비해 지나치게 높게 책정되면서 저렴한 주택공급이 공공부문의 중요한 과제로 등장하게 되었다. 공공택지에서 공급하는 분양격이 분양가 자율화와 채권매입 등으로 지나치게 높게 책정되면서 기존 주택가격을 상승시킨다는 비판이 제기되면서 분양가 상한제, 분양원가 공개, 공공부문에 의한 공영개발제도 등이 대안으로 제기되었다. 이러한 제도는 공공부문의 적극적인 개입을 통해 분양가를 인하시키기 위한 노력으로 직접적이든 간접적이든 공공부문의 역할을 증대시키는 요인으로 작용하였다. 한편으로는 일반분양주택이 아니라 주택의 공공성을 강조하는 대안적인 공공주택으로 토지임대부 주택과 환매조건부 주택제도를 도입해야 한다는 주장이 제기되기 시작하였다. 이 제도는 주택가격의 상승을 높은 주택가격의 원인으로 보고 개발이익의 원천이 되는 토지를 국유화하거나 개발이익 자체를 국공유화함으로써 저렴한 주택을 공급하고자 하는 노력으로, 주택공사가 시범사업을 시행함으로써 공공부문에 의한 새로운 유형의 주택으로 등장하게 되었다.

2. 개발공사의 기능축소 주장의 근거

1) 관료의 이익극대화를 위한 목적의 공기업 설립

공기업이 왜 설립되어 운영되고 있는가에 대해서는 많은 이론과 설명이 있다. 가장 대표적인 설명 중의 하나는 재화나 서비스의 성격이 비배제성과 비경합성의 특성을 지니고 있는 공공재이기 때문에 공공부문이 개입할 수밖에 없다는 것이다. 공기업방식은 공공부문이 개입하는 대표적인 수단 중의 하나로 시장의 실패를 극복하고 형평성을 제고할 수 있는 효과를 기대하고 있다. 그러나 많은 사례연구에서 공기업이 민간자본을 간접적으로 규제하는 것보다 비용대비 효과가 더 큰가에 대해서는 실증적인 분석이 일치하지 않는다.

반면, Niskanen(1971)은 공공서비스의 공급에서 고급관료가 권력과 부를 극대화하는 과정에서 조직을 확대해 가게 된다고 보는데, 공기업은 고급관료들에게 권력과 부를 보장해 주는 장치로 활용될 수 있다. 고급 관료들은 공기업이란 외곽 조직을 통해 자신이나 자신이 소속된 부처의 영향력을 증대시킬 수 있게 되는 것이다(김준기, 2001).

우리나라와 같이 식민지를 경험한 국가나 급격하게 경제개발과 산업화를 추진하는 국가에서는 식민지배국의 자산을 인수하는 과정에서 공공부문이 커지거나, 국가주도의 자본축적과정을 거치면서 공공부문이 급속도로 확대된다. 특히 제3세계 국가에서는 공기업이 경제적인 효율성보다는 정치적 혹은 정책적인 수단으로서 유용하게 활용되면서 끊임없이 조직이 확대되고 있는 현상을 목격할 수 있다. 또한 행정조직이 잘 구축되어 있지 않는 경우 민간부문에 대한 간접적인 규제수단이 정책적인 목적을 달성하는 데 효과적이지 못한 경우 공기업을 통한 직접적인 통제가 유용하게 활용될 수 있다. 특히 민주화 과정이 성숙되어 있지 않는 국가에서는 정부가 정당성의 위기가 발생하게 되고, 이 경우 경기조절을 위한 수단이나 지역개발사업, 주택공급 사업 등을 즉각적으로 수행할 수 있는 기관으로서의 역할을 담당하게 된다.

이 관점에서는 개발공사는 그 목적을 충분히 달성하여 존립의 의미를 상실했음에도 불구하고 고급관료들의 역할 확대를 위해 개발공사가 지속되고 있을 뿐만 아니라 역할이 확대되고 있다고 본다. 이에 따라 개발공사는 효율성을 상실할 뿐만 아니라 공공부문의 과도한 확대를 유발하게 된다. 이러한 논리에 입각하게 되는 경우 공기업방식은 본래의 설립목적에 맞추어 적극적인 기능조정의 필요성이 제기되는 것이다.

2) 대체수단을 활용한 개발공사의 역할 축소 가능성

부동산의 특수성 때문에 국가가 개입하는 경우 어떠한 수단을 사용할 것인가는 토지나 주택정책의 패러다임에 따라 달라지기도 하지만, 각 국가가 보유하고 있는 시장과 공공부문의 특성에 따라 결정된다. 국가개입을 토지시장과 주택시장으로 구분하여 평가할 필요가 있다.

우선, 토지시장에 대한 국가개입은 크게 세 가지 유형으로 구분할 수 있다(이정전, 2004). 첫 번째 유형은 직접 개입으로서 정부나 공공기관이 토지시장에 직접 개입하여 토지에 대한 수요자 및 공급자의 역할을 적극적으로 수행하는 방법이다. 여기에는 토지은행, 토지구획정리, 공영개발 등이 있다.

두 번째 유형은 토지관련 규제로서 개별토지 이용자의 토지이용 행위를 사회적으로 바람직한 방향으로 유도하기 위하여 법적, 행정적 조치에 의거하여 개인의 토지이용, 거래, 소유규모를 구속하고 제한하는 방법들을 총칭한다. 토지에 대한 직접 개입은 늘어나는 토지수요에 능동적으로 대처하기 위하여 토지공급을 원활하게 하고 지가를 안정시키는 데 주력하는 반면, 토지관련 규제는 주로 토지이용, 거래, 소유와 결부된 바람직하지 못한 외부효과를 방지하는 데 역점을 두는 편이다.

세 번째 유형은 간접개입으로서 시장기구의 기능을 통해 간접적으로 개입하는 방식으로 토지이용에 결부된 경제적 동기를 조정하는 방법과 토지시장이 원활하게 작동되도록 여건을 조성하거나 토지시장의 원활한 기능을 저해하는 요인들을 줄이기 위한 각종 토지행정상의 지원조치를 취하는 것을 말한다. 전자의 경우 토지세 및 관련조세, 토지개발 및 이용에 대한 각종 금융지원 또는 보조금 지급이 대표적인 방법이고, 후자의 경우 토지거래에 대한 정보체제 구축, 지적 및 등기를 통한 토지소유권의 명확한 설정, 토지관련 정부 간의 협조체제 구축 등이 대표적인 수단이다.

실제 토지 및 주택시장에 대한 공공부문의 개입은 직간접으로 엄청난 비용을 수반하고 있다. 직접적인 비용으로는 공공부문의 개입에 소요되는 비용의 부담이며, 간접적인 비용은 공공부문의 개입을 통해 시장의 작동을 왜곡함으로 인한 사회적 비용이다. 공공부문은 조직의 특성상 끊임없이 업무영역을 확대함으로써 조직과 예산을 증대시키는 경향이 있으며, 여기에 소요되는 비용에 대해 무감각해지게 된다. 반면, 토지 및 주택시장에 대한 공공부문의 개입은 시장에 대한 정확한 정보와 정책수단으로 인한 효과의 예측가능성, 이를 수행하는 담당자의 역량 등이 결부되어야 정책목표를 달성할 수 있게 된다.

이러한 조건이 갖추어지지 않은 상태에서 토지 및 주택시장에 대한 공공부문의 개입확대는 시장의 실패에 대한 보완이라는 목표와는 달리 정부의 실패라는 새로운 부작용을 초래할 우려가 있다. 그 결과 공공부문에 의한 시장개입은 직간접으로 수반되는 비용 때문에 정책목표와는 다른 결과를 초래할 수 있다.

공기업을 활용하는 방식은 토지 및 주택시장에 대한 직접개입 유형에 해당한다. 정부나 공공기관이 토지시장이나 주택시장에 직접 개입하여 토지나 주택이라는 상품을 생산하거나 공급하는 역할을 담당하는 방식이다. 토지 및 주택시장에 대한 규제방식이나 간접적인 개입방식은 전국적인 획일성이나 결과의 예측불가능성 때문에 효과가 제한적인 반면, 직접적인 개입방식은 정책목표에 맞는 토지이용이나 토지개발, 주택건설이라는 결과물을 직접 생산하여 공급할 수 있는 장점이 있다.

그러나 공기업의 역할은 토지 및 주택시장에 대한 직접적인 개입활동 외에도 국가나 지방자지단체의 위탁이나 협약 등을 통해 간접적인 개입활동도 수행할 수가 있다. 토지나 주택의 현황조사, 가격평가, 시장현황 조사 등을 직접 수행할 수가 있고, 이를 기반으로 국토개발이나 이용에 대한 정보구축, 토지나 주택의 가격이나 거래정보의 구축과 제공업무를 담당할 수도 있다.

실제 공기업의 역할은 설립 당시에 명확한 업무범위를 설정하지 않는 경우 지속적으로 업무영역을 확대해 가는 경향이 있다. 그 결과 시장기능을 보완하거나 교정하기 위해 출발한 공기업이 거꾸로 시장을 통제하거나 시장기능을 대체하는 수준에까지 이를 수 있다.

3) 토지 및 주택시장의 변화와 개발공사의 한계

원래 택지개발촉진법은 택지의 개발 및 공급에 주된 목적을 두고 제정된 법률이므로 이 법에 의해 조성되는 토지가 자족적인 도시를 형성하는 데는 애초부터 무리가 있었다. 그동안 대규모 택지개발사업을 추진하는 과정에서는 사업성을 고려하여 상업시설 및 기타 용지의 위치와 면적을 배분할 뿐 어떤 산업을 어떻게 유치할 것인지, 지역산업과 어떻게 연계할 것인지에 대한 종합적인 계획은 부족하였다. 이러한 유형의 택지개발 방식은 주택의 공급이 절대적으로 부족한 상황에서는 불가피한 제도였으나, 도시의 장소성과 차별성이 도시경쟁력의 핵심적인 요소가 되는 오늘날 도시 개발방식으로는 적합하지 못하다. 또한 소득수준의 증가와 수요의 다양성에 따라 새로운 유형의 주택을 요구하는 시장환경에도 적합하지 못한 방식이다.

또한 부동산 시장이 세계화, 자산화, 증권화되고 있는 현실에서 국가공기업이 세계적인 금융시장 환경에 부응하여 다양한 산업변화에 부응할 수 있는 도시를 건설하는 데도 한계가 있다. 주택의 경우 공공성을 반영하여 저렴한 주택공급이라는 목표를 달성할 수 있을지라도 도시는 주택만으로 구성되는 것이 아니기 때문에 도시의 산업적 기반, 상업시설, 교육시설, 근린생활환경에 대한 다양한 요구를 종합적으로 고려하여야만 도시의 기능을 다할 수가 있다.

특히 신도시가 자족성을 띠기 위해서는 새로운 도시가 입지하게 될 주변지역의 산업적 특성, 지역의 다양한 주체들과의 협력과 참여를 통해 유치해야 할 기능과 업종, 대상 기업을 선정하여 택지개발사업이나 도시개발사업에 반영하여야 한다. 그러나 현재까지의 공공개발사업에서는 이러한 노력을 수행할 수 있는 구조가 구축되지 못했고, 결과적으로 택지개발사업은 거대한 주택단지로 전락하고 말았다.

4) 지방화와 국가개발공사의 역할 축소

그동안의 공영택지개발사업에서는 대량의 주택을 신속하게 공급하는 데 주안점을 두어왔기 때문에 지역별, 사업지구별 특성을 충분히 고려하지 않고 획일적인 계획과 토지이용을 바탕으로 주택단지를 개발해 온 경우가 많았다.

공영택지개발을 가능하게 한 택지개발촉진법에서는 신속한 사업의 추진을 위해 건설교통부 장관으로부터 실시계획 승인을 얻은 때에는 각종 법령의 결정, 인허가, 협의, 동의, 면허, 승인, 처분, 해제 명령 또는 지정을 받은 것으로 의제처리하고 있다. 이에 따라 일반법인 도시계획법(현재의 국토의계획및이용에관한법률)에 의해 수립된 기존의 도시계획의 절차는 무시되고 택지개발예정지구 내에서는 초법률적인 위상을 지니게 된다.

이에 따라 택지개발계획 수립과정에서 지방자치단체의 의견이 반영되지 않은 채 택지개발사업이 진행되는 경우가 많았다. 특히 대규모 신도시의 경우 사업추진 결정자체가 중앙정부 차원에서 이루어지기 때문에 지방자치단체의 장기발전계획과 무관한 형태의 신도시계획이 작성되는 것이 일반적이었다. 이에 따라 중앙정부의 대량주택공급의 목적과 지방자치단체의 도시계획권한이 상충되는 경우가 많았으며, 때에 따라서는 사업시행주체인 토지공사와 지방자치단체의 이익이 대립되는 경우도 흔히 발생하였다. 지방자치단체의 입장에서 장기적인 지역발전을 위해 필요한 지역인 경우에도 토지공사 입장에서 충분한 수익성이 보장되지 않으면 개발사업 지구에 포함되지 않을 수 있는 것이다.

이러한 구조는 택지개발사업 방식이 갖는 한계에서 비롯된 것이다. 공영택지개발사업은 사업 초기에 막대한 용지매입비 부담이 생기기 때문에 시행주체는 가능한 한 사업을 신속하게 추진하고자 노력하게 된다. 이러한 구조 때문에 사업계획의 작성, 용지의 매입, 실시계획의 수립, 택지개발사업의 시행 등의 사업추진 절차에서 지방자치단체나 지역주민, 기타 관련 주체의 다양한 의견을 수렴할 수 있는 기회가 제약될 수밖에 없는 것이다.

제3절 토지공사의 변천 과정과 사업 실적 분석

1. 토지공사의 시기별 업무 변천 과정

토지공사는 1975년 토지금고로부터 시작하여 끊임없이 기능이 확대되고 조직이 확대되는 과정을 거쳐 왔다. 토지공사의 각 시기별 주요 연혁을 정리하면 다음과 같다.

1975. 04. 01. 한국토지공사의 전신 "토지금고" 설립, 발족

1977. 04. 06. 최초 개발사업인 "인천시 항동 단지조성공사" 완료

1977. 06. 30. 제1회 토지상환채권 발행(243,861천 원)

1978. 12. 05. "한국토지개발공사법" 제정

1978. 12. 15. 최초 산업단지인 "안성시범공단" 기공식

1979. 03. 27. "한국토지개발공사"로 사명 변경, 확대 개편

1980. 12. 31. 택지개발촉진법 제정·공포에 따른 택지개발사업 본격 착수

1981. 04. 11. 공사 10개 지구 택지개발사업시행자 지정

1984. 08. 30. 종합적 입체개발사업의 시초 "양동재개발사업" 시행

1988. 09. 13. 200만 호 주택건설계획에 따른 수도권 1기 신도시 건설 착수(성남분당, 고양일산, 안양평촌, 인천중동)

1993. 02. 18. 해외산업단지 시초인 "중국천진공단" 토지사용권 취득계약

1995. 03. 30. 국토도시관련 종합연구소인 "국토도시연구원" 개원

1996. 01. 01. 한국토지공사로 사명변경

1996. 05. 02. 한국토지신탁을 자회사로 창업

1997. 04. 21. 경기도 성남시 분당구 정자동 신사옥 이주

1997. 07. 02. 개발관련 발굴유물 전시·연구기관 "토지박물관" 개관

1998. 06. 30. IMF위기타계를 위한 "기업구조조정용 기업토지" 매입(1조 57억 원)

2001. 11. 20. 공사 "국유지관리 업무" 신규 수임

2001. 12. 21. 계획적 개발을 위한 수도권 2기 신도시건설 본격 착수(성남판교, 화성동탄, 김포양촌, 양주옥정)

2002. 12. 27. "개성공단조성사업" 착수

2004. 12. 15. 인천경제자유구역 등 경제자유구역개발사업 수행

2005. 04. 01. 공인중개사 자격시험의 시행기관으로 지정

2005. 05. 24. 행정중심복합도시 사업시행자로 지정

2007. 03. 16. 부동산종합포털 "온나라시스템" 구축

2007. 03. 19. 경북김천혁신도시 등 6개혁신도시 사업 시행

2007. 12. 14. 부동산시장 안정을 위한 "수도권 3기 신도시건설" 추진(서울송파, 화성동탄2, 인천검단)

기능주요 기능과 업무영역 확대과정을 시기별로 크게 다섯 시기로 구분하여 살펴볼 수 있다.

1) 토지금고시기('75~'78)

정부는 기업의 부동산 투기를 억제하기 위해 1974년 5·29 조치를 발표하고, 기업의 비업무용부동산을 매입하여 산업자금으로 활용할 수 있도록 토지금고를 설립하기로 하였다. 이 조치에 따라 토지의 거래와 이용을 공공부문이 매개하게 함으로써 유휴토지자본을 산업자금화할 수 있도록 지원하고, 기업의 재무구조의 개선과 토지의

사회적 이용도의 증진에 기여하기 위한 목적으로 토지금고가 설립되었다(토지금고법 제1조). 이 시기 토지금고의 기능은 토지매입, 가치증대, 매각, 토지관련 금융, 토지개발사업 및 감정평가 등이었다.

2) 한국토지개발공사 출범 및 개발사업 강화기('79~'87)

토지공사의 두 번째 시기는 1979년 3월 토지금고가 한국토지개발공사로 재편된 이후부터라 할 수 있다. 토지공사의 설립목적은 토지를 취득·개발 및 공급하게 함으로써 토지의 이용도를 증진시키고 토지자원의 효율적인 이용을 촉진하여 건전한 국민경제발전에 기여하는 데 있다(공사법 제1조). 토지개발공사의 설립은 부동산 투기억제 및 지가안정화종합대책('78. 8. 8. 조치)에 의해 추진되었으며, 1980년 택지개발촉진법이 제정되면서 기존의 토지구획정리사업을 대체하여 공영개발방식을 통해 주택의 대량공급과 공공택지 조성사업이 본격화되었다. 이 시기의 토지공사의 역할은 주택건설용지와 공업용지의 개발과 지가통계 및 거래조사업무 등이었다.

3) 한국토지개발공사의 외형성장시기('88~'95)

토지공사가 본격적으로 성장하게 된 시기는 1989년 정부의 주택 200만 호 건설계획이 본격화된 이후부터라 할 수 있다. 이 계획을 통해 토지공사는 분당, 일산, 평촌 등 대규모 신도시사업을 본격으로 수행할 수 있게 되었다. 1990년부터 토지공개념제도가 본격적으로 시행되면서 공공부문의 역할이 증대하게 되었고, 1990년 산입법이 제정되면서 토지공사는 산업단지개발사업의 시행주체로 등장하게 되었다. 이 당시 토지공사의 역할은 택지개발사업과 대규모 산업단지 개발 외에 공시지가 관련업무까지 추가되었다.

4) 한국토지공사의 업무영역 조정기('96~'02)

토지공사의 네 번째 시기는 1996년 공사의 명칭을 한국토지공사로 변경된 이후부터라 할 수 있다. 신도시 등과 같은 대규모 개발사업이 주택공급 확대라는 성과에도 불구하고 난개발의 문제, 기반시설 부족 등의 문제 등이 지적되면서 택지개발사업 외에 국토관리에 대한 종합적인 기관으로 토지공사의 역할이 강조되기 시작하였다. 이에 따라 토지공사의 설립목적은 '토지를 취득·관리·개발 및 공급하게 함으로써 토지자원의 효율적인 이용을 촉진하고 국토의 종합적인 이용·개발을 도모하여 건전한 국민경제의 발전에 이바지하'는 것으로 보완되었다(공사법 제1조). 택지개발의 환경이 지방화, 민간화, 규제완화, 부동산시장 개방 등의 새로운 여건을 맞이하면서 토지공사의 역할은 부동산시장 안정화를 위한 경제구조조정 지원, 토지비축 등 관리기능의 활성화 등으로 확대되었다. 이 시기에 토지공사의 기능은 택지, 산업단지의 개발규모를 축소하고, 유통단지 등 신유형의 개발사업을 모색하는 한편, 개발제한구역 등 국토자원 실태조사 업무가 추가되었다.

5) 한국토지공사의 국토 및 지역개발사업 추진기(2003~현재)

토지공사의 다섯 번째 시기는 2003년 이후부터 현재까지의 지역균형발전사업 시행기이다. 이 시기에는 국토종합계획과 도시기본계획과 무관한 특별법으로서 택지개발촉진법의 한계가 지적되면서 지역발전에 대한 토지공사의 적극적인 역할이 강조되던 시기이다. 특히 참여정부가 출범하면서 혁신도시, 행복도시 등 대규모 국책개발사업이 본격화되면서 토지공사는 균형발전사업의 추진주체로 등장하게 되었다. 이 시기에 토지공사의 업무는 기존의 택지개발사업과 신도시 건설업무 외에 각종 지역 및 토지이용현황 조사사업, 각종 지역균형발전사업을 수행하게 되었다.

토지공사의 각 시기별 업무 변천과정을 간단히 표로 정리하면 아래와 같다.

〈표 1〉 토지공사의 업무 확대 과정

	정부정책과 제도의 변화	토지공사의 업무 내용	비고
1970년대	∘ 기업재무구조 개선대책('74. 5. 29.) ∘ 주택건설촉진법 제정('76) ∘ 8.8조치('78)	∘ 토지금고 설립('75. 4. 1.) ∘ 한국토지개발 공사 설립('79. 3.) ∘ 기업비업무용 토지, 일반토지 매입, 매각 ∘ 토지관련 금융 ∘ 소단위 토지개발사업 ∘ 감정평가업무	
1980년대	∘ 택지개발촉진법 제정('80) ∘ 주택 500만 호 건설계획('81~'95) ∘ 토지공개념 제도 도입('89)	∘ 소규모 주택건설용지 개발 ∘ 소규모 공업용지개발 ∘ 기업 및 비업무용 유휴지 비축업무 ∘ 도심 재개발 사업(양동)	도심 재개발 사업 중복
1990년대	∘ 주택 200만 호 건설계획('88~'92) ∘ 토지개발의 민간참여 확대 ∘ 산업입지개발법 제정('90) ∘ 지역균형개발법 제정('94) ∘ 각종 임대주택정책 시행	∘ 택지개발사업 확대(수도권 4개 신도시 및 전국 대단위 개발) ∘ 대규모 산업단지 조성 ∘ 지가일원화 관련업무 ∘ 기업토지 매입('98. IMF 관련)	대규모 택지개발, 산업단지개발사업 시작
2000년대 초반	∘ 토지이용 및 개발법규 완화 (GB, 용도지역 등) ∘ 도시개발법 제정(2000) ∘ 민간주택사업 확대 (분양, 민간임대) ∘ 도시정비사업 활성화 ∘ 국민임대 50만 호 건설계획	∘ 유통단지 등 새로운 개발사업 참여 ∘ 국토자원 실태 조사 참여 (개발제한구역 등) ∘ 수탁보상 업무('98. 12.)	유통단지개발 및 토지조사사업 시작
참여정부 이후	∘ 도시및주거환경정비법 제정(2002) ∘ 국민임대주택특별법 제정(2003) ∘ 지역균형개발법 개정(2005) ∘ 국토균형발전 정책 추진(행정중심복합도시, 혁신도시, 경제자유구역 등) ∘ 주택건설 250만 호건설계획(공공임대 150만, 국민임대 100만 호) ∘ 8·31대책에 따른 공공부문 역할 강화(공영개발 확대, 토지비축 강화 등)	∘ 지역종합개발방식 시행 (02. 2.) ∘ 국가균형발전을 위한 개발사업 시행(행정중심복합도시, 혁신도시, 경제자유구역 등) ∘ 토지정보화 추진(LMIS, 적성평가 업무 등) ∘ 국유지실태 조사	공영개발 기능 확대 지역종합개발사업 시작

2. 토지공사의 주요 기능과 성과

토지공사의 담당업무는 여러 가지 구분할 수 있다. 한국토지공사법 제9조에 따르면, 한국토지공사의 기능은 다음과 같이 규정되어 있다.

- 토지의 취득·개발·비축·관리·공급 및 임대
- 「국토의계획및이용에관한법률」·「공공기관지방이전에따른혁신도시건설및지원에관한특별법」 그 밖에 다른 법률에 따른 토지 및 건축물의 매입
- 공공시설용지 개발, 복합단지 개발사업, 도시개발사업, 도시환경정비사업, 간척 및 매립사업 등의 토지의 개발에 관한 사업
- 「택지개발촉진법」·「주택법」·「산업입지및개발에관한법률」 그 밖의 다른 법률에 따라 공사가 시행할 수 있는 사업
- "토지개발사업"에 따른 공공복리시설의 건설·공급
- 토지채권의 발행
- 토지의 매매·관리의 수탁
- 국토 및 부동산에 관한 조사·연구, 조사·연구용역의 제공 및 정보화 사업
- 국가·지방자치단체 또는 공공기관으로부터 위탁받은 업무
- 기타 각종 개발사업, 연구조사사업 및 위탁업무에 부대되는 업무

토지공사의 업무를 크게 유형화하면 택지조성 및 도시정비사업, 산업지원사업, 국가균형발전지원사업, 토지관리사업, 기타 사업 등으로 구분할 수 있다.

유형	주요 업무	시행근거	시행실적
택지 조성 및 도시 정비 사업	택지개발사업	택지개발촉진법	296,574천㎡ 택지개발사업 시행
	국민임대주택사업	국민임대주택건설등에 관한특별조치법	남양주 별내지구
	도시개발사업	도시개발법	동해월소, 천안매주, 계룡대실, 칠곡북삼, 전주효천, 화성병점 등
	도시정비사업	도시및주거환경정비법, 도시재정비촉진법 등	양동재개발, 부천재정비촉진지구, 대전역세권 개발사업 등
산업 지원 사업	산업단지 조성사업	산업입지및개발에 관한법률	139,369천㎡의 국가산업단지, 지방산업단지, 임대전용산업단지 조성
	물류단지 기타	물류시설의개발및 운영에관한법률	전국 10개 권역거점지역에 물류유통단지 조성
	경제자유구역	경제자유구역지정및 운영에관한법률	- 인천청라(541만 평)와 인천 영종(75만 평)의 사업시행자로 지정 - 부산진해권(3,415만 평), 광양만권(2,691만 평)의 포괄적 사업시행자로 지정
지역 균형 발전 지원 사업	행복도시	신행정수도후속대책을위한연기·공주지역행정중심복합도시건설을위한특별법	7,312만㎡ 사업비 14조 2천억원 목표인구 50만 명
	혁신도시	공공기관지방이전에 따른혁신도시건설및 지원에관한특별법	강원 원주, 경북 김천, 전북 전주, 광주전남 나주, 대구 동구, 울산 중구 등 총 6개 사업
	개발촉진지구 개발사업	지역균형발전및지방 중소기업육성에관한 법률	38개 사업지구 중 경북 울릉, 강원 고성, 전남 장성의 시범사업 시행
	지역종합개발	지역균형발전및지방 중소기업육성에관한 법률	부산시 등 41개 지자체와 지역종합개발 기본협약을 체결하고 41개 지구 2,136만 평의 후보지 확보

유형	주요 업무	시행근거	시행실적
토지 관리 사업	토지비축	국유재산법	설립 이래 51,494만㎡을 매입, 실수요자에게 공급
	국유지 관리	국유재산법	개발제한구역, 균특회계 소관 토지의 매각/대부 및 관리업무를 수행
	국토정보화 구축 및 관리	국토의 계획 및 이용에 관한 법률	전국 163개 지자체를 대상으로 LMIS 구축사업을 관리 토지적성평가 프로그램을 개발하여 176개 지자체에 배포
기타 사업	PF 사업	택지개발촉진법	2001년 이후 용인죽전, 용인동백, 화성동탄, 대전엑스포 컨벤션복합센터 등 6개 사업
	해외 개발사업	토지공사법	해외 산업단지 및 신도시 건설, 재개발사업, 해외건설기술 지원사업 등
	남북경협사업	토지공사법, 개성공업지구법(북한)	개성공단 3,306천㎡ 개발
	공인중개사 시험	공인중개사의 업무 및 부동산 거래신고에 관한 법률	2005년부터 시험관리업무를 담당하였으나, 2008년부터 산업인력관리공단으로 이관
	보상수탁 및 사업수탁	토지공사법, 공익사업을 위한 토지등의 취득 및 보상에 관한 법률	70,932천㎡, 2조 4,257억원의 보상수탁, 15개 사업 3,567천㎡, 2,569억원의 사업수탁

출처: http//www.lplus.co.kr.

토지공사의 택지 및 도시개발사업은 신시가지 개발 및 기존 시가지 재정비사업으로 구분된다. 토지공사가 수행하는 토지개발사업에는 택지개발사업(신도시개발, 국민임대주택용지공급 포함), 산업단지 개발사업, 물류단지개발사업, 지역종합개발사업 등의 일반개발사업 외에도 국가정책개발사업으로 행정중심복합도시, 혁신도시, 경제자유구역사업, 남북경협사업 등이 있으며, 기타 해외개발사업 등이 있다.

그중 한국토지공사는 1975년 창립 이후 주택단지 2.4억㎡, 산업단지 1.4억㎡, 비축토지 1.3억㎡, 재개발, 유통단지 2.7백만㎡, 기업토지 12.4백만㎡로 총 5.4억㎡에 달하는 토지를 공급하여 573만명의 인구를 수용하였으며, 산업단지개발을 통해 약 1만 개의 업체를 입주시켜 37만여 명의 고용유발효과를 낸 것으로 추정된다(권영주, 2008).

〈표 3〉 한국토지공사의 총사업실적

(단위: 천㎡, 억 원)

구분	지구수	투자사업비	공급면적	사업효과
계	325	662,935	538,787	−
주택단지	260	519,033	249,729	573만명 수용
산업단지	56	89,877	139,369	10,912개 업체 입주 332,318명 고용효과
비축토지	−	22,323	134,476	
재개발 · 유통	9	5,059	2,798	25개 업체 입주 3,970명 고용효과
기업토지	−	26,643	12,415	−

자료: 한국토지공사 홈페이지(http://www.iklc.co.kr/open/public announce)

3. 토지공사의 업무유형별 사업 실적

1) 택지조성 및 도시정비사업

토지공사의 가장 대표적인 개발사업은 택지조성사업이라 할 수 있다. 1981~2006년까지 수행된 택지개발사업 중 토지공사는 296,574

천㎡를 개발하여 전체 택지의 42%를 담당하였다. 이러한 수치는 주택공사의 20%, 전국의 지방자치단체 전체가 수행한 38%를 훨씬 넘어서는 물량이다. 반면, 토지공사의 도시정비사업의 참여는 아주 제한적이었다. 1984~1995년간 수행하였던 서울의 양동4－1지구와 양동5지구 재개발사업의 시행자, 부천 원미지구 도시재정비촉진지구 총괄사업관리자, KTX 대전역의 역세권 개발사업을 위한 사업시행자 등의 역할이 그간의 주요 실적이다.

〈표 4〉 사업시행 주체별 택지개발현황(1981~2006)

단위:천㎡

연 도	합 계	한국토지공사	대한주택공사	지방자치단체
총 계	699,282	296,574	137,053	265,655
비 율	100%	42%	20%	38%
'81~'91	227,083	102,991	34,626	89,466
1992	34,771	14,666	3,988	16,117
1993	29,155	13,528	3,892	11,735
1994	34,548	12,570	4,089	17,889
1995	27,183	11,060	3,711	12,412
1996	39,669	16,528	4,628	18,513
1997	28,078	11,411	3,712	12,955
1998	22,112	9,012	2,370	10,730
1999	20,645	7,550	3,362	9,733
2000	25,934	9,752	4,717	11,465
2001	28,023	13,977	4,456	9,590
2002	29,437	12,862	7,648	8,927
2003	24,367	10,674	8,268	5,425
2004	41,536	15,379	11,825	14,332
2005	40,384	14,469	16,708	9,207
2006	46,357	20,145	19,053	7,159

자료: 건설교통부 주거복지본부 택지기획팀. 권영주(2008)에서 재인용.

2) 산업지원사업

토지공사가 수행한 산업지원사업으로는 산업단지조성사업, 물류단지 건설사업, 경제자유구역 사업 등이 있다. 토지공사는 1978년 12월 최초의 산업단지인 '안성시범공단'을 준공한 이래 56개 단지에서 139,369천㎡의 산업단지를 조성하여 332,318명의 고용효과를 창출하였다. 토지공사가 수행 중인 또 하나의 산업지원사업으로는 물류단지개발사업이 있다. 내륙의 주요 교통 결절점에 물류시설 및 지원시설을 건립하는 사업으로 현재 전주장동지구, 안동종합, 울산진장, 충남천안, 충북음성 등 총 5개 지구에서 1,637천㎡의 면적을 개발하고 있다.

〈표 5〉 물류단지 사업 개요

명 칭	위 치	면 적	사업비	유치시설
전주장동 2004. 04.~ 2006.12.	전라북도 전주시 덕진구 장동 일원	193천㎡	231억 원	창고, 집배송단지, 화물터미널, 중고자 동차매매단지
안동종합 2005. 03.~ 2007. 12.	경상북도 안동시 풍산읍 노리 일원	228천㎡	185억 원	화물터미널, 창고· 집배송단지, 농산물 유통센타, 도소매단지, 전시판매
울산진장 2000. 08.~ 2007.06.	울산광역시 북구 진장동 일원	468천㎡	949억 원	집배송단지, 창고시설, 농수산물 물류센터, 대 규모 점포
충남천안 2000. 01.~ 2007. 12.	천안시 백석동, 성성동 일원	465천㎡	1,518억 원	화물터미널, 창고시설, 집배송단지, 지원시설 등
충북음성 1998. 12.~ 2007. 06.	충청북도 음성군 대소면 오류리 일원	283천㎡	304 억 원	화물터미널, 집배송 단지, 창고시설, 농 수산물류센터 등
계		1,637천㎡	3,187억 원	

자료: 한국토지공사 홈페이지(http://www.lplus.or.kr/business/SubMain.asp?Mn=MnC000)

경제자유구역 사업도 토지공사의 산업지원 기능 중에서 중요한 사업을 구성하고 있다. 현재까지 인천, 부산·진해, 광양만권 경제자유구역이 지정되어 사업이 추진되고 있으며, 토지공사는 이들 3개의 경제자유구역에서 9개 지구의 개발사업을 담당하고 있다. 2007년 12월 경기·충남의 황해경제자유구역과 대구·경북경제자유구역, 전남의 새만금·군산경제자유구역이 추가로 지정됨에 따라 토지공사의 역할을 더욱 확대될 것으로 보인다. 현재까지 토지공사가 개발하고 있는 경제자유구역의 총면적은 47,823천㎡에 달한다.

〈표 6〉 한국토지공사의 경제자유구역 사업현황

지구명	위치	규모	사업시행자
청라지구 ('03. 8.~'12. 12)	인천시 서구 경서동, 원창동, 연희동 일원	17,771천㎡	한국토지공사, 인천시, 농촌공사
영종지구 ('03. 8.~'10. 12. -2단계: '20년)	인천시 중구 영종동	19,116천㎡	한국토지공사, 인천도시개발공사
명지지구 ('03. 10.~'10. 12.)	부산광역시 강서구 명지동 일원	4,511천㎡	한국토지공사
두동지구 ('03. 10.~'10. 12.)	경남 진해시 두동 일원	1,521천㎡	
마천지구 ('03. 10.~'10. 12.)	경남 진해시 마천, 대장, 소사동 일원	1,884천㎡	
가주지구 ('03. 10.~'10. 12.)	경남 진해시 가주동 일원	1,157천㎡	
송정지구 ('11~'20)	부산광역시 강서구 송정동 일원	754천㎡	한국토지공사
서부산유통단지 ('03. 10.~'10. 12.)	부산광역시 강서구 대저2동 일원	829천㎡	
남양지구 '03. 10.~'09. 9.	경남 진해시 남양동 일원	280천㎡	
합계	―	47,823천㎡	

자료: 한국토지공사 홈페이지(http://www.lplus.or.kr/business/SubMain.asp?Mn=MnC000)

3) 지역균형발전 지원사업

토지공사가 수행 중인 지역균형발전지원사업으로는 행정중심복합도시, 혁신도시, 개발촉진지구 시범사업, 지역종합개발지구 사업 등이 있다.

행정중심 복합도시 건설 사업은 2005년 3월 18일 제정된 「행정중심복합도시건설특별법」에 근거하여 수행하는 사업으로 충남 연기군, 공주시 일원에 7,291만㎡의 신도시를 건설하여 약 50만 명이 거주하게 될 예정이다. 2007년 7월 부지조성공사가 착공되었으며 2012년 이후부터 중앙행정기관이 입주하게 된다.

혁신도시개발사업은 참여정부가 수도권의 공공기관을 이전하여 건설하는 사업으로 토지공사는 10개의 혁신도시 중 6개 사업에 참여하고 있다. 이 중 전북혁신도시에는 토지공사가 직접 이전할 예정이기 때문에 적극적으로 도시조성사업에 참여하고 있다.

〈표 7〉 한국토지공사의 혁신도시 건설사업개요

시 · 도	위 치	지정고시일	면적(천㎡)	비고
강원	원주시 반곡동 일원	'06. 10. 30.	3,639	신규지정
경북	김천시 남면 · 농소면 일원	'06. 10. 30.	3,477	
전북	전주시 만성동, 완주군 이서면 일원	'06. 11. 23.	9,260	
광주, 전남	나주시 금천면 일원	'06. 11. 23.	7,295	
대구	동구 신서동 일원	'05. 3. 25.	4,216	택지지구 기지정
울산	중구 우정동 일원	'05. 5. 30.	2,797	

자료: 한국토지공사 홈페이지(http://www.lplus.or.kr/business/SubMain.asp?Mn=MnC000)

토지공사의 지역균형발전 사업 중 '지역균형개발및지방중소기업

육성에관한법률'에 의해 추진되는 사업으로 개발촉진지구 개발사업과 지역종합개발지구 개발사업이 있다. 개발촉진지구란 전국의 다른 지역보다 낙후한 지역의 개발을 촉진하기 위해 지정된 지구로 전국에 38개가 지정되었으며, 토지공사는 그중 경북 울릉군, 강원 고성군, 전남 장성군 등 3개 시범사업을 추진하고 있다. 지역종합개발지구 사업은 공공기관의 유치 등 지역의 혁신거점을 구축하고 특화발전을 선도하기 위하여 종합적인 지역개발이 필요하다고 인정하는 지역에 국가·지자체·민간투자자가 지역에서 추진하는 다양한 사업들을 상호 연계하여 네트워크형으로 개발하는 사업이다. 토지공사는 전국의 47개 지방자치단체와 협약을 체결하여 지역종합개발사업을 추진하고 있다.

4) 국토관리사업

토지공사가 수행하고 있는 국토관리사업은 토지비축업무, 국유지 관리업무, 토지정보화 구축 및 관리업무 등이다. 토지비축업무는 향후 공공사업의 활용을 위해 토지공사가 미리 토지를 매입하여 비축하는 업무로 토지공사는 설립 이래 51,494만㎡을 매입하여 실수요자에게 공급하였다. 반면, 국유지관리업무는 2000년 7월 국유재산법에 의해 토지공사가 국유재산의 위탁관리기관으로 지정되면서 시작한 업무로 국가가 보유하고 있는 국공유지의 매각, 대부, 보전관리 등의 수탁관리업무를 담당하고 있다.

토지공사가 수행하고 있는 토지정보화 구축 및 관리업무는 국토와 토지에 대한 각종 정보를 디지털화하여 종합적인 국토정보체계를 구축함으로써 국가공간정보를 체계화하고 국토관리를 효율적으로 수행할 수 있도록 지원하는 사업이다. 토지공사가 수행 중인 국

토정보화 사업으로는 토지적성평가, 토지정보시스템 관리, 부동산
거래관리시스템 구축 및 관리, 국토조사, 도시계획현황통계 작성,
토지관련 정부 통계작성 등으로 다양하다.

〈그림 1〉 토지공사의 국토정보화 구축사업 내용

토지적성평가
- 공인검증기관
- 제도운영관리 전문기관
- 평가전문기관

KLIS/UPIS
- 한국토지정보시스템 사업관리기관
- 도시계획정보체계 위탁수행기관
- 국토사랑포털사이트 운영관리기관
- 온나라부동산정보 통합포털 운영 관리기관

온나라부동산정보 통합포털

국책현안사항 정보화
- 토지이용규제 정보화 수행 기관
- 부통산거래 관리시스템 구축 기관

신규 국토정보화사업
- RDZMIS 위탁수행기관
- 기반시설 부담금 연구기관

국토정책지원 및 지가정보
- 국토조사
- 도시계획현황통계 작성기관
- 토지이용규제 관련 연구기관
- 토지관련 정부공식통계 작성 기관

자료: 한국토지공사 홈페이지(http://www.lplus.or.kr/business/SubMain.asp?Mn = MnC000)

5) 기타 사업

그 외 토지공사가 수행하고 있는 사업에는 PF사업, 해외 개발사업
업무, 남북경협사업, 공인중개사시험 관리업무, 보상수탁업무 등이 있
다. PF사업은 신도시에서 중심상업지역의 효율적인 개발을 촉진하기
위하여 토지공사가 출자하여 민간부문과 공동으로 개발하는 사업으로
현재 그린시티, 쥬네브, 메타폴리스, 스마타시티, 모닝브릿지, 레이크
파크 등 6개 지구에 9개의 민간기업에 출자하여 운영하고 있다.

해외개발사업은 토지공사가 지닌 공공성을 활용하여 해외토지개
발사업에 참여하는 것으로 현재까지 베트남 하노이, 중국 상해와
심양, 천진 등에서 심천의 심양과 천진 등에서 사업을 수행하고

있다. 토지공사가 수행 중인 남북경협사업의 대표적인 사례는 개성공단 조성사업으로, 개성시 일대에 3.3㎢의 개성공업지구 조성사업을 수행하고 있으며, 토지공사는 자금조달, 설계, 감리, 분양 등의 업무를 수행하고 있다. 토지공사가 2005년 4월부터 수행하였던 공인중개사 시험관리업무는 2008년부터는 한국산업인력관리공단으로 재이관되었다.

제4절 토지공사의 기능확대 과정과 문제점

1. 토지공사의 기능 확대를 요청하는 구조

토지공사의 기능이 지속적으로 확대되는 데는 크게 네 가지 측면의 요구와 노력이 결합되어 왔다고 볼 수 있다.

우선, 공사 내부에서 조직 확대를 위해 끊임없이 노력해 왔다는 점이다. 토지공사는 공사 내부에 토지연구원(현재는 국토도시연구원)을 설립하여 공사의 업무를 지원할 뿐만 아니라 공사의 각종 사업 참여 논리를 개발하고 새로운 사업영역을 개발하는 업무를 수행하고 있다. 또한 주무부서인 건설교통부와의 유기적인 협력도 공사의 업무영역 확대에 큰 역할을 하고 있다. 공사에서 건설교통부의 각 부서에 파견된 인력들은 토지개발 및 국토관리업무를 지원할 뿐만 아니라 이와 관련된 사업을 공사가 수행할 수 있도록 지원하는 기능을 한다. 참여정부 기간 동안에는 국가균형발전위원회와 행정중심복합도시 건설추진단 등에 공사 직원을 파견함으로써 국정과제 추진업무를 지원할 뿐만 아니라 공사의 적극적인 사업참여를 유도하는 역할을 담당하였다.

공사의 업무영역의 확대는 외부의 전문가와 학자들을 통해서도 이루어진다. 토지공사는 국토개발이나 관리, 행정 관련 연구기관이나 학회, 협회, 각종 단체, 연구자들에게 새로운 업무영역개발과 공사의 사업 참여 등을 위해 지속적으로 연구개발 프로젝트를 발주함으로써 지지세력을 확충하고 공사의 업무영역을 확대할 수 있게 된다.

둘째, 토지공사의 업무영역 확대에는 건설교통부를 비롯한 정부의 적극적인 지원이 있었다는 점이다. 앞서 살펴본 바와 같이 우리나라의 부동산 시장은 주기적으로 변화해 왔으며 토지나 주택시장의 안정을 위해 정부는 실행조직으로 토지공사와 주택공사의 적극적인 참여와 지원이 불가피하였다. 또 다른 한편으로 각 정권은 주택정책을 부족한 정당성을 확보하기 위한 수단으로 활용되면서 이를 실행하는 기관으로 토지공사의 역할이 필요하게 되었다. 대규모 택지개발사업이 신도시가 정당성 위기 시마다 등장하게 된 배경도 여기에 있는 것이다. 또한 각 정부가 국정과제를 추진하기 위한 실행기관으로 토지공사의 적극적인 지원이 필요하게 되었다. 그 결과 국민의 정부에서는 경제자유구역사업, 참여정부 들면서는 행복도시와 혁신도시, 각종 균형발전정책사업에 토지공사가 적극적인 역할을 담당하게 되었다.

셋째, 토지공사의 적극적인 역할은 다른 국가와는 달리 민간부문에서 요청함으로써 이루어지게 된 것도 우리나라만의 특징이라 할 수 있다. 우리나라의 공영개발사업에서 토지공사와 같은 공공부문의 역할은 민간부문의 역할을 대체하기보다는 민간부문과 보완관계를 형성함으로써 공공부문의 역할 확대를 초래하였다. 외국과 달리 민간부문은 공공부문의 배제와 대체가 아니라 공공개발업체와의 역할분담과 공존방식을 통해 활성화되어왔기 때문에 공공부문은 점차 확대되어 가는 과정을 거쳐 온 것이다. 이 경우 공공의 기능과 민간의 기능은 대체관계가 아니라 보완, 상생관계를 지니게 된다. 공공개발업체, 민간개발업체, 정부, 그리고 정치권, 지방자치단체의 연합은 거대한 개발연대를 형성함으로써 지속적인 개발 확대와 개발이익의 배분구조를 형성하게 된다. 이러한 개발연대는 신도시 역세권의 PF 사업에서 대표적으로 보여주고 있다.

이와 동시에 토지와 주택건설 부문의 주요 민간주체인 전경련, 건설협회, 주택협회, 건설산업연구원 등은 공공부문과의 협력 방식이 아니라 민간부문 자체의 역량 확대를 위해 지속적으로 개발사업의 확대와 건설자본의 자본축적 기능에 대한 지원을 요구해 왔다. 이러한 이해관계 주체의 노력은 토지이용규제 완화, 건설산업 활성화, 민자유치사업제도 도입, 주택분양제도의 개선 등의 형태로 나타나게 되었다. 공급확대를 통한 부동산 가격 안정, 건설투자 확대를 통한 일자리 창출과 경제성장, 국민의 주거환경 개선 등의 명분하에 민간부문의 업무영역 확대와 토지관련 규제완화를 요구해 왔다.

넷째, 지방자치단체가 공사참여를 요청함으로써 토지공사의 역할이 확대되었다. 지방자치제가 본격화되면서 자치단체장은 대규모 개발사업을 통해 지역의 인구유입을 확대하고 일자리를 창출하며 지역환경을 개선하기 위해 앞다투어 대규모 개발사업을 추진하고 있다. 그러나 자치단체는 대규모 개발사업을 수행하기에는 자금이나 경험이 부족하기 때문에 토지공사의 참여를 요청하게 된다. 해당 자치단체장이나 해당 지역 정치인의 역량이 강할수록 대규모 개발사업이 해당 지역에서 추진될 가능성은 높아지게 된다. 이러한 개발사업이 확대되는 이유는 우리나라에서 추진 중인 대규모

개발사업이 지방자치단체에게는 재정적인 부담이 전혀 없이 개발
사업 완료 후 재정수입 확대와 기반시설 확충 등의 이익만이 집중
되기 때문이다. 토지공사에서는 지자체의 개발사업에 대한 욕구를
수용하기 위하여 지역종합개발사업제도를 도입하여 지자체의 도시
기본계획과 택지개발사업 간의 연계성을 강화하기 위해 노력하고
있다.

2. 토지공사의 업무영역 확대를 위한 법률과 제도

토지공사의 주된 업무영역인 택지개발사업은 택지개발촉진법을
통해 수행되고 있다. 택지개발촉진법에서는 신속한 사업의 추진을
위해 건설교통부 장관으로부터 실시계획 승인을 얻은 때에는 각종
법령의 결정, 인허가, 협의, 동의, 면허, 승인, 처분, 해제 명령 또
는 지정을 받은 것으로 의제처리하고 있다. 이에 따라 일반법인
도시계획법(현재의 국토의계획및이용에관한법률)에 의해 수립된 기
존의 도시계획의 절차는 무시되고 택지개발예정지구 내에서는 초
법률적인 위상을 지니게 된다.

상위계획과 무관하게 추진되는 택지개발사업과 신도신 건설의
확대는 난개발문제와 주변지역과의 부조화 문제를 유발하였다. 이
러한 문제점에 대응은 크게 세 가지 방식으로 나타나게 되었고, 각
방식의 도입과정에서 토지공사의 업무영역은 오히려 확대되었다.

우선, 난개발문제에 대응하기 위하여 국토의계획및이용에관한법률
이 제정되었으며, 이 법에서는 난개발이 발생하였던 과거 국토이용
관리법상의 준농림지역과 준도시지역을 관리지역으로 개편하였다.
이 지역에서는 제2종 지구단위계획을 통해 10만㎡ 이상의 대규모
개발만 허용하기 때문에 민간개발사업자들은 사업부지 매입의 어려

움 때문에 택지개발이 사실상 불가능해지게 되었다. 이에 따라 대규모 신도시 개발이 또다시 택지공급을 위한 효과적인 대안으로 등장하게 되었다. 그 결과 신도시 건설업무를 담당하는 토지공사의 역할은 더욱 확대되었으며 신도시 건설이 더욱 활성화되었다.

둘째, 택지개발사업이 지방자치단체의 도시기본계획과 무관하게 진행되면서 기존 택지개발사업에 대한 비판이 확대되었다. 이에 대한 대응으로 나타난 것이 지역종합개발사업이다. 이 사업은 지방자치단체와 토지공사가 상호 수평적인 관계에서 지역 전체의 장기발전계획을 공동으로 수립한 후에 이를 기초로 지방자치단체와 역할을 분담하여 복수의 개발사업을 연계하여 시행하는 방식이다. 과거의 국지적인 택지 및 산업단지 시행방식을 벗어나 토지공사가 지방자치단체와 협력하여 지역종합개발사업을 시행함으로써 지역의 특성을 반영하고 지역의 장기발전계획과 공영개발사업을 연계하겠다는 것이다. 이 방식은 '지역균형개발및지방중소기업육성에관한법률'에서 '지역종합개발지구'로 제도화되면서 토지공사가 참여할 수 있는 법률적 근거를 마련하게 되었다. 이 방식을 통해 토지공사는 지방자치단체와의 협력을 통해 안정적으로 택지개발사업을 수행할 수 있게 되었으며 업무영역의 확대로 나타나게 되었다. 토지공사는 전국의 47개 지방자치단체와 지역종합개발사업 협약을 체결하고 있으며, 제천시를 대상으로 지역종합개발지구 시범사업을 추진 중에 있다.

셋째, 기존의 신도시는 주택단지 위주로 건설되어 자족성이 부족한 침상도시라는 비판을 받아왔다. 이에 따라 신도시 상업지역을 계획적으로 개발하기 위하여 토지공사가 토지를 출연하여 민간부문과 공동으로 개발하는 민관합동개발사업(PF사업)이 등장하게 되었다. 이 제도는 토지공사가 건의하여 택지개발촉진법령에 관련규정이 입법화되면서 등장하게 되었다. 이 제도를 통해 토지공사는 현재 6개의 민관합동개발사업(PF사업)에 참여하게 되었으며 총 9개의 출자회사를 가지게 되었다.

참조: 토지공사의 PF 사업 참여 경위

- 2001. 3. : 택촉법 시행령 개정 건의(공사 → 건교부)
- 2001. 7. : 택촉법 시행령 개정(택촉법시행령 제13조의2 제5항 5의3호 신설)

  ※ 50만 평 이상의 택지지구 내에서 공모에 의하여 선정 된 자에 수의계약으로 토지공급 가능

- 2005. 3. : PF사업으로 드러난 문제점 등 개선을 위해 동 규정 및 택지개발업무 처리지침 개정건의
- 2005. 4. : 택촉법 시행령(제13조의2 제5항 5의3호) 및 택지개발업무 처리지침(제19조의 2) 개정

  ※ PF사업범위, 추진절차 등 근거 등 명확화

공영택지개발사업 외의 각종 국가정책개발사업에 대한 토지공사의 참여는 각종 특별법의 제정을 통해 참여가 보장되었다. 토지공사는 각종 국책사업의 추진과정에서 기초연구의 수행을 지원하거나 전문인력을 파견하여 특별법의 입법화 과정에 참여함으로써 공사의 사업참여를 보장받을 수 있게 되었다. 토지공사는 다른 주체들보다 많은 개발의 경험이나 전문인력, 자금력을 보유하고 있기 때문에 개발의 효율성이나 집행력이 탁월하여 물리적 개발을 위주로 하는 국책사업의 사업시행자로 인정받을 수밖에 없었다.

토지공사가 특별법을 통해 참여가 보장되고 있는 주요 국책사업을 열거하면 다음과 같다. 경제자유구역 개발사업은 경제자유구역지정및운영에관한법률을 통해, 행정중심복합도시건설사업은 '신행정

수도후속대책을위한연기·공주지역행정중심복합도시건설을위한특별법', 평택평화신도시는 '평택지원특별법', '용산공원조성특별법' 등을 통해 사업의 시행자로 인정받고 있다. 토지공사는 신규개발사업뿐만 아니라 도시재정비사업에서도 사업시행자로 역할을 할 수 있는 근거를 마련하였다. 2006년 7월에 시행된 '도시재정비촉진을위한특별법'에서는 재정비촉진지구로 지정되어 시행되는 사업의 총괄사업관리자로서 시장·군수·구청장, 주택공사, 지방공사와 함께 토지공사가 참여할 수 있는 근거를 마련하게 되었다.

개발사업 이외에도 토지공사는 그동안의 택지개발사업 추진과정의 경험을 활용하여 보상수탁업무를 수행할 수 있는 법적인 근거를 마련하였다. 2000년 1월 도시계획사업의 기본법인 '도시개발법' 제12조에 보상수탁 근거조항이 신설되면서 이법 시행령 제21조에 토지공사가 보상수탁사업의 수탁기관으로 명문화되었다. 이를 계기로 토지공사는 보상수탁업무에 본격적으로 참여하게 되었으며, '공공용지의취득및손실보상에관한특례법'과 '토지수용법'이 통합되어 '공익사업을위한토지등의취득및보상에관한법률'이 제정된 2002년부터는 보상전문기관으로서의 근거규정을 마련하여 보상업무에 참여할 수 있게 되었다. 이에 따라 토지공사는 주택공사, 수자원공사, 도로공사, 농업기반공사, 한국감정원 및 SH공사 등과 함께 보상전문기관으로 역할을 하게 되었다.

3. 토지공사의 기능 확대의 성과와 문제점

1) 과도한 개발과 지역불균형 발전의 유발

토지공사가 수행하는 공영택지개발사업은 택지개발촉진법에 의해 '주택건설에 필요한 택지의 취득·개발·공급 및 관리 등에 관하여 특례'를 규정(택지개발촉진법 제1조)함으로써 수행이 가능해진 사업이다. 토지공사는 '토지를 취득·관리·개발 및 공급함으로써 토지자원의 효율적인 이용을 촉진하고 국토의 종합적인 이용·개발을 도모하여 건전한 국민경제의 발전에 이바지'하는 것을 목적으로 하는 공기업이다. 그러나 그동안 토지공사는 개발과정에서 토지의 취득 및 개발을 통해 토지자원의 효율적인 이용을 촉진한 성과는 있지만, 국토의 종합적인 이용과 개발을 도모했는가에 대해서는 부정적인 평가가 많다.

우선, 부족한 주택의 공급을 위한 사회적 요구가 많았던 것은 사실이지만, 주택수요에 대한 객관적인 평가 없이 과도한 개발을 추구해 왔다는 점이다. 1980년 이후 정권적 정당성 확보와 경제활성화, 건설산업의 활성화, 공기업의 조직 확대 등을 위해 택지개발사업을 지속적으로 확대해 왔다. 현재 전국에서 추진 중인 신도시는 수도권 신도시 10개, 혁신도시 10개, 기업도시 6개, 행정중심복합도시, 경제자유구역 등을 합하면 30여 개에 이르고 있다는 점만 보아도 과도한 개발사업이 전국적으로 추진되고 있으며, 그중 대부분의 사업에서 토지공사는 주도적인 사업시행자로서 역할을 수행하고 있다.

둘째, 토지공사는 사업타당성이 있는 지역만 개발대상지로 선정함에 따라 지역불균형 발전을 확대하고 있다. 공영개발사업은 정부의 재정 지출이 거의 없는 사업방식이기 때문에 토지공사는 개발사업지구를 선정하면서 공기업의 경영측면을 고려하지 않을 수 없다. 택지개발사업에서는 수용방식을 통해 매수한 토지가격과 조성 후 분양가격의 차이가 해당 사업지구의 개발이익이 되고, 이 범위 내에서만 기반시설을 설치하게 된다. 사업지구별로 국가나 지방자치단체가 직접 기반시설을 건설하는 경우도 있지만 대부분의 경우 개발사업에서 나온 이익이 당해 사업지구나 주변지역에 재투자하는 형태를 취하게 된다. 이러한 공영택지개발의 사업방식 때문에 대부분의 택지개발사업이 수도권과 대도시권에 집중하게 되는 것이다. 택지개발사업의 공간적 집중은 개발된 택지의 분양가능성과 기반시설 비용부담 문제가 함께 작용한 결과라 할 수 있다.

공기업 주도형 택지개발사업이 지닌 구조적인 특성 때문에 국토공간전체 측면에서나 도시 내부구조 측면에서 왜곡된 공간이 형성되어 왔다. 국토공간 전체 측면에서 공영택지개발사업은 국토의 불균형공간을 심화시키게 된다. 공영택지개발사업은 공기업의 수지타산을 맞추어야 하는 내재적인 제약상 수요가 충분한 지역에 대해서만 집중적으로 이루어지게 된다. 개별사업지구별로 개발이익이 충분히 발생할 수 있는 지역에서만 개발이 이루어진다는 것이다. 또한 개발이익은 현지에서 간선시설에 재투자되기 때문에 다른 지역에 비해 상대적으로 많은 개발이익이 발생하는 수도권 지역에서 더 많은 공공투자가 누적되어 택지개발사업이 새로운 지역불균등 발전을 낳는 원인으로 작용하게 된다.

2) 물량 위주의 주택공급 확대로 주거복지지원 고려 부족

그동안 주택공급을 위한 택지공급은 약 43%가 공공택지로, 약 57%는 기성시가지의 나대지 개발, 재개발 및 재건축사업, 비도시 지역, 다가구 및 다세대주택 등 개별주택사업 등의 민간택지를 통해 공급해 왔다. 국토계획법 제정 이후 공공택지의 비중은 더욱 확대되고 있으며, 최근 신도시 공급 등을 통해 공공택지의 역할이 증대되고 있다. 공공택지의 대부분은 택지개발촉진법을 통한 택지개발사업으로 공급되고 있으며, 택지는 용도별, 근거법규별 공급방식과 주택용지 공급비율, 택지공급 가격이 미리 정해져 있다.

〈표 8〉 택지공급방식의 비교

사용용도	택촉법	산입법	도시개발법
공공청사	수의계약	수의계약	수의계약
60㎡ 이하 분양주택 (임대포함)	추첨분양	추첨분양	추첨분양
60㎡ 초과 분양주택	추첨분양	추첨분양	경쟁입찰
상업용지	경쟁입찰	경쟁입찰	경쟁입찰

공공이 직접 주택을 건설하여 공급하는 정당성은 토지 확보의 용이성뿐만 아니라 주택의 분양 및 공급에서 입주민의 특성을 반영함으로써 주택의 공공성을 실현하는 데 있다. 그러나 공공택지개발에서 택지가격의 결정은 조성원가, 감정가, 일반 입찰 가격 등의 유형으로 구분하여 공급하기 때문에 실제 공급되는 주택의 최종가격이 입주대상이 되는 주민의 소득수준과 연계되지 않고 개발사업지구의 수지타산과 연계되어 결정된다. 특정개발사업지구에서 조성원가나 감정가는 낮은 반면 입주대상 주민의 소득수준은 높을 수가 있고, 특정개발사업지구에서는 조성원가나 감정가는 높은 반면, 주민의 소득수준은 낮아서 분양이 불가능한 경우가 많다. 그러나 공영택지개발사업에서는 지구단위의 사업성 기준에 따라 택지가격과 분양주택가격을 책정하기 때문에 공공의 주택공급의 정당성이 훼손될 우려가 크다.

3) 개발이익의 환수 부족과 투기 유발

개발이란 토지의 물리적인 변경뿐만 아니라 용도의 변경 등을 포함하기 때문에 개발과정에서 막대한 개발이익이 발생하게 된다. 공공부문의 직접개발사업 참여의 정당성은 개발이익의 사회적 활용과 재배분에서 찾을 수 있다. 우리나라에서 토지구획정리사업이 토지원소유자에게 과도한 개발이익을 전유하게 하는 문제점이 있었기 때문에 공영개발사업으로 변경되는 계기가 되었다.

그러나 공영택지개발사업에서 개발이익의 처리구조는 공공에 의한 개발의 정당성을 훼손하게 할 우려가 있다. 현재의 공영개발사업의 구조에서는 개발이익을 기반시설에 재투자하거나 사업시행자의 내부이익으로 유보하는 구조이다.

또한 현행 택지개발사업은 개발사업의 발표, 지구의 지정, 사업계획의 승인 등 각 단계를 거치면서 부동산 가격이 폭등하고 있으나, 이를 체계적으로 제어할 수 있는 제도가 마련되어 있지 못하고 있다. 이에 따라 개발사업예정지를 중심으로 부동산 가격이 폭등하여 주택공급 확대를 통한 주택가격 안정이라는 목표를 달성하는 데 한계로 작용하고 있다.

4) 자족성 부족과 체계적인 도시건설의 한계

택지개발촉진법에 의한 택지개발사업은 공공개발자가 토지를 전면 매수하여 개발한다는 의미에서 통칭 공영개발이라고 불린다.[4]

---

4) 임서환, 1995, "택지개발정책의 전개와 쟁점: 1970~1980년대를 중심으로", 한국공간환경학회 엮음, 『새로운 공간환경론의 모색』, 한울아카데미.

이 방법은 토지개발공사, 주택공사, 지방자치단체 등이 계발계획을 수립하여 토지를 전면 매수하고 택지를 개발한 후에 공공 혹은 민간 주택건설업자에게 분양하거나 직접 주택을 건설하여 공급하게 된다. 이 법 제정 이후 택지확보의 편리함과 일체적인 개발, 대량 주택공급의 편리성 때문에 공영택지개발 사업은 우리나라의 대표적인 택지공급 방식이 되었으며, 오늘날까지 지속되고 있다.

공영택지개발사업방식은 택지개발촉진법이라는 특별법을 통해 기존 도시계획절차를 의제처리하고 토지수용권을 행사함으로써 단기간에 대량의 주택의 공급을 가능하게 하였지만, 불가피하게 여러 가지 문제점을 노정하게 되었다. 우선, 단기간에 대규모 택지를 개발하여 공급하기 위해서는 기존 도시의 재개발보다는 신개발에 치중할 수밖에 없었다. 또한 공영개발사업은 개발사업지구별로 사업타당성이 있는 지역만 개발대상지로 선정될 수밖에 없었다. 택지개발사업에서는 수용방식을 통해 매수한 토지가격과 조성 후 분양가격의 차이가 해당 사업지구의 개발이익이 되고, 이 범위 내에서만 기반시설을 설치하게 된다. 이러한 공영택지개발의 사업방식 때문에 대부분의 택지개발사업이 수도권과 대도시권에 집중하게 되는 것이다.

택지개발사업의 공간적 집중은 개발된 택지의 분양가능성과 기반시설 비용부담 문제가 함께 작용한 결과라 할 수 있다. 공영택지개발사업은 사업초기에 막대한 용지매입비 부담이 생기기 때문에 시행주체는 가능한 한 사업을 신속하게 추진하고자 노력하게 된다. 이러한 구조 때문에 사업계획의 작성, 용지의 매입, 실시계획의 수립, 택지개발사업의 시행 등의 사업추진 절차에서 지방자치단체나 지역주민, 기타 관련 주체의 다양한 의견을 수렴할 수 있는 기회가 제약될 수밖에 없다는 것이다.

민간개발업체의 수와 능력이 공공기관을 능가하고 있는 현재에도 1980년에 제도화된 공영개발방식이 우리나라의 대표적인 개발수법으로 자리매김하게 된 데는 그간의 경험을 통해 공영개발방식이 민간개발에 비해 공익성을 확보하고 계획적인 개발이 가능하다는 인식이 공유되어 있었기 때문이다. 여기에다 중앙정부나 지방정부도 큰 재정지출 없이 주택공급 확대라는 주택정책 목표를 효과적으로 달성할 수 있는 공영개발방식을 가장 적합한 개발방식으로 인식하였기 때문이다.

그러나 1990년대 중반 이후 대규모 공공택지개발사업의 대표적인 주거형태인 신도시가 자족성 부족과 주변지역의 난개발, 모도시와의 교통혼잡 등의 문제점을 유발하면서 기존의 공영택지개발사업에 대한 반성이 나타나기 시작하였다. 또한 지방자치단체의 도시 개발에 대한 인식 증대와 자족적인 신도시에 대한 기대 증대, 민간개발업체의 급성장, 토지전면매수에 대한 토지소유자들의 반발은 전국적으로 획일화된 대규모 택지개발사업의 새로운 제약요소로 등장하기 시작하였다. 더구나 독점적 토지개발권을 갖고 있는 토지공사의 지나친 상업주의, 개발주의에 대한 비판이 제기되면서 대안적 토지개발방식에 대한 관심이 증대하고 있다.[5]

5) 비효율적인 조직 운영과 택지조성 원가 인하의 한계

택지개발사업은 공공기관이 민간보다 유리한 위치에서 추진하고

---

[5] 2000년에 제정된 도시개발법에서 민간에 의한 도시개발을 인정하기 시작하였으며, 기업도시는 민간이 공공이 담당하였던 도시개발 기능을 전적으로 담당하고 있다.

있음에도 불구하고 공공기관 간의 경쟁적인 개발과 과다한 수익추구에 따라 택지개발 사업의 공익성을 훼손하는 경우가 많다. 또한 저렴하게 개발된 택지를 임대주택 건설 등 공적 목적에 우선적으로 사용하기보다는 시세수준(감정가)으로 민간에 과도하게 판매됨으로써 '공공기관의 땅장사' 비난을 초래하고 있다(국가청렴위, 2007).

택지개발촉진법 제18조의2에 따르면 택지조성원가는 용지비, 조성비, 직접인건비, 이주대책비, 판매비, 일반관리비, 그 밖에 건설교통부령이 정하는 비용 등 8개 항목으로 구성되어 있다. 이 중 용지비는 전체 택지조성원가에서 가장 많은 비중을 차지하고 있으나, 개발계획의 수립 및 발표와 지구지정을 거치면서 상승된 토지가격을 토지보상 시에 대부분 반영하고 있기 때문에 원가가 절감되지 못하고 있다. 반면, 조성비는 현행 택지개발사업이 대규모 개발방식을 채택하여 기존의 구릉이나 임야를 존치하지 않고 평탄지형을 조성하는 방식으로 추진하기 때문에 조성비 상승의 원인이 되고 있다.

기타 직접인건비, 판매비, 일반관리비, 자본비용, 그 밖의 비용 등은 최근 5년간 투입된 비용사례를 평균하여 산출한 비율을 적용하기 때문에 원가절감을 위한 유인을 거의 갖지 못하고 원가를 상승시키는 요인이 되고 있다. 이러한 방식은 공기업의 원가절감 유인을 위축시키며 결과적으로 택지개발사업의 효율성을 떨어뜨리는 요인이 되고 있다.

제5절 토지공사의 기능재조정 과정 평가와 기능조정의 방향

1. 토지공사의 기능재조정 과정[6]

1) 정부의 개발공사 조정정책 검토

토지공사가 200만 호 주택건설사업을 통해 본격적으로 신도시개발사업 시행자로 등장하기 시작하면서 1990년대 중반 들면서 토지공사와 주택공사의 업무영역 문제가 쟁점이 되기 시작하였다. 이에 따라 정부는 여러 차례에 걸쳐 토지공사와 주택공사의 구조조정방안을 발표하였다.

1994년 경제기획원에서 시행한 [민영화 및 기능조정 세부추진계획](1994. 2. 18.)에서는 주택공사의 택지개발기능을 자체소요에 국한토록 하기 위하여 주택공사의 관련지침 및 규정을 정비하고, 토지개발공사의 재개발기능은 폐지하고 한국토지개발공사법 및 정관상 재개발사업조항을 삭제하며, 재개발사업처는 축소하고 향후 폐지하기로 하였다.

반면, 1995년 재정경제원에서 시행한 [정부투자기관 경영평가위원회](1995. 12. 27.)에서는 주택공사의 택지개발면적은 30만 평으로 제한하되 특수한 경우에 한하여 건설교통부장관이 인정하는 경우는 예외를 허용하기로 하면서 정리되었다.

1990년대 말에는 감사원이 공기업에 대한 특별감사를 통해 공기

---

6) 기존의 구조조정 대안의 평가에 대해서는 필자가 참여한 성균관대학교 도시발전연구소(2005)를 중심으로 정리함.

업의 통폐합과 책임경영의 구축 등을 방안으로 제시하였다. 이어 기획예산위원회는 '제1차 공기업 민영화 및 경영혁신계획'(1998. 7.)을 통해 11개 공기업과 이들의 21개 자회사에 대한 민영화 계획을 확정하였다. 그러나 이때 토지공사는 공기업 민영화 대상기업에 포함되어 있지 않았다. 그러나 기획예산위원회가 1998년 8월에 발표한 '제2차 공기업 민영화 및 경영혁신계획'(1998. 8.)에서는 12개 공기업의 완전 민영화, 28개 공기업은 단계적 민영화, 6개는 통폐합, 8개는 구조 조정하는 방안을 제시하였다. 이 계획에서는 토지공사는 단계적 민영화공기업으로 지정되어 주택공사, 수자원공사, 토지공사 감리공단 등과 통합 후에 민영화하는 것으로 발표되었다. 그러나 이 방안은 끝내 실현되지 못했고 각 공사들은 기존의 업무를 지속할 수 있게 되었다.

〈표 9〉 제2차 공기업 민영화 및 경영혁신계획의 주요 내용

구분	대상 자회사
완전 민영화 (12개)	1998년(4개): 매일유업, 매일뉴질랜드치주(유통공사), 코리아후드서비스(유통공사), **한국건설자원공영(주공)**
	1999년(8개): 한국통신카드(한통), **한양공영, 한양목재+한양산업(주공)**, 중국진황도동화열전유한공사(지역난방), 세일에이직(한전), 지엔지테리콤(송유관), 청열(가스공)
단계적 민영화 (28개)	2000년(3개): 한국통신케이블TV, 한국TRS(한통), 한국연초인삼홍콩유한회사(담배공)
	2000년(12개): 한국전력기술, 한전기공, 한전산업개발(한전), 한국내장, 노량진수산시장, 한국축산(유통공사), **주공+도공+수공+토공감리공단 통합 후 민영화**, 한국지역난방기술, 안산도시개발(지역난방)
	2002년(13개): 한국통신기술, 한국통신진흥, 한국통신산업개발, KTAI(한국통신 미주법인), KTPI(한국통신피리핀법인)(한국통신), **고속도로정보통신공단, 고속도로관리공단(도공)**, 한국가스엔지니어링, Korea LNG Co., 한국가스해운(가스공), **한국수자원기술공단(수공), 한국토지신탁(토공)**
통폐합 (6개)	한국송유관공사(송유관), **경주관광개발공사(한국관광공사)**, ICO투자관리(한국통신), 한국물산(유통공사), **한양(주공)**, 한국부동산신탁(감정원)
구조조정(8개)	한국PC통신, 한국해저통신, 한국통신프리텔, 한국공중전화(한국통신), 한전정보네트웍(한전), KCCL(영국캡틴유전개발), PPSL(인도네시아유전개발)(유개공)

출처: 기획예산위원회(1998), 김준기(2000)에서 재인용
*참고: 밑줄 친 부분은 본 연구의 대상이 되는 공기업임

토지공사와 주택공사 간의 업무조정은 2000년대 들면서 새롭게 제기되어 두 공사 간의 통합문제로 이어지게 되었다. 이에 따라 2003년 건설교통부는 [토공·주공 통합문제 처리대책 시행](건설교통부 주거환경과 토정58300−217:2003. 5. 7.)을 통해 공기업

경영합리화 계획에 따른 주공·토공 통합(안)이 최종적으로 유보되고 택지개발에 있어 경쟁적 사업추진방지를 위한 업무기능이 조정됨에 따라 두 공사의 기능을 다시 조정하였다. 이 대책에서는 주택공사의 업무영역을 정부정책상 필요한 경우 100만㎡으로 확대하되, 두 공사의 역할을 업무영역별로 분리하는 방안을 결정하였다. 이 대책을 통해 조정된 업무영역은 다음과 같다.

〈표 10〉 주공·토공 택지개발업무 범위조정 (토정58300-217)

대 한 주 택 공 사	한 국 토 지 공 사
○ 공공주택 건설·공급·관리, 도시 정비사업, 불량 주거지 정비 등 주력 ○ 국민임대주택단지 조성 및 국민 임대주택건설·공급·관리 ○ 100만㎡ 이하의 택지개발 　(단 정부 정책상 필요한 경우 100 만㎡ 이상 허용)	○ 산업단지개발, 토지수급관리, 토지정보화사업, 대북사업 등 주력 ○ 신행정수도, 경제특구, 지역균형 개발사업, 개성공단 등 개발 ○ 100만㎡ 이상의 택지개발 　(단 정부 정책상 필요한 경우 100 만㎡이하 허용)

그러나 주택공사의 업무영역이 축소됨에 따른 반발로 주택공사가 지자체와 공동시행하는 경우 택지개발업무 범위를 확대할 수 있도록 [택지개발업무 범위조정](주환58540-810:2003. 6. 19.)이 이루어졌다. 이에 따라 지자체와의 공동시행, 지역균형개발 등을 위하여 지자체의 요구가 있을 시에는 택지개발업무 범위의 조정이 가능하도록 예외를 인정하기로 하였으며, 시행자 간 경쟁이 없는 지구는 규모에 관계없이 허용하되, 대한주택공사는 국책사업의 경우에만 30만 평 이상을 허용하기로 하였다.

〈표 11〉 주공・토공 택지개발업무 범위조정 (주환58540 - 810)

주택공사	토지공사	비 고
○ 지자체 공동시행 ○ 지자체 요구 ○ 경쟁이 없는 지구	○ 지자체 공동시행 ○ 지자체 요구 ○ 경쟁이 없는 지구 　(국책사업 불문)	○ 경합우려 시 사전 환경성 　검토 연구비 등의 중복투 　자 방지를 위해 비용투입 　이전에 사전보고를 의무화 ○ 실무협의 곤란 시 택지업무 　조정위원회에서 조정

2) 기존의 주택공사, 토지공사 기능 조정 방안 연구

지금까지 토지공사와 주택공사의 통합방안에 대해서는 여러 차례 연구가 수행되었으며 여기에서는 장단기 방안이 제안되었다. 우선, 국토연구원과 한국개발연구원이 수행한 토지공사와 주택공사의 통합방안 연구(2001)에서는 장단기적으로 업무기능을 조정하는 것으로 결론이 내려졌다. 이 연구에서 제안된 기능조정방안은 아래의 표와 같다.

〈표 12〉 주공・토공 장・단기 업무조정(안) (국토연구원)

구 분	당초 정부 (안)	단 기	장 기
택지개발사업	공적 기능	통합 및 조정	특수목적사업을 제외하고 민간에 우선권 부여
산업단지 및 유통단지개발	통합시 재검토	특화 및 조정	지자체 혹은 정부요청사업
관광단지개발	민간이양	폐지	폐지
대북사업(토지 및 주택개발)	－	통일단계에 따른 적절한 수준의 사업 참여	
해외개발사업	민간이양	기 추진사업 마무리	정부지원사업에 국한

구 분		당초 정부 (안)	단 기	장 기	
토지비축 및 관리		공적 기능	기반형성	기능특화 (국가·지방분담 체계 구축)	
임대 주택 공급	5년 공공임대주택	통합시 재검토	존치	민간이양	
	국민임대주택	공적 기능	존치	중 기	확 대
				장 기	기능이양(조건부)
임대주택관리		민간이양	존치	일부존치 (영구, 50년공공, 국민임대)	
도시정비사업		민간이양	지방정부의 요청 시, 선별적으로 참여		
소형분양주택공급		통합시 재검토	기 추진사업 마무리	도시정비사업에 수반되는 사업만 존치	

2002년에 연세대학교 동서문제연구원에서 수행한 [토지공사와 주택공사 통합의 타당성과 대책에 관한 연구](2002. 10.)에서는 중장기적으로 국가의 국토·토지정책과 양 공사의 비전과 사업방향, 그리고 각 사업의 효과성 및 효율성을 종합적으로 검토해 볼 때 양 공사의 통합은 긍정적인 면보다는 부정적인 면이 많다고 결론 짓고 통합은 통합의 전제조건이 달성된 이후에 검토할 것을 제안하였다.

이러한 결론은 감사원의 위탁을 받아 성균관대학교 도시발전연구소에 수행한 [토공·주공 등 공기업의 기능 및 문제점과 경영혁신을 통한 기능재정립 방안](성균관대학교 도시발전연구소, 2005. 12.)에서도 유사하게 나타났다. 단기적으로 두 공사가 특화업무를 중심으로 기능을 재조정하되, 장기적으로는 통합하여 도시주택토지 및 기반시설 관리전문기구로 정비해 가야 한다고 결론 내렸다.

<표 13> 단계별 기능조정 방안

시기	고려사항	내 용		조정방안
현 단 계	양공사의 특화기능 유지	주공의 주거복지	국민임대주택건설, 도시정비사업 등 주거복지사업	○ 양 공사의 주택공급기능과 택지공급기능은 각기 다른 목적달성을 위하여 수행 ○ 현 단계에서는 고유업무량이 증가하며, 상호간의 성격이 다르므로, 고유기능 유지 ○ 택지사업을 중심으로 기능 중복으로 인한 문제가 노정되고 있으므로, 이에 대한 정부의 명확한 입장정리가 필요함. 각 공사의 고유법령에 기초한 구분을 검토할 수 있음.
		토공의 국토균형	행복도시, 혁신도시 등 국토균형발전사업	
중 기	장래비전에 따른 기능 조정	○ 주공의 주택관리 및 도시환경정비 ○ 토공의 토지개발 및 토지관리		○ 국토균형개발과 임대주택사업의 목표달성과 민간부문과 지방공사의 성장에 따라 고유기능 수행의 수요 감소 ○ 장래의 비전기능을 수행하면서, 점진적인 통합준비
장 기	효율성 제고를 위한 통합	○ 주택업무와 토지업무의 통합과 새로운 사회적 요구에 부응하기 위한 통합		○ 장기적으로 통합하여 도시주택토지 및 기반시설 관리전문기구로 정비해 감.

* 자료: 성균관대학교 도시발전연구소(2005)

3) 두 공사의 기능 조정에 대한 의견

최근 주택공사와 토지공사의 기능조정과 통폐합문제가 다시 제기되면서 두 공사에서도 기능조정방안을 제시하였다. 두 공사는 모두 주택공사는 주거복지부문에 전문화하고 토지공사는 국토균형발전부문에 특화하는 것으로 유사한 기능조정 방안을 제시하고 있다.

<표 14> 주택공사가 제시한 두 공사의 기능조정방안

구분	주 공	토 공
기본 임무	주거복지와 도시발전	국토균형발전
고유 역할 특성 측면	- 주택건설·공급 - 도시정비(재개발) - 공공건축에 관련된 사업 - 국민임대단지개발 - 주택공영개발	- 국토균형개발 - 행정복합도시 - 산업단지 - 유통단지

지속
가능성
측면
	- 도시정비사업
	- 임대주택 건설재원조달을 위한
	  수익적 도시개발사업
		- 재무적 안정성은 이미 확보
		- 국토개발·관리·정보화의 통합
		  기능으로 사업지속성 기 확보

효율성, 형평성 측면	- 주택과 주택단지 일괄개발 - 주택문제 해결을 위한 **신도시**	- 국가 균형발전을 위한 신도시 (행정복합도시, 혁신도시 등)
미래 선도 기능 측면	- 선진형 주거단지모델 개발 - 주거의 질 향상을 위한 주거 단 지 및 주택개발 - 주거와 산업·레저의 **복합도시** - **기성시가지 기능재생**	

* 자료: 성균관대학교 도시발전연구소(2005)

우선 주택공사의 입장은 약간의 변화를 거치고 있다. 주택공사는 당초 두 공사의 업무영역은 법률상 대부분이 중복되고 있으나 주택공사는 주택정책부문의 총괄적 집행기관으로서, 토지공사는 국토균형발전부문의 총괄적 집행기관으로서 역할을 수행하고 있으므로, 중복되는 도시개발 부분 사업이 주택문제 해결에 주안점이 있는 경우 주공이, 국가와 지역경제발전에 주목적이 있는 경우 토공이 주도해야 한다고 주장한다. 그러나 양 기관이 도시개발 공공기관이라는 기본적 특성을 갖고 있어, 기능의 중복을 해결하는 방법은 '통합' 외에는 대안이 없으며, 기능조정은 일정한 한계를 가질 수밖에 없음을 인정해야 한다고 주장하였다. 그러나 최근 대지임대부 주택사업 추진을 위해 발의된 "대한토지주택공사법안" 관련 국회공청회에서 주택공사는 두 공사 간의 통합에 반대한다는 입장을 공식적으로 밝히고 있다.

반면, 토지공사는 양 공사 설립목적에 따라 기능을 재조정하고 특화할 수 있도록 유도하는 것이 바람직한 방향이며, 그 기준으로는 토지공사는 국토·도시 개발 및 관리(국토균형발전 및 국가경쟁력 강화) 업무를, 주택공사는 공공주택 공급 및 관리(서민주택문제 해결 및 주거복지 향상) 업무에 특화하여야 한다고 주장하고 있다.

〈표 15〉 토지공사가 제시한 두 공사의 기능조정 방안

	토지공사	주택공사
❶ 역할	중앙정부 차원의 지역균형 국토경쟁력, 지속 가능국토 실현을 위한 정책사업과 토지문제 해결	중앙정부 차원의 공공주택 공급 및 주거복지문제 해결
❷ 분야	국토·도시정책 분야	주택복지정책 분야
❸ 기능	국토 및 도시의 개발과 관리	서민 공공주택의 건축과 관리
❹ 세부 업무	• 국토균형발전 및 국가경쟁력 - 신도시 개발 - 산업단지 및 물류단지 - 지역종합개발 - 경제자유구역 - 남북경협사업 - 해외 신도시 및 산업단지 - 국유지 및 토지비축 - 국토정보화 구축 및 관리 - 기타 국토관련사업 • 도시개발 - 중소도시 개발 - 도시재정비 및 환경개선 - 도시관리(도시평가 등) - 기타 도시개발 관련사업	• 서민 공공주택의 건축 - 소형 분양주택 건축 - 공공 임대주택 건축 - 주택재건축 - 불량 노후주택 개선 - 해외 주택건축 - 기타 주택관련사업 • 국민 주거복지 프로그램의 운영 및 관리 - 주택비축 및 관리 - 주거복지지원 금융사업 - 주거복지지원 및 문화사업 - 기타 주거복지 관련사업
❺ 조치 사항	• 상기 분류안에 따라 기능조정 후, 양 기관 공사법과 개별법에 이를 반영 • 상기 기능조정안 범위를 벗어나 현재 시행 중인 사업의 조정 ☞ 계획추진(인허가 포함) 중인 사업은 각 기능에 따라 재조정 ☞ 기착수한 사업은 사업 준공 후 업무 종료	

2. 토지공사의 기능재조정 시 고려사항

토지공사의 기능 조정에 대해서는 앞서 살펴본 바와 같이 토지공사와 주택공사 간의 기능조정에 대한 논의가 대부분을 차지해왔지만, 좀 더 근본적으로는 토지공사와 민간부문 간의 기능조정, 토지공사와 지방공사 간의 기능조정을 동시에 고려하여야 한다.

우선, 토지공사가 수행하고 있는 기능 중에서 민간부문에서 수행이 가능하다면 굳이 국가가 공기업 방식을 통해 수행할 필요가 없다. 따라서 토지공사의 기능조정은 민간부문과 우선적으로 수행할 필요가 있다. 다음으로 민간부문과 기능조정을 통해 여전히 공공부문이 수행해야 할 기능이 있다면 국가공사가 수행할 것인지, 지방자치단체가 수행할 것인지에 대한 판단이 필요하다. 만일 국가공사보다 지방자치단체가 동일한 업무를 더 잘 수행할 수 있다면 지방자치단체가 수행하는 것이 더 효율적이기 때문이다. 마지막으로 민간부문이나 지방자치단체가 수행할 수 없는 잔존기능이 있다면 국가공사가 수행하되, 토지공사와 주택공사 간의 기능 조정을 통해 통폐합 혹은 특화 여부를 선택하여야 한다.

그러나 이러한 기능조정에는 두 가지 상반되는 흐름이 존재한다. 하나는 공공부문에서 민간부문으로, 국가공사에서 지방공사로, 별개의 공기업에서 통합으로 변화해야 한다는 흐름이고 다른 하나는 공공성을 강화하고 국가공기업의 역할을 중시하며, 공기업 간의 특성화를 강조해야 한다는 흐름이다.

1) 토지공사와 민간부문 간의 기능조정

공공부문의 과도한 확대와 비효율성 증대에 따라 공기업의 민영화 요구가 확대되고 있다. 민간부문의 합리적 경영능력을 활용함으로써 효율성을 극대화하고, 민간자본을 활용함으로써 예산을 절감하여야 한다는 것이 민영화 주장의 주된 요지이다. 이러한 주장은 토지공사의 민영화에도 그대로 적용되고 있다. 토지공사의 업무영역이 끊임없이 확대되고 조직이 팽창하게 됨에 따라 효율성이 떨어지고 민간부문의 활력을 떨어뜨리기 때문에 민간부문이 담당할 수 있는 영역은 민간기업을 활용할 수 있도록 민영화하여야 한다는 것이다.

그러나 오히려 공공부문의 주도적인 역할 속에서 개발의 공공성을 더욱 확대해야 한다는 주장도 힘을 얻고 있다. 토지공사가 개발된 택지를 주로 민간기업의 일반 분양주택에 배분함으로써 공영개발의 취지를 상실했다는 주장이다. 또한 공기업으로서 과도하게 수익성을 추구하고 개발이 상업적 속성을 지녔기 때문에 사회적, 공간적 형평성을 상실했다고 본다. 따라서 개발을 민간화하기보다는 오히려 공공성을 강화해야 한다는 것이다. 민간개발로 인한 고분양가나 개발이익 사유화의 문제점을 해소하기 위해 도입된 주택공영개발지구 제도나 토지임대부 주택이나 환매조건부 주택 등의 대안적인 주택은 개발의 공공성 강화를 위한 제도적 장치로 이해할 수 있다.

2) 국가공사와 지자체(지방공사) 간의 기능 조정

지방자치제가 확대되고 지역균형발전이 중시됨에 따라 중앙정부와 국가공사 주도의 개발과 주택정책 추진에 대한 반발이 확산되고 있다. 그동안 택지개발촉진법에 의한 택지개발사업은 지자체의 도시기본계획과 불일치하는 경우가 많을 뿐 아니라 지방자치단체의 참여 자체마저도 제약됨에 따라 개발의 지방화와 지방자치단체의 주도적인 역할을 강조하는 움직임이 증대되고 있다. 지방개발공사의 급격한 성장도 국가공사인 토지공사와 주택공사의 역할을 축소해야 한다는 주장의 근거로 활용되고 있다.

그러나 지방화의 움직임과 함께 국가공사의 적극적인 역할을 요구하는 주장도 나타나고 있다. 행정중심복합도시나 혁신도시, 경제자유구역 등 지방정부의 역량을 넘어선 대규모 개발사업이 특별법에 의해 추진되면서 중앙정부의 지원과 국가공사의 주도적인 역할을 요청하고 있다. 또한 주거복지정책의 일환으로 국민임대주택 건설사업이나 이른바 반값아파트 제도의 도입으로 공공성을 지닌 분양주택이 제도화됨에 따라 국가공사의 역할이 더욱 증대하고 있다.

3) 주택공사와 토지공사 간의 기능 조정

토지공사와 주택공사 간의 업무 중복과 경쟁적 사업 추진에 따른 갈등과 비효율 문제가 제기되면서 두 공사의 기능을 재조정하거나 통폐합해야 한다는 주장이 제기되고 있다. 판교신도시와 같이 한 사업지구에서 여러 개의 사업주체가 공동으로 개발사업을 추진함에 따라 개발의 일관성이 훼손되고 사업지연으로 인한 시간과 인력의 낭비를 초래하고 있는 사례도 나타나고 있다.

그러나 두 공사의 업무영역은 국토정책 집행기관과 주택정책 집행기관으로 이원화되기 때문에 단순히 기능통합을 통해 조직을 확대시키기보다는 분야별 전문성을 강화하여 경쟁력을 제고해야 한다는 주장도 설득력을 얻고 있다. 또한 두 공사를 통합하는 경우 거대한 공기업의 등장으로 새로운 비효율과 통합효과의 불확실성 문제점 등도 두 공사의 통합에 대한 부정적인 견해의 일부를 구성하고 있다.

3. 토지공사의 다른 주체와의 기능조정 효과 평가

1) 민간부문과 토지공사와의 기능조정 효과 평가

토지공사의 수행기능을 민영화 방식으로 기능 조정하는 경우, 대부분의 사업에서 효율성은 증대하는 반면, 형평성에는 많은 문제점이 나타날 수 있는 것으로 평가되었다. 특히 토지개발사업이나 토지비축업무, 국유지 관리업무 등은 민영화하는 경우 형평성 문제가 심각할 것으로 평가되었다.

반면, 현재와 같이 민간부문의 역량이 증대된 현실에서 대부분의 사업은 민간부문도 수행능력을 갖춘 것으로 평가되었다. 다만, 행복도시나 혁신도시, 경제자유구역 및 경협사업은 사업의 특성상 민간부문이 수행하는 데는 한계가 있을 것으로 평가되었다.

〈표 16〉 민영화 방식의 기능조정에 대한 지표별 평가결과

수행기능		세부 평가지표		
		형평성	효율성	수행능력
토지(지역)개발 사업	택지(신도시)		△	△
	산업단지		○	○
	유통단지 기타		○	○
	지역종합개발	△	△	○
국가정책 사업	행복도시	△	△	
	혁신도시	△	△	
	경제자유구역	△	△	
	남북경협사업	△	△	
토지관리 사업	토지비축		△	△(대행)
	국유지 관리		△	△(대행)
	국토정보화 구축 및 관리	△	○	○

수행기능		세부 평가지표		
		형평성	효율성	수행능력
기타 사업	PF 사업	△	○	○
	도심재개발	△	○	○
	공인중개사 시험	△	△	△
	보상수탁	△	△	△

○: 높음, △: 가능성 있음

2) 지방자치단체와 토지공사 간의 기능조정효과 평가

토지공사의 기능을 지자체가 수행하는 지방화 방식으로 조정하는 경우 대부분의 사업에서 주민의 수요에 부응하거나 지역의 특성을 반영하는 대응성은 제고될 수 있을 것으로 평가되었다. 다만, 행복도시사업, 경제자유구역사업이나 남북경협사업, 등은 지방적 특수성보다는 국가적인 과제의 특성이 있기 때문에 지방화를 통한 기능조정을 통해 대응성이 제고된다고 보기는 어렵다.

토지공사의 기능을 지자체가 수행하는 경우 행복도시사업은 수행능력이 없고, 다른 기능들은 사업규모나 특성, 지자체의 규모에 따라 제한적인 수행능력을 갖출 수 있을 것으로 평가되었다. 현재와 같이 기초지자체나 광역지자체가 독자적으로 수행하는 것이 아니라 광역경제권 단위로 광역적인 개발주체를 설립하는 경우, 현재 토지공사가 수행하고 있는 기능의 대부분은 지자체에서도 어느 정도 수행이 가능할 것으로 평가된다.

수행기능		세부 평가지표	
		대응성	수행능력
토지(지역)개발 사업	택지(신도시)	○	△
	산업단지	○	△
	유통단지 기타	○	△
	지역종합개발	○	△
국가정책 사업	행복도시	△	
	혁신도시	○	△
	경제자유구역	△	△
	남북경협사업	△	△
토지관리 사업	토지비축	△	△
	국유지 관리	○	△
	국토정보화 구축 및 관리	○	△
기타 사업	PF 사업	○	△
	도심재개발	○	○
	보상수탁	○	△

○: 높음, △: 가능성 있음

3) 토지공사와 주택공사 간의 기능조정 효과 평가

토지공사의 기능을 민영화, 지방화 방식으로 조정하고도 잔존기능이 존재한다면, 통합하거나 주체 간 기능특화가 불가피하다. 현재 토지공사가 수행하고 있는 기능을 주택공사와 통합하여 수행하는 경우 토지공사가 단독으로 수행하고 있는 기능을 제외한 대부분의 기능에서 정책효과성이나 기능효율성이 모두 높아질 수 있을 것으로 평가되었다. 토지공사와 주택공사가 중복하여 수행하는 사업의 경우 사업추진주체가 단일화되는 경우 사업추진의 효율성이 높아질 수 있으며, 기능적으로 택지개발과 주택건설로 특화되는 사업의 경우에도 업무의 연계를 강화하는 경우 사업의 효과성도 높아질 수 있기 때문이다.

〈표 18〉 통합화 방식의 기능조정에 대한 지표별 평가결과

수행기능		세부 평가지표	
		정책효과성	기능효율성
토지(지역)개발 사업	택지(신도시)	○	○
	산업단지	○	○
	유통단지 기타	○	○
	지역종합개발	○	○
국가정책 사업	행복도시	○	○
	혁신도시	○	○
	경제자유구역	○	○
	남북경협사업	○	○
토지관리 사업	토지비축	△	△
	국유지 관리	△	△
	국토정보화 구축 및 관리	△	△
기타 사업	PF 사업	○	○
	도심재개발	○	○
	공인중개사 시험	△	△
	보상수탁	○	○

○: 높음, △: 가능성 있음

제6절 결론

토지공사는 그동안 경제개발과 산업화 과정에서 기반시설의 확충이나 택지공급 등을 통해 많은 기여를 해왔다. 그러나 새로운 국토환경의 변화와 세계화, 지방화, 민간부문의 역할 증대라는 여

건의 변화를 맞이하여 여전히 개발사업을 지속적으로 확대하는 방식으로 역할을 지속해야 하는가에 대해서는 심각하게 평가할 필요가 있다.

그동안 토지공사는 과도한 조직과 업무영역의 확대와 그로 인한 과도한 개발의 문제, 공기업 운영에 있어서 비효율의 문제를 낳아왔다.7) 이러한 측면에서 공기업의 역할을 전면 재평가하고 새로운 역할을 정립해야 할 시점이다. 그러나 기존의 공기업의 문제가 바로 토지 주택 시장에서 공공의 기능을 포기해도 된다는 것을 의미하지는 않는다. 오히려 그동안 공기업을 통한 직접 생산방식이 주된 국가개입의 방식이었다면 앞으로의 토지 주택시장에 대한 국가개입은 국토계획이나 토지이용계획, 도시계획 및 건축에 대한 심의 기능의 강화와 개발에 대한 규제의 강화와 같은 직접적인 통제수단, 금융기법이나 재정적인 지원, 기술적, 정책적인 지원을 통한 능력 배양 등의 간접적인 국가개입 수단으로 방향을 수정할 필요가 있다.

이 경우 국가는 부동산 시장의 세계화, 자본화, 금융화 등의 추세에 맞추어 더욱 정밀하게 국토환경의 변화를 모니터링하고 장기적인 계획에 반영하여 이 계획이 현실에서 실효성 있게 집행되도록 기존의 국토관리 및 계획 체계를 전면 개편할 필요가 있다. 또한 민간부문이나 지자체의 무분별한 개발과정에서 발생하는 지가상승, 개발이익의 사유화, 난개발 등의 문제를 방지하기 위해 개발계획에 대한 심의기능을 확대하고 개발이익을 환수할 수 있는 과세 체계 및 보상기준을 마련할 필요가 있다. 반면, 국가공기업은

---

7) 다만, 2007머서코리아의 10개공기업평가중 HCVA와 HCROI로 평가된 바에 의하면 1위로 나타나있다.

경쟁적으로 업무 영역을 넓히는 데 치중할 것이 아니라 그동안의 경험과 전문인력, 재정적인 능력을 바탕으로 민간부문이나 지자체의 부동산 관련 사업을 지원하는 지원자, 촉진자, 컨설턴트로서의 역할에 중점을 둘 필요가 있다.

이러한 국토관리 및 계획체계, 개발계획 심의기능, 개발이익 환수 기능이 구축된 경우 현재와 같이 국가가 직접 토지 및 주택이라는 상품의 생산과 관리를 책임지는 공기업방식이 아니라 민영화, 지방화를 통해 기능을 재조정하여야 한다. 만일 민영화가 불가능하고 지방화를 통해 지금까지 국가공기업이 담당해 온 역할을 수행해야 하는 경우 현재 토지공사와 주택공사는 지방의 개발공사와 통폐합하여 지역단위로 운영되는 것이 바람직할 것으로 판단된다. 이 지역단위는 광범위한 자율권을 지니고 경제적으로 자립이 가능한 초광역경제권 단위로 설정되어야 한다. 초광역경제권 단위의 지역단위 개발공사의 역할은 지금까지와 같이 택지개발사업이나 주택공급 및 관리기능에 한정하는 것이 아니라 지역경제의 활성화 촉진을 위한 산업지원 기능을 동시에 수행하여야 한다.

참고문헌

건설교통부, 2003, "토공·주공 통합문제 처리대책 시행(토정58300 − 217), 2003. 5. 7.
주거환경과.
건설교통부,『환경친화적 신도시개발 업무 편람』, 2004.
건설교통부, 2003,『주택종합계획(2003~2012)』, 건설교통부.
건설교통부, 2005,『주택업무편람』, p.431.

국민경제자문회의, 2005, 임대주택정책 개편방안 국정과제 회의, 2005.
　　4. 17.

국무총리실,『택지개발사업의 개발이익 실태조사』, 2005. 7.

경제기획원, 1994, "민영화 및 기능조정 세부추진계획", 1994. 2. 18.

국토연구원·한국개발연구원,『토공과 주공의 통합방안연구』, 건설교
　　통부외.

국회예산정책처, 2005,『국민임대주택 건설사업 중장기 재정소요 분
　　석』, 국회예산정책처.

권영주, 2008, "우리나라 부동산 관련 국가공기업 운영실태와 문제
　　점", 한국지방자치학회 2007－2008 동계기획세미나 [작은 정
　　부 실현을 위한 국가공기업 구조조정 방향], 2008. 1. 9.

김영희, "일본의 '철의 삼각구조'", 2002, 창작과비평사:『창작과비평』
　　제30권 제2호 통권116호 (2002 여름) pp.68－85.

김용창, 2004,『참여정부 주택·토지정책 패러다임 전환』, 정책기획
　　위원회.

김정호, 2005,『왜 우리는 비싼 땅에서 비좁게 살까: 시장경제로 풀어
　　보는 토지문제』, 삼성경제연구소.

김준기, 2001, "김대중 정부의 공기업 민영화 정책 평가",『행정논총』
　　제39권 제1호.

미래경영개발연구원, 2005,『토지주택부분 공기업 통합 효과성에 대
　　한 시나리오 연구』, MMDI미래경영개발연구원.

대한주택공사, 2005, "주공·토공 업무영역 조정검토", 2005. 11.

대한주택공사, 2005,『경영실적보고서』, 2005. 3.

박석희, 2008, "국가공기업 구조조정의 접근논리", 한국지방자치학회
　　2007~2008 동계기획세미나 [작은 정부 실현을 위한 국가공기
　　업 구조조정 방향], 2008. 1. 9.

변창흠, 2001, "수도권 제2신도시 건설계획의 평가와 발전방향: 판교
　　신도시 건설계획을 중심으로", 한국공간환경학회 학회지『공간
　　과 사회』제15호, pp.306－329.

변창흠, 2006, "한국토지공사 개발사업의 성과와 향후 과제" 홍성태 엮음, 『개발공사와 토건국가』한울아카데미.

변창흠, 2008, "부동산 시장의 유연성과 공공성 확보를 위한 국가공기업의 구조조정 방향", 한국지방자치학회 2007~2008 동계기획세미나 [작은 정부 실현을 위한 국가공기업 구조조정 방향], 2008. 1. 9.

서승환, 2006, 『부동산과 시장경제』, 삼성경제연구소.

성균관대학교 도시발전연구소, 2005, "토공·주공 등 공기업의 기능 및 문제점과 경영혁신을 위한 기능재정립 방안"

연세대학교 동서문제연구소, 2002, 『토지공사와 주택공사의 통합의 타당성과 대책에 관한 연구』, 연세대학교.

영화회계법인, 2001, 『토공 및 주공의 통합관련 재무분석 및 자산실사 용역보고서』, 영화회계법인.

오성훈 외, "주거복지와 한국주택공사의 문제", 『민주사회와 정책연구』, 2005년 상반기(통권 7호)

이동국, 2004, "지역개발촉진을 위한 협약사업에 관한 연구: 지방자치단체와 한국토지공사의 협약개발모형을 중심으로", 서울: 고려대 행정대학원, 200402

이상한, 2005, "국민임대주택사업의 문제점 및 개선방안", 한국주택학회 세미나 자료집.

이윤상, 2001, "공영택지개발사업의 유형특성 분석", 『부동산학연구』, 제7권 2호. 한국부동산분석학회.

임서환, 1995, "택지개발정책의 전개와 쟁점: 1970~1980년대를 중심으로", 한국공간환경학회 엮음, 『새로운 공간환경론의 모색』, 한울아카데미.

장세훈, 1996, "자본의 토지소유 및 개발에 대한 국가정책 연구" 서울대학교 박사학위 논문.

조명래, 2003, "한국 개발주의의 역사와 현주소", 환경과생명: 『환경과생명』통권37호 (2003 가을) pp.31 - 53.

조명래, 2004, "수도권 신도시 건설의 재성찰", 한국도시연구소, 『도시연구』, 제9호.

한국개발연구원, 2000, 『21세기 경제·사회적 환경변화 분석을 통한 토지공사의 역할』, 한국개발연구원.

한국토지공사, 1995, 『한국토지공사 20년사』. 경기도: 한국토지공사.

한국토지공사, 2000, 『21세기 국토 및 토지정책과 연계한 한국토지공사의 역할』, 한국토지공사.

한국토지공사, 2005, 『비전 및 경영전략 재정립 보고서』, 2005. 3.

한국토지공사, 2004, 『택지백서』, 한국토지공사.

한국토지공사, 2005, "국가균형발전을 위한 토지정책 방향연구", 서울대학교 환경계획연구소, 2005. 3.

홍성태 엮음, 2005, 『개발공사와 토건국가』, 한울아카데미.

홍성태, 2007, 『개발주의를 비판한다』, 당대.

www.lplus.co.kr

www.moct.go.kr

www.jugong.co.kr

www.housing.nsw.gov.au

www.landcom.com.au

제9장 한국토지공사와 대한주택공사의 통폐합 방안

－토지주택의 공공성 강화를 위하여 －

조명래(단국대 교수)

제1절 서론
제2절 양 공사 통합논의의 전개
제3절 양 공사 양립의 문제점
제4절 통합 반대론의 허와 실
제5절 양 공사 통폐합의 방향과 방안
〈참고문헌〉

제1절 서론

한국토지공사(이하 토공)는 한국의 대표적인 SOC 분야의 공기업으로, 그간 급격한 도시화 과정에서 필요로 했던 택지를 대규모로 개발하고 공급하는 역할을 맡아 왔다. 또한 정부가 추진하는 국토개발사업의 대행기관으로서의 역할도 토공이 담당해 왔던 주요 역할의 하나였다.

그러나 당초의 설립목적과 달리 토공은 주택건설, 도시개발, 지역종합개발 등의 영역으로 업무를 지속적으로 확장시켜 왔다. 그 결과 조직의 비대화와 경영부실의 문제가 나타났다. 또한 토지수용이란 공권력을 이용해 손쉽게 개발한 토지를 과도한 개발이익을 남기는 방식으로 공급함으로써 토지 및 주택가격을 앙등시키는 데도 적잖은 기여를 해왔다. 무엇보다 공사다 보니 건설관련 부처 등 정부(혹은 정치권)에 의해 결정된 정책 사업을 떠맡아 추진하게 되고, 그로 인한 부채가 누적되는 경영부실화 문제도 겪고 있다. 공기업으로서 토공의 위상과 역할에는 이렇듯 근본적인 한계가 드러나고 있다.

이러한 이유 등으로 토공은 그동안 지속적인 구조조정의 압력을 받아 왔다. 그러나 토공의 구조조정은 대한주택공사(주공)와 함께 묶어 추진되어 왔다는 점에서 다른 공기업과 비교된다. 토공의 구조조정이 토공과 연동되어 있는 까닭은, 양 공사의 명목적인 설립목적이 다르긴 하지만, 토지주택개발이란 영역에서 업무를 함께,

그러면서 경쟁적으로 수행해야 하는 이유 때문이다.

양 공사의 구조조정은 양 공사의 설립 목적과 각자의 독자적인 기능을 고려해 업무영역을 구획하는 기능조정 방안과 핵심기능 중심으로 통폐합하는 방안이 그동안 반복적으로 거론되어 왔다. 실제 1993년 이래 양 공사의 통폐합 논의는 6차례가 있었다. 따라서 토공의 구조조정은 주공과의 기능조정 내지 통폐합을 전제하지 않으면 안 되기 때문에, 본고는 양 공사를 함께 묶는 방식의 구조조정을 검토하고자 한다.

기능조정과 통폐합 방안 중, 본고는 후자, 즉 통폐합 방안을 우선으로 하여 검토하고자 한다. 이는 그동안 반복적으로 시도된 기능조정이 늘 임시방편적인 해결방안으로 끝났다는 점을 주목하기 때문이다. 또한 통폐합은 양 공사가 지금까지의 기능과 역할, 즉 개발주의 시대에 규정된 기능과 역할을 탈피하고, 미래지향적인 관점에서 새로운 기능과 역할을 중심으로 해야 함을 전제한다.

제2절 양 공사 통합논의의 전개

토공과 주공의 설립목적은 다르다. 토공이 '토지를 취득·관리·개발 및 공급함으로써 토지자원의 효율적인 이용'을 도모하는 데 설립 목적이 있다면, 주공은 '주택을 건설·공급 및 관리하고 불량주택을 개량하는 데' 설립 목적이 있다. 이러한 설립 목적은 양 공사의 역할과 업무가 구분되어야 하는 근거가 되기보다, 역으로 서로 연관되거나 통합되어야 하는 근거가 된다. 즉 택지개발과 신도시건설, 택지개발 이후의 주택건설과 관리 업무는 연속선에서 활동해야 하기 때문에 양 공사는 필연적으로 유사한 업무영역에서 중복적이면서 경쟁적인 운영을 할 수밖에 없다. 이러한 이유로 인해 국가 공사 중에서도 양 공사는 전형적인 '기능중복'이란 경영 비효율성을 노정해 왔다.

<표 1> 양 공사의 설립목적 비교

대한주택공사	한국토지공사
주택을 건설·공급 및 관리하고 불량주택을 개량하여 국민생활의 안정과 공공복리의 증진에 이바지(대한주택공사법 제1조, 동 정관 제1조)	**토지를 취득·관리·개발 및 공급**함으로써 토지자원의 효율적인 이용을 촉진하고 국토의 종합적인 이용·개발을 도모하여 건전한 국민경제의 발전에 기여하기 위하여 설립(한국토지공사법 제1조)

<표 2> 양 공사의 업무영역

구 분		주 공	토 공
중복	도시개발	○ 대지조성사업 ○ 택지·신도시개발사업 ○ 국민임대주택단지조성사업 (330㎡ 이상 토공, 그 미만 주공) ○ 도시개발사업 ○ 국토균형개발사업 - 기업·혁신도시 - 지역(종합)개발사업 ○ 복합단지개발사업	
	도시정비	○ 도시정비사업 - 도시재정비촉진특별법에 의한 총괄관리자 - 도시및주거환경정비법에 의한 사업시행자	
	기타	○ 도시계획사업 ○ 해외건설사업 ○ 지방이전기관부지 관리	
부분중복	도시개발	○ 국가균형발전을 위한 도시개발 - 행정복합도시(첫마을 공급)	○ 국가균형발전을 위한 도시개발 - 행정복합도시(대지조성)
	주택사업	○ **주택건설**·공급·관리	◎ **산업단지 내 주택건설사업** ○ PF사업을 통한 **주택건설사업** ○ 자회사인 (주)한국토지신탁을 통한 **주택건설사업** ◎ **비축용 임대주택 건설 시도 중**
비중복		○ 도시정비사업 - 주거환경개선사업 - 주택재개발·재건축사업 ○ 주거복지사업 - 다가구 매입 등	○ 개성공단 개발 ○ 산업·유통·과학연구·관광단지 조성 ○ 경제자유구역 개발사업 ○ 토지비축 및 관리

관련법에 제시된 양 공사의 설립목적에 의해 추구되는 활동, 즉 택지의 대량공급과 주택의 대량건설이란 목적활동은 개발주의 시대에 규정된 것이다. 개발주의를 넘어서는 오늘날, 이러한 설립목적으로 양 공사의 차별화와 전문성이 더 이상 정당화할 수 없다. 또한 현행법으로, 주공의 주택건설·공급관리와 토공의 국유재산관리수탁업무 이외, 대부분의 개발사업은 양 기관 모두 할 수 있는 사업으로 분류되어 있다. 따라서 한 공사가 주도로 하는 사업을 타 공사도 동시에 추진할 수 있는 근거가 있어 양 공사 간 명확한 역할과 기능구분은 사실상 불가능하다.

〈표 3〉 양 공사의 고유사업과 공통사업

주공만 할 수 있는 사업	토공만 할 수 있는 사업	공통 시행 가능 사업
• 주택건설사업 • 임대주택공급·관리 • 주택재개발 • 주거환경개선사업	• 국유재산관리수탁	• 택지개발 • 도시개발 등
• 주택법 • 임대주택법 • 도시주거환경정비법	• 국유재산법	• 28개 법률에 의한 사업

각 법률에서 양 기관이 시행할 수 있도록 규정한 사업에 근거해 '지침에 따른 기능조정에 의한 업무영역 구분'이 명목적으로 이루어져 왔다. 그러나 이는 늘 임시방편적인 조치에 불과했다. 주기적으로 업무 및 기능 조정을 해 왔음에도 불구하고, 양 공사는 스스로의 존립을 위해 일거리를 만들어 업무영역을 확장해 왔고, 그 결과 서로 비슷한 분야에서 소모적인 경쟁을 벌려 왔다(예, 수도권 신도시, 혁신도시 건설시 모두 참여). 법률상의 업무 구분이 현실에서 유의하지 않고, 또한 관련법들은 양 공사가 실제 업무를 함께할 수 있도록 규정해 놓고 있다.

이런 까닭으로 1993년 12월 이래 지금까지 토공과 주공의 경영 효율성을 제고하기 위해 6차례 통합 논의가 있었다. 결과는 매번 양 공사의 전문화를 위한 '기능조정' 조치로 끝났다. 매 조치 이후, 양 공사는 의식적으로 차별화를 해가지만(예: 토공이 행복도시를 담당하고, 주공이 임대주택공급을 담당하는 등), 일정한 시점을 지나면 또 다시 비슷한 분야에서(예, 택지개발) 서로 중복적으로 일을 하거나 서로 경쟁을 하게 된다. 6차례의 기능조정 조치에도 불구하고 양 공사 간 중복문제가 주기적으로 불거졌던 것은 이런 점에서 필연적이다.

흥미로운 것은 이에 대한 해석이 판이하다는 점이다. 기능 중복이 반복적으로 제기되어 왔지만, 기능조정 조치가 반복적으로 이루어져 왔다는 사실은 그만큼 양 기관이 독립적이고 차별적이라는 것을 입증하는 것이라고 주장한다. 반면, 기능조정 조치가 반복적으로 취해져 왔지만, 기능중복이 또한 반복적으로 제기되어 왔던 사실은 그만큼 양 기관이 통폐합되어야 한다는 것을 입증하는 셈이라고 주장한다.

〈표 4〉 토공·주공 통합논의의 전개

구 분	시 기	주 요 내 용	추 진 결 과
제1차	'93. 12.	공기업 민영화 및 기능조정 (초기 통합추진 → 기능조정으로 선회)	- 주공: 택지개발제한 (자체소요 국한) - 토공: 재개발기능 폐지
제2차	'94. 05.	주·토공 기능조정	- 주공: 택지개발면적 확대(18만 평까지) - 토공: 공단개발기능 독점 (수자원공사 공단기능 폐지)
제3차	'95. 12.	기능조정 재추진	- 주공: 택지개발면적 확대(30만 평까지) 민간에 택지매각 일부 허용
제4차	'98. 07.	공기업 민영화 및 경영혁신 (통합방침 결정)	- 양 공사 자체 구조조정을 거쳐 '01 년 까지 통폐합 추진 결정
제5차	'01. 10. ~'03.05.	주·토공 통합추진 (초기 통합추진 → 기능조정으로 선회)	- 양 공사 통합법안 심의 도중 통합 유보 및 기능 조정
제6차	'06. 11. ~	주·토공 통합법안 발의, (국회 계류 중)	- 한나라당이 통합을 당론으로 결정, 통합법안 발의

〈표 5〉 '03. 6. 건설교통부 주·토공 기능조정 내용
(택지개발업무 범위조정 등)

주 공	토 공
• 공공주택 건설·공급·관리, 도시정 비사업, 불량주거지 정비 등 주력 • 국민임대주택단지 조성 및 국민임 대주택 건설·공급·관리 • **100만㎡ 이하의 택지개발** (정부 정책상 필요시 100만㎡ 초 과 허용)	• 산업단지개발, 토지수급관리, 토지 정보화사업, 대북사업 등 주력 • 신행정수도, 경제특구, 지역균형개 발사업, 개성공단 등 개발 • **100만㎡ 이상의 택지개발** (정부 정책상 필요시 100만㎡ 미 만 허용)

※ 주공은 일부 100만㎡ 초과사업, 지역균형발전사업 등으로 진출을 시도하고
  있는 반면 , 토공은 주공영역인 도시정비사업, 임대주택건설사업 등으로 지
  속적 진출을 시도하고 있음

　최근에 올수록 사업선정을 위한 양 기관 간의 과열경쟁이 충돌
로까지 발전하는 양상을 보이고 있다. 구체적인 예로 신도시·행
정도시·혁신도시 등의 국책사업의 선점경쟁, 택지개발사업·지역
종합개발사업의 경쟁적 추진, 임대주택펀드 등 신규사업의 주도권
다툼, 사업추진의 근간이 되는 국가정보망관리권 확보를 위한 주
도권 경쟁(GIS, 건교부 도시포털·국토포털 등), 미래사업 선점을
위한 업역의 경쟁적 확대(예, 택지개발수요 감소 등에 따른 토공의
주공사업영역으로 진출 등) 등을 들 수 있다.

　토공과 주공의 문제는 토지주택분야에서 업무의 중복만 아니라
업무의 기계적 구분에 의한 차원도 함께 가지고 있다. 즉 분리할
수 없는 것을 기능분리란 명분으로 인위적으로 구분하지만, 시간
이 지나면 자연스럽게 중복되는 경향이 나타나게 된다. 이는 중복
문제의 다른 측면이라 할 수 있다. 이러한 제반의 현상에 대해 우
리는 두 가지 측면을 주목해야 한다.

　첫째, 법적으로나 현실적으로 유사하거나 동일한 업역에서 일을

할 수밖에 없는 상황에서 '기능조정'으로만 양 기관의 '불필요한 업무구획과 중복', 그리고 '자기증식을 위한 경쟁'을 근본적으로 막을 수 없다.

<표 6> 2001~2003년 토·주공 통합 시 기대효과(건교부)

○ 무리한 사업 확장을 미연에 방지
- 수요를 감안하지 않고 택지지구 선점경쟁 등 비효율 제거
○ 원가절감과 사업기간 단축으로 사업의 효율성 제고
- 택지개발과 주택건설을 동시에 추진하여 원가절감과 공사기간을 단축
○ 미분양택지에 임대주택 건설
○ 중복재산 매각, 운영경비 절감으로 재무 구조 개선
○ 국토자원의 계획적 관리 도모
- 동일지역에 경쟁적인 택지개발을 중복 추진하여 통일성 있는 도시기능을 고려하지 못하는 비효율 방지
○ 더욱 튼튼한 공기업을 만들기 위한 초석
- 양 공사 통합 시 부채비율이 대폭 줄어들고, 토공의 고질적 부채감소대책을 마련하는 계기
- 통합을 더 이상 미룰 경우 사업성 악화로 부담은 더욱 증가

둘째, 양 기관의 통합문제를 대승적(국가적, 국민적) 관점에서 보다, 기관이기주의 관점, 기득권의 관점, 당파적 관점, 기회주의적(절충주의적) 관점에서 접근해 왔기 때문에 지금까지 '통합논의'가 반복되고 있다.

제3절 양 공사 양립의 문제점

지금까지 통합의 필요성이 제기될 때마다 이를 무력화시킨 명분은 양 공사의 역할이 계속 필요하고, 그래서 조정을 통해 그 순기능을 발휘하도록 해야 한다는 구실이었다. 그러나 정부의 '기능조

정’ 방침은 토공과 주공이 수행하는 개발사업의 특성과 규모를 일률적으로 제한함으로써, 오히려 단일 기능 위주의 획일적 도시개발을 초래하는 문제를 낳아 왔다. 뿐만 아니라, 양 기관의 공적 기능 재정립은 대개 단기적인 처방에 불과한 것으로, 장기적으로는 항상 ‘통합’을 전제로 했다. 말하자면, 통합의 장기적 가능성을 염두에 둔 채 단기적으로 ‘설립 목적에 의거한 역할 재확립’, 즉 ‘주공－(임대)주택, 토공－국토(토지)개발’의 역할 배분이 ‘기능조정’이란 이름으로 반복적으로 이루어져 왔던 것이다.

<표 7> 토 · 주공 통합에 대한 제언

연세대학교 동서문제연구원, 2002, ≪토지공사와 주택공사 통합의 타당성과 대책에 관한 연구≫	성균관대학교 도시발전연구소, 2005, ≪토공 · 주공 등 공기업의 기능 및 문제점과 경영혁신을 통한 기능 재정립 방안≫
○ 통합의 전략적 의도 명확한 제시, 국 토/토지 · 주택정책의 정립 선행, 정 책수립부서와 집행조직의 정렬 선결. ○ 토지 · 주택 환경의 변화에 따른 양 사 기능 확대를 고려하고, 통합의 장기적 효과성 여부를 중시할 때, **공적 기능 의 재정립을 거쳐 각각의 비전과 사업 의 통합 가능성 여부를 검토 필요.**	○ 양 기관의 역할은 본질적으로 택지개발과 신도시건설, 택지개발 이후의 주택건설과 관리라는 업무 연속성을 고려할 때 **중복 될 수밖에 없는 성격**을 지니고 있음. ○ 또한 정부는 그동안 토지공사에게는 지속적으로 국가균형발전 및 대규모 택지개발 사업참여를 유도하고, 주택 공사에게는 저소득층을 위한 주거환 경개선과 공공임대주택 공급 확대를 요구함에 따라 업무영역이 **지속적으 로 확대 재생산**되어 왔음. ○ 그러나 최근 **지방자치단체와 민간부 문의 능력확대와 도시개발 및 주택건 설에서의 참여욕구 증대**에 따라 이들 의 역할 확대에 따른 주택공사와 토 지공사의 위상과 역할을 재정립할 필 요성이 증대되고 있음.
	○ 이에 따라 주택공사와 토지공사의 기 능 재조정은 국가균형발전정책 추진 기관으로서 토지공사의 역할과 공공 임대주택 공급기관으로서의 주택공사 의 역할을 고려할 때 **단기적으로 기 능통합이나 기능축소를 추진하는 데 는 한계**가 있는 것으로 판단됨. ○ 따라서 **장기적으로 민간부문과 지방 자치단체와의 역할 재정립을 통해 각 종 개발사업과 주택의 신규공급 수요 가 축소된 이후에 양 공사의 기능을 재조정하고 통합 운영하는 방안을 모 색하는 것이 바람직함.**

이러한 단기적 처방, 즉 '기능조정을 통한 양 공사의 양립' 방안에는 근본적인 한계가 있다. '주공 − (임대)주택, 토공 − 국토(토지)개발'로 양 기관의 업무영역을 구분해 놓아도, 시간이 지나면 겹치는 분야가 많아지고, 사업선점을 위한 경쟁과 충돌이 나타나고 있다. 이렇게 된 까닭은 양 공사의 역할구분이 쉽지 않다는 이유에 더해, 양 공사가 할 수 있는 업무의 영역이 상대적으로 줄어들기 때문이기도 하다.

과거 성장시대, 택지의 대량 공급과 주택의 대량 건설은 공공부문이 선도적으로 해야 할 역할이었고, 또한 양 부분은 각각의 자율적인 업무영역이 될 수 있었다. 그러나 택지개발 수요의 감소, 주택보급율의 증가, 지자체와 민간부문의 역할 증대 등으로 협소해진 토지주택분야에서 양 공사는 불필요하게 업무영역을 나누면서 동시에 경쟁을 하게 된다.

용인시의 공공택지지구 개발 사례에서 보듯이, 주택ㆍ도시정책 집행기관이 토공과 주공으로 이원화됨에 따라 사업이 불필요하게 경쟁적으로 추진되었다. 이는 이 지역에 난개발을 초래하는 원인이 되기도 했다. 또한 토공과 주공의 택지공급 주요대상이 달라(주공 개발택지는 임대주택 공급, 토공은 분양택지 공급) 소득계층 간 거주지역이 차별화되어 사회적 계층분리를 초래하게 되는 것도 양 기관의 양립에 따른 병폐의 하나가 되고 있다.

<표 8> 용인시 공공택지지구 현황 (한국경제기사 인용, '07.2.12)

사업시행자	지구명	면적 (만평)	준공 (예정)
토공 (9)	기흥구갈1	6.6	91.12
	수지1	28.7	94.12
	기흥구갈2	19.5	00.12
	수지2	28.7	02.12
	동천	6.4	03.12
	신봉	13.5	04.4
	동백	100	06.12
	죽전	108.7	06.12
	흥덕	64.9	08.12
	소계	377	
주공 (6)	기흥영덕	3.5	00.4
	기흥상갈	10	01.8
	신갈	12.5	05.12
	보라	24.8	06.12
	서천	35.4	07.12
	구성	30.1	08.6
	소계	116.3	
경기도 (1)	기흥구갈3	28.9	04.12
	소계	28.9	04.12
용인시 (2)	김량	1.8	98.12
	역북	1.8	98.12
	소계	30.7	
계(18)	계	552.9	

개발주의 시대 규정된 양 공사의 설립목적과 그에 근거한 양 기관의 양립에 의해 야기되는 '중복과 경쟁'이란 문제는 토지와 주택문제를 악화시키는 병폐마저 낳고 있다. 주택문제가 토지문제에서 비롯되고 토지문제가 주택문제로부터 기인하는 것이 우리의 현실이다. 이러한 상황에서 주택과 토지분야를 나눈 뒤, 두 공사가 각자의 영역에서 민간기업과 크게 다르지 않게 '개발이익의 극대화'를 경쟁적으로 추구하게 되고, 그 결과 토지와 주택을 둘러싼 투기가 제도적으로 만연할 수밖에 없는 것이다.

그래서 시민단체들은 양 공사가 '제도적 특권을 이용해' 땅장사, 집 장사를 경쟁적으로 추구함으로써 집값과 땅값을 상승시키고, 발생한 개발이익을 특정계층(예, 분양자)과 지역(예, 수도권)으로 전유케 하는 등의 '반공공적' 역할을 해왔다고 주장하고 있다. 이는, 토지주택의 공공성을 책임져야 할 공사의 본분과 정면으로 배치되는 것으로 공사의 역할한계와 병폐를 동시에 보이고 있다. 이렇게 까닭은 근본적으로 양 공사의 구시대적인 역할위상과 중복적인 역할배분 때문이다.

> * 참고: 판교개발에서 개발이익이 총 18조 원 내외 발생한 것으로 추정됨. 그 중 6조 원은 분양 당첨자에게, 3조 원은 건설업자에게, 나머지는 토지공사 등 공기업이나 정부에 돌아간 것으로 추정됨 (김태동, 2007, '신도시 건설방법 바꾸자', 〈경향신문〉 시론(2007. 6. 14.))

최근 들어 토지주택분야에서 지자체와 민간부문의 역량과 역할이 급속히 커지고 있다. 그 결과 양 공사는 심지어 이들과 경합하는 관계에 있게 되었다. 공사의 역할의 한계가 그만치 분명해지고 있는 것이다. 현재 법제상으로 양 공사는 모든 업무분야에서 지자체 혹은 민간부문과 사실상 경합관계에 있다. 때문에 토지주택분야에서 공공부문 간 중복적 기능 수행과 불필요한 경쟁에 따른 문제에 더해, 지자체와 민간부문의 참여제한(구축효과) 등으로 인한 비효율성 문제마저 대두하고 있다.

이런 상황에서 양 공사는 '기관으로서 존립'을 위해 일거리를 스스로 만들어 개발사업을 지속적으로 벌리게 된다. 그 결과 양 공사는 국토의 난개발에 적잖은 기여를 해 왔고, 나아가 국책사업의 실행자 역할을 자임해 오는 동안 사회전반에 이른바 '토건국가'

혹은 '신개발주의' 현상을 확산시키는 데도 적잖은 기여를 해 왔다. 이런 이유를 들어 시민사회단체들은 개발공사의 해체를 지속적으로 요구해 왔고, 앞으로 이 요구는 더욱 거세질 전망이다.

이 모든 것이 함의하는바, 토공과 주공의 통폐합은 양 기관의 경영효율성에 관한 협의의 문제만 아니라 미래지향적 토지주택정책을 위해 국가와 시민, 공공과 민간, 중앙과 지방, 공사와 소비자와의 관계를 전반적으로 재설정하는 광의의 문제로 접근되어야 한다. 이는, 곧 종전과 달리, 시민사회로부터 제기되는 양 공사 통합의 필요성과 당위성이 되고 있다.

제4절 통합 반대론의 허와 실

1) 시너지 효과의 불확실

통합에 따른 미시적 효과가 분명하지 않는 대신, 택지개발과 주택공급 수요가 점증하는 앞으로의 추세를 감안하면 거시적으로, 상위수준으로 갈수록 '통합의 긍정성'은 약화된다. 전반적으로 볼 때 양 공사의 통합은 긍정적인 면보다는 부정적인 면이 더 많을 것으로 주장된다(연세대학교 동서문제연구소, 2002).

통합의 미시적 개선 효과를 평가하는 부분으로 '기능업무감소', '공사기간단축', '서민주택난 해소', '사업확장의 제한', '국토의 효율적 이용', '인력의 효율적 이용', '부채규모감소', '이자부담감소', '재무구조 개선', '조직 / 직원 갈등', '통합방향 및 시기' 등을 들고 있다.

그러나 이러한 평가 결과는 한국의 토지주택문제나 그 특성, 한국의 개발정치에서 주공과 토공이 차지하고 있는 특권적 위상 등에 대한 이해의 부족에서 비롯된 것이다. 따라서 전제와 관점을 달리하면 이러한 결과는 곧 타당성을 잃게 된다.(예: 미래의 역할을 전제로 주·토공의 역할을 연역적으로 도출하는 것은, 미래의 역할 설정여하에 따라 도출된 역할이 기각될 수 있음을 의미함)

2) 고유역할의 재정립

토지주택문제를 해결하는 데 양 공사가 기여할 바가 적지 않은 만큼, 개별 공사의 공적 기능을 전문화하고 확립하는 것이 통합보다 더 효과적이라고 주장한다. 그러나 주택·부동산 시장의 여건 변화, 지자체와 민간기업의 성장 등에 따라 양 공사의 주요 업무인 분양주택·택지개발·산업단지 개발기능 등은 축소될 수밖에 없다. 따라서 기능축소가 불가피하고, 토지주택의 통합적이고 원활한 공급을 위해 양 공사가 각각 독립된 기업으로 존속하는 것은 경영 효율성 측면에서 부적절하다.

3) 선 구조조정

통합 효과를 높이기 위해서라도 양 기관의 구조가 우선 조정되고, 이후 점차 통합이 되어야 한다고 주장한다. 그러나 기능축소나 개편이 없는 한, 추가적 구조조정의 필요성은 크지 않다. 이런 상태로서 '선구조조정 – 후통합' 주장은 오히려 통합 지연만 초래할 뿐이다.

4) 거대 부실공기업으로 전락

양 기관이 합칠 경우, 자산(2007년 현재)이 65조 5,980억 원, 부채 50조 4,300억 원으로 초대형 공기업이 출현하게 되어 구조조정이 불완전할 경우 부실기업으로 쉽게 전락할 것으로 주장된다. 그러나 통합공사는 부채를 상회하는 자산을 보유하게 되고, 또한 통합으로 인해 부채가 추가로 증가하는 것은 아니다.

재정 측면에서 부실문제가 우려되면 '재무구조 및 자산실사 연구용역' 등의 결과를 바탕으로 구체적인 재무 건전성 확보대책이 강구되어야 한다. 특히 통합공사 보유 부동산의 적극적 매각, 양 공사 중복자산의 매각 등을 통한 부채감축 등이 이루어진다면 부실문제는 많은 부분에서 사전적으로 통제될 수 있다.

5) 양 조직의 구성원 간 갈등

양 공사는 택지개발 및 주택개발과 같이 유사업무를 담당하고 있어 조직문화가 크게 상이하지 않은 것으로 보이나, 통합에 따른 구성원 간 갈등이 실제 클 것으로 예상된다. 이는 통합에 가장 큰 장애요소가 될 것으로 주장된다.

그러나 이 또한 통합 전후로 구성원 간의 논의와 합의를 어떻게 이끌어내고, 특히 '(가칭)통합공사설립위원회'를 구성하여 합리적인 조직 및 인력배치 방안을 어떻게 마련하며, 통합 직후 인적 화합을 위한 교육시행 등과 같은 대책을 어떻게 마련하느냐에 따라 쉽게 해소될 수 있는 사안이다.

6) 잉여인력의 처리

중복기능의 통합, 기능재조정 등으로 잉여인력이 발생하며, 이 또한 통합의 걸림돌이 될 것으로 주장된다. 이는 통합에 있어 가장 어려운 점이 될 수 있지만, 양 공사 직원의 고용을 최대한 보장하고 자연퇴직 등을 통해 점진적으로 잉여인력 문제를 해소할 수 있는 가능성도 여전히 열려 있다.

7) 시기상조

여러 국책사업이 추진되고 있고, 택지 및 주택공급에 대한 수요도 계속 증가할 것으로 봐, 양 공사가 해야 할 역할이 분명히 있는 만큼, 현 단계의 통합은 시기적으로 이르다고 주장된다.

그러나 국책사업(예: 행복도시, 혁신도시)이나 토지주택 사업의 많은 부문은 지방 혹은 민간으로 이관되어야 하며, 그렇지 않을 경우, 사업이 종료될 때까지 통합공사가 한시적으로 담당할 수 있다.

통합은 중복적이고 불필요한 기능을 배제하면서 미래지향적인 새로운 기능과 역할을 설정하는 방식으로 이루어져야 한다. 즉 기존의 일처리보다 미래의 새로운 일처리 방식이란 관점에서 양 기관의 통합이 시도되어야 한다.

8) 통합반대의 정파성과 상대성

정치적 상황과 정파적 입장에 따라 통합반대의 입장이 수시로 변하면서 상대화되는 경향이 있다. 국민의 정부 시절, 정부와 건설교통부는 토공과 주공의 경영부실을 우려해 통합을 지지하는 반면,

국회에서, 특히 한나라당 전신인 신한국당은 '시너지 효과가 불명확하다'는 이유를 들어 통합에 반대했다.

그러나 2007년 한나라당은 토공과 주공의 통합을 당론으로 확정하는 반면, 정부와 건설교통부는 '토공과 주공의 규모가 크고 업무가 많아 양 기관 통합 시 효율적 관리가 어려워 시너지 효과가 확실치 않음'을 이유로 들어 '통합이 아니라 토공과 주공 각자 현재 주어진 역할에 충실해야 한다'고 주장했다.

한편, 경제정의실천연합 등 시민단체들은 '토공과 주공이 공사이면서 민간기업 성격이 워낙 강하기 때문에 이번 기회에 두 기관을 통합하고 위상 역시 재정립해야 한다'고 주장하고 있다. 즉 민간기업과 불공정 경쟁위치에 있는 만큼 공기업으로 남아 공익적인 사업을 확대하든지 아니면 공정경쟁체제를 구축해야 한다는 것이 시민단체의 핵심 주장이다.

제5절 양 공사 통폐합의 방향과 방안

1. 방 향

토공과 주공은 우리나라 공기업 중에서 대표적인 기능중복 문제를 보여주고 있어, 그간 통폐합 요구가 반복적으로 제기되어 왔지만, '양 기관의 특화가 필요하다는 피상적인 처방'으로만 대응해 왔다. 그 결과 토공과 주공의 기능중복, 그리고 인위적 특화(기능중복의 다른 측면)에 따른 병폐가 줄곧 노정되어 왔다. 이는 조직의 비효율성의 문제를 넘어, 토지와 주택의 문제, 나아가 국토의 난개발 문제를 불러오는 원인이 되어 왔다.

지자체와 민간부문의 역량 강화로, 토공과 주공의 설 자리는 갈수록 협소해지고 있어, 그 역할 재정립은 이젠 시민사회로부터 요구되기도 한다. 따라서 토공과 주공은 각자 불필요한 역할부분을 과감하게 버리고 서로 통폐합해, 미래지향적 핵심업무 중심으로 조직과 역할을 강화해 간다면, 현재 우리가 직면한 토지주택문제의 해결에 크게 기여할 뿐 아니라, 국토의 지속 가능한 발전마저 선도해 낼 수 있을 것으로 본다.

통폐합을 통해 양 기관이 집중하면서 특화해야 할 역할은 '주택과 토지의 공공성', 나아가 '주거복지'를 지키고 실현하는 부분이다. 우리사회에 만연한 투기문화는 개인은 물론이고, 국가경제, 나아가 국가미래에까지 커다란 그림자를 드리우고 있어, 이를 거둬내기 위한 국민적 노력이 필요한바, 그 핵심 역할자가 곧 토공과 주공이 되어야 한다. 이러한 미래적 역할을 제대로 수행하기 위해선, 현재와 같이 불필요하게 분리되어 있으면서 중복되어 있는 양 기관의 역할관계는 근본적으로 재정립되어야 하는바, 통폐합은 곧 그 답이다.

양 공사 간 통폐합은 토지주택분야에서 공공이 담당해야 할 부분(지자체와 민간이 할 수 있는 부분 제외)에서 '토지의 취득, 개발, 비축, 관리, 공급, 임대, 주택의 건설, 개량, 공급, 임대, 관리 등의 업무를 일관적으로 관리하는 '선진형 기구'를 만드는 것을 전제해야 한다. 말하자면, 토지주택의 공공성 강화란 미래지향적 관점에서 양 공사의 통합기능과 역할은 새롭게 규정되어야 하고, 또한 앞으로 새롭게 강화해야 할 과제다. 때문에 항간에 논의되고 있는 양 공사의 '소유의 민영화' 방안(즉 매각)은 고려의 대상이 아니다. 민영화가 필요하다면, 양 공사의 기능과 업무 중 민간이나 지자체가 맡을 때 더 효율적이라 판단되는 부분일 것이지만, 이는 통폐합 속에서 함께 포함시켜야 한다는 점에서 별개의 사안이 아니다. 물론 통합 후, 자칫 비대해질 통합 공사의 경영 효율성을 위해서는 다양한 '경영의 민영화' 기법이 도입되어야 한다.

2. 양 공사 간 일대일 통폐합 방안

1) 전 제

'작은 정부론', '시장경쟁원칙', '민영화' 등의 추세에 따라 SOC 분야 공기업의 역할도 합리적으로 축소하고 기구를 통폐합하는 것은 피할 수 없는 대세다. 토공과 주공의 기능중첩과 경영 방만에 따른 비대화를 해소하기 위해 가장 손쉬운 방법은 양 공사 간 일대일 통폐합이다. 그동안 6차례 걸쳐 기능조정이 있었지만, 대부분의 전문가들은 통폐합이 궁극적인 답이란 의견을 제시해 왔다. 통폐합은 결국 시기 선택의 문제라면, 구조조정의 요구가 강하게 제기되고 있는 지금이 그 시기라 할 수 있다. 일대일 통폐합이 효과적으로 되기 위해서는 통폐합의 긍정성은 최대한 살려내고 부정성은 최소화되도록 해야 하는데, 이 모두는 양 공사 관계자들 간 충분한 논의와 합의를 바탕으로 하여 접근되어야 한다.

2) 목적과 효과

일대일 통폐합은 다음과 같은 목적이면서 동시에 효과를 이룩하게 된다.

첫째, 중복기능(택지개발)의 조정과 해소를 통한 공기업 조직의 효율성 제고

둘째, 중복자산의 매각 등을 통한 양 공사의 재무구조 개선

셋째, 공공택지개발(토공)과 서민임대주택건설(주공)의 일원화를 통한 시너지 효과의 극대화와 주거복지의 조속 실현

넷째, 공공택지 및 공공주택 분야를 중심으로 한 토공과 주공, 지방자치단체, 민간기업 간 역할관계의 재조정

3) 방 안

통폐합을 본격적으로 추진하기 전에 중앙정부의 관계부처, 양 공사의 대표(노조포함), 시민단체, 전문가 등이 참여하는 추진위원회를 만들어야 한다. 이 기구를 중심으로 통폐합의 방법과 절차가 논의되고 합의하는 방식으로 추진되어야 한다.

통폐합 부분과 관련해서는 통합 공사가 어떠한 핵심기능을 담당할지가 명확하게 그려져야 한다. 단순한 물리적 통폐합만이 능사가 아니다. 미래지향적 관점에서 통합공사가 담당해야 할 핵심기능은 토공이 가지고 있는 '공공택지개발과 비축기능', 주공이 가지고 있는 '공공주택공급과 관리기능', 두 축을 중심으로 해야 한다.

이 두 기능을 중심으로 두 공사의 기능과 업무를 통폐합하고, 기타 부대 업무나 방계 기능은 민간기업으로 이양(부분적 민영화)하거나 지방자치단체로 이관하도록 해야 한다. 토공의 경우, 자회사의 주택 분양사업, 도시정비사업, 주공의 경우, 주택분양사업이 민간부문이나 지방자치단체로 이양 내지 이관할 분야다.

핵심기능 중심으로 통합공사의 조직 편성 및 인력의 재배치를 도모하되, 인력의 급격한 인위적 감축은 최소화해야 한다. 통합공

사는 (가칭) '한국토지주택공사'로 명명할 수 있다. 양 공사의 불필요한 재고재산은 조기 매각하고 자산의 유동화를 통해 부채를 감소시켜 가야 한다.

4) 문제점

통폐합 과정에서 나타날 문제점으로는 양 기관 간 조직갈등으로 통합이 지연되거나 경영이 불안정해질 수 있는 점을 우선적으로 꼽을 수 있다. 또한 부채과다로 통합공사의 재무구조가 악화될 수 있다. 그 밖에, 기업이미지 및 로고 통합비용과 직급 및 급여 통합에 따른 비용, 전산시스템 등 각종 지원시스템 통합에 따른 비용이 발생할 수 있다.

5) 장·단점

통폐합은 중복기능의 해소에 따라 공사의 토지주택개발 관련 업무가 효율적으로 추진되는 점은 장점으로 꼽을 수 있다. 그러나 중장기 주택정책을 이행하기 위한 목적이 분명치 않거나, 공사를 관장하는 정부 관련부처의 조직개편과 연동되지 못하면, 통폐합 효과가 반감될 수 있다.

3. 정부조직의 개편과 연동된 통폐합 방안

1) 전　제

공기업으로서 토공과 주공은 토지 및 주택관련 정부정책을 집행하는 수단에 해당한다. 따라서 양 공사의 통폐합이 의도하는 데로 중복기능을 최소화하면서 미래지향적인 기능과 역할(토지주택의 공공성 구현)을 올바르게 수행하는 방식으로 실현되기 위해서는 정부 관련부처의 조직 및 기능 재편이 함께 펙키지로 추진되어야 한다. 물론 토공과 주공의 통폐합을 위해 정부조직을 인위적으로 개편할 필요는 없고, 정부조직 개편이 이루어질 때 토공과 주공의 통폐합이 연동적으로 이루어지는 것이 올바른 접근이다.

토공과 주공의 기능조정과 관련하여 정부 차원에서 조직개편이 이루어야 할 분야는 개발부서와 보전부서 간 기능조정 및 통폐합이다. 여기에는 크게 두 가지 방안이 있다. 첫째, 현재의 국토계획 기능을 보전부서로 이관한 뒤 개발부서는 토지, 주택, 교통 관련 집행업무를 전담하는 '(가칭)토지주택부'로 전환하는 방안이다. 둘째, 개발부서와 보전부서를 통합해 '(가칭)지속가능발전부'로 신설하는 방안이다. 정부조직의 이러한 개편이 중장기적으로 추진되어야 할 과제라면, 이는 중앙정부의 건설 및 개발행정을 지방자치단체로 이관하는 것과 병행적으로 추진되어야 한다.

2) 목적과 효과

정부조직의 개편과 연동하여 토공과 주공을 통폐합하는 것은 한국의 토건국가 역할구조를 재편해 국가에 의한 국토 난개발과 부동산 투기 조장을 근본적으로 봉쇄하는 것을 목적으로 한다. 계획기능을 보전부서로 이관하고 개발부서는 보전부서가 수립한 국토환경관련 계획 내에서 집행기능만 맡게 되는데, 그렇게 되면 보전중심의 계획 틀 속에서 국토환경의 이용과 관리가 이루어지게 된다. 토지주택도 국토환경의 계획적 관리 틀 속에서 개발되고 공급되고 관리됨으로써 토지주택의 공공성이 그만큼 제도적으로 보장받게 된다.

한편 정부조직개편을 통해 개발부서가 공공부문의 토지, 주택, 교통관련 집행기능을 직접 담당하게 되면 현재 토공과 주공이 맡고 있는 역할과 기능은 발전적으로 해소(해체)되거나 변경되어야 한다. 어떤 경우이든, 토공과 주공을 포함한 정부의 기능과 조직 재편을 통해 공공부문의 주택과 토지가 통합적으로 관리되면, 주택은 주거복지재로 전환하고 토지는 공공주택의 공급기반으로 전환하게 된다.

3) 방안 1: (가칭) 토지주택부의 신설과 토·주공의 발전적 해체

개발부서 – 국토개발업무집행', '보전부서 – 국토환경계획입안으로 개발과 보전행정이 나누어지면 개발부서는 공공부문의 토지·주택·교통 관련 업무를 직접 집행하는 부서인 (가칭) '토지주택부'로 재편되어야 한다. 새로이 설치될 토지주택부가 토지주택개발 관련 업무를 직접 담당하게 되면 토공과 주공이 맡고 있는 업무와 기능과는 자연히 충돌하게 된다. 따라서 이를 해소하기 위해 토공과 주공은 자연적(점진적)으로 해소 내지 해체되어야 한다. 토지주택부가 공공택지의개발과 비축, 공공주택건설과 이용관리 업무를 직접 맡게 되면, 교통관련업무는 외청으로 독립시켜야 할 것이다.

4) 방안 2: (가칭) 지속가능발전부의 신설과 '(가칭)주거복지청'의 설치

장기적으로 개발부서와 보전부서는 통폐합해 국정 전반을 '지속

가능 발전의 원리'에 따라 운영할 수 있는 통합조정부서인 (가칭) '지속가능발전부'로 신설해야 한다. 토지주택개발 관련 업무는 기본적으로 지방자치단체로 이관시키되, 국가적 차원에서 담당해야 할 토지주택의 공공성과 주거복지는 '(가칭)주거복지청'을 신설해 담당하도록 해야 한다.

'주거복지청'은 토지주택 관련 정책 및 행정을 총괄하는 중앙정부 기관으로서 기능하면서 동시에 공공 주택·택지의 공급 및 관리와 관련한 업무를 직접 맡도록 해야 한다. 가령, 국민들의 주거복지를 실현하기 위해 서구와 같이 전체 주택 중 20~40%를 시장에서 거래되지 않는 (탈상품화된) 공공주택으로 공급하고 관리하기 위해서는 토지확보와 비축으로부터 이를 이용한 공공주택(사회주택)공급과 이용관리는 엄청난 공공행정수요를 창출하게 된다. 주거복지청은 바로 이를 담당하는 미래지향적 '토지주택관련 정부기구'가 되는 것이다. 주거복지청이 만들어지면, 현재 토공과 주공이 맡고 있는 공공택지 및 공공주택의 공급과 관리기능은 주거복지청으로 이관되어야 한다. 그렇게 되면 토공과 주공은 발전적으로 해소 내지 해체되어야 한다.

주거복지청 신설과 연동하여 토공과 주공을 해소 내지 해체하는 방법으로는, 물리적으로 폐쇄하는 방안과 함께, 토공과 주공을 선별적으로 통폐합해 주거복지청으로 신설하는 방안도 있을 수 있다.

한편, 토공과 주공의 통폐합 방안으로서 주거복지청의 신설은 정부조직 개편, 가령 지속 가능발전부의 설치와 관련 없이, 현재로도 추진할 수 있는 방안이다. 실제 경제정의실천연합 등을 포함한 일부 시민단체나 전문가들은 토지주택의 공공성 실현을 위해 토공과 주공을 통폐합한 뒤 주거복지청을 신설하되, 보건복지 관련 부서에 두자는 방안을 제시하고 있다. 이 방안은 다음에 나오는 '주택청' 신설방안과 유사한 것으로, 자세한 것은 아래에서 살펴보도록 하겠다.

5) 장·단점

토지주택관련 '공사기능'이 '정부기능'으로 전환하면서 대표적인 개발전위기구를 해체하고, 나아가 개발주의 성향이 강한 한국의 국가성격 자체를 바꾸게 된다. 그러나 중앙 부처의 통폐합은 그 당위성이 크더라도 현실적으로 추진하는 데는 많은 어려움과 한계가 있어, 단기적으로 실현하기가 쉽지 않다.

4. (가칭) '주택청' 신설을 위한 통폐합 방안

1) 전 제

토지주택의 공공성 구현을 위한 시스템 구축의 일환으로 토공과 주공을 선별적으로 통폐합한 뒤 정부기구로 신설하는 것이다. 이 기구는 공공주택의 생산과 이용관리를 맡는 것을 주무하는 싱가포르의 '주택청'과 같은 것이 되어야 한다. 싱가포르의 주택청은 '공공자가'(토지는 공공이 소유하고 민간은 건물을 소유하는 유형의 주택)의 공급과 관리를 담당하고 있는 정부기구로서, 토지의 개발, 비축, 소유에서 공공자가란 주택의 대량 건설과 이용·처분·관리란 토지주택 관련 공공행정을 담당하고 있다. 토지의 개발과 공급, 그리고 비축기능은 궁극적으로 공공주택의 생산과 공급을 위한 것이란 점에서 이 기구는 가령, '토지주택청' 대신 '주택청'으로 명명되어야 할 것이다.

우리나라에서 토지주택의 공공성을 중심으로 하는 미래지향적 토지주택정책을 펴기 위해서는 현재 이를 부분적으로 담당하고 있는 토공과 주공이 이를 위한 역할자로 다시 태어나야 한다. 이 경우, 토공과 주공은 정부조직의 개편 없이(예: 개발부서와 보전부서의 통폐합 없이), 주택청으로 통폐합하고 함께 공사기구에서 정부기구로 승격되어야 한다. 이것이 가능하기 위해선 국민적 합의가 분명해야 하고, 또한 이를 뒷받침하는 특별법, 즉 토공과 주공의 통폐합과 청으로 승격시키는 것을 가능케 하는 특별법이 제정되어야 한다.

2) 목적과 효과

토공과 주공을 통폐합해 '주택청'으로 신설하게 되면, 이는 단기적으로 토공과 주공의 기능중복 문제를 해소하는 목적을 달성하면서, 중장기적으로서는 토지주택의 공공성을 국가차원에서 실현하는 효과를 거두게 된다. 즉 토공과 주공의 통폐합을 통해 신설할 주택청은 토지주택의 공공성을 담보하기 위해 구축되는 시스템의 한 단위로 기능할 것으로 보인다. 서구선진국과 비교할 때, 우리나라에는 현재 토지주택의 공공성을 국가정책과 제도로 실현하고 보장할 수 있는 시스템이 결여되어 있다.

3) 방 안

미래지향적 공공주택의 유형으로 '공공자가의 공급 및 이용·관리'를 중심으로 향후 주택정책이 전환되면, 이를 관장하는 전담기구로 주택청을 신설해야 한다. 이렇게 되면 토공과 주공의 관련 업무와 기능은 주택청으로 선별적으로 이관되고 양 공사는 해체되어야 한다.

토공과 주공의 기능조정과 통폐합, 그리고 주택청 신설이 동시적으로 추진되기 위해서는 검토하고 강구해야 할 업무가 복잡하고 많을 것으로 예상되기 때문에, 이를 다루는 (가칭) '토ㆍ주공통폐합및주택청설립위원회'가 설립ㆍ운영되어야 한다. 여기에는 토공과 주공 관계자, 정부 관계자, 전문가, 시민단체 등 다양한 이해당사자가 참여할 수 있도록 해야 한다.

토공과 주공의 업무와 기능 중 주택청으로 흡수하지 못하는 기능이나 조직(예, 토공과 주공이 별도로 신설한 법인체)은 우선적으로 민간이나 지자체로 이관해야 한다. 남은 기능, 업무, 인력을 중심으로 주택청의 조직과 직무구조를 짜되, 토공과 주공의 퇴행적 업무관성이 신설 주택청으로 이어지는 것을 최대한 경계해야 한다. 이를 위해선 신설 주택청의 역할과 기능에 관한 그림이 명확히 그려져야 하고, 또한 이를 맡을 기존 인력의 기능과 역량 쇄신이 대대적으로 이루어져야 한다. 신설 주택청은 토지주택의 공공성 실현을 목표로 하되, 이를 달성하기 위해 공공자가란 새로운 유형의 공공주택의 생산과 공급과 관련된 업무를 담당하는 것으로 편성되어야 한다.

<주택청이 담당할 기능과 업무>
• 공공자가, 공공임대의 건설, 매입, 분양, 환매
• 공공자가, 공공임대의 이용 및 유지관리, 처분
• 공공택지의 개발ㆍ확보 및 비축
• 공공택지의 임차
• 주택기금 및 토지개발기금의 조성 및 운영
• 지방자치단체의 주택 및 택지개발 사업의 지원, 등

---

4) 관련법의 제 · 개정

토공과 주공의 통폐합을 통해 주택청을 신설하기 위해서는 양 공사를 규정하는 현행법의 폐지 내지 개정이 필요하고, 동시에 (가칭) '주택청의 신설과 대한주택공사 및 한국토지공사의 통폐합에 관한 특별조치법'이 제정되어야 한다.

5) 장 · 단점

토공과 주공을 통폐합해 주택청을 신설하게 되면, 양 공사는 자동적으로 해체되면서 동시에 정부기구로 승격하는 효과를 갖게 된다. 양 공사의 입장에서 볼 때, 이는 가장 이상적인 구조조정 방안이 될 것이다. 그러나 현실적으로 공사를 청으로 승격시키는 데 대한 법제도적인 한계와 사회적 저항이 적지 않을 것으로 예상된다. 따라서 그 당위성과 타당성에 관한 사회적 논의와 합의가 사전적으로 충분히 이루어져야 한다.

참고문헌

건설교통부 · 한국토지공사 · 대한주택공사, 2001, ≪토공과 주공의 통합방안 연구≫.

연세대학교 동서문제연구원, 2002, ≪토지공사와 주택공사 통합의 타당성과 대책에 관한 연구≫.

영지회계법인, 2001, ≪토공 및 주공의 통합관련 재부분석 및 자산실사 용역보고서≫.

성균관대학교 도시발전연구소, 2005, ≪토공 · 주공 등 공기업의 기능 및 문제점과 경영혁신을 통한 기능 재정립 방안≫.

조명래, 2006a, '공공택지개발 및 공영주택개발의 문제점과 개선방안', 국회 내부 발표문.

조명래, 2006b, '부동산 정책 현황 및 대한주택공사와 한국토지공사의 통합 방안', 국회내부 발표문.

조명래, 2006c, ≪개발정치와 녹색진보≫, 서울: 환경과 생명.

조명래, 2007, '주택의 공공성 실현을 위한 주택청 설립의 필요성과 구현방안', 국회내부 발표문.

조명래, 2008, '이명박 정부 공공부문 개혁의 문제점과 대안모색: 지주회사 설립을 통한 공기업 개혁방안을 중심으로', 전국공공노동조합연맹주최 ≪공공부문 정책방향 제시≫에 관한 토론회 발제문(2008년 5월 9일).

위평량　•약력•

현) 희망제작소 연구위원
　　시민사회신문 편집위원
경제정의연구소 전임연구원
경실련 정책부실장
중앙대, 성균관대, 상명대, 한성대, 강남대 강사 역임
중앙대학교 경제학박사

•연구논문•

「경제적 관점에서의 해양오염피해지역 연구: 태안지역 사례를 중심으로」, (한국지방자
치연구,2008)
「公益과 私益, 그리고 企業의 社會的 責任과의 관계 考察」, (NGO연구, 2008)
「재난관리 예산배분 및 기금활용의 효율화 방안」, (한국위기관리논집, 2007)
「대기업출자규제에 따른 소유구조 정착과정의 국제비교」, (국제지역연구, 2007)
「상장기업의 사회공헌과 기업가치 관계에 대한 실증분석」, (경영연구, 2006)
「윤리경영과 기업가치 간의 관계에 관한 실증분석」, (국제지역연구, 2006)
「Empirical Analysis of the Relations Between Korea Corporate Ownership
Structure and Corporate Value」, (East Asian Review, 2005)
「대주주 소유와 기업가치관계에 대한 실증분석(1990-2000)」, (경제학연구, 2004)

•저서•

『태안 REPORT』(공저), 도서출판 동녘, 2009.2(근간)
『재난관리 법제도 및 예산/기금구조론』(공저), 대영문화사, 2009.1
『미래 국가로 가는 길, 뉴거버넌스』(공저), 대영출판사, 2008.8
『21세기로 가는 사회경제사상』(공저), 대명출판사, 2007.10
『출자총액제한제도의 이론과 실상』(공저), 한국학술정보, 2007.6 외 다수

남기업　•약력•

현) 토지+자유 연구소 연구위원
　　성경적토지정의를위한모임 회장
　　웨스트민스터신학대학원대학교 겸임교수
토지정의시민연대 사무처장 역임
성균관대 정치학 박사(토지문제 전공)

•연구논문•

「'토지가치공유'의 관점에서 본 자유지상주의의 새로운 가능성」, 대한정치학보 14-3,
2007. 345-366

•저서•

『지공주의: 새로운 대안경제체제』, 한국학술정보, 2007
『부동산 신화는 없다-투기잡는 세금 종합부동산세』(공저), 서울, 후마니타스, 2008
The Power in the Land: An Inquiry into Unemployment, the Profits Crisis
and Land Speculation 『거품 붕괴의 경제학 ―토지투기와 경제위기를 넘어서』(공
역), 파주, 범우사, 근간

변창흠 •약력•

현) 세종대학교 행정학과 부교수
　　세종대학교 도시부동산대학원 교수
　　환경정의 토지정의센터장
　　한국공간환경학회 운영위원장
서울시정개발연구원 부연구위원 역임
서울대학교 행정학 박사

•연구논문•

「도시재생방식으로서 뉴타운 사업의 정책결정과정과 정책효과에 대한 비판적 고찰」,
(공간과 사회, 2008)
「토지개발사업의 공공성 평가와 공공부문의 역할」, (토지공법연구, 2007)
「도시규모별 혁신잠재력과 혁신창출 능력간의 연계성에 관한 연구」, (국토연구, 2007)
「지속가능발전 기준으로 본 대규모 국책개발사업의 현황과 과제」, (공간과 사회, 2006)
「자족성 확보를 위한 택지개발제도 개선 방안 연구」, (주택연구, 2005)
「신개발주의적 지역개발사업 막는길」, (문화과학, 2005)
「기업도시의 성격과 지역균형발전 조건」, (공간과 사회, 2004)외 다수

•저서•

『국가균형발전의 이론과 실천』, 공저, 국가균형발전위원회, 2007
『살기좋은 지역만들기』(공저), 제이플러스 애드, 2006
『수도권 재창조의 비전과 전략』(공저), 동도원, 2005
『개발공사와 토건국가』(공저), 도서출판 한울, 2005
『한국의 장소판촉』(공저), 학고재, 2006
『토지문제의 새로운 이해』(공저), 박영사, 2006
『현대도시계획의 이해』(공역), 한울 아카데미, 2004 외 다수

심충진 •약력•

현) 건국대학교 경영대학 교수
　　경실련 재정세제위원장
삼경회계법인 및 신한회계법인 근무
한국공인회계사 및 세무사 시험합격
경희대학교 경영학 박사

•연구논문•

「기부금 활성화를 위한 투명성 확보방안」(공저), 세학연구, 2008.6.30.
「제주특별자치도 면세지역화의 경제적 효과 추정」(공저)」, 세무학연구, 2008.3.31.
「재무보고이익과 세무보고이익 간의 차이와 세무조사 및 추징세액에 대한 실증연구」
(공저), 세무학연구, 2006.12.31.
「기업분할의 공시효과와 내부자본시장」(단독), 경영학연구, 2006.8.31.
「IMF 기간동안 주주 기대수익률의 변화에 관한 연구」(공저), 회계정보학회, 2006.6.30.
「중소기업에 대한 정책자금 지원성과와 그 영향요인에 관한 연구」(공저), 중소기업연
구, 2006.3.31.
외 다수

•저서•

『기업회계기준』(공저), 한국금융연수원, 2008.
『세무회계연습』(공저), 세학사, 2008.

이윤하 ·약력·

건축사 및 시인
현) 한국건축가협회 친환경위원회 위원장
　　 우송대학교 건축학부 겸임교수
　　 노둣돌 및 생태건축연구소 대표
　　 생태환경건축아카데미 원장
　　 참여연대 민생희망본부 실행위원

·연구논문·

「패시브하우스 에너지체계설계와 집단에너지 연계방안연구」(공동연구)

·저서·

『아홉건축가 아홉무늬』
『당신에게 좋은 일이 나에게도 좋은 일입니다』(공저)
『친환경건축물 성능평가와 설계기술』(공저)
『파올로솔레리와 미래도시』(편역) 외 다수

·수상·

제1, 2회 한국목조건축대전 본상
2005 한국생태건축학회 작품상
제1회 대한민국생태건축대전(설계우수)
대전국제화센터 현상설계공모전 1위 입상 등 다수

그 외에 국토해양부 NGO정책자문위원, 서울시 주거개선정책 위원회, 서울시 녹색위
원회 위원, 한국생태환경건축학회 이사 등의 봉사활동을 하고 있다.

이창길 ·약력·

현) 시립인천전문대학 행정과 교수
서울산업대, 가톨릭대 행정대학원, 성결대 강사 역임
연세대학교 기획실 선임연구원 역임
연세대학교 행정학 박사

·연구논문·

「대학에서의 책임운영 적용에 관한연구」, (2006)
「BSC 시스템의 공공부문 도입에 있어 변화와 적용에 관한 연구」, (2006)
「공공부문과 민간부문의 성과관리도구 도입이 조직성과에 미치는 영향요인 비교 분석」, (2007)

·저서·

『행정법 총론』, (2004)

조명래 ·약력·

현) 단국대학교 도시 및 지역계획 전공 교수
　　 카자흐스탄 경영경제대학원 한국학 교수
한국 공간환경 학회 명예회장
환경과 생명 편집인
영국 서섹스 대학교(도시 및 지역학 박사)

·저서·

『개발정치와 녹색진보』, (2006)
『현대사회의 도시론』, (2002)
『녹색사회의 탐색』, (2001)
『포스트포디즘과 현개사회 위기』, (1999) 외 50여 권의 공저서

정 원 변호사 •약력•

현) 법무법인 지평지성 변호사
서울 한성고등학교 졸업
서울대학교 법과대학 사법학과 졸업

•경력•

제40회 사법시험 합격
사법연수원 제30기 수료
공군법무관
대통령소속의문사진상규명위원회 파견 법무팀장

홍성태 •약력•

현) 상지대 문화콘텐츠학과 교수
　　참여연대 부집행위원장
　　방송통신심의위원회 통신분과 특별위원
문화연대 공간환경위원회 부위원장
참여연대 정책위원장
정보공유연대 대표
국무총리실 교육정보화위원회 위원
청계천복원시민위원회 역사문화분과 간사위원
서울대 사회학과 박사(환경사회학, 정보사회학 전공)

•저서•

『사이버사회의 문화와 정치』, 문화과학사, 2000
『위험사회를 넘어서』, 새길, 2000
『현실 정보사회의 이해』, 문화과학사, 2002
『반미가 왜 문제인가』, 당대, 2003
『생태사회를 위하여』, 문화과학사, 2004
『서울에서 서울을 찾는다』, 궁리, 2004
『지식사회 비판』, 문화과학사, 2005
『생태문화도시 서울을 찾아서』, 현실문화연구, 2005
『현대 한국사회의 문화적 형성』, 현실문화연구, 2006
『개발주의를 비판한다』, 당대, 2007
『대한민국 위험사회』, 2007
『민주화의 민주화』, 현실문화연구, 2008
『현실 정보사회와 정보사회운동』, 한울, 2008

•편저•

『회사 가면 죽는다』, 현실문화연구, 1994
『개발공사와 토건국가』, 한울, 2005
『한국의 근대화와 물』, 한울, 2006
『동북아의 근대화와 물』, 한울, 2007

•공저•

『군신과 현대사회』(김진균 공저), 문화과학사, 1996
『한국사회와 평화』(김진균 공저), 문화과학사, 2007
『전쟁국가 이스라엘과 미국의 중동정책』, 문화과학사, 2007

희망제작소(The Hope Institute)는 2006년 3월 27일 창립되었습니다.
우리는 다음과 같은 방향과 철학을 가지고 있습니다.

희망제작소는 '자유롭고 독립적인' 민간 싱크탱크입니다.

희망제작소는 누구나 연구자가 될 수 있는 열린 연구소를 지향합니다.

희망제작소는 거시적인 담론보다 작지만 가능성있는 아이디어를 현실화하는 데 주력합니다.

희망제작소는 긍정적 비판, 대안을 가진 비판에 무게 중심을 옮기려고 합니다.

희망제작소는 지역이 세계의 중심이라는 생각에 동의합니다.

희망제작소는 현장 속에 진리가 있다는 말을 되새기고자 합니다.

희망제작소는 종합 연구소로서의 위상을 가집니다.

www.makehope.org

토지공사의 문제와 개혁

초판인쇄 | 2008년 12월 31일
초판발행 | 2008년 12월 31일

지은이 | 홍성태, 심충진, 이창길, 이윤하, 정원, 위평량,
  남기업, 변창흠, 조명래
펴낸이 | 채종준
펴낸곳 | 한국학술정보㈜
주 소 | 경기도 파주시 교하읍 문발리 513-5 파주출판문화정보산업단지
전 화 | 031) 908-3181(대표)
팩 스 | 031) 908-3189
홈페이지 | http://www.kstudy.com
E-mail | 출판사업부 publish@kstudy.com

등 록 | 제일산-115호(2000. 6. 19)
가 격 | 43,000원

ISBN 978-89-534-5834-5 93330 (Paper Book)
      978-89-534-5835-2 98330 (e-Book)